教育部高等学校高职高专汽车类专业教学指导委员会规划教材

总主编 仪垂杰

汽车故障诊断与检测技术

主　编　王秀贞
副主编　闫忠孝　强爱民　孙　雷
参　编　丁继斌　赵树国　孙海波　王大鹏　盛鹏程
　　　　依志国　张少洪　张北成
主　审　胡　勇

山东大学出版社

内容简介

本书介绍了轿车发动机、底盘、电器等系统的故障诊断技术及汽车整车性能检测与汽车检测站的相关内容，重点阐述了汽车各系统和总成常见故障的诊断与排除方法，以及汽车性能检测设备的原理和使用方法，并列举了许多企业案例，集理论和实践于一体。旨在培养学生的诊断与检测能力，具有较强的实践指导作用，适用于大中专院校、职业学校的汽车维修、运用、检测、装调等专业的学生和教师，以及相关专业的从业人员、广大汽车爱好者等。

图书在版编目(CIP)数据

汽车故障诊断与检测技术/王秀贞主编．—济南：山东大学出版社，2011.8
教育部高等学校高职高专汽车类专业教学指导委员会规划教材
/仪垂杰总主编
ISBN 978-7-5607-3745-4(2013.3 重印)

Ⅰ．①汽…
Ⅱ．①王…
Ⅲ．①汽车—故障诊断—高等职业教育—教材
②汽车—故障检测—高等职业教育—教材
Ⅳ．①U472.9

中国版本图书馆 CIP 数据核字(2011)第 159052 号

山东大学出版社出版发行
(山东省济南市山大南路 20 号　邮政编码：250100)
山东省新华书店经销
山东省英华印刷厂印刷
787×1092 毫米　1/16　18.5 印张　426 千字
2011 年 8 月第 1 版　2013 年 3 月第 2 次印刷

定价：30.00 元

教育部高等学校高职高专汽车类专业教学指导委员会规划教材

编审委员会

总　序

进入新世纪以来，我国加快了转变经济发展方式的步伐，从而有力地推动着各领域的科学发展。随着科技创新能力的不断提高，科学技术的产业化进程日益加快，制造业不断优化结构，改善品种质量，并淘汰落后产能，汽车制造业尤其如此。《中华人民共和国国民经济和社会发展十二五规划纲要》提出的培育发展新能源汽车等新兴产业的战略目标就充分体现了这一点。

2010年，中国汽车产销量已超过1800万辆，居全球首位，市场潜力巨大。中国汽车与装备制造业已进入了一个新的发展阶段。汽车工业的飞速发展带动了汽车与制造相关产业链的发展，为汽车和机械制造类相关专业毕业生提供了广阔的就业空间和很好的发展前景。然而，老版本的汽车类教材已经远远不能满足汽车专业的教学需求，为广大汽车专业的师生提供一套新版教材成为当务之急。同时，为贯彻《教育部财政部关于实施国家示范性高等职业院校建设计划加快高等职业教育改革与发展的意见》（教高[2006]14号）和《教育部关于全面提高高等职业教育教学质量的若干意见》（教高[2006]16号）的精神，进一步推动职业教育由“重视规模发展”向“注重提高质量”的工作重心转变，适应我国现代汽车工业和职业教育发展的需要，教育部高等学校高职高专汽车类专业教学指导委员会决定在工学结合课程开发和教材建设方面进行探索，组织高校富有经验的教师和企业专家共同编写一套理论性和实践性相结合的汽车类专业教材。

教学质量是学校的生命线。提高教学质量，专业建设是龙头，课程建设是关键。高职教育的课程改革是一项长期的工作，它不是片面的课程内容的解构与重构，必须以人才培养模式创新为核心，以双师素质教师团队建设、实训条件建设、实训项目开发、教学方法改革、教学实施创新等一系列条件为支撑。多年来，在教育部高等学校高职高专汽车类专业教学指导委员会指导下，各高职高专院校进行了广泛的调研，以课程建设为抓手，以校企合作、工学结合为突破口，狠抓课程实施，在教材建设方面做出了高等职业教育的特色。本套教材既注重技能的提高，又兼顾理论的提升，力求满足广大高职高专汽车类专业学生学习的需要，为学生的就业和继续深造打下坚实的基础，充分体现了工学结合的职业教育特色。

经过各分册编写者和主审们的辛勤劳动，本套教材即将陆续面世。希望教育部高等学校高职高专汽车类专业教学指导委员会的工作可以为各高职院校提供一些借鉴，并通过这套教材进一步推动各地的高职高专教学与课程改革。同时，也希望业内专家和同仁对本套教材提出指导性和建设性意见，以便在教学实践中共同完善和提高。

在本套教材编写过程中，得到了教育部领导、行业专家、各高职高专院校和企业专家的支持，山东大学出版社对教材的出版给予了大力支持和帮助，在此一并致谢。

教育部高等学校高职高专汽车类专业
教学指导委员会主任委员　仪垂杰

2010年12月于青岛

前言

随着汽车工业的飞速发展及汽车保有量的迅速增加，市场迫切需要大批具有汽车故障诊断与检测能力的高技能应用型人才。与市场和行业发展接轨的高等职业教育，正在快速推进应用型人才的培养，为此教育部高等学校高职高专汽车类专业教学指导委员会组织编写了汽车检测与维修技术专业系列规划教材，《汽车故障诊断与检测技术》即为其主干教材之一。

本书共有六章内容：第1章介绍汽车故障诊断与检测技术的基础理论；第2章介绍发动机电控元件的检测方法及各系统如点火系、供给系、冷却和润滑系等常见故障的诊断与排除方法；第3章介绍汽车底盘各系统如传动系、转向系、行驶系和制动系的故障诊断及相关性能检测；第4章主要介绍汽车电源系统、起动系、中央门锁及防盗系统的故障诊断与检测；第5章则介绍汽车动力性、燃油经济性、车辆侧滑、制动性能、车速表、前照灯及汽车排放与噪声等不解体检测方法；第6章主要介绍汽车检测站的检测项目及设备配置、检测工艺及其微机控制系统等有关内容。本教材还列举了许多企业案例，集理论和实践于一体，体现工学结合，符合市场需求及汽车类专业人才培养方案的要求。

本书由邢台职业技术学院王秀贞任主编。其中，第1章由邯郸职业技术学院赵树国编写；第2章、第3章第2节由王秀贞编写；第3章第1节由齐齐哈尔农业机械化学校张北成编写；第3章第3、4节由云南交通职业技术学院闫忠孝编写；第4章第1、2节由长春职业技术学院依志国编写；第4章第3、4节由淄博职业技术学院张少洪编写；第5章第1、2节由邢台职业技术学院王大鹏、盛鹏程编写；第5章第3、4节由常州工程职业技术学院孙海波编写；第5章第5、6节由日照职业技术学院孙雷编写；第5章第7、8节由扬州职业大学强爱民编写；第6章由南京工业职业技术学院丁继斌编写。河南职业技术学院胡勇教授担任本书主审。

在本书的编写过程中，得到了部分维修企业技术人员的帮助，并参阅了业界同仁的许多书籍和资料,在此深表谢意。

由于本书涉及内容较多,范围较广,编者水平所限,疏漏之处在所难免,恳请读者指正。

编　者
2011 年 3 月

目　录

第1章 绪 论

知识目标

1. 了解国内、外汽车检测技术的发展状况。
2. 理解汽车故障诊断与检测技术的基本概念和术语。
3. 掌握汽车故障的变化规律。
4. 掌握汽车检测的类型及检测方法。

能力目标

1. 能分析汽车检测诊断参数的含义。
2. 能应用汽车检测相关标准和法规。
3. 能正确应用汽车故障诊断方法。

在汽车的使用过程中，由于某一种或几种原因的影响，其技术状况将随行驶里程的增加而变化，其动力性、经济性、可靠性、安全性逐渐或迅速地下降，排气污染和噪声加剧，故障率增加，这不仅对汽车的运行安全、运行消耗、运输效率、运输成本及环境造成极大的影响，甚至还直接影响到汽车的使用寿命。因而研究汽车故障的变化规律，定期检测汽车的使用性能，及时而准确地诊断出故障部位并排除故障就成为汽车使用技术的一项重要内容，而汽车故障诊断技术则是汽车使用技术的中心环节，是恢复汽车使用寿命的关键。

汽车故障诊断技术是指在整车不解体情况下，确定汽车技术状况，查明故障原因和故障部位的汽车应用技术，它涵盖了汽车故障诊断技术和检测技术，是二者的统称。

1.1 汽车故障诊断与检测基本理论

汽车故障诊断与检测技术是确定汽车技术状况的应用性技术，不仅要求有完善的诊断、检测、分析、判断手段和方法，而且要有正确的理论指导。因此，必须掌握一定的基础理论知识，在进行汽车故障诊断与性能检测时选择合适的诊断参数，确定合理的诊断标准。

1.1.1 基本概念

(1)汽车工作性能:汽车动力性、经济性、工作可靠性及安全环保等性能的总称。

(2)汽车技术状况:定量测得的表征某一时刻汽车外观和性能参数值的总和。

(3)汽车故障:汽车部分或完全丧失工作能力的现象。

(4)汽车故障率:指使用到某行驶里程的汽车,在单位行驶里程内发生故障的概率。

(5)汽车故障诊断:指在不解体的情况下,确定汽车的技术状况,查明故障部位及故障原因的汽车应用技术。

(6)汽车故障变化规律:汽车的故障率随行驶里程的变化规律。

(7)汽车检测:为确定汽车技术状况或工作性能所进行的检查和测量。

(8)汽车检测诊断参数:供检测诊断用的,表征汽车、总成及机构技术状况的量。

(9)诊断周期:以行驶里程或使用时间表示的汽车检测诊断的间隔期。

1.1.2 汽车故障与汽车检测的分类

1.1.2.1 汽车故障的类型

根据分类目的不同,汽车故障可进行如下分类:

(1)按汽车丧失工作能力的程度分类

可分为局部故障和完全故障。局部故障是指汽车部分丧失了工作能力,降低了使用性能的故障。完全故障是指汽车完全丧失工作能力,不能行驶的故障。

(2)按故障发生的后果分类

可分为轻微故障、一般故障、严重故障和致命故障。轻微故障不会导致停驶,暂不影响正常行驶,故障排除时不需要更换零件,可用随车工具在很短时间内排除。一般故障不会导致主要零部件损坏,虽未造成停驶,但已影响汽车的正常行驶,可在短时间内用随车工具通过调整或更换低值易耗件进行修复。严重故障导致整车性能严重下降,主要零部件损坏,且不能用随车工具在短时间内修复。致命故障造成汽车重大损坏,主要总称报废,还可能导致人身伤亡。

(3)按故障发生的性质分类

可分为自然故障和人为故障。自然故障是在汽车使用期内,由于内、外部不可抗拒的自然因素的影响而产生的故障。人为故障是在汽车制造和维修中,由于使用了不合格的零件或违反了装配技术要求,或在使用中没有遵守使用条件和操作工艺规程及运输、保管不当等人为因素所造成的故障。

(4)按故障发生的速度分类

可分为突发性故障和渐进性故障。突发性故障是指零件在损坏前没有可以察觉到的征兆,故障是瞬间发生的,具有偶然性和突发性,一般不受运行时间的影响,难以预测。但这种故障容易排除,通常不影响汽车的使用寿命。渐进性故障是由于汽车某些零件的初始参数逐渐恶化,其参数值超出允许范围而引起的,其故障率与运行时间有关,在汽车有效寿命的后期才明显地表现出来。渐进性故障是汽车需进行大修的标志,通过诊断和检测，可以预测故障发生的时间。

(5)按故障表现的稳定程度分类

可分为持续性故障和间歇性故障。持续性故障的症状稳定，故障规律明显，其故障部位技术状况稳定，一般较易诊断和排除。间歇性故障时有时无，具有突发性，且无明显规律可循，其故障部位的技术状况发生不规则变化。

(6)按故障显现程度分类

可分为可见性故障和潜在性故障。可见性故障是已经导致汽车功能丧失或性能下降的故障；潜在性故障是逐渐发展尚未对汽车性能产生影响的故障。

1.1.2.2　汽车检测的类型

汽车检测有多种分类方法，通常按汽车构成及检测线的功能进行分类。

(1)按汽车构成分类

可分为整车检测、发动机检测和底盘及车身检测。

1)整车检测　主要包括底盘输出功率的检测、汽车排放污染物的检测、车速表校验、汽车噪声的检测、前照灯检验、汽车防雨密封性试验、汽车外观检视等七个方面的内容。

2)发动机检测　主要包括发动机功率、燃油消耗量、发动机密封性能、发动机异响、启动系统技术状况、点火系统技术状况、供油系统技术状况、润滑系统技术状况、冷却系统技术状况等九个方面内容的检测。

3)底盘及车身检测　主要包括传动系技术状况、转向系技术状况、制动系技术状况、行驶系技术状况、轿车车身整形定位等五个方面内容的检测。

(2)按汽车检测线的服务功能分类

可分为安全性能检测和综合性能检测。

1)汽车安全性能检测　指对汽车的外观、安全性能和环保性能进行全面的检测，检测内容主要包括汽车侧滑、转向、制动、前照灯、噪声和尾气排放状况，确定其是否合格。

2)汽车综合性能检测　指对汽车的工作能力和技术状况进行全面的检测，同时对不合格项目进行诊断，从而查明故障原因和故障部位。

1.1.3　汽车故障的成因及其变化规律

1.1.3.1　汽车故障产生的原因

零件失效是汽车故障产生的主要原因，除此之外，一些人为因素，如设计上的缺陷，制造缺陷，维修及劣质配件、燃润料，非正常维护与使用等均可导致故障产生。

汽车零件失效的主要形式为零件之间的自然磨损或异常磨损、零件与有害物质接触造成的腐蚀、零件在长期交变载荷下的疲劳断裂、在外载荷及温度残余内应力下的变形、非金属零件及电器元件的老化、偶然的损伤等等。其中，老化是非金属零件及电器元件失效的主要原因，而金属零件失效的主要原因是磨损。汽车零件的内在磨损存在有一定的规律性。

1.1.3.2 汽车零件的磨损规律

零件的磨损规律是指两个相配合零件的磨损量与汽车行驶里程的关系，又称为零件的磨损特性。图 1-1 为二者的关系曲线——零件的磨损特性曲线。

零件的磨损可分为三个阶段：

(1)零件的磨合期(行驶里程$<k_1$) 由于零件表面粗糙度的存在，在配合初期，其实际接触面积较小，比压力极高，所以初期磨损量较大，但随着行驶里程的增加，配合质量不断提高，磨损量的增长速度开始减慢。零件在磨合期的磨损量主要与零件的表面加工质量及对磨合期的使用有关。

(2)正常工作期(行驶里程为 $k_1 \sim k_2$) 在正常工作期，由于零件已经过了初期磨合阶段，零件的表面质量、配合特性均达到最佳状态，润滑条件也得到相应改善，因而磨损量较小，磨损量的增长也比较缓慢。就整个阶段的平均情况来看，其单位行驶里程的磨损量变化不大。零件在正常工作期的磨损属于自然磨损，磨损程度取决于零件的结构、使用条件和使用情况。合理使用将会使正常工作期相应延长。

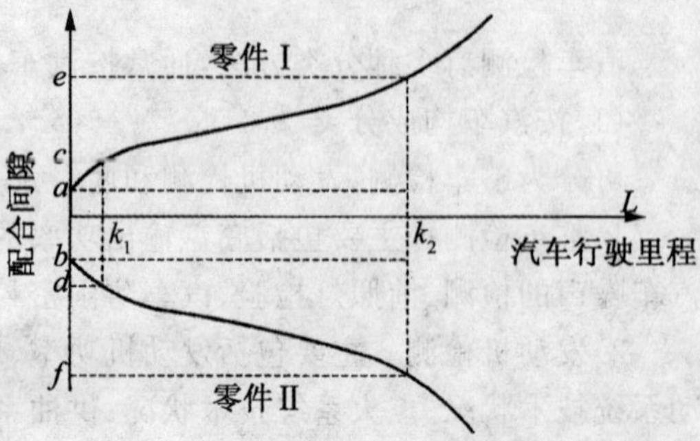

图 1-1 汽车零件的磨损特性曲线

(3)加速磨损期(行驶里程$>k_2$) 加速磨损期又称极限磨损期。随着磨损量的不断积累，零件间的配合间隙不断增大，当配合间隙达到极限值时，润滑条件恶化，磨损量急剧增加，若继续使用，将会由自然磨损发展为事故性磨损，造成零件恶性损坏。

由上述分析可知，要延长零件的使用寿命，应降低磨合期的磨损，减缓正常工作期的磨损，推迟加速磨损期的到来。

1.1.3.3 汽车故障的变化规律

汽车故障率又称失效率或故障程度，是度量汽车可靠性的一个重要参数，体现了汽车在使用中工作能力的丧失程度。

汽车故障的变化规律曲线就是汽车的故障率与行驶里程的关系曲线，也称浴盆曲线，它与汽车零件的磨损特性曲线存在一定的对应关系，如图 1-2 所示。

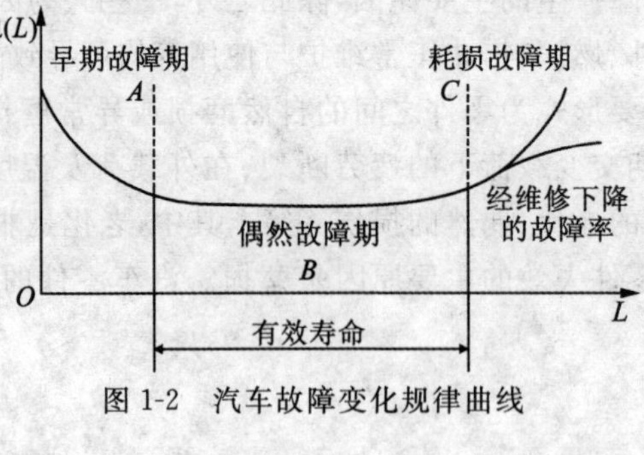

图 1-2 汽车故障变化规律曲线

与零件的磨损规律相对应,汽车故障变化规律也分三个阶段:

(1)早期故障期 早期故障期相当于汽车的走合期。汽车早期故障原因多为制造质量问题,但故障率随行驶里程增加而逐渐下降。

(2)偶然故障期 在偶然故障期其故障的产生是随机的,没有一种特定的因素起主导作用,多由于使用操作不当、润滑不良、未正常维护及材料内部隐患、工艺和结构缺陷等偶然因素所致,此阶段又称随机故障期。在此期间,汽车或总成处于最佳状态,其故障率低而稳定,其对应的行驶里程一般称为汽车的有效寿命。

(3)耗损故障期 在耗损故障期,由于零件磨损量急剧增加,大部分零件严重耗损,特别是大多数受交变载荷作用而极易磨损的零件已经老化衰竭,导致故障率急剧上升,出现大量故障,若不及时维修,将导致汽车或总成报废。因此,必须把握好耗损点,制定合适的维修周期。

早期故障期和随机故障期所对应的行驶里程即为汽车的修理周期或称修理间隔里程。

1.1.4 汽车检测诊断参数

检测诊断参数是汽车故障诊断与检测技术的重要依据,在检测汽车技术状况时,虽然有些结构参数可以表征其技术状况,但在不解体情况下直接测量汽车的结构参数常常受到限制,甚至无法检测。因此,需要采用一些与结构参数有关而又能表征其技术状况的间接指标,这些间接指标即为汽车的检测诊断参数。

1.1.4.1 检测诊断参数

汽车检测诊断参数包括工作过程参数、伴随过程参数和几何尺寸参数。常用检测诊断参数见表1-1。

(1)工作过程参数 是汽车或总成在工作过程中输出的一些可供测量的物理量和化学量,例如发动机功率、驱动车轮输出功率或驱动力、汽车燃料消耗量、制动距离或制动力或制动减速度、滑行距离等,往往能表征检测诊断对象总的技术状况,适合于总体检测诊断。工作过程参数是深入检测诊断的基础。汽车不工作时,工作过程参数无法测得。

(2)伴随过程参数 是伴随工作过程输出的一些可测量,如振动、噪声、异响、过热等,可提供检测诊断对象的局部信息,常用于复杂系统的深入检测和诊断。在汽车不工作或工作后已停驶较长时间的情况下,无法检测伴随过程参数。

(3)几何尺寸参数 可提供总成、机构中配合零件之间或独立零件的技术状况。如配合间隙、自由行程、圆度、圆柱度、端面圆跳动、径向圆跳动等,虽提供的信息量有限,但却能表征检测诊断对象的具体状态。

在汽车的使用过程中,检测诊断参数的变化规律与汽车技术状况的变化规律之间有一定的关系。能够表征汽车技术状况的参数有很多,为了保证诊断结果的可信性和准确性,选择参数时,应注重其灵敏性、单值性、稳定性、信息性和经济性。

表 1-1　　汽车常用检测诊断参数

检测诊断对象	检测诊断参数
汽车总体	最高车速(km/h) 最大爬坡度[(°),%] 加速时间(s) 驱动车轮输出功率(kW) 驱动车轮驱动力(kN) 汽车燃料消耗量[L/km,L/100km,L/(100t·km)] 侧倾稳定角(°)
发动机总体	额定转速(r/min) 怠速转速(r/min) 发动机功率(kW) 发动机燃料消耗量(L/h) 单缸断火(油)转速下降值(r/min) 汽油车排放 CO、CO_2、O_2、HC、NO_x 的体积分数(%、ppm) 柴油车自由加速烟度(FSN) 排气温度(℃)
汽缸和燃烧室	汽缸压力(MPa) 曲轴箱窜气量(L/min) 汽缸漏气量(kPa) 汽缸漏气率(%)
曲柄连杆机构和配气机构	曲轴轴向间隙(mm) 曲轴主轴承间隙(mm) 连杆轴承间隙(mm) 气门间隙(mm) 配气相位(°)
润滑系	机油压力(kPa) 机油液面高度 机油温度(℃) 理化性能指标变化量 清净性系数的变化量 介电常数的变化量 金属微粒的体积分数(%) 机油消耗量(kg)
冷却系	冷却液温度(℃) 冷却液液面高度 散热器冷却液入口与出口温差(℃) 风扇传动带张力[N/(10~15mm)]
电子控制系统	控制单元型号 故障码 数据流 各传感器输入、输出信号电压(V) 各传感器输出信号波形 各执行器控制电压(V)及波形 控制电路的电压(V)和搭铁
传动系	传动系游动角度(°) 传动系机械效率 各总成工作温度(℃) 各总成液面高度 自动变速器油压(kPa) 离合器踏板高度及自由行程(mm)
汽油机供给系	进气管真空度(kPa) 进气温度(℃) 燃油压力(kPa) 过量空气系数 φ_a 喷油器的喷油量(mL) 喷油器的喷油脉宽(ms) 各缸喷油不均匀度(%) 喷油器电压波形 喷油器密封和喷雾状态
柴油机供给系	输油泵输油压力(kPa) 喷油泵高压油管最高压力(kPa) 喷油泵高压油管残余压力(kPa) 喷油器针阀开启压力(kPa) 喷油器针阀关闭压力(kPa) 喷油器针阀升程(mm) 各缸供油不均匀度(%) 供油提前角(°) 各缸供油间隔角(°) 各缸喷油器的喷油量(mL)
点火系	蓄电池电压(V) 初级电路电压、电流(V、A) 各缸点火闭合角(°) 各缸点火波形重叠角(°) 点火提前角(°) 各缸点火电压值(kV) 各缸点火电压短路值(kV) 点火系最高电压值(kV) 火花塞型号及间隙(mm) 火花塞加速特性值(kV) 初级、次级线圈电阻值(Ω) 中央高压线、分缸线电阻值(Ω)
制动系	制动距离(m) 制动力(N) 制动拖滞力(N) 驻车制动力(N) 制动减速度(m/s^2) 制动系协调时间(s) 制动完全释放时间(s) 制动踏板高度及自由行程(mm)
转向系	车轮侧滑量(m/km) 车轮前束(mm) 车轮外倾角(°) 主销后倾角(°) 主销内倾角(°) 转向轮最大转向角(°) 最小转弯直径(m) 转向盘最大自由转动量(°) 转向盘外缘最大切向力(N)
行驶系	车轮静不平衡量(g) 车轮动不平衡量(g) 车轮端面圆跳动量(mm) 车轮径向圆跳动量(mm) 轮胎胎冠花纹深度(mm)
其他	启动电压、电流(V、A) 启动转速(rpm) 启动时间(s) 前照灯发光强度(cd) 前照灯光束照射位置(mm) 车速表允许误差范围(%) 喇叭声级(A 声级)(dB) 客车车内噪声级(A 声级)(dB) 驾驶员耳旁噪声级(A 声级)(dB)

1.1.4.2　检测诊断参数标准

检测诊断参数标准是对检测诊断参数限值的统一规定。为了定量的评价汽车及总成的技术状况，确定维修范围和深度，预报无故障工作里程，单有检测诊断参数是不够的，还必须建立检测诊断参数标准，提供一个比较尺度，以确定汽车是继续运行还是进厂维修。

检测诊断参数标准一般由初始值 P_f、许用值 P_d 和极限值 P_n 三部分组成，其可能是一个单一的数值，也可能是一个范围。

(1)初始值 P_f　相当于无故障新车和大修车诊断参数值的大小，往往是最佳值，可作为新车和大修车的检测诊断标准。当检测诊断参数测量值处于初始值范围内时，表明检测对象技术状况良好，无需维修便可继续运行。

(2)许用值 P_d　检测诊断参数测量值若在许用值 P_d 范围内，则检测对象技术状况虽发生变化但尚属正常，无需修理(但应按时维护)可继续运行。超过此值，勉强许用，但应及时安排维修。否则，汽车在故障状态下行车，故障率上升，可能行驶不到下一个诊断周期。

(3)极限值 P_n　检测诊断参数测量值超过极限值 P_n 后，检测对象技术状况严重恶化，汽车应立即停驶修理。此时，汽车的动力性、经济性和排气净化性能大大降低，行驶安全性得不到保证，有关机件磨损严重，甚至可能发生机械事故，必须立即停驶修理。

1.1.4.3　诊断周期

诊断周期是汽车检测诊断的间隔期，以汽车行驶里程或使用时间(月或日)表示。最佳诊断周期是能保证车辆的完好率最高而消耗的费用最少的周期。

为了保证车辆在无故障状态下运行，又能使维修费用降至最低，应在满足技术和经济两方面的条件下，确定最佳诊断周期。制定最佳诊断周期应考虑汽车技术状况、使用条件、检测诊断、维护修理、停驶损耗的费用等多项因素。

1.1.5　汽车检测标准

汽车检测标准分为国家标准、行业标准、地方标准和企业标准四类，其中国家标准权威性最高，行业标准不得与国家标准相抵触，地方标准不得与国家标准、行业标准相抵触。

(1)国家标准　它是由国家标准化行政主管部门制定和颁布的标准，分为强制性标准和推荐性标准，用符号“GB”表示。如 GB 7258-2004《机动车运行安全技术条件》即为强制性国家标准，GB/T 18344-2001《汽车维护、检测、诊断技术规范》即为推荐性标准。

(2)行业标准　它是由国家行业部门制定并发布的标准，又称部委标准，其在一定范围内具有强制性和权威性。如 JT/ 198-2004《汽车技术等级评定检测方法》即为交通部发布的交通行业标准。

(3)地方标准　它是由省、市级标准化行政主管部门制定并发布的标准，在本地区范围内贯彻执行。地方标准中的限值可严于上级标准中的限值。

(4)企业标准　它是由企业制定，并报当地标准化行政主管部门或行业主管部门备案，在本企业范围内使用的标准。为提高产品质量，企业标准可严于国家标准或行业标准。

1.2 汽车故障诊断方法

汽车技术状况的诊断是通过检查、测量、分析、判断等一系列活动完成的，常用的故障诊断方法有人工经验诊断法和仪器设备诊断法等。实际维修过程，常常是人工经验诊断法和仪器设备诊断法的综合利用。

1.2.1 人工经验诊断法

人工经验诊断法是指诊断人员凭借丰富的实践经验和一定的理论知识，在汽车不解体或局部解体的情况下，依靠直观的感觉印象、借助简单工具和仪表，采用眼观、耳听、手摸和鼻闻等手段，进行检查、试验、分析，确定汽车的技术状况，查明故障原因和故障部位的诊断方法。

人工经验诊断法是汽车维修行业广泛使用的故障诊断方法之一，具有很强的实用性，对于一些症状比较明显的故障，无需使用仪器检测，经过人工观察、分析和判断，结合修理过程中的解体作业，即可判断出故障部位和原因。人工经验诊断法具有简单实用、不需要专用仪器设备、投资少、见效快等特点，但对复杂故障诊断速度慢、准确性差、不能进行定量分析，需要诊断人员有较高的技术水平和丰富的实践经验。

1.2.1.1 感官诊断法

(1)问诊法　就是向用户调查询问，通过交谈了解故障出现的全过程。要认真倾听用户提供的汽车故障史，包括使用、维护、故障及修理等情况，并填写故障问诊表。问诊是汽车故障诊断非常重要的环节，是诊断人员掌握故障特征的最佳途径。

(2)观察法　就是用眼观察汽车外部状况及运行时有无异常症状等。在观察的过程中，要利用经验和理论进行周密的思考和推论，不能被表面现象所迷惑。

(3)听诊法　就是利用听诊工具监听或人工直接监听汽车异响，以判断其工作状态及异响产生的部位，并分析可能的故障原因。听诊时要注意不同工况交变时异响的变化，找出异响的规律和特征。

(4)触摸法　就是通过触摸来感觉汽车各部位及电子元件温度的变化情况。

(5)嗅觉法　就是检查汽车运行时有无异常气味。

1.2.1.2 试验法

试验法指进行道路试验及其他一些相关试验。有些故障只有在汽车运行或特定条件下才能显现。修前试验可验证故障现象，找出故障规律。修后试验可检测故障是否排除，并检验维修质量。

1.2.1.3 征兆模拟法

如果汽车出现故障，但又没有明显的故障征兆，在这种情况下必须模拟与用户车辆出现故障时相同或相似的条件和环境，然后进行全面的故障分析。常用方法有振动法（当振动可能是主要原因时)、加热法(当怀疑某部位因受热而引起故障时)、水淋法(当故障可能是雨天或高湿度环境引起时)、电器全接通法(当怀疑故障可能是用电负荷过大而引起时)等。

1.2.1.4　换件诊断法

换件诊断法又称替换法，就是用合格的总成或零部件替换可能损坏的总成或零部件。换件诊断法可以简化故障诊断过程，是一些疑难故障有效的诊断方法之一。

1.2.1.5　仪表诊断法

仪表是诊断汽车故障不可缺少的工具，常用仪表有车装仪表、万用表、电压表、真空表、燃油压力表、汽缸压力表等。其中，车装仪表和指示器可以直观有效地指示出汽车发生的故障。

1.2.1.6　分段检查诊断法

分段检查诊断法就是维修人员按照汽车上的线路、管路和系统的工作路线检查故障。根据维修经验，可以按从前到后的顺序(即从系统动力源到执行机构的顺序)查找，也可以按从后到前的次序查找，也可以从中间开始查找。

1.2.1.7　测量诊断法

测量诊断法就是利用测量工具、仪器、仪表等检测汽车上各有效部位和元器件的各种参数，是故障诊断和调试不可缺少的方法。

1.2.1.8　局部拆检诊断法

局部拆检诊断法就是在已经判明故障发生在某个总成后，一时还不能准确判断具体故障部位，则可按照总成的工作原理，进行局部拆装检查。局部拆检法不失为一种简便易行的快速诊断法，如果方法运用得当，拆检后可以立即确认故障发生部位。

1.2.2　仪器设备诊断法

仪器设备诊断法是指在汽车不解体情况下，利用测试仪器、检测设备和检验工具，检测整车，总成或机构的参数、曲线和波形，为分析、判断汽车技术状况提供定量依据的诊断方法。

仪器设备诊断法是汽车故障诊断与检测技术发展的必然趋势，其检测速度快、准确性高、能定量分析、可实现快速诊断，而且采用微机控制的现代电子仪器设备能自动分析、判断、存储并打印出汽车各项性能参数，但其投资大、检测成本高。

1.2.2.1　故障码诊断法

现代汽车电子控制系统都具有故障自诊断功能。当系统出现故障时，ECU 会使仪表盘上的故障警告灯点亮，同时将故障码信息存入存储器。检修人员可以通过一定的程序将故障码从ECU中调出，根据故障码所显示的内容，迅速准确地确定故障的性质和部位，有针对性地去检查有关部位、元件和线路，将故障排除。因此，故障码诊断法是诊断电控系统故障的基本方法。

故障码的读取与清除可以利用故障诊断仪来完成，也可以通过人工操作完成。现在生产的新款车辆取消了人工读码操作程序，只能利用诊断仪读码。下面以大众车系V. A. G1551/2专用检测仪为例，介绍仪器读取故障码的方法，操作过程如下：

(1)连接仪器和诊断接口，接通电源。

(2)点火开关"ON"但不起动发动机，该仪器进入工作状态，按"C"键确认。

(3)选择模式"1"，进入"快速数据传输"状态(此时可利用键盘输入两位数字，该数字自00开始，至79结束，共80项内容)。

(4)输入"01"后，进入发动机电控系统，有关功能如下：

01—控制单元代码查询；02—查阅故障代码；03—执行元件测试；04—基本参数设定介绍；05—清除已存故障码；06—结束输出；07—控制单元编码(0～32767)；08—读取测量数据流；09—读取独立通道数据；10—更新。

(5)输入"02"，进入故障查询功能，屏幕显示故障数量：

查到了3个故障 →

(6)按下"→"键，显示各个故障代码，再按"→"键，显示其相应文字说明。如果故障类型之后有/SP，表示该故障是偶然产生的短时间故障。

故障代码：00513 →
发动机速度传感器—G25 无信号/SP

(7)输入"05"，清除已存故障码。

也可采用拆下EFI保险丝或拆除蓄电池负极线等方法清除故障代码。

1.2.2.2 数据流分析法

通过诊断仪读取汽车运行状态下的动态数据是汽车故障诊断重要的方法之一。汽车故障诊断仪均具有读取数据流的功能，下面介绍V. A. G1551/2专用诊断仪读取捷达轿车自动变速器数据流的方法：

(1)连接故障阅读器V. A. G1551/2，输入地址码"02 变速器电子装置"，选择功能"08 读取测量数据块"，按"Q"键确认，显示屏显示：

Meβwertblock lesen Anzeigegruppennemmer eingeben X X	读取测量数据块 输入显示组号码 X X

(2)输入显示组号码,如:输入显示组号“05”,按“Q”键确认,显示屏显示:

Meβwerteblock lessen 5 40℃ 0011011 0 900r/min	读取测量数据块 5 40℃ 0011011 0 900r/min

第一个显示区显示的是自动变速器油的温度,第二个显示区显示的是挡位输出情况,第三个显示区显示的是将要挂入的挡位,第四个显示区显示的是发动机转速。

1.2.2.3 波形分析法

汽车故障诊断仪增加了对汽车微机控制系统数据扫描的功能,并能显示出微机控制系统中传感器等元件的实际运行参数(数据流),以便检修人员快速分析、诊断出故障部位。但是扫描工具对错误信号的判断具有一定的局限性,对超范围的信号有时不能正确分辨,或者是由于“假信号”发生得太快,扫描工具不能同步捕捉信号而不能显示出来,这就是汽车存在故障而扫描工具不能显示故障码的原因。利用汽车专用示波器进行检测就可避免上述缺陷,并可快速、准确地判断故障部位和故障原因。

示波器显示的波形是对所测信号的实时显示,可在显示屏上同时显示电压和时间的检测数据,所显示的是根据电压信号随时间的变化所描绘的曲线图,提供了信号电压的变化趋势、幅度、频率、相关性等多项参数。在系统工作时,可通过示波器将上述各种信号的波形显示出来,通过对波形的变化分析来判断故障。图 1-3 所示为两种磁脉冲式曲轴位置传感器的故障波形,图 1-3(a)为齿槽中填有异物形成的故障波形,图 1-3(b)是传感器触发轮安装不当造成的故障波形。

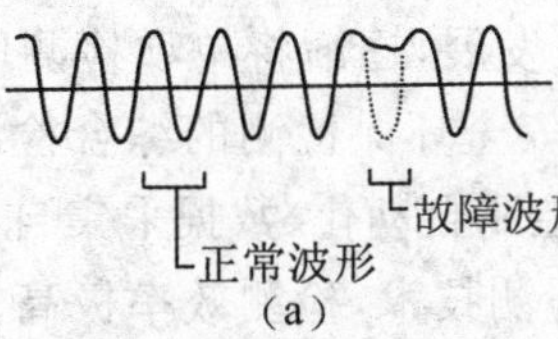

图 1-3 磁脉冲式曲轴位置传感器故障波形

1.2.3 汽车故障诊断一般原则

(1)先思后行 当汽车出现故障时,应根据故障现象进行故障分析,然后选择适当的程序和方法进行诊断与检测,以避免操作的盲目性。

(2)先外后内 在选择故障诊断程序和操作次序时,先对相关的外部系统和部位进行检查,然后再对内部或隐蔽部位进行操作。

(3)故障码优先 当故障自诊断系统监测到电子控制系统故障时,均会以故障码的方式储存故障信息,但并不是所有的故障都通过发动机故障警告灯报警,因此无论仪表板上的发动机故障警告灯是否亮起报警,均应先进行读取故障码操作,以便充分利用故障自诊断系统迅速而又准确地排除故障。

(4)先简后繁　能以简单方法检查的可能故障部位优先检查。直观检查最为简单,一些通过看、摸、听、闻等方法可以确认的故障部位优先检查。需要用仪器、仪表或其他专用工具进行检测的部位,也应将较易检查的安排在前面。

(5)先熟后生　一些故障现象可能有多个故障原因,不同故障原因出现的概率是不同的,对常见的故障原因先进行检查,往往可迅速确定故障部位,省时省力。

(6)先备后用　在检修前,应准备好有关的诊断参数与标准、检修资料、控制电路图及相关备件等,以保证故障诊断的顺利进行。

1.3　汽车故障诊断与检测技术发展概况

汽车故障诊断与检测技术是伴随着汽车技术的发展而发展的,在汽车发展的早期,主要是凭借维修人员的工作经验发现汽车故障并进行针对性的修理。随着现代科学技术的发展,特别是计算机技术的发展,汽车检测技术也随之飞速发展。目前人们能借助各种先进的仪器和设备,对汽车进行不解体检测,而且安全、迅速、准确可靠。

1.3.1　国外汽车诊断检测技术发展状况

汽车故障诊断与检测技术是从无到有逐步发展起来的。国外的一些发达国家,早在20世纪四五十年代就形成了以故障诊断和性能调试为主的单项检测技术。进入20世纪60年代后,诊断检测技术获得较大发展,逐渐将单项检测联线,成立了汽车检测站,发展成为既能进行维修诊断,又能进行安全环保检测的综合检测技术。随着计算机技术的发展,20世纪70年代初出现了检测控制自动化、数据采集自动化、数据处理自动化、检测结果自动打印的现代综合汽车诊断检测技术,检测效率极高。同时,为了加强汽车管理,各工业发达国家相继建立汽车检测站和检测线,使汽车检测制度化。进入20世纪80年代后,计算机技术在汽车故障诊断与检测技术领域的应用进一步向纵深发展,出现了集检测工艺、操作、数据采集和打印、存储、显示等功能于一体的系统软件,使汽车检测线实现了全自动化,这样不仅可避免人为的误判,提高了检测准确性,而且可以把受检汽车的技术状况储存在计算机中。

目前,国外汽车诊断检测技术的主要特点为:

(1)检测管理制度化　在工业发达国家,汽车检测工作由交通部门统一管理,在全国各地建立了由交通部门认证的汽车检测站,负责新车的登记和在用车的安全检测,维修后的汽车也要经过汽车检测站检测,以保证其安全性和排放性能符合国家标准。

(2)检测指标标准化　发达国家的汽车检测有一整套的标准,以标准中规定的数据来判断汽车的技术状况。除对检测结果有严格完整的标准以外,对检测设备也有标准规定,如检测设备的性能、精度、具体结构都有严格的规范,对其使用周期、技术更新等都提出了明确要求。

(3)检测技术智能化和自动化　汽车检测设备正向智能化、自动化、精密化和综合化方向发展,并应用新技术,继续开拓新的领域,研制新的检测设备。

总之,发达国家的汽车检测技术已达到了较高的水平,在管理上实现了"制度化",在检测指标上实现了"标准化",在检测技术上实现了"智能化和自动化"。

1.3.2　国内汽车诊断检测技术发展状况

我国的汽车诊断检测技术起步较晚,经历了从无到有,从小到大,从引进技术、设备到自主研发推广应用,从单一性能检测到综合检测的发展过程。从20世纪60年代开始引进和研制汽车检测设备,由交通部主持进行了发动机汽缸漏气量检测仪、点火正时灯等检测仪器的研发。20世纪70年代,汽车检测技术在我国得到大力发展,汽车不解体检测技术及设备被列为国家科委的开发应用项目。由交通部主持研制开发了反力式汽车制动试验台、惯性式汽车制动试验台、发动机综合检测仪、汽车性能综合检验台(具有制动性检测、底盘测功、速度测试等功能)等。

进入20世纪80年代后,随着国民经济的发展,特别是随着汽车制造业、公路交通运输业的发展和进口车辆的增多,我国的机动车保有量迅速增加,汽车检测技术成为国家"六五"重点推广项目,并视其为推进汽车维修现代化管理的一项重要技术措施。交通部主持研制开发了汽车制动试验台、侧滑试验台、轴(轮)重仪、速度试验台、灯光检测仪、发动机综合分析仪、底盘测功机等,并从1980年开始,有计划地在全国公路运输系统和车辆管理系统筹建汽车性能检测站,公安部门也在全国中等以上城市建成了许多安全性能检测站。80年代初,交通部在大连市建立了国内第一个汽车检测站。

20世纪90年代初,除交通、公安两部门外,机械、石油、冶金、外贸等系统和部分大专院校,也建成了相当数量的汽车检测站,我国汽车诊断检测技术已初具规模,基本形成了全国性的汽车检测网。与此同时,我国的汽车诊断检测技术和设备也得到了大力发展,已能自己生产全套汽车检测设备,如大型的技术复杂的汽车底盘测功机、发动机综合分析仪、四轮定位仪、悬挂检测台、制动检测台、排气分析仪、灯光检测仪等。为了配合汽车检测工作,国内已发布实施了有关汽车检测的国家标准、行业标准、计量检定规程等100多项。从汽车综合性能检测站建站到汽车检测的具体检测项目等均作出了明确规定,组织管理也步入正轨。

我国的汽车诊断检测技术虽与世界先进水平还有一定差距,但已逐步实现了汽车检测技术基础规范化、检测设备智能化和检测管理网络化,正朝着技术更先进、设备更智能、标准更科学、检测网络更发达、检测数据更准确、检测流程更合理、检测管理更完善的方向发展。

复习思考题

1. 解释汽车诊断与检测技术的相关术语。
2. 汽车故障是如何分类的?
3. 汽车产生故障的内在原因是什么?

4. 作图分析汽车零件的磨损特性。
5. 分析汽车故障的变化规律,其各阶段有何特点?
6. 汽车检测的主要内容是什么?检测项目有哪些?
7. 汽车常用的检测诊断参数有哪些?
8. 汽车检测标准分为哪几类?
9. 如何进行汽车故障分析?
10. 现在常用的故障诊断方法有哪几种?各有何优缺点?

第 2 章　发动机的故障诊断与检测

知识目标

1. 了解发动机电控元件的结构组成。
2. 掌握发动机电控元件的功用及检测方法。
3. 掌握发动机各种常见故障的主要原因。
4. 掌握发动机常见故障的诊断与检测方法。

能力目标

1. 能正确使用各种诊断检测仪器和设备。
2. 能根据故障现象，正确分析发动机各种常见故障产生的原因。
3. 能制定正确的诊断操作流程。
4. 通过检测和数据分析，能较为准确的判断故障部位。
5. 能顺利排除发动机的各种常见故障。

现代轿车的发动机均采用微机控制的燃油喷射系统和点火系统，以电子控制单元为核心，以发动机转速和进气量信号为控制基础，以喷油器和点火时刻为主要控制对象，使发动机在各种工况下都能得到与工况相匹配的最佳空燃比和最佳点火时刻。

2.1　发动机微机控制系统主要元件的检测

发动机微机控制系统由传感器、执行元件和 ECU 等组成，其主要电子控制元件如图 2-1 所示。发动机工作时，ECU 不断检测传感器的性能参数，经计算、处理后，再控制执行元件动作。如果控制系统出现故障，通过读取故障代码可确定故障部位。

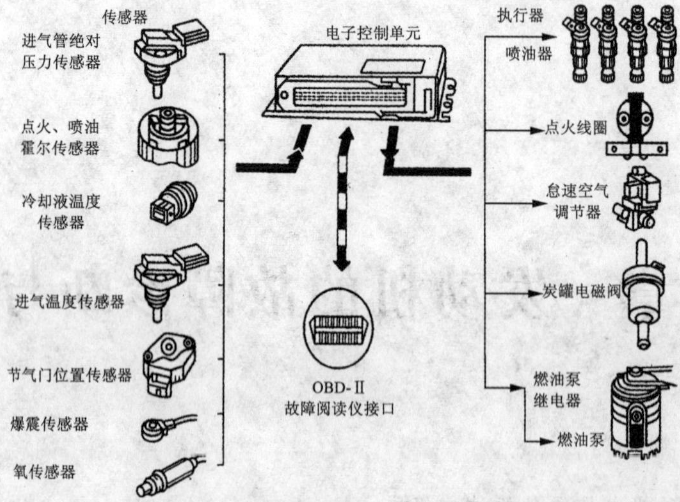

图 2-1 发动机微机控制系统的主要元件

2.1.1 传感器的检测

传感器及其控制线路的工作性能可以使用万用表、汽车故障诊断仪检测，也可以使用示波器检测。

2.1.1.1 使用万用表检测

传感器按信号产生方式不同可分为信号改变传感器和信号产生传感器。

(1)信号改变传感器的检测

信号改变传感器本身不能产生电压，一般把 ECU 的电压(5V)当作自己的参考电压，随着发动机工作状态的变化，改变自己的参考电压值，并将它输送给发动机 ECU。这类传感器主要有空气流量传感器、节气门位置传感器、进气歧管压力传感器、发动机冷却液温度和进气温度传感器、曲轴和凸轮轴位置传感器等，其导线数目多为双导线型和三导线型，部分由仪表提供信号的传感器采用单导线型。

1)双导线型传感器的检测　双导线型传感器有两根导线，一根为信号线，另一根为搭铁线，其控制原理如图 2-2 所示。进气温度传感器、冷却液温度传感器等为双导线型传感器，图 2-3 为桑塔纳 AJR 发动机冷却液温度传感器控制电路，其检测方法如下：

①关闭点火开关，断开传感器导线连接器。

②点火开关置“ON”，用万用表测量连接器插头端子“3”与搭铁间的电压，应为参考电压 5V 左右，否则说明线路或 PCM 有故障。

③点火开关置“OFF”，用万用表测量连接器插头端子“1”与搭铁间的电阻，应小于 0.5Ω，否则说明线路或 PCM 有故障。

④接好传感器导线连接器，起动发动机，测量端子“3”与“1”间的电压，应在 0～5V 之间，并随温度的升高而减小，否则说明温度传感器有故障。

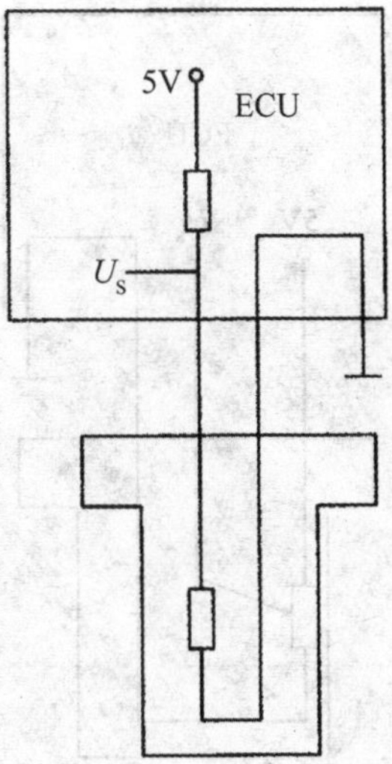

图 2-2　双导线信号改变传感器电路原理

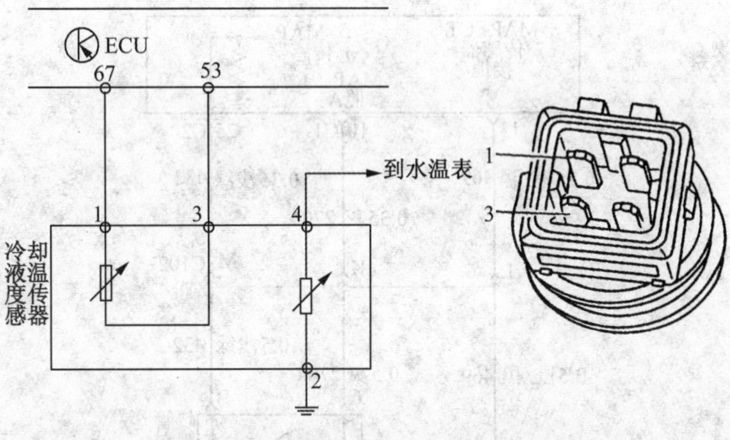

图 2-3　桑塔纳 AJR 发动机冷却液温度传感器的控制电路

2)三导线型传感器的检测　传感器导线一根为 ECU 的电源线，一根为信号线，另一根为搭铁线，其控制原理如图 2-4 所示。节气门位置传感器、曲轴及凸轮轴位置传感器、进气压力传感器等为三导线型传感器，图 2-5 为别克君威半导体压敏电阻式进气压力传感器控制电路，其检测方法为：

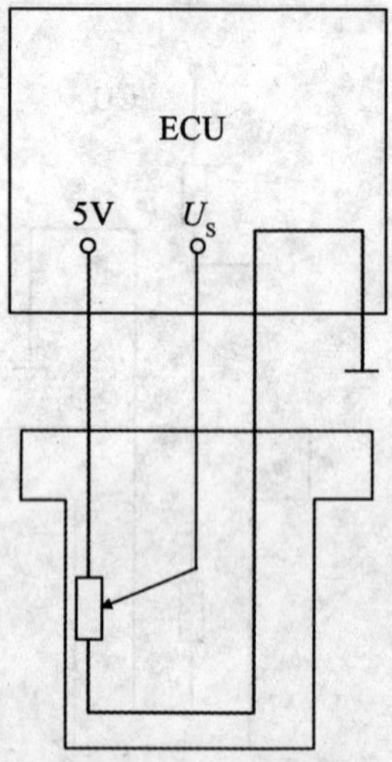

图 2-4　三导线信号改变传感器电路原理

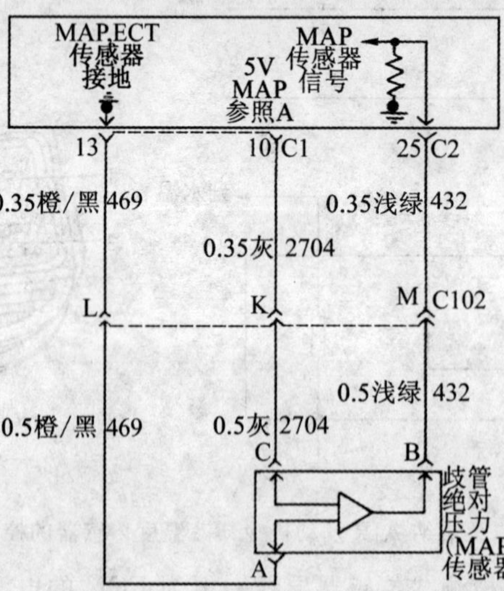

图 2-5　别克君威进气压力传感器控制电路

①点火开关置“OFF”,断开传感器导线连接器。

②点火开关置“ON”,用万用表测量连接器插头“C”与搭铁间的电压,应为参考电压 5V 左右。

③点火开关置“OFF”,用万用表测量连接器插头“A”与搭铁间的电阻,应小于 0.5Ω。

④接好传感器导线连接器,起动发动机(或使用真空泵改变进气压力),用万用表测量连接器端子“B”与搭铁间的信号电压,应在 0.00～4.97V 间变化,并随进气压力的增大而增大。怠速时小于 2V(1.5～2.0V),节气门全开时(或点火置“ON”,发动机未起动),大于 4V。

(2)信号产生传感器的检测

信号产生传感器能够根据发动机的特别工作状态产生相应的电信号,不需要加参考电压。典型的信号产生传感器有爆震传感器、氧传感器等,导线数目多为双导线型,其控制原理如图 2-6 所示。

图 2-7 为桑塔纳 AJR 发动机氧传感器的控制电路,其中端子“1”与“2”间为氧传感器加热器控制线路,端子“3”与“4”间为传感器信号线路,其检测方法如下:

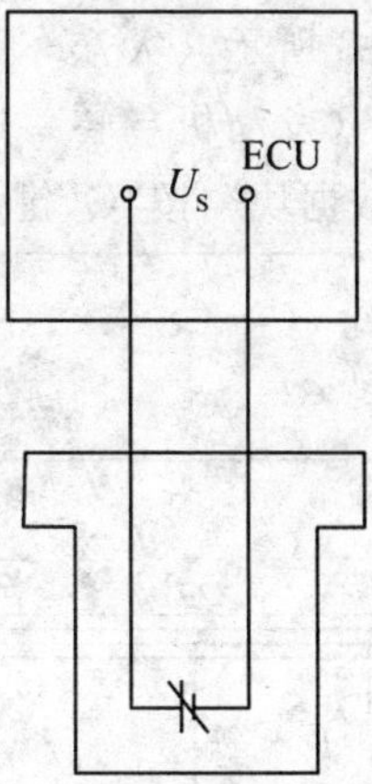

图 2-6 双导线信号产生传感器电路原理

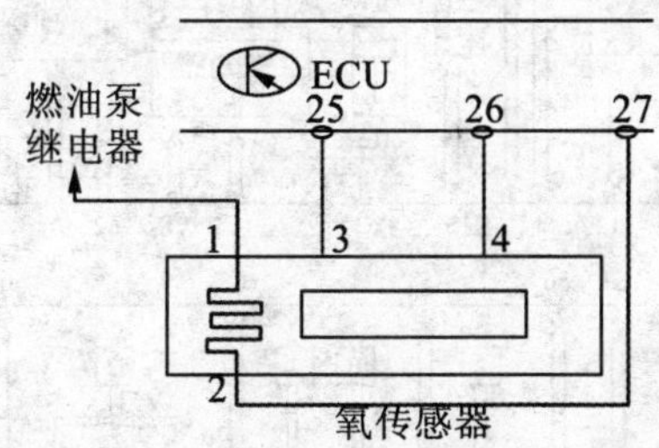

图 2-7 桑塔纳 AJR 发动机氧传感器的控制电路

1)点火开关置“OFF”,断开连接器,用万用表测量连接器插座端子“1”和“2”间的加热器电阻,电阻值应为 1～5Ω(电阻随温度升高),否则说明加热器故障,应更换氧传感器。

2)点火开关置于“ON”,运行发动机,用万用表测量连接器插头端子“1”和“2”间的线路电压,应为蓄电池电压,否则说明加热器线路或 PCM 故障。

3)插好连接器,用探针从连接器背面插入端子“3”和“4”间。

4)预热发动机,使发动机处于正常工作温度且稳定运转。用万用表测量氧传感器信号端子“3”和“4”间的电压值(从探针测量),应在 0.0～0.3V 与 0.7～1.0V 间波动。

5)断开连接器,点火开关置“ON”,测量连接器插头端子“3”和“4”间的电压,应为 450±50mV(测试量程 2V)。

6)断开连接器,检测氧传感器的信号电压。人为改变混合气空燃比(如向进气管喷入清洗剂），氧传感器的信号电压应有变化，否则说明氧传感器故障，应更换。

2.1.1.2　利用汽车故障诊断仪检测

汽车故障诊断仪均有数据流功能，通过读取数据流检测传感器的工作性能。下面以捷达王轿车发动机为例，介绍传感器数据流检测分析方法。

捷达王轿车设有热膜式空气流量计、节气门体（带有节气门电位计和怠速电动机位置传感器）、爆燃传感器、氧传感器、发动机转速传感器、进气温度传感器、冷却液温度传感器和霍尔传感器等，其控制电路如图 2-8 所示。大众车系可采用专用诊断仪 V. A. G1552，用地址码 01 选择“发动机电控单元”（发动机怠转），选择 02 功能查询故障存储，若无故障，按 0 和 8 键选择功能“读取测量数据块”，按“Q”键确认，显示屏显示：

Read measuring value block				→
1	2	3	4	

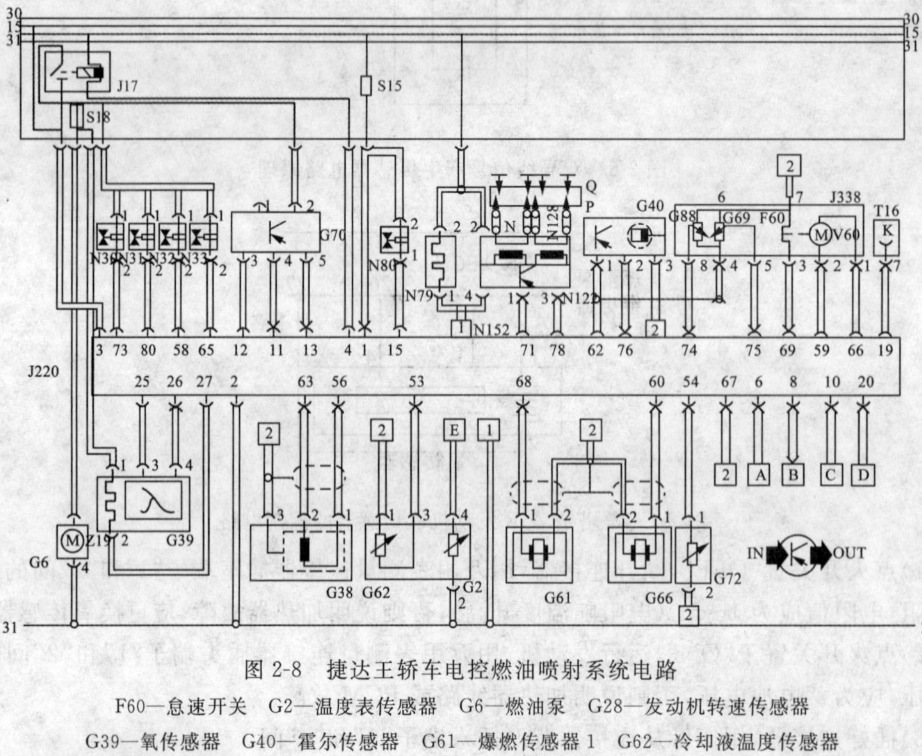

图 2-8　捷达王轿车电控燃油喷射系统电路

F60—怠速开关　G2—温度表传感器　G6—燃油泵　G28—发动机转速传感器
G39—氧传感器　G40—霍尔传感器　G61—爆燃传感器 1　G62—冷却液温度传感器
G66—爆燃传感器 2　G69—节气门位置传感器　G70—空气流量计　G72—进气温度传感器
G88—怠速电机位置传感器　J17—燃油泵继电器　J220—电控单元（ECU）
J338—节气门体　N—1 缸和 4 缸点火器　N79—曲轴箱加热电阻　N80—活性炭罐电磁阀
N122—点火器　N128—2 缸和 3 缸点火线圈　N152—无分电器点火装置总成　P—火花塞插头
Q—火花塞　T16—诊断插座　V60—怠速电机　Z19—氧传感器加热器

在“读取测量数据块”界面，选择传感器对应的显示组号即可读出相应的工作参数。

各传感器的检测方法如下：

(1)空气流量计的检测

1)基本检查　按 0、0、2 键选择“显示组 002”，按“Q”键确认，显示屏显示：

Read measuring value block	→
1　　2　　3　　4	

观察显示区 4，显示为吸入空气量(规定为 2.0～5.0g/s)。若超出规定值，则检查空气流量计电压。

2)空气流量计电压的检查　在燃油泵继电器正常的前提下检查空气流量计电压。拔下空气流量计 5 孔连接器，测量端子“2”和发动机接地点之间的电压，参见电路图 2-8。起动发动机测量电压，规定值最少为 11.5V。如果电压正常，检查信号线。拔下发动机电控单元线束连接器，检查空气流量计 5 孔连接器与电控单元连接器间的线束有无断路，端子“3”与“12”“4”与“11”及“5”与“13”导线之间的电阻值应小于 1.5Ω。如果导线无故障，说明故障在空气流量计，应更换。

(2)节气门体的检查

怠速稳定装置与节气门为一体，节气门体内设置了节气门电位计、怠速开关、怠速电动机及怠速电动机位置传感器。壳体不允许打开，所有调整用 V. A. G1552 的基本调整功能来完成。拆装或更换节气门体(J338)后必须进行一次基本调整。

1)在“读取测量数据块”界面选择“显示组 004”，按 Q 键确认，显示屏显示：

Read measuring value block	→
1　　2　　3　　4	

第 4 区必须显示“部分负荷”(Teillast)。按“→”键，按 0、6 键退出系统。如果 V. A. G1552 显示值不正确，应检查线路。

2)重新选择“显示组 098”，按“Q”确认，显示屏显示：

Read measuring value block	→
1　　2　　3　　4	

此时显示区 2 中怠速电动机位置传感器的开度电压值必须达到约 4.5V。如果未达到规定值，按“→”键，按 0、6 键退出。如果显示值不均匀，更换节气门体。如果显示值恒为 0°或大于 90°，继续检查。

①恒为 0°的原因是断路或对正极短路。从节气门体上拔下 8 孔连接器，将 8 孔连接器中的端子“5”和“7”相接，观察 004 显示组中 1 区显示值，若大于 90°，按“→”键，按 0、6 键选择结束输出，按“Q”键确认。关闭点火开关，更换节气门体。

②如果显示 0°，检查节气门体的电压供给及通向控制单元的导线。如果电压和导线都正常，更换多点喷射控制单元(J220)。

③如果显示恒为90°或大于90°，从节气门体上拔下8孔连接器。若此时显示为0°，则更换节气门体；若显示为90°或大于90°，则检查节气门体的电压供给及通向控制单元的导线。如果电压和导线都正常，则更换多点喷射控制单元(J220)。

此节气门体属于节气门式怠速系统，其端子"1"和"2"为怠速电动机，端子"3"和"7"为怠速开关，端子"4""5"和"7"为怠速电动机位置传感器，端子"4""5"和"8"为节气门位置信号，端子"6"不用。节气门体控制线束与电控单元的连接为：端子"1"与"66"、"2"与"59"、"3"与"69"、"4"与"62"、"5"与"75"、"7"与"67"、"8"与"74"。

(3)氧传感器的检测

检查前应确保基本调整正常，排气管前部与缸盖之间密封良好。

1)检测氧传感器电压　选择功能"读取测量数据块"，再选择"显示组003"，按Q键确认输入，显示屏显示：

Read measuring value block				→
1	2	3	4	

第3区显示冷却液温度，大于80℃才可以进行检测。按"C"键退出"003显示组"，再选择"显示组007"，按"Q"键确认，显示屏显示：

Read measuring value block				→
1	2	3	4	

第3区显示氧传感器电压，电压值必须每分钟在0.1～0.9V范围内变化至少10次。如果显示约1.10V，表明对正极短路。

拔下氧传感器连接器，测量端子"3"和"4"，在点火开关打开时规定值为0.45V，如果达到规定值，说明氧传感器正常，否则应检查线路或更换氧传感器。如果显示0.45～0.50V，表示断路，应检查传感器线路。如果显示0V，表示对地短路，应检查线路。

如果氧传感器电压变化缓慢，可能是氧传感器加热器损坏、传感器本体上缝隙或孔隙堵塞、传感器热负荷过载。

2)检查氧传感器导线　拔下氧传感器4孔连接器，拔下电控单元线束连接器，测量两连接器间的线束有无断路。对应端子为"3"与"25"、"4"与"26"，导线电阻应小于1.5Ω。氧传感器连接器4个端子间的阻值规定为无穷大，对蓄电池正负极阻值无穷大。若导线正常，则更换氧传感器。

3)检查氧传感器加热器(Z19)　检查时燃油泵继电器应正常，18号熔断器正常。拔下氧传感器连接器，测量氧传感器插座端子"1"和"2"之间的电阻，室温下为1～5Ω，当温度上升时，电阻会有很大的提高。如果断路，应更换氧传感器。若没有断路，起动发动机，测量端子"1"和"2"之间的电压，规定值最低11V。如果没有电压，关闭发动机，拔下控制单元连接器，检查氧传感器连接器端子"2"与电控单元连接器端子"27"是否断路，阻值小于1.5Ω为正常。若阻值正常，检查氧传感器连接器端子"1"与燃油泵继电器(J17)之间的线路。

(4)冷却液温度传感器的检测

选择功能“读取测量数据块”,再选择“显示组 003”。显示屏显示:

Read measuring value block	→
1　　2　　3　　4	

第 3 区显示冷却液温度。观察冷却液温度值:

1)如果显示约－46℃,表示断路或对正极短路。从冷却液温度传感器上拔下 4 孔连接器,短接端子“1”和“3”,若显示约 141℃,按“→”键,按 0、6、Q 键,结束输出。关闭点火开关,更换冷却液温度传感器(G62)。若仍显示－46℃,需检查线路。

2)如果显示约 141℃,从冷却液温度传感器上拔下 4 孔连接器,若此时显示约－46℃,则更换冷却液温度传感器;若仍显示 141℃,则拔下电控单元连接器,检查冷却液温度传感器 4 孔连接器端子“1”和“3”是否有短路。如果确定导线无故障,则更换电控单元(J220)。

冷却液温度传感器的另外两个端子是连接冷却液温度表的。

(5)进气温度传感器的检测

选择“显示组 003”,按“Q”键确认输入,显示屏显示:

Read measuring value block	→
1　　2　　3　　4	

第 4 区显示进气温度,读取进气温度值:

1)如果显示约－48℃,表示断路或对正极短路。从进气温度传感器上拔下连接器,短接端子“1”和“2”,若显示约 141℃,表示进气温度传感器损坏。按“→”键,按 0、6、Q 键,结束输出,关闭点火开关,更换冷却液温度传感器(G62)。若仍显示－48℃,按“→”键,按 0、6、Q 键,结束输出,关闭点火开关,拔下控制单元连接器,检测控制单元与进气温度传感器线束有无断路。对应端子“1”与“54”、“2”与“67”间的导线电阻规定值为 1.5Ω,检测对正极有无短路。如果导线无故障,更换电控单元 J220。

2)如果显示约 141℃,表示对地短路。从进气温度传感器上拔下 2 孔连接器,若此时显示约－48℃,表示进气温度传感器损坏。按“→”键,按 0、6、Q 键,结束输出,关闭点火开关,更换进气温度传感器。若拔下 2 孔连接器后仍显示 141℃,按“→”键,按 0、6、Q 键,结束输出,关闭点火开关后,拔下多点喷射控制单元连接器,检查进气温度传感器两导线间以及对地是否短路。如果确定导线无故障,则更换电控单元(J220)。

3)如果显示为环境温度,当显示出的温度值与传感器所处的环境温度有很大偏差时,则检查传感器导线的接触电阻。从进气管上拆下进气温度传感器,注意观察显示区 4 中的进气温度值,将清洗剂喷到传感器上,温度显示值必须下降,如果不下降,更换进气温度传感器。

(6)发动机转速传感器的检查

断开发动机转速传感器白色 3 孔连接器,用万用表测量传感器端子“1”和“2”间的电阻，规定值约为 450～1000Ω，测量端子“1”和“3”、“2”和“3”间的电阻，应为无穷大。如果没有达到规定值，更换发动机转速传感器。

控制单元与转速传感器对应端子“1”与“56”、“2”与“63”、“3”与“67”之间的电阻值应小于 1.5Ω，另外需检查导线间有无短路。如果确认导线良好，则更换发动机控制单元(J220)。

2.1.1.3　利用示波器检测

示波器在显示屏上同时提供电压和时间测量，显示电压信号随时间变化而变化的曲线图。它提供了更多的对信号电压变化趋势、幅度、频率、相关性等的分析依据及方法，信号全面、准确、形象，适合于测量快速变化的信号。

电子元件的故障信号有时是间歇的，时有时无，且有些信号变化非常快(变化周期达1/1000s)。数字示波器不仅可以快速捕捉信号，还可以用较慢的速度来显示、储存、回放这些波形，以便观察和分析。图 2-9 至图 2-14 为传感器标准信号波形，将实测波形与之对比，分析故障原因和故障点。

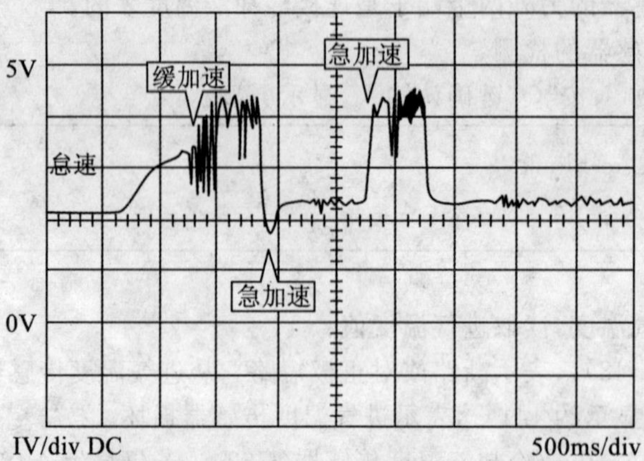

图 2-9　模拟信号热线(热膜)式进气流量传感器的信号波

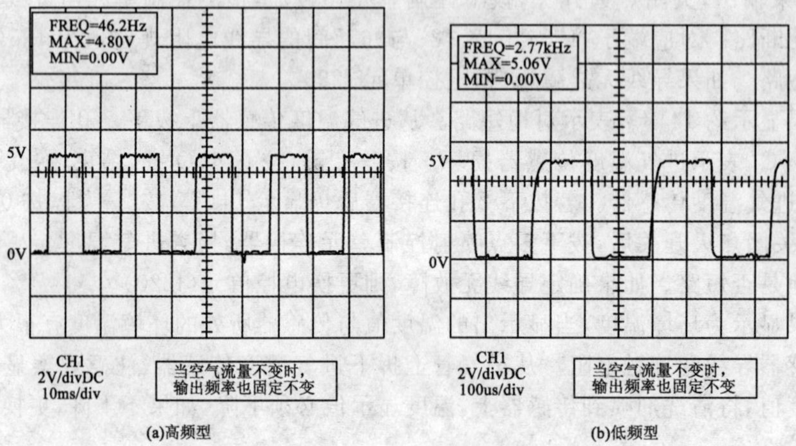

图 2-10　数字式空气流量传感器波形

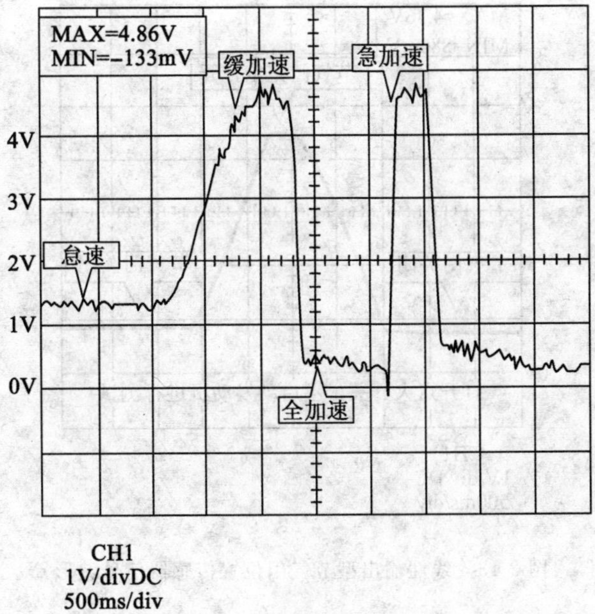

图 2-11　压敏电阻式进气压力传感器信号波形

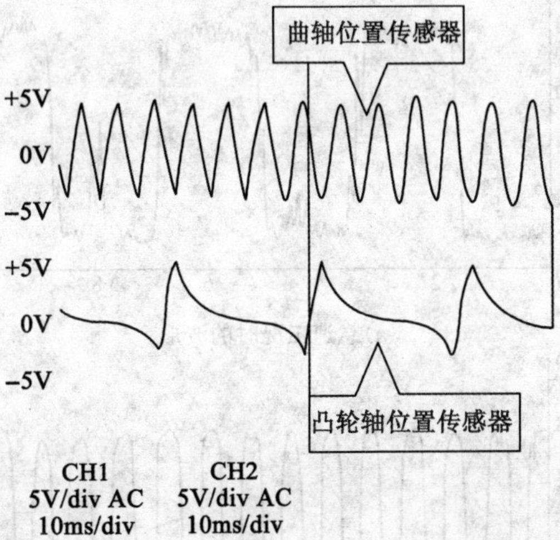

图 2-12　典型的双通道检测磁脉冲式曲轴位置传感器信号波形

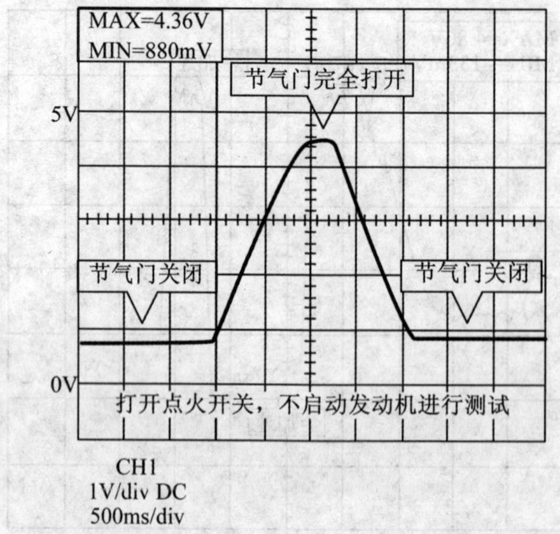

图 2-13　线性输出型节气门位置传感器信号波形

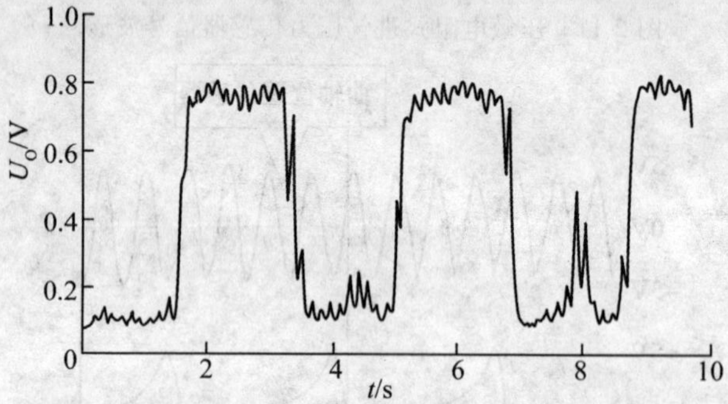

(a) 怠速工况时的波形

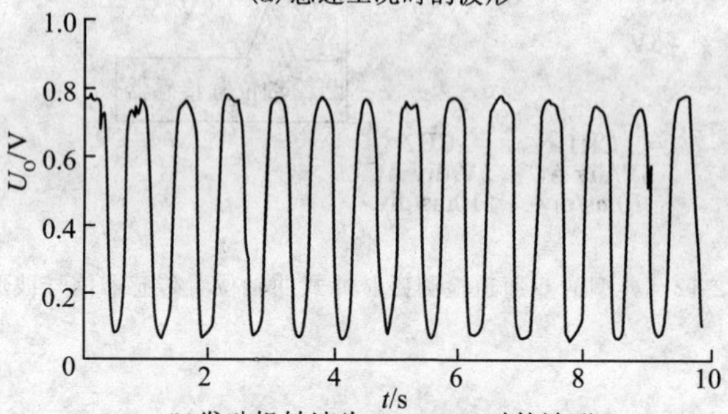

(b)发动机转速为2500r/min时的波形

图 2-14　氧传感器信号波形

2.1.2 主要执行元件的检测

电控燃油喷射系统的主要执行元件有电动汽油泵、怠速控制阀、喷油器、活性炭罐电磁阀、EGR 电磁阀等。

2.1.2.1 喷油器的检测

喷油器应主要进行喷油器线圈电阻、控制线路、喷油量、雾化效果及针阀卡滞和泄漏的检测。喷油器的检测方法有多种，既可以采用人工经验法，也可以利用通用仪表和喷油器专用检测仪进行检测。

(1)人工经验检测

1)听诊　将听诊器(或长柄螺丝刀)抵触到喷油器处，发动机怠速运转，倾听线圈吸合时的“咔嗒”声及喷油时的“嚓嚓”声。若无，说明喷油器不工作，可能是喷油器堵塞、卡滞或线圈烧损。

2)触摸　发动机怠速运转，用手或听诊器触摸喷油器的相应部位。喷油器喷油时应有轻微的震动感，否则说明喷油器没有喷油。

3)断缸试验　在发动机怠速运转时拔下某缸喷油器的导线连接器，若发动机转速下降或发动机振抖较为明显，说明该喷油器工作良好，否则说明该喷油器不工作或工作不良。

(2)喷油器控制电路检测

1)电阻值检测　断开导线连接器，用万用表测量喷油器两个端子间的电阻值。不同的喷油器其阻值亦不相同，如别克车喷油器阻值为 11.4～11.6Ω，桑塔纳车的喷油器阻值为 15.9±0.35Ω。电阻值应符合要求，否则说明喷油器线圈损坏。

2)电源线检测　断开喷油器的导线连接器，万用表接电源线端子，起动发动机或点火开关“ON”的瞬间应为蓄电池电压。

3)控制信号检测

①断开点火开关，脱开喷油器连接器，在线束插头上接发光二极管试灯(可自制试灯)。起动发动机，发光二极管应闪烁，否则说明控制电路有故障，应检查喷油器、线路、ECU 及有关传感器。

②插好喷油器连接器，用汽车专用多功能万用表(调至“占空比挡”)，测量控制信号端与搭铁端之间信号的占空比，应与发动机的工况一致。

③如图 2-15 所示，用示波器检测喷油器控制信号波形，进行波形分析，与标准波形比较可以判断故障区域。

(3)喷油器的故障诊断仪检测

发动机熄火时使用故障诊断仪进行执行器检测，喷油器应有动作(可以听到“咔嗒”声)，否则说明喷油器电路有故障或喷油器卡死。

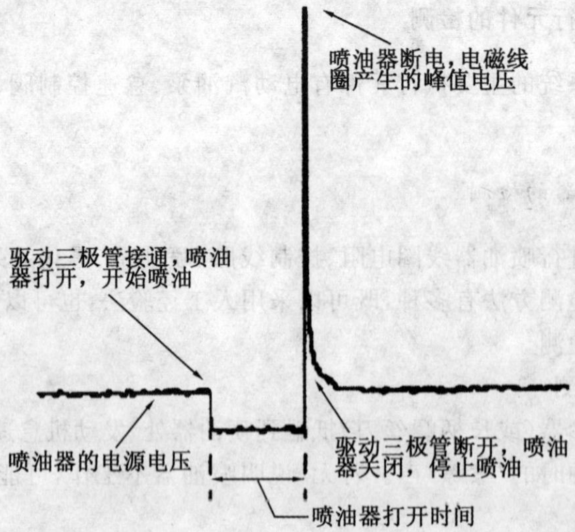

图 2-15　电压驱动型喷油器的控制信号波形

(4)喷油器综合检测

可利用喷油器专用超声波清洗检测仪对喷油器进行综合检测，也可以采用简易方法检测(可拆下供油导轨和喷油器后，再接好供油软管及喷油器连接器等，准备好量杯，短接喷油泵使之泵油)。仪器检测方法如下：

1)拆下所有喷油器，清洗外表并安装到检测仪支架上。

2)利用检测仪为喷油器加压(正常喷射油压)，检测其密封性。一般 1min 内滴漏不超过 2 滴。

3)利用检测仪控制喷油器喷油，观察喷雾形状，判断喷孔的脏堵及磨损情况(如图 2-16 所示)，并计量喷油量。在正常喷射油压下 15s 常开喷油量约为 45～75ml；各喷油器的喷油量误差不得超过 5ml。

图 2-16　喷油器喷油雾化状况检测

4)利用超声波对喷油器进行正反向清洗，并吹净吹干。

在上述几种检测方法中，人工经验法简单方便，但准确性差。超声波检测仪功能全，准确可靠，但需拆下喷油器，操作不方便。表检测法的优缺点介于二者之间。在实际应用中，常常将各种检测方法综合使用。在检测结果正确可靠的基础上，尽量避免喷油器的拆卸。

2.1.2.2　汽油泵的检测

一般情况下，当发动机点火开关置于“ON”位时，油泵运转 2s 后停止，发动机起动后油泵才继续工作。汽油泵应进行电气控制和供油量检测，多利用简单仪表结合人工经验进行分析判断。下面介绍奥迪 V6 汽油泵的检测方法。

首先在油箱处查听油泵的运转声音，若听不清楚，可拆下油箱盖查听。若能听到运转声，则进一步检查系统油压和保持油压。若听不到运转声，则需做以下检查：

(1)检查油泵运转情况

关闭点火开关，拔下油泵连接器，辨别油泵接线(一般 4 条线中 2 条粗线为油泵控制线)，测量油泵电阻，其阻值为 2～10Ω。若阻值不符合要求，更换油泵。若阻值正常，接入蓄电池电压(12V)，油泵应运转，否则需检查油泵继电器。

(2)检查油泵继电器

查听油泵继电器声响，在打开点火开关和起动发动机时应听到“咔嗒”声，否则应继续进行检查。

1)拔下右前地毯下电器盒中的褐色热敏熔断器 1 和红色熔断器 2。

2)拔下驾驶员侧熔断器盒中的 17 号熔断器，把二极管试灯一端接在 17 号熔断器插孔内，另一端搭铁。

3)接通一下起动机，此时应能听到和感觉到油泵继电器被吸合，二极管试灯发亮。

4)若继电器未被吸合，应检查对继电器的控制信号。

5)如果试灯不亮，在 17 号熔断器的另一个插孔试验。

6)如果试灯仍不亮，检查 17 号熔断器插孔“30”到继电器位置“6”间有无断路，见图 2-17。

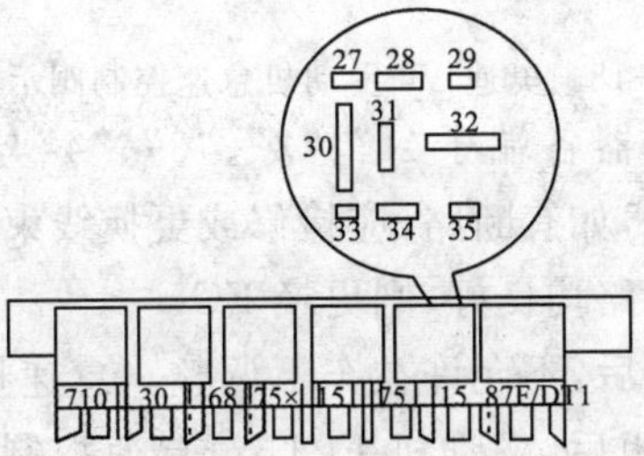

图 2-17　奥迪 V6 继电器位置

7)把试灯接在 1 号熔断器的插孔和搭铁之间，接通一下起动机，油泵继电器应吸合，试灯应发亮。若试灯不亮，将试灯接在另一插孔，再试。若试灯还不亮，则检查熔断器座“31”到继电器位置“6”有无断路。

8)把试灯接入 2 号熔断器插孔，检测热敏熔断器“30”到继电器位置“6”间有无断路。

(3)检查油泵继电器控制信号

1)拔下继电器壳，打开点火开关，用电压表测量端子“28”(电源)与“34”(搭铁线)及端子“32”与“34”之间的电压，应为蓄电池电压，否则为线路接触不良或断路。

2)把二极管试灯接在端子“28”和“29”之间,打开点火开关,试灯应当亮 1s,然后变暗。在接通起动机时,试灯应明显变亮。若试灯亮熄不对,则检查 ECU 连接器端子 7 与继电器“6”、端子“29”之间有无断路。若无断路而灯又不亮,可能是 ECU 故障。

(4)检查油泵供油量和油压 泄压后拆下汽油滤清器进油管并接入一量筒,短接油泵(也可接蓄电池电压),通电 30s,检查量筒内的油量,应不低于规定值,否则应更换油泵。也可在供油管路上接入油压表,观察油泵的供油压力,判断油泵的工作性能。

2.1.2.3 怠速控制阀(ISC)的检测

下面以奥迪 V6 发动机步进电机式怠速控制阀为例,介绍其检测方法。

(1)将怠速控制阀从进气管上拆下来(不打开控制阀线束连接器),打开点火开关,怠速控制阀阀杆应向内运动。关闭点火开关,阀杆应向外运动。若关闭点火开关时,阀杆向内运动,应重新调整和安装怠速控制阀。

(2)如果关闭点火开关时阀杆不运动,则断开怠速控制阀线束连接器,测量端子“1”与“4”、“2”与“3”之间的电阻,如图 2-18 所示。怠速控制阀电阻标准值为 45～60Ω(室温时接近 45Ω,热车时接近 60Ω),否则应更换怠速控制阀。

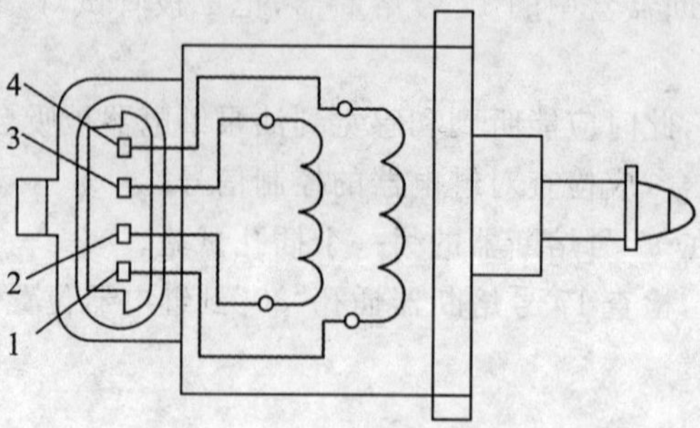

图 2-18 奥迪 V6 发动机怠速控制阀示意图

(3)检查怠速控制阀连接器各端子“1”、“2”、“3”、“4”与 ECU 线束连接器对应端子“2”、“10”、“11”、“3”是否导通,如有断路,应检修或更换线束。

(4)若怠速控制阀及其线路均良好,则更换 ECU。

注意:怠速控制阀拆下来后,不允许在车下调整。怠速控制阀安装完毕,需用故障诊断仪进行调整。点火开关关闭后,发动机 ECU 给怠速控制阀提供 150min 的电压,调整时应加以注意。

2.1.3 电子控制单元的检测

电子控制单元(ECU)是一种电子综合控制装置,它根据各种传感器送来的信号确定最佳喷油量和喷油时刻。

2.1.3.1 检测注意事项

(1)不得损坏导线、连接器,避免短路或接触较高的电压。

(2)慎重使用电子检测设备和仪器,高电压会使 ECU 芯片内部电路短路或断路。检测时，最好使用兆欧级阻抗的数字表。

(3)没有适当的工具和有关知识，禁止拆卸、检测 ECU。

(4)所有的高压元件距离传感器或执行装置的控制线至少 25mm。

(5)防止静电对 ECU 的损害。

2.1.3.2　导线及连接器的检测

检测 ECU 的电源线、搭铁线是否良好。拔下线束连接器，查看其内部是否有锈蚀、触针是否弯曲，并检查 ECU 上的所有搭铁线是否有腐蚀。检测导线连接器时，可用手轻轻摇动连接器，若有松动，应拔下连接器，检查接触端子是否被腐蚀。若端子有轻微腐蚀现象，需用铜刷或电器接触清洁剂将其除去。安装时，可用专用的导电油脂涂抹，以防腐蚀。

2.1.3.3　供电电源的检测

捷达王轿车发动机 ECU 供电电源检测方法如下：

连接故障阅读仪 V. A. G1552，起动发动机，用地址码 01 选择“发动机电控单元”，按 0、8 选择功能“读取测量数据块”，按“Q”确认，选择“显示组 003”，显示屏显示：

```
Read measuring value block                                   →
       1         2         3         4
```

读取显示区 2 的显示值。规定值应不低于 11.5V。若显示值没有达到规定值，关闭点火开关，拔下控制单元连接器，用万用表检查端子“2”和“3”之间的电压。端子“2”和“3”之间的电压至少应 11V，如果没有达到规定值，按图 2-8 所示电路检查与继电器盒之间的线路连接。

注意：检查前蓄电池电压至少为 11V，发电机正常。

2.1.4　故障案例

案例 1　冷却液温度传感器信号失常导致发动机不能起动

故障现象：一辆捷达王轿车正常运行后熄火，第二天点火时起动机运转强劲有力，但发动机却不能起动。

故障诊断与排除：用故障诊断仪 V. A. G1552 读取故障码，没有故障码输出。随后进行基本检查：检测发动机的燃油压力和汽缸压力，都在正常范围内；检查喷油器，均能按顺序正常工作；检查配气相位、点火正时以及火花塞的跳火情况，也都没有发现问题。

通过一系列检查，发现发动机有油、有火，就是不能起动，到底是什么原因呢？在拆检火花塞时发现，经多次起动发动机，火花塞却没有被油濡湿浸淹的迹象，显然，喷油器喷油量过少，混合气过稀造成冷车不能起动。必须找出冷车喷油少的原因，因此再次连接故障诊断仪 V. A. G1552，读取该车静态发动机数据，发现 ECU 输出的冷却液温度为 105℃，而此时发动机的实际温度只有 20℃左右。很明显,水温传感器出现了故障,为发动机ECU 提供了错误的水温信号。为了进一步确定自已的判断,用万用表测量了水温传感器,水温传感器既没有断路,也没有短路,因而没有故障码输出,但阻值却很小。

仔细询问车主才知道,曾在发动机很热的情况下冲洗过发动机,这恰恰是引起此故障的关键,由于车主的错误操作,冷却液温度传感器输出信号失真。更换已损坏的水温传感器,故障排除。

案例 2　空气流量计信号失常导致发动机怠速不稳,转速忽高忽低

故障现象:一辆捷达王轿车发动机起动后,怠速转速在 400～1500r/min 之间摆动,忽高忽低,摆动数次后才稳定在正常值,在行车过程中则基本正常。

故障诊断与排除:用故障诊断仪 V. A. G1552 测试发动机,获取故障信息为空气流量计信号异常。该车空气流量计为热线式空气流量计,检查其线路及连接器,均正常。

空气流量计连接器有 4 个端子,分别为 12V 电源线、搭铁线、5V 标准电压、信号输出端子。用万用表和探针测量信号输出端子,电压为 0.03V;起动发动机及加、减速时再测,电压均为 0.03V,输出的电压信号无变化,由此判定空气流量计已损坏。根据常规经验分析,空气流量计损坏可能引起加速不良或油耗增加,但对怠速影响相对不大。且车主反映,该车运行过程基本正常,那么,故障是不是由错误的空气流量信号引起的呢?于是用传感器模拟检测仪从空气流量计信号输出端子向 ECU 输入怠速时的模拟电压值,发现当输入电压为 1.3V 左右时,怠速游车现象消失,且重新起动发动机后,也不再出现怠速游车现象,这说明故障确实是由错误的空气流量信号引起的。更换空气流量计,试车,故障排除。

案例 3　进气压力传感器故障导致怠速不稳

故障现象:一辆捷达前卫轿车发动机怠速高达 1400r/min,且不稳定,同时感觉加速不良。

故障诊断与排除:用 V. A. G1552 查询故障码,显示进气压力传感器对地开路/短路、偶发故障,因此选择测量数据流功能,并输入显示组 003,显示屏显示:

读取数据块 2
　　1440r/min　37.2％　6.1ms　52000kPa

显示区 1 是发动机转速;显示区 2 是发动机负荷;显示区 3 是喷油时间,怠速时正常值是 2～5ms;显示区 4 是由进气压力传感器测得的发动机负荷,正常值约 300～400mbar。上述几个参数都超出怠速时的正常范围,怀疑进气压力传感器有故障。

更换进气压力传感器,试车,故障没有排除,同时发现各测量参数也没有变化,说明进气压力传感器线路可能有故障。进气压力传感器 G71 和进气温度传感器 G42 集成在一体,装在进气管的膨胀箱上,分别拔下传感器和电控单元连接器,用万用表测量两者间的阻值,发现电控单元端子“95”和传感器端子“4”之间的绿色线时通时断,如图 2-19 所示。

沿此线检查，发现在传感器连接器的根部，绿线的线皮已断开一半，里面铜线完全断开，只有另一半线皮相连。更换(也可修复此线)线束后试车，故障排除。

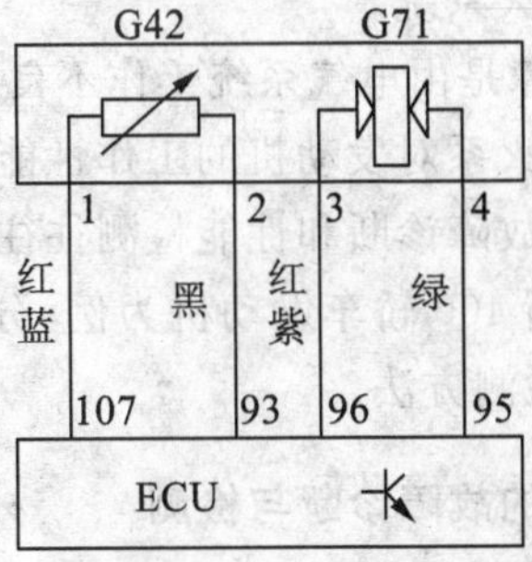

图 2-19　捷达轿车进气压力传感器电路图

案例 4　氧传感器失效导致发动机怠速抖动，加速无力

故障现象：上海桑塔纳 2000 时代超人轿车，起动后怠速不稳、发动机抖动、加速时抖动、发冲并冒黑烟，且动力明显不足。

故障诊断与排除：观察仪表盘，故障灯不亮。发动机排气冒黑烟，说明混合气过浓，首先检测燃油压力值，实测为 250kPa，正常。拔下分缸线，利用一个火花塞试火，火花较弱。随后拆检 4 个火花塞，发现火花塞都已熏黑，积炭较多，中心电极烧蚀，因此更换了 4 个新火花塞。起动发动机试车，虽然怠速抖动有所好转，但仍然加速冒黑烟。

采用 V. A. G 1552 故障诊断仪检测，首先读取故障代码，结果显示无故障记忆。运行发动机，当冷却液温度达 85℃时，再进入 01－08－001 和 002 组进行检测。001 组 2 区显示的是发动机的负荷信号(曲轴每转喷油持续时间)，怠速时正常值一般为 1.5～2.5ms，而显示值为 3.8ms，显然数值偏高，喷油过多。002 区显示的是氧传感器信号动态值，应在 0.1～0.9V 之间变化，而显示的数值为 0.018V，且不变化，说明氧传感器已失效。

氧传感器信号电压值低，表示混合气稀，PCM 会根据此信号控制增加喷油量，导致喷油量过多，造成了排气冒黑烟，动力不足。同时，混合气过浓又导致混合气不完全燃烧，使火花塞积炭严重。火花塞工作不良，又加剧了排气冒黑烟。更换氧传感器后试车，发动机运转平稳，加速有力，排气正常，故障排除。

2.2　发动机点火系统的故障诊断与检测

微机控制点火系主要由发动机控制单元(ECU)、点火器(有的发动机无点火器，点火控制电路在 ECU 内)、点火线圈、配电器及各种传感器等组成。其主要传感器有曲轴位置传感器、凸轮轴位置传感器、爆燃传感器等。微机控制点火系统分为有分电器点火系统和无分电器点火系统，其中无分电器点火系统又有同时点火和单独点火(直接点火)之分。各种类型的微机控制点火系统在现代轿车上均有广泛应用，如红旗轿车发动机、桑塔纳 2000AFE 发动机、雷克萨斯 400LUI-FE 发动机、广州本田发动机都采用了分电器式微机控制点火系统。时代超人 AJR 发动机，捷达五阀发动机，奥迪 V6、A6 六缸机，上海别克发动机都采用了无分电器同时点火系统。帕萨特 B5 发动机，奥迪 A6 的回缸机，尼桑风度、阳光发动机都采用了直接点火系统。

汽油发动机 50%以上的故障是由电气系统工作不良造成的，其中以点火系的影响为主。在汽油机的五大系统中，点火系对发动机的工作性能影响最大，因其故障率相对较高而检测较为方便，因此发动机的故障诊断和性能检测往往从点火系开始。

下面以捷达轿车和雷克萨斯 400 轿车发动机为例，分别介绍无分电器和有分电器电子点火控制系统的故障诊断与检测方法。

2.2.1 有分电器点火系统的故障诊断与检测

丰田雷克萨斯 400 1UZ-FE 发动机点火系统属于分电器式电子点火控制系统，主要元件有发动机 ECU、点火器(2 个)、分电器(2 个)、凸轮轴位置传感器(2 个)、曲轴位置传感器(1 个)火花塞、高压线等。其控制电路如图 2-20 所示，检测方法如下：

2.2.1.1 点火系故障自诊断

首先检查“CHECK” 灯工作是否正常，当点火开关置“ON”位时，“CHECK”灯应亮，否则说明仪表“CHECK” 灯及其线路有故障；当起动发动机时，“CHECK”灯应熄灭，否则说明控制系统中有故障被电脑检测到。故障码可利用诊断仪读取，也可以采用人工方法读码。

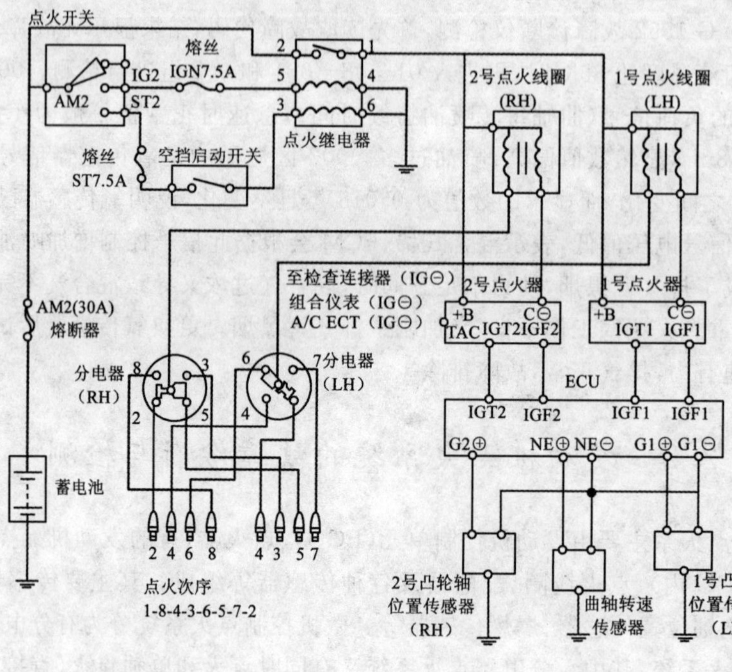

图 2-20 雷克萨斯 400 1UZ-FE 发动机点火系电路

下面介绍人工读码方法：

(1)在发动机舱内找到故障诊断插座,如图 2-21 所示,并用跨接线将端子 TEl 和 E1 短接。

(2)点火开关置"ON"。

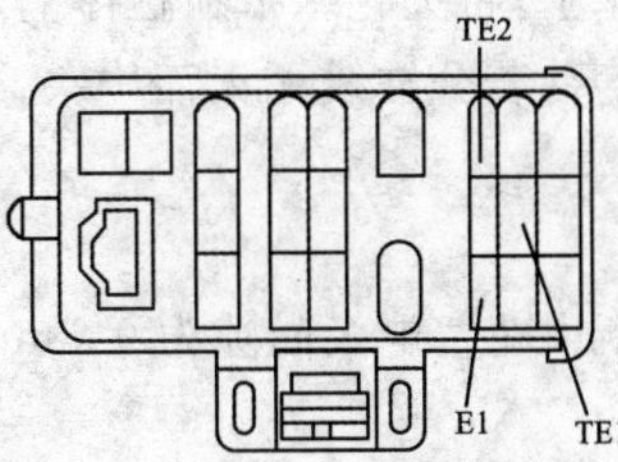

图 2-21　发动机舱内的故障诊断插座

(3)根据"CHECK"灯闪烁情况读码,故障码含义见表 2-1。

表 2-1　雷克萨斯 400 轿车点火系统故障码及其含义

故障码	传感器	诊断说明	故障部位
12	转速信号	发动机转动后在 2s 内无 NE 或 G1 和 G2 信号至 PCM	1 号、2 号凸轮轴位置传感器电路短路或断路 起动机故障 PCM 故障
13	转速信号	在 1000r/min 或更高时,在 0.1s 或更长的时间内无 NE 信号至 PCM	曲轴位置传感器短路或断路 PCM 故障
		在 G1 和 G2 脉冲之间的时间间隔内无 NE 的 12 个脉冲至 PCM	凸轮轴位置传感器电路短路或断路 PCM 故障 机械系统故障(正时皮带跳齿、拉长)
		发动机暖机后作怠速运转(节气门关闭)时间内,在 G1、G2 和 NE 信号中的偏差持续 1s	机械系统故障(正时皮带跳齿、拉长) PCM 故障 凸轮轴位置传感器故障
14	1 号点火信号	在 8～11 只连续的 IGT1 信号间无 IGFl 信号至 PCM	1 号点火器到 PCM 的电路断路或短路 1 号点火器故障 PCM 故障
15	2 号点火信号	在 8～11 只连续的 IGT2 信号间无 IGF2 信号至 PCM	2 号点火器到 PCM 的电路断路或短路 2 号点火器故障 PCM 故障

2.2.1.2　点火系常规检测

(1)中央高压线试火

1)拆下正时带罩,从分电器上拔下中央高压线。

2)将高压线端接在备用火花塞上,将火花塞抵在缸体上,或将高压线插好用正时灯钳夹在高压线上。

3)起动发动机,观察火花塞是否跳火(正时灯是否闪亮)。

若中央高压线无火,应检查点火线圈和点火器,若中央高压线有火,应进行分缸线试火。

(2)分缸线试火

1)拆下高压线罩和节气门体。

2)将分缸线从火花塞上拔出。

3)将分缸线接在备用火花塞上,将火花塞抵在缸体上,起动发动机试火。

若分缸线有火,应检查火花塞,若分缸线无火而中央高压线有火,应检查分缸线和分电器。

(3)检查火花塞

1)检查火花塞电极间隙。新火花塞电极间隙为0.8mm,使用过的火花塞电极间隙最大为1.0mm。

2)火花塞应无积炭、烧损、破裂、漏电现象。

(4)检查分电器和高压线

1)拆下高压线,用万用表测量高压线电阻,每根高压线的电阻应小于25kΩ。若电阻过大,应检查高压线及接头,异常则更换。

2)检查分电器盖、分火头及分电器的接触情况。

(5)检查点火器电源和触发脉冲信号

1)脱开点火器连接器,将点火开关置于“ON”或“START”,检查1号、2号点火器连接器端子“3”与搭铁之间的电压,应为9～14V。

若此电压为0V,应检查电源电路:点火继电器、点火开关、主熔断器及线束等是否断路。

2)脱开点火器连接器,打开点火开关,用万用表检查ECU端子IGF1、IGF2与搭铁之间的电压,参见图2-20。正常电压为4.5～5.5V。

3)起动发动机,检查ECU端子IGT1、IGT2与搭铁之间的电压。正常电压为0.5～1.0V,不应为0V或5V。这是一个脉冲信号,也可用二极管试灯检测。

如果有脉冲信号,说明ECU和传感器良好,故障在点火器、点火线圈或线束;若无脉冲信号,可能是传感器或ECU损坏。

(6)检查点火器对点火线圈的控制信号

用一个二极管试灯接到点火器到点火线圈之间,起动发动机试灯应闪亮,否则说明点火器损坏。

(7)检查点火线圈

1)脱开点火线圈连接器,检查点火线圈电阻值。初级线圈:冷态0.36～0.55Ω,热态0.45～0.65Ω;次级线圈:冷态9.0～15.4kΩ,热态11.4～18kΩ。阻值不正确,说明点火线圈损坏,应更换。

2)检查点火线圈电源。点火开关置“ON”时,点火线圈的一个端子与搭铁间的电压应为蓄电池电压,若无此电压,应检查继电器和熔断器。

(8)检查凸轮轴和曲轴位置传感器

1)拆下气门室盖,拔下凸轮轴位置传感器和曲轴位置传感器导线连接器。

2)检查与ECU的连接线路是否良好。

3)检查传感器电阻,阻值为:冷态835～1400Ω,热态1040～1645Ω。

4)检查传感器气隙,应为 0.2～0.4mm;其齿盘应无坏齿、缺齿,传感器电磁铁无吸附铁粉等物质。

5)用示波器检查 ECU 相应端子间的信号波形。凸轮轴位置传感器产生 G1、G2 信号。曲轴位置传感器产生 NE 信号。正常信号应如图 2-22 所示。

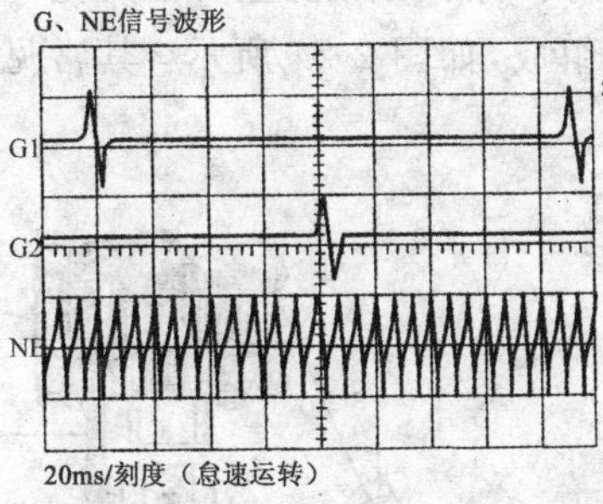

图 2-22　NE、G1、G2 信号波形

(9)检查爆燃传感器

1)将点火开关转到"OFF"位置,拆下传感器导线连接器,检测线束侧相应端子 KNK1 和 KNK2 与搭铁是否导通。如果不通,说明导线连接器或线束连接不良。

2)测量爆震传感器信号线与搭铁之间的阻值,若小于 1MΩ,应更换爆震传感器。

3)使发动机以 4000r/min 的转速运转(也可进行敲击试验),用示波器检查其信号波形。图 2-23 为爆燃传感器正常信号波形,如不正常,则更换爆震传感器。

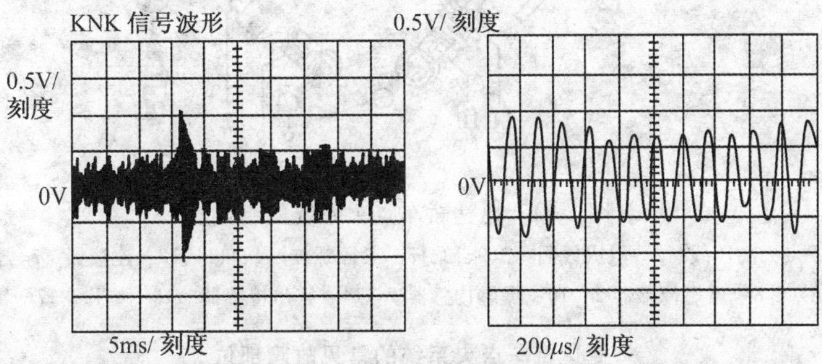

图 2-23　爆震传感器信号波形

(10)检查 ECU 及其线束

1)检查 ECU 与各元件间的线束有无断路、短路,连接器是否接触良好,有无锈蚀。

2)若上述各项检测均正常,则更换 ECU。

2.2.1.3　点火正时的检测与调整

(1)基本点火正时的调整　点火开关"OFF",变速杆推入"N"位,将发动机故障诊断插座中的 TE1 与 E1 短接。起动发动机,使其转速保持在 1000～1500r/min 运转 5s,然后降至怠速。用点火正时仪检测此时点火提前角,应为 10°。否则,可转动分电器壳体进行调整。

(2)点火提前正时调整 取下短接线,发动机怠速运转,点火提前角应在5°～15°之间,否则,点火提前功能不良。

2.2.2 无分电器点火系统的故障诊断与检测

捷达发动机采用了无分电器同时点火系统,主要由火花塞、点火线圈、爆震传感器、霍尔传感器、高压线及控制单元等组成,如图2-24所示,其常见故障部位及故障症状见表2-2。

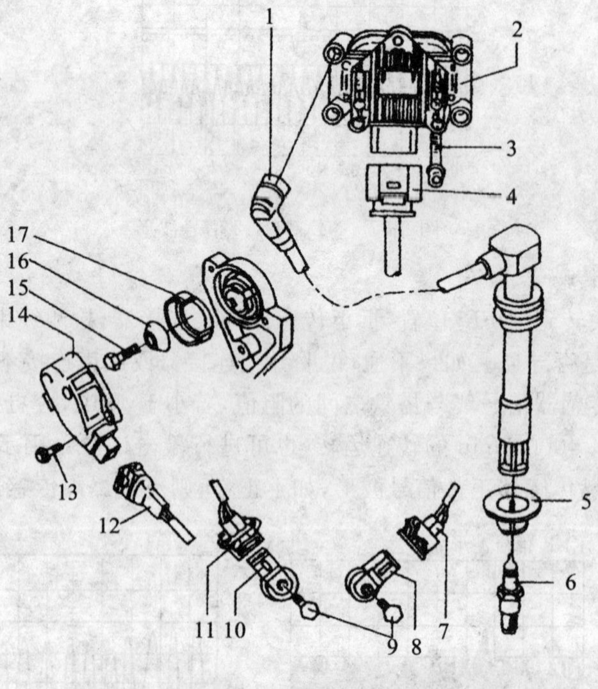

图2-24 捷达轿车点火系统的组成

1—点火高压线 2—点火线圈 3、9、13、15—紧固螺栓 4、7、11、12—连接器 5—盖 6—火花塞 8—爆燃传感器2 10—爆燃传感器1 14—霍尔传感器 16—垫片 17—霍尔传感器隔板

表2-2 捷达轿车点火系统的常见故障部位

故障部位	故障现象
控制单元	无火、点火正时失准导致发动机无法起动或工作不良
点火线圈及末级功率	无高压火花或火花强度不足导致发动机无法起动、起动困难或工作不良
火花塞	间隙不当、烧损、漏电、型号不符导致无火或火花弱
霍尔传感器	无信号或信号不良导致无火或点火正时失准
爆燃传感器	无信号或信号不良导致点火正时失准
高压线	漏电、性能不良导致火弱

2.2.2.1　火花塞的检查

火花塞电极间隙为 1mm,拧紧力矩为 30N · m,应无漏电、烧蚀现象。

2.2.2.2　霍尔传感器的检查

(1)从霍尔传感器上拔下黑色 3 孔连接器。

(2)用 V. A. G1594 的辅助导线将万用表连接到连接器线束端子“1”和“3”上测量电压。

(3)打开点火开关。正常电压不小于 4.5V。

(4)关闭点火开关,如果没有电压,则将检测盒 V. A. G1598/22 接到控制单元线束上,检查检测盒与传感器连接器之间有无断路或短路情况。端子“1”与插孔“62”、端子“2”与插孔“76”、端子“3”与插孔“67”间导线电阻最大为 1.5Ω。

(5)如果确定导线无故障,且端子“1”与“3”之间有电压,则更换霍尔传感器(G40)。

(6)清除故障码,如果还显示凸轮轴传感器(霍尔传感器)的故障,则可能是霍尔传感器的转子隔板扭偏故障。

(7)拆下霍尔传感器,检查凸轮轴上的转子隔板在凸板轴上是否安装正确,(如果安装错误,则在拧紧固定螺钉时会压扁定位凸缘)如果转子隔板的位置正常,则检查曲轴/凸轮轴的配合。

(8)如果以上检查均正常,则故障在控制单元 J220,应更换。

2.2.2.3　爆燃传感器的检查

(1)将检测盒 V. A. G1598/22 接到控制单元线束上。

(2)从爆燃传感器 1(G61)上拔下黑色连接器,从爆燃传感器 2(G66)上拔下棕色连接器。

(3)检查检测盒与爆燃传感器连接器之间导线有无断路。爆燃传感器 1(G61)端子“1”与插孔“68”、端子“2”与插孔“67”间导线电阻最大为 1.5Ω。爆燃传感器 2(G66)端子“1”与插孔“60”、端子“2”与插孔“67”间导线电阻最大为 1.5Ω。

(4)检测爆燃传感器端子之间的电阻,正常值为无穷大,否则应更换爆燃传感器。

(5)如果确定导线没有故障,松开爆燃传感器,然后再用 20N · m 的力矩拧紧。

(6)试车,使发动机冷却液温度达到 80℃以上。

(7)重新读取故障码,如果故障仍然存在,则更换爆燃传感器。

2.2.2.4　点火线圈及末级功率的检查

从点火线圈 2 上拔下 4 孔连接器,如图 2-25 所示。

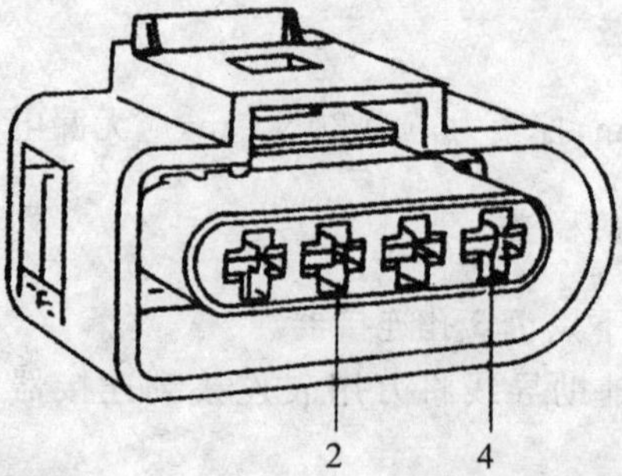

图 2-25　捷达轿车点火线圈连接器

(1)检查供电电压

1)用万用表测量端子“2”与“4”之间的电压,打开点火开关,规定值至少 11.5V。

2)如果没有电压,检查 4 孔连接器端子“4”与搭铁之间有无断路,导线电阻最大 1.5Ω。

3)检查 4 孔连接器端子“2”与中央继电器盒之间的导线有无断路,导线电阻最大 1.5Ω。

(2)控制功能的检查

在检查过程中不允许触摸点火线圈连接件及检测导线。

1)拔下 18 号熔断器,用 V. A. G1594 的辅助导线将二极管测试笔 V. A. G1527 接到已拔下的连接器端子“1”和“4”(点火输出 1)、“3”和“4”(点火输出 2)上。

2)起动发动机,检查发动机控制单元的点火信号,发光二极管必须闪亮。如果发光二极管闪亮,且端子“2”与“4”之间有电压,则更换点火线圈。

3)如果发光二极管不闪亮,将检测盒 V. A. G1598/22 接到控制单元线束上,检查检测盒与 4 孔连接器之间的导线有无断路。端子“1”与插孔“71”,端子“2”与插孔“78”间导线电阻最大 1.5Ω。

4)检查端子“3”与插孔“78”之间的电阻,规定值为无穷大。

5)如果确定导线无故障,且端子“2”与“4”之间有电压,则更换发动机控制单元。

(3)检查次级电阻

在点火线圈连接器 4 上用欧姆表检查 1 缸和 4 缸、2 缸和 3 缸之间的次级电阻,如图 2-26 所示。规定值为 4.0～6.0kΩ,如果没有达到规定值,则更换点火线圈。

图 2-26　捷达发动机点火线圈次级电阻的检测

1、2、3、4—连接器

2.2.3　故障案例

案例 1　点火线圈导线短路导致发动机不能起动

故障现象：一辆捷达都市先锋(AT)轿车，停驶一中午后，起动机运转有力，但发动机却不能起动，而且没有任何起动征兆。

故障分析与排除：连接故障诊断仪 V. A. G1552 对发动机进行检测，没有故障码。于是对该车进行基本检查。先拆下发动机燃油系统供油管，起动发动机时有汽油喷出，说明油泵工作正常。然后拔下 1 缸高压线，用火花塞进行跳火试验，发动机起动时火花塞无火。

为了进一步确定故障部位，拔下点火线圈的线束插头，点火开关至"ON"位，参照电路图用万用表测量黑紫线，无蓄电池电压。根据线路连接情况，拆下驾驶员侧下护板，打开点火开关时，未听到点火锁止继电器的吸合声。测试点火开关至该继电器的黑紫色线，电压为蓄电池电压。继电器控制电压正常，说明继电器已损坏。

更换继电器后发动机顺利起动。但车辆修复后不久，用户便打电话反映该车故障再现，赶到现场发现新换的继电器再次烧毁，由此可以判定控制线路上有问题。用万用表测试点火线圈的黑紫色线与搭铁之间的电阻，当用手摇动防火墙处的线束时，万用表显示的阻值在 0 与无穷大之间交替变化，说明该线路有短路之处。经过仔细检查，发现防火墙处黑褐色线的绝缘皮被磨破而搭铁。对此处导线进行处理并更换继电器后，故障排除。

案例 2　分电器连接器烧蚀导致发动机频繁熄火

故障现象：一辆丰田雷克萨斯 LS400 V8 轿车，发动机不间断熄火，且熄火频率较高，原地着车有时会立刻熄火，汽车无法正常行驶。

故障分析与排除：读取故障码，故障代码为 14，即 1 号点火模块故障。发动机起动后，在将要熄火时加大油门即可恢复正常，可以排除油路故障。停车时可以起动，怠速偏高，点火高压线跳火正常，进而排除点火线圈故障。拆检火花塞，火花塞间隙正常，无潮湿迹象，排除喷油过多故障。测量缸压，缸压正常，排除缸体漏水、漏气故障。替换点火模块试车，故障依旧。测量原车点火模块端子是否断路或短路，测量值也符合要求，排除点火模块故障。怀疑点火模块与 ECU 连接线老化，引起电路不通畅、点火模块电源线无火、反馈信号无或信号微弱不连续等故障，按电路图找出点火模块和 ECU 之间各端子对应关系，检测导线，正常。换用相同车型的 ECU，并将故障车 ECU 安装到相同车型的正常发动机，测试电脑工作状况，一切正常，因此排除了 ECU 故障。

拆除散热器风扇，检查点火正时，标记符合规定。检查凸轮轴传感器，无断路及短路，信号试验正常(用金属物在传感器前晃动模拟凸轮轴运转)。检查分电器，发现与 1 号点火模块对应的分电器连接器插头有烧蚀迹象并用硅胶密封，这可能就是故障点。重新焊接连接器连线，起动发动机，着车原地试验，发动机运行正常。外出路试，汽车行驶正常，故障排除。

通过此例可以看出，故障代码并不显示准确的故障部位，只是圈定故障出现的范围，需要仔细排查相关元件及线路。任意元件断路、短路、接触不良都会显示系统主部件故障代码，并且 ECU 一旦接收不良反馈信号，将锁止一切信号发出，自身停止工作，导致发动机熄火。

案例 3 单缸火花塞烧蚀严重导致发动机不能起动

故障现象：一辆行驶里程 4 万公里的捷达都市先锋轿车，在起动时发动机有着车迹象，却始终不发动，有时刚刚着车便立即熄火。

故障诊断与排除：用故障诊断仪 V. A. G1552 读取故障码，无码。由于有起动迹象，怀疑可能是油路故障。首先检查供油系统。检测系统油压，油压正常。接着检查点火系统，该车没有分电器，无中央高压线，故拔下第一缸高压线，用起子做跳火试验，发动机竟然起动了，且一缸分缸线跳出的火花正常。当停止跳火试验后，发动机又马上熄火。从上述现象分析，可能是第一缸火花塞损坏了。拆下第一缸火花塞，发现火花塞烧蚀严重。更换上一个新的火花塞后，发动机顺利起动，怠速稳定，加速正常。

为什么第一缸缺火发动机就不能起动呢？这是由该车点火系控制方式决定的。该车采用双火花塞静态高压分配点火系统，无分电器。在静态高压线壳体内有两个点火线圈，在次级点火线圈的两个输出端上各接一个火花塞，形成点火回路(同时点火)。如果该车任一火花塞线路损坏，都会造成两个汽缸不工作，从而导致发动机不能起动；若该车任一火花塞短路，则另外三缸仍可正常点火工作，发动机同样可以起动，但工作状况则会很差。

案例 4 曲轴位置传感器触发轮破裂导致汽车行驶过程中熄火

故障现象：一辆行程近 3 万公里的飞度轿车，在行驶过程中突然熄火，且不能重新起动。

故障诊断与排除：在现场观察，点火开关“ON”位时，仪表指示正常，起动时，起动机运转正常，发动机没有着车迹象，且仪表盘故障灯不亮。在“OFF”和“ON”位反复转动点火开关，并在油箱处倾听，能听到油泵转动时的“嗞嗞”声，说明油泵及其控制线路正常。

拖车进厂后，使用本田 HDS 诊断仪检测，仪器显示没有故障码。随后查看数据流，静态数据正常。起动发动机，观察基本参数，仪器显示发动机转速数值很小，近乎为 0。反复起动测试，均不能显示起动转速。

该车发动机转速信号由电磁感应式曲轴位置传感器提供。拔下传感器连接器，检测电源线和搭铁线，正常。然后拆下传感器，观察其外表，发现传感器感应触头有明显的磨损痕迹，可能是传感器与曲轴触发轮没有间隙或触发轮损坏。

举升汽车，拆下油底壳，发现触发轮已经碎裂，只剩下几个齿。询问车主得知，此车发动机曾进行过拆检维修，可能是拆装油底壳时操作不当所致。更换曲轴位置传感器触发轮，装复试车，发动机顺利起动。路试，行驶正常，故障排除。

2.3 发动机汽油供给系统的故障诊断与检测

汽油发动机供给系统主要由油箱、电动汽油泵、汽油滤清器、燃油压力调节器、喷油器、进回油管及控制系统组成，其故障使燃油与空气配剂失调，导致不来油，混合气过稀、过浓及漏油等故障。

2.3.1　燃油压力的检测

发动机正常工作时，燃油压力一般为0.2～0.3MPa，且随进气压力的增大而增大。若油压不正常，说明燃油系统有故障，通常需检测燃油压力。

2.3.1.1　安装燃油压力表

(1)燃油压力的释放

为了便于下次起动和改善热起动，在发动机熄火后，燃油管路在一定时间内仍保留有一定的燃油压力(保持油压)。在拆卸燃油管道或更换供油部件时，应先释放燃油管路内的油压。方法如下：

1)拔下燃油泵继电器或保险丝，也可拔下燃油泵导线连接器。起动发动机2～3次(或发动机起动后自然停机)，确保完全卸压，最后重新连接好。

2)将棉丝或其他吸油性物品垫在油管接头下或包住接头螺母，然后慢慢拧松接头螺母，使汽油被棉丝等物品吸附，最后将管接头重新拧紧。

(2)安装燃油压力表

若油路中有油压检测阀，可将油压表直接接在油压检测阀上，没有油压检测阀的可拆下进油管，将三通管接头串接在进油管中，然后在三通管上接上油压表，如图2-27所示。

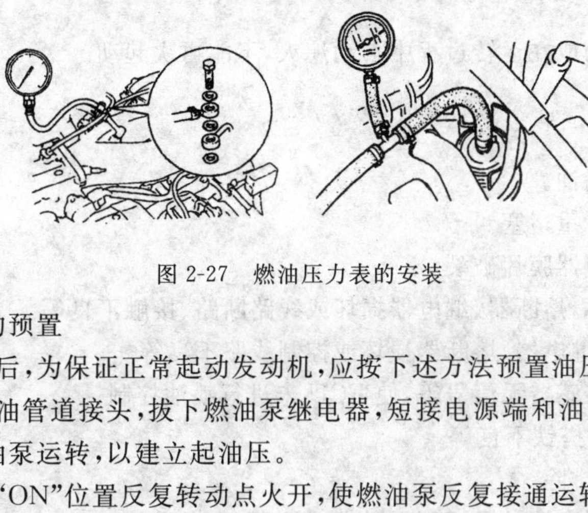

图2-27　燃油压力表的安装

(3)燃油压力的预置

拆卸燃油管路后，为保证正常起动发动机，应按下述方法预置油压：

1)接好所有燃油管道接头，拔下燃油泵继电器，短接电源端和油泵控制端，接通点火开关，人为接通燃油泵运转，以建立起油压。

2)在“OFF”和“ON”位置反复转动点火开，使燃油泵反复接通运转，建立起油压。

2.3.1.2　测量静态油压

利用故障诊断仪接通燃油泵，或短接燃油泵检查连接器，或直接用跨接线接通燃油泵。点火开关置“ON”，燃油泵运转。油压应与规定相符，一般约为0.3MPa。若油压过高，应检查燃油压力调节器和回油管，若油压过低，应检查燃油量是否充足，检查燃油泵、燃油压力调节器和燃油管路是否泄漏，检查燃油泵滤网和燃油滤清器是否脏堵。

2.3.1.3 测量工作油压

(1)发动机怠速运转时,燃油压力约为 0.25MPa。

(2)断开油压调节器真空软管,油压应升高 50kPa 左右,即燃油压力约为 0.3MPa。

(3)短时夹住回油管,油压应升高 2~3 倍。若油压过低,说明燃油泵有故障,可能是燃油泵磨损或安全阀关闭不严导致漏油。

(4)增大节气门开度,油压应升高到 280kPa 左右。

2.3.1.4 测量保持油压

如宝来、捷达等车,发动机熄火(燃油泵停转)10min 后,油压不应低于 200kPa。若油压过低,说明燃油系统中有泄漏。目测检查燃油管路是否有泄漏,夹住回油管,若油压正常,说明燃油压力调节器泄漏;若油压仍然过低,同时夹住回油管和进油管(夹住燃油泵和油压表之间的油管),若油压正常,说明燃油泵单向阀泄漏(油压下降较快);若油压仍然过低,说明喷油器泄漏。

注意:不同的发动机,燃油系统的压力值有所不同,检测时应符合维修手册的要求。

2.3.2 供油系统的故障诊断

2.3.2.1 供油系统不供油

(1)故障现象

发动机不能起动或在运转过程中自动熄火,不能再次起动。

(2)故障原因

1)油箱燃油不足。

2)油管及接头漏油。

3)汽油滤清器严重堵塞。

4)燃油压力调节器膜片破裂。

5)油泵电机损坏,熔断器、继电器损坏或线路断路、接触不良等。

6)喷油器线圈、继电器、熔断器损坏或控制线路不良等。

7)发动机转速传感器无信号等,使 ECU 未进行喷油控制。

8)ECU 有故障、搭铁不良等。

(3)故障诊断与排除

1)检查油箱是否有油,燃油管路及接头是否有破损之处。

2)进行故障自诊断,检查有无故障代码,如有,则按所显示的故障代码查找故障原因。要特别注意会影响喷油控制的传感器,如发动机转速及曲轴位置传感器等有无故障。在检测控制线路时,可采用故障模拟征兆法轻轻振动熔断器盒、轻轻晃动各线束连接器,观察有无接触不良现象。

3)测量系统油压。先泄压,然后在进油管和燃油分配管之间安装油压表,用起动机带动发动机运转,观察油压表的读数。

4)若油压正常,则故障在喷油器及其控制线路,可能是喷油器熔断器、继电器损坏或ECU故障,应进行相应部位的检查。

5)若无油压或油压极低,则故障在供油系统。

①检查汽油滤清器,若堵塞严重应更换。

②检查油压调节器。拔下油压调节器真空管,如有油流出或滴油,说明油压调节器膜片破裂,应更换。若油压过低,可夹住油压调节器回油管切断回油,若油压上升,可能是油压调节器膜片及弹簧性能下降、回油阀门开度一直较大导致系统油压严重降低。

③若上述检测均正常,则为油泵不供油或泄漏严重,应检查油泵、继电器及其控制线路,视情检修或更换。

2.3.2.2　混合气过稀

(1)故障现象

踩下加速踏板后发动机转速不能马上升高,有迟滞现象,加速反应迟缓,或在加速过程中发动机转速有轻微的波动,有时出现“回火”、“放炮”现象。

(2)故障原因

1)燃油泵性能不良。

2)油压调节器性能下降。

3)节气门位置传感器或空气流量计、进气歧管绝对压力传感器、冷却液温度传感器、曲轴位置传感器、氧传感器信号不良。

4)废气再循环系统工作不良。

5)进气歧管、真空管泄漏等。

6)燃油滤清器堵塞、管路泄漏。

7)喷油器堵塞。

8)电控单元ECU故障。

(3)故障诊断与排除

1)空气流量计、节气门位置传感器等电控元件故障都会影响发动机的加速性能。首先读取故障代码,如有故障码,则按故障码提示检修;无码则检查动态数据流,分析状态参数,排除电控系统故障。

2)检查进气系统有无漏气,真空管是否脱落、破裂等。

3)检查供油管路及接头,如有泄漏予以排除。

4)安装燃油表,检查燃油压力。怠速时燃油压力应为250kPa左右,加速时应上升至300kPa左右。如油压过低,需检查油压调节器、汽油滤清器、汽油泵等。

5)检查汽油滤清器,堵塞则更换。

6)检查油压调节器,拔下油压调节器真空管,如有滴油现象,表示调节器膜片破裂,应更换。若油压较低,应检查油压调节器的工作性能。

①起动发动机并怠速运转,观察油压表的读数,应为250kPa左右。

②增大节气门开度加速,油压表读数应增大到280kPa左右。

③拔下油压调节器的真空管,燃油压力必须提高到300kPa左右。

④关闭点火开关，检查系统密封性及保持油压，在10min后油压应不低于200kPa。

⑤若保持油压过低，说明系统泄漏。重新建立油压，关闭点火开关，用钳子夹住回油管，等待10min，若此时压力表读数不低于200kPa，说明油压调节器回油阀关闭不严，应更换压力调节器。若仍低于200kPa，说明系统密封不良，管路泄漏，也可能是油泵单向阀损坏。

7)若油压调节器正常，则为油泵供油不足造成系统油压过低，应检修或更换油泵。

8)若系统油压正常，可能是喷油器堵塞，应拆卸、清洗各喷油器，并检查喷油器的喷油量。如有异常，应更换喷油器。

2.3.2.3 混合气过浓

(1)故障现象

发动机耗油量过大，排气管有时冒烟，运转不稳，加速无力。

(2)故障原因

1)水温传感器、空气流量计或进气管压力传感器失效。

2)氧传感器失效。

3)燃油压力过高。

4)冷起动喷油器漏油或冷起动控制失常。

5)喷油器漏油。

6)空气滤清器堵塞。

7)ECU故障。

(3)故障诊断与排除

首先读取故障码，并按故障码提示排除故障。无码则读取数据流，根据数据分析结果，排除电控系统故障。电控系统正常则按下述步骤检测：

1)检查空气滤清器，堵塞应更换。

2)检查冷起动喷油器控制是否正常。

3)用多功能万用表检查喷油器的喷油脉宽。正常则检查系统油压和喷油器，不正常则检查传感器和ECU。

4)检查系统油压。若燃油压力始终偏高，可能是回油管堵塞或油压调节器失常。检查回油管，若回油管正常，则说明油压调节器有故障，应更换。

5)系统油压正常，喷油器喷油脉宽正常，则故障为喷油器漏油，应清洗或更换喷油器。

6)若喷油器喷油脉宽不正常，应检测冷却液温度传感器、空气流量计或进气压力传感器、氧传感器信号是否正常，线路有无断路或短路，视情况检修或更换。

7)若传感器正常，则为ECU故障导致喷油控制失常，应更换ECU。

2.3.3 故障案例

案例1 油泵供油不足导致发动机熄火

故障现象：一辆三星道奇乘用车，在行使了一段路程后其发动机突然自动熄火，再起动时发动机不能着车，但过了大约 15min 后发动机又能正常起动，且怠速平稳，加速性能良好。

故障分析与排除：读取故障码，无码。安装油压表检测燃油压力，在冷机状态下燃油系统压力正常。在发动机自动熄火后测量燃油系统压力，此时系统油压明显低于正常值。进一步检查发现在冷机时燃油泵输出的燃油压力正常，在热机时燃油泵输出的燃油压力偏低，因此判断燃油泵本身有故障。更换该燃油泵，试车，故障排除。

案例 2　油泵继电器损坏导致发动机熄火且不易起动

故障现象：一辆广州本田雅阁汽车，间断性出现起动后逐渐熄火，再次起动困难或无法起动症状。

故障分析与排除：读取故障码，无码。在故障出现时首先检查点火系统，正常。然后在燃油管路中接油压表，并在油泵连接器处并联一个 21W 的试灯，对油泵的供油状况及工作情况进行同步检查。将点火开关转至“ON”位，油压升至 270kPa，试灯亮。起动发动机，试灯不亮，发动机起动正常。熄火后再次将点火开关转到“ON”位时故障出现，试灯不亮，油压表无变化。系统的静压力一般比工作压力要高，点火开关“ON”时油压应上升，因此怀疑故障在 PGM-F1 主继电器上。

在不断开油泵连接器的情况下检查 PGM-F1 主继电器。在蓄电池正极与 8 号端子之间接上发光二极管，经多次开启钥匙后故障出现，发光二极管亮，试灯与油压表均无变化，确定为 PGM-Fl 主继电器故障。更换继电器后多次试车，故障排除。

PGM-F1 主继电器由 ECM 主继电器和油泵继电器组成，点火开关“ON”位时，ECM 主继电器吸合，为控制单元、喷油器及油泵继电器送电。控制单元收到 ECM 主继电器的输出信号后，向油泵继电器 8 号端子输送 2S 搭铁信号，使油泵继电器吸合 2S，为燃油系统蓄压。在 8 号端子与蓄电池正极间连接了发光二极管，是为了检查 ECM 主继电器及控制单元是否工作正常，油泵继电器是否得到触发信号。当油泵继电器出现故障时，系统中的保持油压使发动机仍可起动，但随着油压的降低，发动机逐渐熄灭。由于油泵继电器工作不稳定，再起动时供油不足或不供油，使发动机出现再起动困难或无法起动的故障。

案例 3　喷油器泄漏导致发动机热车起动困难

故障现象：一辆排量 3.0L 雷克萨斯 300 轿车冷车能够正常起动，热车时起动困难，起动机工作 4～5s 后才能着车。

故障分析与排除：试车再现故障，待车辆预热后熄灭发动机，10 分钟后重新起动，没有着车迹象。再次起动并延长起动时间，发动机持续回转 10 圈以后才能着车，而且发动机在刚开始运转时有严重抖动，着车的瞬间从排气管中冒出大量黑烟，但很快就恢复正常。发动机熄火后立即起动，能正常着车，只有在过了约 10min 左右起动才出现上述现象。初步判断为供油系统有泄漏。

安装汽油压力表运行发动机，油压正常。熄火后压力下降得很快，大约 5min 下降 $1kgf/cm^2$。再次起动发动机，待油压正常后熄灭发动机，夹住燃油表和滤清器之间的供油管，压力依然下降很快。拆下喷油器测试，未见异常。将喷油器装复再试故障如初。拆下进气道观察节气门，发现黑色积炭很多。拆下火花塞（新更换不久），其中央电极部位全是黑色的积炭。用发动机内窥镜进一步检测，发现4个喷油器都存在漏油现象。

因为喷油器磨损不是过于严重，冷车泄漏量不大，所以拆下喷油器检测时，没有明显异常。热车后喷油器阀座和阀芯膨胀系数的差异使磨损间隙加大，熄火后燃油慢慢从间隙溢出。刚刚熄火时，由于燃油泄漏量很少，立即起动可以着车，熄火10min后，由于燃油泄漏量增多致使混合气过浓，导致热车起动困难。更换喷油器，每次起动时顺利着车，发动机熄灭后油压不再下降，故障排除。

案例4　油压调节器真空软管破裂导致汽车油耗过大

故障现象：一辆行程近10万公里的通用别克GLX型轿车，发动机运转不平稳，热车状态下有时冒黑烟，油耗过高。

故障诊断与排除：首先利用TECH2故障诊断仪检查，没有故障代码输出。读取数据流，发现氧传感器信号电压偏高，说明混合气偏浓。

车主反映，该车排气管冒黑烟，于是利用尾气分析仪检测尾气。仪器显示：CO值约为3.5%，HC值为300～400ppm，λ值为0.8～0.9。检测结果显示排放严重超标，这3个指标也反映出混合气太浓。但此值并不稳定，待运行2km后又都恢复正常，而且高速时尾气合格，只是偶尔在急加速时冒出一些黑烟。因此可以认为此车故障为偶发性故障，用户也反映不是总冒黑烟。

根据汽车的症状和检测结果分析，怀疑喷油器有滴漏现象。对喷油器进行平衡测试，发现2缸和4缸喷油器不合格，拆下后发现内部较脏。换上新的喷油器后发动机工作平稳，但尾气成分仍偏高。这时突然听到一种“咝咝”声，再次用TECH2读取数据流，发动机真空度略有上升，转速有所提高，而且排气管有少量黑烟排出。仔细检查，发现油压调节器的真空软管破裂漏气。由于油压调节器有时不能受真空控制，从而使燃油压力升高，导致费油和冒黑烟。

考虑到混合气长期过浓，可能火花塞有积炭。于是，拆检各缸火花塞，果然积炭严重。更换真空软管和火花塞后，试车，故障彻底排除。

2.4　发动机机械系统的故障诊断与检测

发动机机械系统主要包括机体组、曲柄连杆机构和配气机构，常见故障为汽缸压力过低和发动机异响，其故障部位和故障原因见表2-3。

表2-3　发动机机械系统常见故障部位

序号	故障部位	主要故障原因	主要故障现象和危害
1	缸体、缸盖	磨损、变形、裂纹	漏气、漏水、漏油、异响
2	汽缸垫	损坏	漏气、漏水、漏油
3	活塞	磨损、变形	漏气、异响
4	活塞环	耗损、断裂、对口、装配错误	漏气、窜油、拉缸、异响

续表

5	曲轴、连杆	变形、轴颈磨损	异响
6	轴承	磨损、腐蚀	异响
7	气门组件	磨损	漏气、异响
8	气门传动组件	磨损、正时失准	漏气、异响

2.4.1　发动机汽缸密封性的检测

汽缸压缩压力是发动机的重要诊断参数。汽缸压力过高会造成发动机工作粗暴、过热、爆燃等现象，而汽缸压力过低将导致发动机难以起动(甚至不能起动)、怠速不稳、无力、油耗增加、排放超标等，因此汽缸密封性的好坏是判断发动机技术状况的重要依据。

2.4.1.1　汽缸密封性能的检测方法

汽缸的密封性能可以通过检测汽缸压缩压力、曲轴箱窜气量、汽缸漏气量(率)及进气管真空度等多项参数进行综合诊断，现主要根据汽缸压缩压力和进气歧管真空度来判断汽缸的密封性。

(1)汽缸压缩压力的检测

汽缸压缩压力可用汽缸压力表检测，也可用汽缸压力测试仪检测。

1)用汽缸压力表检测缸压

这是维修企业检测汽缸压力最常用和最实用的检测方法。检测缸压时应保证蓄电池电压充足，有足够的起动转速，节气门全开，发动机工作温度正常。

①拆下全部火花塞，并将高压线搭铁。

②拔下所有喷油器连接器。

③把汽缸压力表接入待测汽缸的火花塞孔，如图 2-28 所示。

④用起动机带动曲轴转动 3～5s，读取压力表读数，然后按下压力表单向阀使指针回零，再进行下一次测量。

通常每缸测量三次，并与标准值对比，各缸缸压应不低于标准值的 85%，且各缸缸压差应不大于 3%(极限 10%)。

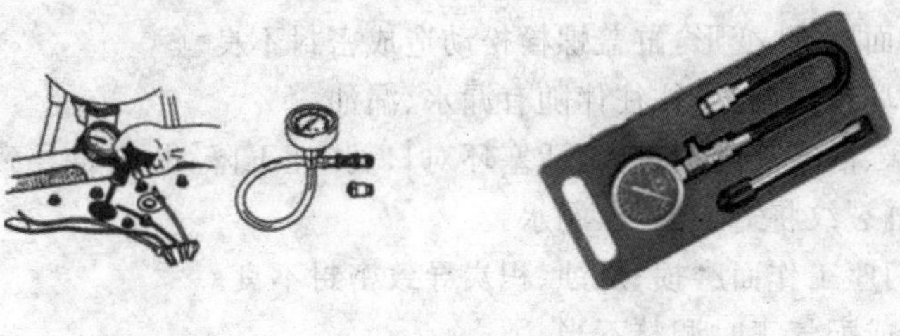

图 2-28　汽缸压力表及其使用

2)用汽缸压力测试仪检测缸压

可采用压力传感器式汽缸压力测试仪、起动电流或起动电压降式汽缸压力测试仪、电感放电式汽缸压力测试仪检测汽缸压力。

在发动机综合测试仪和综合试验台上，多采用起动电流或起动电压降式汽缸压力测试仪来检测缸压，其检测原理是：起动机带动发动机曲轴所需的转矩是起动机电流的函数，并与汽缸压力成正比。发动机起动时的阻力矩主要是由曲柄连杆机构产生的摩擦力矩和各缸压缩行程受压空气的反力矩两部分组成的，前者可认为是稳定的常数，而后者是随各缸汽缸压力变化而变化的波动量。因此，起动电流的变化与汽缸压力的变化存在着对应关系，通过测量起动时某缸的起动电流，即可确定该缸的汽缸压力。通过测起动电源——蓄电池的电压降，也可获得汽缸压力。这是因为起动机工作时，蓄电池端电压的变化取决于起动机电流的变化，当起动电流增大时，蓄电池端电压降低，即起动电流与电压降成正比，因此起动时蓄电池的电压降与汽缸压力也成正比，所以通过测蓄电池电压降也可以测得汽缸压力。

3)汽缸压力的检测方法

以捷达车发动机为例，测量汽缸压力时，发动机机油温度至少为 30℃，具体步骤如下：

①拔下点火线圈及火花塞高压线，用专用扳手拧下火花塞。

②将加速踏板踩到底，使节气门全开。

③将汽缸压力表或其专用检测仪装入火花塞孔。

④用起动机带动发动机运转，直至汽缸压力表或检测仪显示的压力值不再上升，记录此值。

捷达发动机汽缸压缩压力值应为 1～1.3MPa，压力极限值为 0.75MPa，各缸间压力差最大允许值为 0.3MPa。

(2)进气歧管真空度的检测

进气歧管真空度是汽油机的重要诊断参数之一，可用真空表进行检测。检测前应将发动机预热至正常工作温度，然后将真空表软管连接到节气门后方的专用接管上，保持发动机按规定怠速无负荷运转，读取真空表上的读数和指示状态。

2.4.1.2 影响汽缸密封性的主要原因

汽缸、汽缸盖、汽缸垫、活塞、活塞环及进排气门的工作状况将直接影响汽缸的密封性，具体原因如下：

(1)汽缸盖端面磨损、变形，缸盖螺栓松动造成密封不良。

(2)汽缸垫损坏造成漏气，往往伴随有漏水、漏油。

(3)汽缸、活塞、活塞环磨损过大，活塞环对口、弹性下降、断裂将导致向下窜气，同时将向上窜油。汽缸裂纹将造成漏气、漏水。

(4)气门、气门座工作面磨损、烧蚀、积炭导致密封不良。

(5)气门间隙或配气正时调整不当。

2.4.1.3 汽缸密封性检测结果分析

若汽缸密封性能下降，可参照下述分析确定故障部位所在。

(1)汽缸压缩压力检测分析

若汽缸压力低于标准值，可由火花塞孔或喷油器孔注入适量润滑油(20～30ml)，再次检测汽缸压力，并比较两次检测结果。

1)如果第二次测量值高于第一次，并接近标准值，可能是汽缸、活塞、活塞环磨损严重，活塞环对口、断裂、缸壁拉伤等原因造成密封不良。

2)如果第二次测量结果与第一次基本相同，可能是进、排气门或汽缸垫损坏造成密封不良。

3)若两次测量某相邻两缸压力均较低，则可能是相邻两缸处的汽缸垫烧损相互窜气。

若汽缸压力高于标准值，可能是燃烧室积炭过多、汽缸垫过薄、缸体缸盖结合面修磨过度所至。

(2)进气歧管真空度检测分析

让发动机在海平面高度下怠速运转，根据真空表读数及其指示状态进行分析、判断。注意：海拔高度每增加 1000m，真空表读数相应降低约 10kPa。

1)若真空表指针稳定地指在 57～71kPa 之间，说明发动机密封良好。快速启闭节气门，若真空表指针能随之在 7～84kPa 之间灵敏摆动，说明进气管真空度对节气门开度变化的随动性较好，则进一步说明发动机密封良好。

2)若真空表指针有规律的跌落 3～23kPa，摆幅不大，表示气门与气门座密封不良，同时可能伴随有回火(进气门漏气)放炮(排气门漏气)现象。

3)若真空表指针在 17～57kPa 之间大幅摆动，可能是汽缸垫烧损漏气所至。

4)若真空表读数低于正常值，快速开启节气门，真空表指针迅速下降，几乎为 0。且当节气门关闭时，指针不能回复到 84kPa，则说明活塞与汽缸之间密封不良，同时可能出现排气管冒蓝烟(烧机油)现象。

(3)其他辅助检测方法

当汽缸漏气量过大时，可采用下述辅助诊断方法分析、判断故障部位所在。

1)在进气管口处听诊，若有漏气声，则为进气门漏气。

2)在消音器处听诊，若有漏气声，则为排气门漏气。

3)若散热器或冷却液膨胀箱不断有气泡冒出，则为汽缸垫烧蚀漏气。

4)若进排气门均无漏气现象，但在相邻火花塞(或喷油器)孔处能听到漏气声，则为相邻两汽缸间的汽缸垫烧损漏气。

5)若在曲轴箱通风口处监听到漏气声，则为汽缸与活塞间密封不良，可将该缸活塞从压缩上止点转到下止点，根据漏气声的变化估测汽缸的磨损情况。

2.4.2　发动机异响的故障诊断

发动机异响是指发动机在正常工作中发出的超过技术文件规定的不正常的响声。发动机异响分为气体与金属的冲击声响和金属与金属之间的敲击异响两大类，其中，气体冲击异响包括爆燃、进气管回火、排气管放炮及漏气声响；金属敲击异响主要指曲柄连杆机构和配气机构异响，包括主轴承和连杆轴承响、活塞敲缸响、活塞销和活塞环响、气门与气门脚响、气门挺杆响、凸轮轴响等。

2.4.2.1 影响发动机异响的主要因素

发动机异响与转速、负荷、温度、缸位、工作循环、润滑条件异常等多种因素有关,异响部位不同,其振动区域、声调特征、伴随现象也不相同。

(1)转速

一般情况下,转速越高异响越严重。但高速运转时响声混杂,反而不易于听诊,诊断异响应在响声最明显的转速范围内进行。异响部位不同,响声最为清晰的转速范围也不相同。如:活塞敲缸响、活塞销响、气门脚响等在怠速或低速时异响较为明显;连杆轴承响、气门座圈响、气门烧损响、凸轮轴响等在中速时异响较为明显;而曲轴轴承响、连杆轴承响、活塞环响等在稳定转速下运转时异响不明显,急加速时较为明显。

(2)负荷

许多异响与发动机负荷有关,如曲轴主轴承响、连杆轴承响、活塞敲缸响、点火敲击响等均随负荷增大(爬坡、加速、满载等)而增强,随负荷减小而减弱。而有些异响与负荷无关,如气门响、凸轮轴响等,负荷变化时响声基本不变。

(3)温度

有些异响与发动机温度有关,而有些异响与发动机温度无关或关系不大。如:活塞冷敲缸响在低温时响声明显,温度升高后异响减弱或消失;发动机过热引起的早燃突爆声,活塞因变形、配合间隙过小引起的敲缸异响等在低温时响声不明显,温度升高后异响明显加重;主轴承响、连杆轴承响、气门脚响等受温度影响较小。

(4)润滑条件

若润滑不良,曲柄连杆机构和配气机构异响均会明显加重。而有些异响又会导致润滑条件进一步恶化,如曲轴主轴承异响和连杆轴承异响,往往会造成机油压力过低、润滑不良。

(5)缸位

单缸断火(断油)或复火(复油)时响声有明显变化的现象称为异响上缸,即异响与缸位有关。如:连杆轴承响、活塞环响、因汽缸配合间隙过大造成的活塞敲缸异响等在单缸断火(断油)时响声减轻或消失;活塞销窜出或松旷响、连杆轴承盖螺栓松动响、活塞因裙部锥度过大造成的敲缸等,在单缸断火(断油)时响声明显加重;曲轴主轴承响单缸断火(断油)时响声变化不明显,相邻两缸同时断火(断油)时响声减轻或消失;气门脚等配气机构异响在单缸断火时响声不变或变化不明显。

(6)工作循环

发动机异响与工作循环有很大关系,尤其是曲柄连杆机构和配气机构。一般曲柄连杆机构异响每工作循环发响 2 次,配气机构异响每工作循环发响 1 次。

2.4.2.2 发动机常见异响的故障诊断

异响具有各自的特点和规律,可由人工诊断,也可利用诊断仪诊断。维修企业一般采用人工经验诊断法进行异响的诊断分析,即由诊断人员综合异响的音调、异响部位及改变发动机的转速、负荷、温度、润滑条件或单缸断油(断火)时响声的变化情况,结合自己的经验，对故障原因和故障部位作出判断。

(1)曲轴主轴承响

1)故障现象

发动机稳定运转时声响不明显，急加速或负荷较大时，发出较沉重、有力、有节奏的"当当"声，严重时机体振抖。

2)故障原因

①因主轴颈磨损失圆造成的主轴承配合间隙过大或配合不良。

②润滑不良。

③主轴承盖螺栓松动，轴承合金脱落、烧损、轴承破裂等。

④曲轴弯曲。

3)异响特征分析

①改变发动机转速，转速增高，响声增大，中速向高速过渡时响声明显，急加速异响明显。低速时，用手微微抖动并反复加大节气门，同时仔细察听异响，如响声随转速升高而增大，抖动节气门时在加速的瞬间响声较明显，一般是主轴承松旷；如在怠速或低速时响声较明显，高速时杂乱，可能是曲轴弯曲；如在高速时有较大振动，油压显著降低，一般是主轴承松旷严重、烧损或减摩合金脱落。

②负荷增大(如爬坡、载重)时，响声加大加重，负荷变化时响声较明显。

③发动机温度变化时，异响变化不明显。

④单缸断油(断火)时，响声不变(末道主轴承响，响声减弱)，相邻两缸均断油(断火)时，响声明显减弱。

⑤发动机跳火 1 次，发响 2 次，即每工作循环响 2 次。

⑥润滑不良时，响声加重，一般有明显的油压降低现象。

⑦反复抖动节气门，从加机油口(或曲轴箱通风管口)处听诊，可听到明显的沉重有力的金属敲击声。用听诊器触在油底壳或曲轴箱与曲轴轴线齐平的位置上听诊，响声最强的部位即为发出异响的主轴承。

⑧伴随现象。主轴承异响往往会伴随有油压降低现象，严重时发动机振抖，尤其是在高速或大负荷时。

(2)连杆轴承响

1)故障现象

发动机怠速运转时无异响或响声较小，急加速时有明显的较重且短促的"当当当"连续敲击声。

2)故障原因

①连杆轴承或轴颈磨损，使配合间隙过大或配合不良。

②油压过低或机油变质，或连杆轴承油道堵塞，致使润滑不良。

③连杆轴承盖螺栓松动或折断。

④连杆轴承尺寸不符，引起转动或断裂。

⑤连杆轴承减摩合金脱落或烧毁。

3)异响特征分析

①改变发动机转速,怠速时声响较小,中速时较为明显,稍稍加大节气门有连续的敲击声,急加速时敲击声随之增加,高速时因其他杂音干扰而不明显。

连杆轴承响比主轴承响清脆、缓和、短促,诊断时使发动机怠速运转,然后逐渐由怠速→低速→中速→高速加大节气门进行试验,同时结合单缸断油(断火)法,并在曲轴箱通风口处听诊,响声随转速的升高而增大,抖动节气门时,在加油的瞬间异响突出。响声严重时,在任何转速下均可听到清晰、明显的敲击声。

②负荷增大,响声加剧。

③发动机温度变化时,响声通常不变,但有时也受润滑油温度的影响。

④单缸断油(断火),响声明显减弱或消失,但复火时又能立即出现,即响声上缸。但当连杆轴承松旷过甚时,单缸断火声响无明显变化。

⑤点火1次,发响2次,即每工作循环响2次。

⑥连杆轴承响声在油底壳侧面较大。如用听诊器触在机体上听诊,响声不十分清晰,但在加机油口处或曲轴箱通风管口处直接查听,可清楚听到连杆轴承敲击声。

⑦伴随现象。连杆轴承响伴随有油压明显降低现象,严重时机体振抖,这有别于活塞销响和活塞敲缸。可用手将螺丝刀或听诊器抵住缸体下部或油底壳处,当触试相应的故障缸位时有明显振动感。

(3)活塞敲缸

活塞敲缸指活塞上下运动时在汽缸内摆动或窜动,其头部或裙部与汽缸壁、缸盖碰撞发出的响声。通常专指活塞与汽缸壁间隙较大,活塞上下运动时撞击汽缸壁发出的响声。

1)故障现象

发动机怠速或低速运转时,在汽缸的上部发出清晰而明显的、有节奏的"嗒嗒嗒"的连续不断的金属敲击声,严重时响声沉重,即为"当当当"声响。

2)故障原因

①活塞与汽缸壁配合间隙过大。

②活塞裙部腐蚀,或汽缸磨损过大。

③活塞装配不当。

④油压过低,汽缸壁润滑不良。

3)异响特征分析

①怠速或低速时比较清晰,中速以上运转时,异响减弱或消失。

②负荷加大,响声加大。

③一般冷车时响声明显,热车后响声减弱或消失,即冷敲缸。严重时冷热均敲缸,并伴有振抖。

④将发动机置于异响明显的转速下,进行单缸断油(断火)试验,响声明显减弱或消失。

⑤曲轴转1圈,发响1次,且有节奏性,转速提高响声加快。

⑥润滑不良响声加重。

⑦将听诊器或听诊杆触在机体上部两侧进行听诊,若响声较强并稍有振动,再结合断油(断火)试验,即可判断出异响汽缸。

⑧伴随现象：排气管排蓝烟、缸压降低等。用手将螺丝刀或听诊器抵紧汽缸两侧上部触试，有明显振动感。

活塞冷敲缸也可采用加注机油法确诊，即从火花塞孔加入少量机油，在发动机刚起动时响声减弱或消失，但不久响声又恢复。

发动机敲缸除冷态敲缸外还有热态敲缸和冷热态均敲缸。

发动机冷态不响，热车后发响，并伴有机体轻微抖动，且温度越高，响声越大，即为热态敲缸。其故障原因为连杆轴颈与主轴颈不平行、连杆弯曲、连杆衬套轴向偏斜等造成的活塞偏缸，活塞配合间隙过小、椭圆度过小或反椭圆、活塞变形等造成的活塞过紧，活塞环端隙、背隙过小造成的活塞环卡滞等。热态敲缸要及时排除，否则将转化成拉缸事故。

冷热均敲缸的故障原因为活塞销与连杆衬套或与连杆小头装配过紧，连杆轴承装配过紧，活塞裙部圆柱度过大等。冷敲缸或热敲缸较为严重时也会导致冷热均敲缸。

(4)气门脚响

1)故障现象

怠速时，在气门室处发出连续不断地有节奏的“嗒嗒嗒”声，响声清脆有节奏，易区分。若有多只气门脚响，则声音杂乱，且断油(断火)试验响声无变化。

2)故障原因

①气门脚润滑不良，或因磨损、调整不当造成气门间隙过大。

②气门间隙处两接触面不平。

③气门杆与气门导管配合间隙过大。

④摇臂轴配合松旷。

3)异响特征分析

①转速增高响声增大，节奏加快。怠速、低速时响声明显，中速以上变得模糊杂乱。

②负荷、温度、缸位对气门脚响无影响，断油(断火)试验异响无变化。

③怠速下在气门室或气门罩处听诊异响非常明显，气门脚响清脆有节奏，在发动机周围就能听到较为清晰的响声。

④将气门室盖拆下，在怠速时用适当厚度的厚薄规插入气门间隙处，若响声消失或减弱即可确诊为该气门间隙过大。也可用厚薄规检查或用手晃动摇臂，间隙最大的往往是最响的气门。为进一步确诊是气门脚响还是气门落座响，可在气门间隙处滴入少许机油，如瞬间响声减弱或消失，说明是气门脚响；如响声无变化，说明是气门落座响。

⑤插入厚薄规后，气门没有间隙，若响声不变，可用螺丝刀撬动气门杆，若响声消除，说明气门杆与导管磨损过甚。

(5)液压挺杆响

1)故障现象

发动机怠速运转时在凸轮轴附近发出有节奏的金属敲击声，中速以上响声减弱或消失。

2)故障原因

①挺杆与导孔配合面磨损严重。

②挺杆液压偶件磨损。

③润滑油供油不足。

3)异响特征分析

改变发动机转速并用听诊器查听响声的变化。怠速时发动机顶部响声明显,中速以上响声减弱或消失,断油(断火)试验响声无变化。起动时液压挺杆有不大的响声(润滑油未充分进入液压挺杆),起动后响声消失,可视为液压挺杆正常。若发动机转速达到2000~2500r/min,继续运转2min,若挺杆仍有响声,应先检查机油压力。若机油压力正常,则为液压挺杆故障。拆下液压挺杆后,用手捏住上下端面用力按压,如有弹性,说明液压挺杆失效,应更换。

在发动机运行过程中,各种异响的响声模糊杂乱,现象与成因之间的关系复杂,因此异响诊断一直是汽车故障诊断中的难点,诊断人员必须经过大量的诊断实践,才能区分各种不同异响。发动机异响的综合诊断流程如图2-29所示,诊断过程中需加速时,应仔细监听响声变化情况,同时密切注意机油压力表或机油压力报警器的工作状况,逐级缓慢加速,以免造成新的更为严重的故障,影响发动机的寿命。

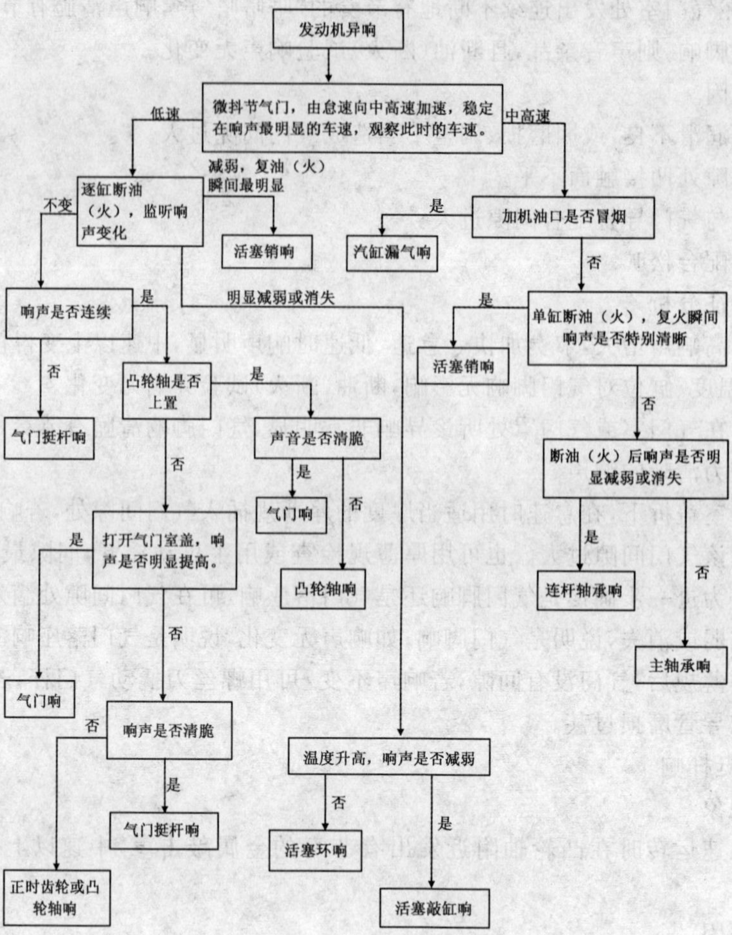

图2-29 发动机异响的综合诊断流程

2.4.3　故障案例

案例 1　活塞环密封不良导致发动机难以起动，且动力不足

故障现象：一辆奥迪 100 2.2E 轿车，热车不易起动，冷车起动更困难，需使用电量很足的蓄电池，起动十几次才能着车。而且行驶中动力不足，发动机油耗严重。

故障诊断与排除：观察发现，这辆汽车起动后，打开机油加注口的盖子，能看到有很多气体冒出来，而且有发动机燃烧的废气味道，感觉曲轴箱内气体压力很高。检查点火系统和燃油系统，均正常。

测量汽缸压力，1 缸为 1.2MPa，2 缸为 0.4MPa，3 缸为 0.4MPa，4 缸为 0.3MPa，5 缸为 0.4MPa。发动机的标准汽缸压力 1.1～1.3MPa，最低极限压力为 0.9MPa，各汽缸压力允许最大差值为 0.2MPa。显然，发动机有 4 个汽缸的压力低于规定值。

汽缸压力很低且曲轴箱内废气多、加机油口冒烟，可以确定燃烧气体从活塞与汽缸间隙漏入曲轴箱。询问车主后，根据此车的使用及维修情况，初步判断是活塞环密封不良导致漏气。

拆检发动机，重点检查了气门磨损及密封性、汽缸磨损及活塞环的三隙和弹性，检查结果说明，活塞环磨损严重，性能下降。更换活塞环，发动机起动顺利。路试，发动机加速有力，故障排除。

案例 2　排气管堵塞导致发动机不能起动

故障现象：一辆富康 988 轿车，停放了一个晚上，第 2 天早晨无法起动，起动机转动正常，但无着车迹象。

故障诊断与排除：首先进行高压线试火，火花较强。拔下喷油器连接器，插入试灯，起动发动机时，试灯闪亮。初步判断电控系统基本正常。卸下火花塞，发现 4 个火花塞上面全是汽油，已经淹缸了。更换 4 个火花塞之后试车，发动机有着火迹象，随后再无任何反应。再次拆检火花塞，发现上面还是有汽油。反复操作，故障依旧。卸下 4 个火花塞起动发动机，逐缸测量汽缸压力，缸压均在 820kPa 以上。同时还检查了燃油品质、配气正时等，均正常。

一般情况下，只要燃油雾化、高压火花和汽缸压力正常，发动机应能正常起动。该车在停放之前一切正常，一夜之后就出现了故障，莫非是排气管堵塞了(当时天气比较冷)？为了证实该想法，在节气门后连接真空表，起动发动机，发现真空表指针在起动时的一瞬间跳动到 10kPa 上，随后数值指示到零。

发动机在热车起动时，真空度应在 11～21kPa 之间，最低不应低于 10kPa，即便是冷车排气系统不堵塞，进气管真空度也应在 10kPa 以上。为了更进一步确认故障部位，卸下了氧传感器(如果怀疑排气系统堵塞，可以卸下氧传感器，其座孔可以调整排气背压，以便发动机起动)，多次试车，每次都能正常起动。可见，该车排气管已堵。

卸下排气管，发现排气管尾节的最低处已被冰块堵严。清除冰块，并清洁排气管。装复试车，发动机顺利起动，故障排除。

案例 3　气门磨损漏气导致发动机怠速不稳、低速无力

故障现象：一辆丰田克罗娜轿车，发动机怠速不稳，有点冒黑烟。在起步时需连续抖动油门方可起步，当车速达到 40km/h 后加速性能好转。

故障诊断与排除：询问车主，修理工反复修理多次，几乎把所有的电控元件都快换完了，但是故障依旧。

接手该车后首先试车，在起步过程中踩了一脚制动，发现制动踏板发硬。进行反复测试，感觉好像真空助力器不起作用。似乎加速无力与助力器失效有着某种关联，初步判断：进气管真空度过低，可能是管道漏气。

经过仔细、全面的目视检查，不存在真空管脱落和真空泄漏的情况。卸下火花塞测量汽缸压力，均在 850～950kPa 之间。在节气门后连接真空表，起动发动机怠速运转，真空数值在 37～50kPa 之间来回摆动。正常情况下，怠速时真空度应稳定在 61kPa，检测值较低，可能是气门关闭不严造成的。拆检缸盖，发现 4 个汽缸 16 个气门中有 2 个缸的进气门和 1 个缸的排气门有着不同程度的漏气。更换一套气门之后，故障完全排除。

由于漏气量不是很大，发动机连续运转，汽缸压力不会降低太多，所以测出的汽缸压力基本正常。在起步时，发动机各汽缸充气量少，而此时由于发动机负荷增大，气门运动速度低，漏气量大，造成低速运行无力，症状也比较明显。而在高速时，由于气门运动速度加快，漏气量相对减少，功率下降不大，所以高速行车时没有明显异常。

案例 4　曲轴轴承间隙较大、轴向止推垫片磨损导致发动机异响

故障现象：一辆奥拓微型汽车，行驶过程中在发动机下部发出连续异响，声响沉重，听起来是“刚刚”的金属撞击声，严重时机身抖动。

故障诊断与排除：试车发现，此故障的发响部位在发动机的下部，在急加速或急减速时异响明显，并且不随发动机的温度变化而变化，似乎是曲轴轴承处有异响。

一般情况下，后边的轴承声响发闷钝重，而前边的轴承声响则偏向于轻、脆。由于轴向止推垫片磨损过甚、轴向间隙过大而使曲轴轴向窜动所发出的异响，是一种无节奏异响。其他原因造成的主轴承异响，在发动机冷起动后温度较低时尤为显著。

在异响发生时，缸盖部位有与异响相吻合的震动感。对发动机进行单缸断火，异响无明显变化。而把相邻两缸同时断火时，异响减弱，表明此两缸之间的主轴承发出异响。分解发动机，拆下曲轴，检测发现轴承间隙较大，且轴向止推垫片磨损过甚。更换新件后，复装试车，故障排除。

2.5　发动机润滑系和冷却系的故障诊断与检测

2.5.1　发动机润滑系的故障诊断与检测

发动机润滑系一般由机油盘(油底壳)、集滤器、滤清器、机油泵、限压阀、旁通阀、机油压力表、报警开关和报警器等组成，常见故障为机油压力过低(润滑不良)、机油压力过高、

机油变质、机油消耗过大等，其常见故障部位在机油泵和机油滤清器。

2.5.1.1　机油压力过低

(1)故障现象

发动机在正常温度和转速下，报警器报警或机油压力表读数始终低于规定值。

(2)故障原因

油压过低有润滑系的原因，也有非润滑系的原因，具体原因如下：

1)机油油面过低、黏度过小或未按规定换油、变质、混入汽油、冷却液等。

2)机油压力指示有误，如油压表、传感器、油压开关、油压报警灯、报警器失效等。

3)油底壳漏油、放油螺塞漏油，机油管道、接头漏油、堵塞等。

4)机油泵工作不良，机油泵进油滤网堵塞等。

5)机油限压阀调整不当、卡滞，或限压阀弹簧过软、折断。

6)机油集滤器、滤清器堵塞，密封衬垫损坏漏油，旁通阀堵塞等。

7)曲轴主轴承、连杆轴承或凸轮轴承配合间隙过大，轴承盖松动，造成泄油量过大，导致机油压力过低。

8)点火正时失准、混合气浓度不当、发动机过热等。

(3)故障诊断与排除

1)根据发动机的故障征兆，确认机油压力过低为润滑系所致。首先区分是机油压力指示系统故障还是润滑系油路故障。

观察机油压力表、报警灯或报警器，如果指示信号不一致，则可能是指示系统或报警系统有故障。可检查油压表与传感器的连接状况，若正常，拆下传感器导线，打开点火开关，使导线与机体搭铁。若油压表指针急速上升，说明油压表良好；如油压表指针不动或微动，说明油压表失效。若油压表良好，应检查传感器的工作性能。

现代轿车除设有油压指示系统外，还设有油压报警系统，如捷达轿车设有两个压力开关(高、低压开关)、一个压力报警灯和一个压力报警蜂鸣器。报警系统失效，应主要检测两个报警开关。捷达车的两个报警开关位于滤清器支架上，低压开关(30kPa)为褐色，是常闭的；高压开关(180kPa)为白色，是常开的。检测方法如下：

①拆下 180kPa 白色高压开关，将其拧入测试仪 V. A. G1342，然后将测试仪装入机油滤清器支架上的油压开关处，并将测试仪的褐色导线 3 搭铁，如图 2-30 所示。

② 用 V. A. G1594 辅助接线把二极管电笔接到蓄电池正极和 30kPa 褐色油压开关 B 上，发光二极管必须亮。

③起动发动机，慢慢提高转速，压力达 14～45kPa 时，发光二极管必须熄灭，否则应更换低压开关。

④将二极管电笔接到高

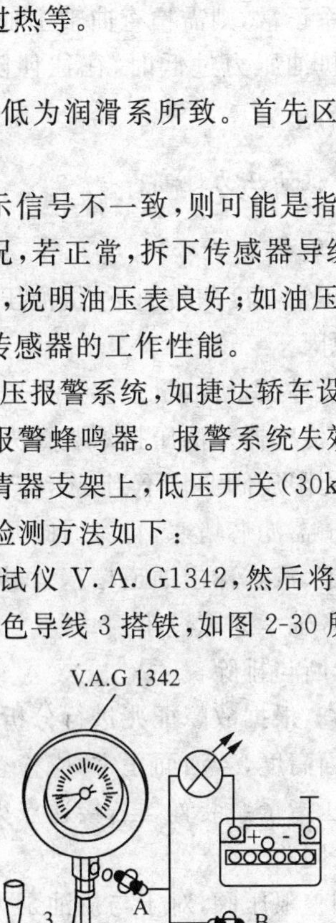

图 2-30　捷达车机油压力开关的检测

压开关 A 上，压力达到 160～200kPa 时，发光二极管必须亮，否则更换高压开关。

⑤继续提高转速，达到 2000r/min 且机油温度到 80℃时，油压至少应达到 200kPa。转速再进一步提高，机油压力不可超过 700kPa，否则，应更换机油滤清器支架上的安全阀。

注意：若怀疑油压指示或报警系统出现故障，也可采用换件测试法进行确诊。

2)拔出机油尺，检查油面高度、机油黏度和机油质量。若油面过低，应检查有无泄漏部位，并按规定添加机油。用手指检查机油黏度，同时检查机油质量，观察是否混入汽油或水分。如果机油变稀(混入汽油)或成乳膏状(混入水分)，应及时更换，并查明原因，排除故障。

3)拆下机油滤清器，起动发动机，观察喷油情况。若喷油有力，说明机油泵工作正常，应检查机油滤清器的滤芯、旁通阀是否堵塞，视情更换。

4)若喷油无力，应拆检机油泵。检查机油泵齿轮副的端面间隙、径向间隙和啮合间隙，并进行油压、泵油量等性能检测。

润滑系的安全阀多安装在机油泵上，拆检机油泵时必须检查安全阀是否失效。有的安全阀安装在主油道上(外装式)，此类安全阀的检查，应在拆检机油泵前进行。

5)若润滑系正常，则需检查曲轴主轴承和连杆轴承、凸轮轴轴承等配合间隙。因配合间隙过大造成机油压力过低时，往往伴随有发动机异响产生，分解发动机之前，应注意听诊。

2.5.1.2 机油压力过高

(1)故障现象

发动机在正常温度和转速下，机油压力表读数始终高于规定值。

(2)故障原因

1)机油黏度过大，机油量过多。

2)油压表、传感器及油压指示装置失效。

3)机油压力限压阀调整不当或卡滞。

4)机油滤清器滤芯堵塞，且旁通阀开启困难。

5)润滑油道、汽缸体主油道堵塞、积垢过多。

6)发动机各轴承间隙过小。

(3)故障诊断与排除

1)试车检查，根据故障征兆进行分析和诊断。

2)检查油面高度，若油面正常，应检查机油黏度、牌号是否符合要求。

3)检查油压指示系装置。若接通点火开关就有压力指示，则说明油压表或传感器有故障，检查方法同前。

4)检查、调整限压阀，对于与机油泵一体的限压阀，则应拆检机油泵。

5)拆检发动机，检查、清洗润滑油道，并用压缩空气吹通。同时检查曲轴主轴承、连杆轴承、凸轮轴轴承等各配合间隙是否过小。

2.5.1.3　机油消耗过大

(1)故障现象

机油消耗超过0.1～0.5L/100km，排气管大量排蓝烟，积炭增加，火花塞油污现象严重等。

(2)故障原因

机油消耗过大的主要原因是漏油和烧机油，具体原因如下：

1)气门室盖、油底壳、放油螺塞、正时齿轮(链轮、带轮)、曲轴前后油封、凸轮轴油堵、机油滤清器、压力传感器、机油散热器等各部位的油封、密封垫或接口损坏漏油。

2)活塞与汽缸配合间隙过大、活塞环对口、弹性下降等造成窜油。

3)气门与气门导管间隙过大、气门油封失效或脱落、曲轴箱通风阀失效等使机油进入燃烧室被烧掉。

(3)故障诊断

1)首先根据故障现象进行确诊。如每天检查机油时油面高度逐渐降低，排气管大量排蓝烟，火花塞积炭严重等。也可采用机油标尺测定法和质量测定法，测出发动机规定行驶里程(如100km)的油耗，若超过0.5L/100km，说明油耗过大。

2)检查发动机前、后、上、下及侧部有无明显漏油痕迹。

3)若排气管排蓝烟，说明机油被吸入燃烧室，应根据故障现象确定具体故障部位。

①检测缸压，若缸压过低，同时加机油口也脉动冒烟，说明汽缸活塞组磨损过大、密封不良而导致汽缸窜油。也可用加机油法确诊。

②若排气管排蓝烟，加机油口无脉动冒烟现象，说明故障在气门导管处，应检查气门与气门导管间隙是否过大、气门油封是否失效等。

③检查曲轴箱通风阀是否黏结失效。

2.5.1.4　机油变质

(1)故障现象

1)将机油滴在白纸上或目测，机油呈黑色，且用手指捻试无黏性，并有杂质感。

2)机油高度增加，且呈浑浊乳白色，伴有发动机过热或个别缸不工作现象。

3)机油变稀，高度增加，且有汽油味，并伴有混合气过稀现象。

(2)故障原因

机油变质主要是高温氧化或混入冷却液、汽油及其他杂质所致，具体原因如下：

1)机油使用时间过长，未定期更换，高温氧化而变质。

2)汽缸活塞组漏气、曲轴箱通风不良，机油受燃烧废气污染而变质。

3)燃烧炭渣、金属屑或其他杂质过多，落入油底壳使机油变质。

4)汽油压力调节器破裂，汽油漏入油底壳稀释机油。

5)汽缸垫损坏、汽缸体或汽缸盖破裂、安装在冷却液散热器中的机油散热器损坏，导致冷却液混入机油中使其变为乳白色或成膏状。

6)机油散热器不良、发动机过热，使机油温度超过70℃～80℃，加速机油高温氧化。

(3)故障诊断与排除

1)根据机油颜色和症状特征判断机油是否变质(经验法),也可利用机油清净性分析仪、机油黏度检测仪测定机油的黏度、颜色,并判断有无汽油、水分和其他杂质等。

2)根据机油变质后的症状,确定故障原因和故障部位。如机油呈浑浊乳白色且油面增高,说明汽缸内进水。如机油中掺有汽油,说明汽油压力调节器膜片破裂漏油。

3)检查机油是否使用时间过长,未定期更换。

4)检查曲轴箱通风阀,失效则更换。

5)检查曲轴箱通风口是否冒烟、排气管是否排蓝烟,并检测缸压,判断汽缸活塞组是否漏气窜油,导致机油污染变质。

2.5.2 发动机冷却系的故障诊断与检测

发动机冷却系一般由散热器、风扇及离合器或热敏开关、水泵、节温器、百叶窗、水套及指示与报警装置等组成,常见故障为冷却液温度过高(发动机过热)、冷却液温度过低或升温缓慢、冷却液消耗过大等,其常见故障部位及原因见表 2-4。

表 2-4 发动机冷却系常见故障部位

序号	故障部位	主要故障原因	主要故障现象和危害
1	百叶窗	不能完全打开或关闭	发动机过热或水温过低
2	散热器	堵、变形、破裂	发动机过热、漏水
3	风扇	离合器失效、热敏开关或电机损坏	发动机过热或水温过低
4	水泵	皮带过松或断开、水封损坏、叶片折断	发动机过热、漏水
5	节温器	失效、漏装	发动机过热
6	水套	堵	发动机过热

2.5.2.1 冷却液温度过高(发动机过热)

(1)故障现象

运转中的汽车,水温表指针经常指在 100℃以上或指针长时间处在红区,水温报警灯闪亮,并伴随有冷却液沸腾现象,且发动机易产生突爆或早燃等。

(2)故障原因

造成发动机过热的原因很多,涉及发动机的各个组成系统(起动系除外),还与发动机的合理使用有关,具体原因如下:

1)冷却液液面过低,循环水量不足,或冷却系严重漏水。

2)水箱和水道中水垢过多,致使冷却效能降低。

3)冷却液温度表或报警指示有误,如传感器损坏、线路搭铁、脱落或指示表失灵等。

4)百叶窗没有完全打开。

5)散热器灰尘或杂物较多,护风罩破损,散热器片变形或芯管堵塞、漏水、水垢过多导致冷却效果下降。

6)风扇皮带松弛或因油污打滑,风扇离合器失效,温控开关、风扇电动机损坏,叶片变形等。

7)水泵泵水量不足,水泵皮带过松或油污打滑,轴承松旷,水泵轴与叶轮脱转,水泵叶轮、叶片破损,水泵密封面、水封漏水,水泵内有空气等。

8)节温器失效,不能正常开启,致使冷却液大循环工作不良。

9)冷却水套、分水管等积垢过多、堵塞、锈蚀等。

10)点火过迟或过早、混合气过稀或过浓、润滑不良等。

11)压缩比过大、缸压过高、突爆或进、排气不畅等。

12)使用不合理,如经常长时间、超负荷工作等。

13)自动变速器过热或其油温过高导致冷却液温度过高。

14)空调冷凝器温度过高影响冷却系散热。

(3)故障诊断与排除

在诊断过程中,应视具体故障征兆进行分析和判断。

发动机自身症状与冷却液指示、报警装置不一致时,可能是冷却液指示、报警装置出现故障。就车诊断时,将传感器搭铁后水温表指针摆动,说明水温表良好,传感器有故障,否则说明水温表有故障。

若是发动机点火系、供给系、机械系统、润滑系、空调、自动变速器等工作不良导致过热,往往在过热之前出现明显的故障症状,应注意观察并及时排除。

1)检查冷却液。

①冷却液浑浊应清洗散热器和水套。

②若液面过低,应检查并修复泄漏部位。

③若加液口或膨胀箱冒气泡,或冷却液面有油珠,说明汽缸垫损坏,应更换。

2)检查百叶窗能否完全打开。

3)是否长时间大负荷或超载运行。

4)检查风扇转动是否正常,若风扇不转或转速过低,则应:

①首先检查风扇皮带,过松、打滑予以调整。

②风扇皮带正常,则说明风扇离合器失效,应予维修或更换。

③对电动风扇,可在怠速低温时开启空调,若风扇运转,说明热敏开关损坏,否则为风扇电机损坏。也可将热敏温控开关短接,如果风扇立即转动,说明温控开关损坏;若风扇仍然不转,应检查线路熔断器、继电器、电动机等是否损坏。

电动风扇有高、低速两挡,如捷达发动机温控开关的控制温度为:风扇 1 挡接通温度在 92℃～97℃,断开温度在 84℃～91℃;风扇 2 挡接通温度在 99℃～105℃,断开温度在 91℃～98℃。检测时应注意风扇是否只有 1 挡转速。

5)检查整理风扇护风罩。

6)检查并清除散热器片隙间的杂物。检查散热器有无变形、出水管是否凹瘪,并触试散热器，测试其各部温度是否均匀。若散热器上下温差较大，有明显的上高下低现象，且出水管被吸瘪，说明散热器堵塞，应进行除垢清洗。

7)触试散热器及上下通水管，若温度较低，说明节温器大循环阀门打不开，应拆检节温器。也可检测汽缸盖与散热器上部的温差，若温差较大，也可说明节温器失效。

节温器应检查其开启温度和阀门升程，不同发动机的节温器开启温度略有差别，如捷达发动机节温器在冷却液温度为 84℃时应开始打开，当冷却液温度为 98℃时，开启行程应不小于 7mm。

8)检查水泵。先检查水泵皮带是否过松、轴承是否松旷、水封是否漏水等，再就车检测水泵的泵水能力。检查时用手握住发动机上部至散热器的回水管，加大节气门提高发动机转速，如感到水管内的流速随发动机转速的增加而加快，说明水泵工作正常；反之，说明水泵工作不良，应拆检或更换水泵。

9)检查发动机前后端温度，若温差较大，说明分水管损坏或堵塞，应予更换。

10)若冷却系正常而发动机仍然过热，则需根据发动机的其他故障征兆，检查并排除点火系、供给系、润滑系、空调系统、自动变速器或机械故障。

2.5.2.2 冷却液温度过低或升温缓慢

(1)故障现象

运行中的汽车，水温表指针经常指在 75℃以下(水温过低)，发动机工作时，水温表指针长时间达不到 90℃～100℃正常位置(升温缓慢)。

(2)故障原因

冷却液温度过低或升温缓慢的主要原因为节温器不良、水温指示装置失效。

1)水温表或水温感应器损坏，指示有误。

2)在冬季或寒冷地区行驶时，未关闭百叶窗或未采取车身保温措施。

3)节温器漏装或阀门黏结不能闭合。

4)风扇离合器或温控开关结合过早。

5)冷车快怠速过低。

(3)故障诊断与排除

1)若环境温度较低，应检查百叶窗是否关闭，是否采取了保温措施。

2)检查水温表、传感器及线路是否正常。

3)拆检节温器，损坏应更换。

4)风扇运转时，观察水温表指示温度，判断风扇是否过早运转。

2.5.2.3 冷却液消耗过多

(1)故障现象

发动机有漏水现象，冷却液液面下降过快，须经常添加冷却液。

(2)故障原因

冷却液消耗过多主要是由泄漏引起的，具体表现在：

1)散热器损坏、水泵密封不良、管路接头损坏、松动等造成冷却系外部渗漏。

2)汽缸垫损坏、缸体缸盖水套破裂、汽缸盖翘曲、缸盖螺栓松动等造成冷却系内部渗漏。

3)安装在冷却散热器中的机油和自动变速器油散热器损坏,使冷却液渗入到机油和自动变速器油中。

(3)故障诊断

1)检查冷却系有无外部渗漏现象。由于发动机冷却液往往加有染料着色,外部渗漏部位较为明显,目测即可确诊泄漏部位,应重点检查软管、接头、散热器芯和水泵等部位。

2)检查冷却系有无内部渗漏。一般内部渗漏时会伴随有发动机无力、排气管排白烟、散热器有气泡、机油液面升高、机油呈乳白色等现象,应拆检缸体、缸盖和缸垫。

3)带有机油散热器、自动变速器散热器时,如果机油或自动变速器油呈乳色,或冷却液面有油珠,说明相应系统的散热器损坏,应维修或更换。

2.5.3　故障案例

案例 1　机油泵密封垫损坏导致机油压力过低,报警灯亮

故障现象:一辆行驶 8.5 万公里的桑塔纳轿车,运行过程中仪表盘机油压力报警灯有时亮。

故障诊断与排除:试车,发动机怠速运转后,机油压力报警灯不亮。车主反映该车没劲、费油,于是利用故障诊断仪检测,仪器显示没有故障码。读取数据流,各项参数基本正常;测量汽缸压力,检查火花塞等,均正常。

在检测过程中,油压报警灯点亮。轻踩油门,发动机转速升到 1600r/min 时,报警灯熄灭,怀疑油压开关不良,于是更换了油压开关。因为机油压力对发动机影响较大,因此又测量机油压力,在怠速时压力为 0.07MPa;加大油门,发动机转速上升到 2500r/min,油压仅有 0.15MPa,显然,高速时机油压力过低。

拆下油底壳,观察机油泵吸油情况,吸入量很少,近似于不吸油。于是拆检机油泵,发现机油泵密封垫片破损。机油泵密封不良,吸入空气,泵油量大大减少,高速更为明显。

随后又检查了机油泵间隙、限压阀等,均正常。更换机油泵密封垫片,装复试车,发动机低速、高速运转时,机油压力报警灯均不亮。路试,汽车中高速行驶时,仪表盘显示正常。

案例 2　机油泵限压阀卡滞导致机油滤清器底座喷油

故障现象:一辆行程 6 万公里的宝来轿车,停车一段时间后,移开汽车,地面上漏有机油。

故障诊断与排除:检查发动机,发现机油滤清器处漏油。用专用扳手将其拧紧,将油污擦净,运转发动机,发现从机油滤清器底座处往外喷油。由于机油使用时间较长,颜色发黑,于是更换了机油滤清器和机油。但 2 小时后车主又将车送回返修,观察发现,机油滤清器底座仍然喷油。

询问车主得知,除了漏油之外,发动机一切工作正常,造成机油滤清器喷油的原因应

当是机油压力过高。拆下机油滤清器，对润滑主油道吹入压缩空气，油道通畅无堵塞。根据维修经验确定，可能是机油泵限压阀卡死导致油压过高。

拆下机油泵，拆检限压阀。取出限压阀弹簧帽和弹簧，发现其柱塞被硬渣粒卡死，不能移动。显然，机油泵限压阀卡滞，导致机油压力过高，造成机油滤清器严重泄漏。由于车主不愿更换机油泵，于是费力将柱塞取出，修复整理后，装复试车，故障排除。

案例 3　水泵叶片损坏导致发动机怠速过热

故障现象：一辆行程 9.5 万公里的捷达轿车，行驶时水温基本正常，怠速水温过高，膨胀箱沸腾。

故障诊断与排除：连接 V. A. G1552 读取故障码，仪器显示没有故障码。发动机怠速运转，读取数据流，接近冷却液沸腾时，仪器显示冷却液温度约 120℃，此时电控风扇高速运转，因此排除了风扇和双温开关等电器故障。

测试散热器进、出水管温度，二者基本相同。因水管中有气阻，怀疑节温器开度不够，拆除节温器试车，故障依旧。看来是水循环出了问题。

发动机降至常温后，握住散热器进水软管，起动发动机，没有明显的冷却液流动感。为了进一步验证，拆下散热器进水管，起动发动机，水管出水量较小。由此可见为冷却液循环量过小导致过热。拆检水泵，发现水泵的塑料叶片几乎完全碎裂。更换水泵，装复试车，故障排除。

案例 4　冷却风扇电源线接触不良导致发动机过热

故障现象：捷达 CL 轿车 ACR 发动机过热，水温报警，冷却液沸腾外溢。

故障诊断与排除：车主反映，汽车机舱盖冒蒸汽白烟后，迅速停车，打开汽车机舱盖，储液膨胀箱处全是防冻液，但冷却风扇不转。汽车症状表明发动机过热，冷却液沸腾外溢。

由于风扇不转，首先应该检查风扇线路熔断器是否完好。拔下双温开关连接器，用短接线分别短接Ⅰ、Ⅱ挡线，风扇均不转。为了确认风扇电机是否损坏，短接双温开关Ⅰ挡，用万用表检测风扇Ⅰ挡，其电压值为 12V。供电电压正常，说明风扇有故障。

更换风扇后试车，发动机温度升高后风扇还是不转。直接给风扇电机通电，风扇立即转动，说明风扇正常，故障还是在线路。于是采用试灯检测电路，搭铁正常。在双温开关处测试，灯不亮，说明风扇电源有虚接之处。在熔断器处检测，试灯亮。从发动机机舱前的 2 孔连接器处测试，灯却不亮。于是顺线查找，检查发现，这根线在蓄电池底下被腐蚀，已断了大部分。重新连接好导线，再短接双温开关，风扇在Ⅰ、Ⅱ挡均转。起动发动机，随着冷却液温度的升高，风扇相继低速、高速运转，故障彻底排除。

2.6　发动机综合故障诊断与检测

发动机不能起动、起动困难、怠速不良和动力不足是汽油发动机经常出现的故障，故障现象不同，其形成原因也不相同。发动机故障往往涉及多个系统，属于综合性故障，在显现主要故障征兆的同时，还会伴随有其他故障现象出现，如发动机进气管回火、排气管放炮、排气管排蓝烟、燃油消耗过大、过热、异响等。发动机的电子控制系统易出故障，故障部位一般在空气流量计、节气门体、冷却液温度传感器、曲轴转速传感器、凸轮轴转速传感器、火花塞、点火线圈、点火控制模块、氧传感器、怠速控制阀、EGR 阀、汽油压力调节器、喷油器、汽油泵、空气滤清器、进气管道或电子控制单元等。

现代汽车的电子控制系统均具有功能强大的自诊断功能，由于发动机的综合故障涉及原因较多，而其电子控制系统又极为复杂，因此在进行故障诊断时，一般先利用仪器进行读码、分析数据流，排除电子控制系统的故障，然后再检查、排除油路和机械故障。

一般情况下，电子控制系统出现故障，仪表盘上的故障警告灯点亮报警，但故障警告灯亮，不能说明电子控制系统一定就有故障；同样，故障警告灯不亮，也不表示电子控制系统一定正常。这一点在进行发动机综合故障诊断时一定要引起注意。

2.6.1　发动机不能起动

发动机不能起动主要表现为起动机带不动发动机运转，起动机能带动发动机运转但转动无力，起动机能带动发动机正常运转但发动机不能起动。前两种情况主要是起动系故障（参见第 4 章）或发动机内部机械故障，第三种情况则常与点火系、供给系、机械故障及电子控制系统有关。

2.6.1.1　起动机运转正常，发动机无着车征兆

（1）故障现象

发动机起动时，将点火开关转到起动挡，起动机能够带动发动机正常运转，但发动机长时间不能起动，且无着车征兆。

（2）故障原因

起动机能够带动发动机正常运转，说明起动系统工作正常。发动机无着车征兆的故障部位可能在汽车防盗系统或发动机点火系统、燃油供给系统、机械系统、电子控制系统，一般情况下，发动机高压无火、点火正时严重失准和供油系统不喷油等故障出现的概率较高，其中最常见原因为点火系不能正常点火。发动机无着车征兆的具体原因如下：

1）防盗系统故障或进行了防盗设置，防盗系统工作致使发动机不能起动。

2）油箱无油或严重缺油。

3）发动机正时皮带断裂。

4）火花塞不跳火或火花非常弱，包括：

①火花塞间隙不当、烧损、漏电、濡湿、型号不符导致无火或火花弱。

②点火线圈损坏导致高压无火或火花弱。

③点火模块或点火器损坏则点火系无火。

④高压线断裂导致无火，其漏电、性能不良、插接不到位将导致火弱。

⑤曲轴位置或凸轮轴位置传感器无信号或信号不良导致无火。

⑥点火控制线路断路、连接器接触不良导致无火或火弱。

⑦电子控制单元损坏、搭铁不良导致无火。

5)点火正时严重失准,点火提前角与实际要求相差过大。

①曲轴位置或凸轮轴位置传感器信号不良,致使 ECU 对点火提前角的控制产生较大的误差。

②点火正时调整不当。

③发动机正时皮带过松产生跳齿。

④电子控制单元损坏。

6)喷油器不喷油。

①汽油泵不工作。油泵继电器、保险、油泵电机烧损导致油泵不能正常工作,供给系不能供油。

②喷油器继电器、保险、喷油器线圈烧损,或控制线路断路,连接器接触不良导致喷油器不喷油。

③汽油压力调节器损坏致使供油系统无法建立油压。

④起动时节气门全开。如果起动时将油门踏板踩到底,会激发控制系统的溢油消除功能,导致喷油器不喷油或喷油过少。

⑤曲轴位置或凸轮轴位置传感器无信号。控制单元接收不到转速信号,不会发出喷油指令。

⑥电子控制单元损坏、搭铁不良丧失控制功能。

7)发动机汽缸压力过低。

8)排气消声器严重堵塞,或三元催化转换器烧损堵塞,导致排气管背压过高,排气不畅。在冬季排气消声器尾节容易冰堵,长期混合气过浓容易导致三元催化器熔化烧结而堵塞。

(3)故障诊断与排除

1)首先检查汽车防盗系统的工作状态,如果防盗系统已经实施防盗控制,应解除防盗设置。

2)接通点火开关,观察仪表盘上的发动机故障指示灯。如果故障指示灯一直闪亮不灭,说明发动机控制系统有故障,应使用电脑检测仪读取故障码,并按故障码提示进行检测和诊断,直至故障排除。

3)打开点火开关时,观察仪表盘上的燃油表和油量报警灯,如果燃油表指针不动,或油量报警灯亮起,说明燃油箱无油或严重缺油,应先加足燃油,再起动试车。

4)检查点火系能否正常点火。用正时灯检查点火系是否正常跳火,也可进行中央高压线试火、分缸线或火花塞试火,以判断火花强弱。

点火系的检测方法参见前述内容。直接用高压线试火时,高压线末端距离汽缸体或搭铁良好部位 7～10mm,如图 2-31 所示,火花呈蓝色或紫色为正常,火花发红或暗红说明火花太弱。

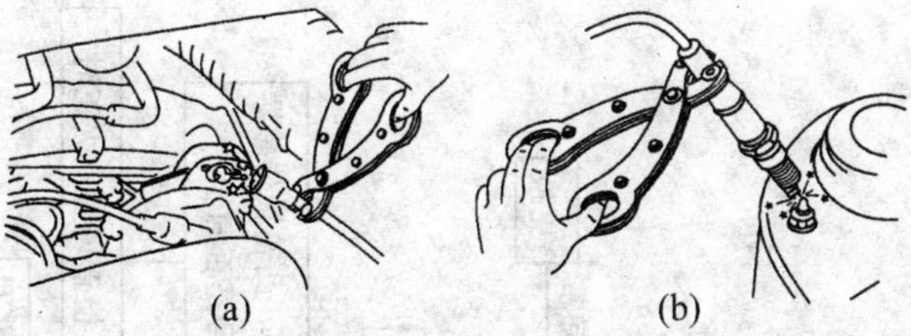

图 2-31　高压跳火试验

在进行跳火试验时，如果采用拆下火花塞搭铁试火的方法，可在此时检测缸压。

5)检查喷油器。用起动机带动发动机运转，用人工检验法，凭借维修经验判断喷油器是否正常喷油。如果喷油器不工作，应排除喷油器及其控制线路故障。

6)检测燃油压力。

①接入燃油压力表。接通点火开关，同时注意观察燃油压力表指针的变化。如果燃油表的指针从 0 迅速跳跃到 0.2MPa 左右，说明燃油泵工作正常，否则，应检查油泵及其控制线路。

②点火开关转到起动挡，用起动机带动发动机运转，观察压力表读数的变化情况。如果油压表指针上升到 0.25MPa 左右，说明燃油压力调节器及管路工作正常，否则，应检查压力调节器和管路。

7)检测汽缸压缩压力。拆下火花塞，用汽缸压力表检测汽缸压力。如果缸压低于 0.8MPa，说明汽缸漏气严重，应分析、判断汽缸漏气部位，视情拆检发动机。

8)检查排气消声器或三元催化器是否严重堵塞，视情维修或更换。可采用下述方法判断排气管是否堵塞：

①起动发动机，在排气管口观察、感触尾气流速和压力，判断排气是否通畅。

②起动发动机，检测进气管真空度。排气管堵塞使排气背压升高，也影响到进气管真空度。若进气管不漏气而真空度下降(进气压力升高)，可能是排气管堵塞。

③可拆下 1 个或 2 个火花塞，若发动机能够起动或其他缸有明显的着火迹象，说明排气管堵塞。

④拆下氧传感器，其座孔使排气管内部与大气相通，可以调节排气管背压。如果发动机能够起动，说明排气管堵塞。

⑤直接拆下排气管，起动试车，如果发动机能够顺利起动，则说明排气管堵塞。

起动机运转正常，发动机无着火征兆的故障诊断流程如图 2-32 所示。

2.6.1.2　发动机有着车征兆，但不能起动

(1)故障现象

发动机起动时，将点火开关转到起动挡，起动机能够带动发动机正常运转，且发动机有着车征兆，但发动机不能起动。

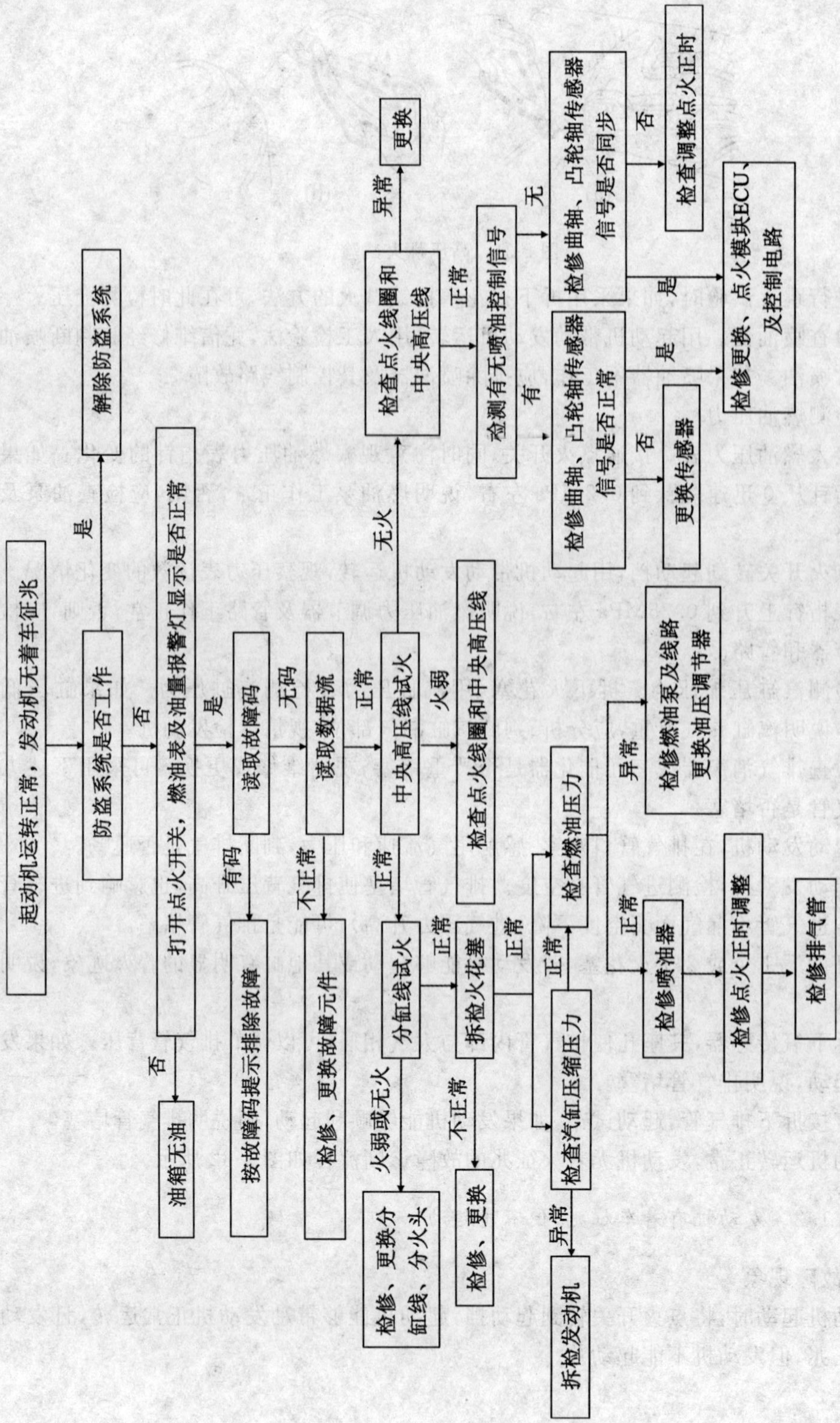

图 2-32 起动机运转正常，发动机无着车征兆的故障诊断流程

(2)故障原因

发动机有着车征兆却不能起动,表明故障发生在发动机总成。与无着车征兆相比,发动机点火系统、燃油供给系统、机械系统及电子控制系统的故障程度不是特别严重,各系统工作性能下降,但没有完全丧失功能。通常造成这种故障的原因为高压火弱、混合气过稀或过浓、点火提前角过大或过小、汽缸压力过低等,主要故障部位如下:

1)高压火弱,包括:

①火花塞间隙不当、烧损、漏电、濡湿、型号不符导致火弱。

②点火线圈损坏导致高压火弱。

③分火头漏电,高压线漏电、性能不良、插接不到位导致火弱。

④点火控制线路断路、连接器接触不良导致无火或火弱。

2)进气管漏气、真空管松脱,尤其是空气流量计后面的进气管道漏气,对进气量的计量有很大影响,往往使电脑控制的喷油量减少,造成混合气过稀。漏气严重时,将导致发动机不能起动。

3)空气滤清器堵塞。

4)三元催化转换器或排气消声器堵塞。

5)调整不当或正时皮带跳齿造成点火正时失准。

6)喷油器漏油或堵塞导致混合气过浓或过稀。

7)起动时,冷起动喷油器不喷油导致混合气过稀。

8)汽油泵供油不足、燃油滤清器堵塞、燃油压力调节器故障导致供油压力过低。

9)冷却液温度传感器、进气压力传感器、空气流量计等信号不良或控制单元性能不良导致喷油量控制失准。

10)发动机汽缸压力过低。

11)EGR 系统或燃油蒸发回收系统故障。发动机起动时,EGR 系统和燃油蒸发回收系统均不能参加工作,如果系统出现故障,引入废气或多余的空气,将导致发动机起动困难,甚至不能着车。

(3)故障诊断与排除

1)打开点火开关,观察仪表盘上的发动机故障指示灯。如果故障指示灯常亮,说明发动机控制系统有故障。

①首先接入汽车故障检测仪,读取故障码。

②按故障码提示检修,排除相应故障,并消除故障码。

③起动试车,发动机能够顺利起动则故障排除。如果仍然存在故障,则重新读取故障码。

④无故障码,则继续仪器操作,读取发动机的数据流,重点检测冷却液温度传感器、进气压力传感器、空气流量计的计量信号及控制单元的喷油量控制是否正常,根据检测结果,进行相应检修。如果仪器检测正常,再继续下一步操作。

2)利用中央高压线或分缸线试火。如果中央高压线火花较弱,可能是点火线圈性能不良,或中央高压线漏电、插接不良,应进行相应检查。如果分缸线火花较弱,可能是分缸线漏电、插接不良,应检查分缸线。

3)检查进气系统,重点检查空气流量计后面的进气管道,尤其是进气软管部分。观察各真空管有无脱落现象,进气软管有无破裂、接头部位是否松脱,制动助力软管、曲轴箱强制通风软管连接是否可靠等,可借助真空表检查进气管道的密封情况。

4)检查 EGR 系统或燃油蒸发回收系统在发动机起动时是否参加工作。可将其与进气管道的连接软管堵住,起动试车,如果发动机能够顺利起动,说明 EGR 系统或燃油蒸发回收系统出现故障,应进行相关部位的检修。

5)检查冷起动喷油器能否正常工作。可凭借维修经验判断冷起动喷油器的工作状态,也可利用万用表检测其阻值、控制电压及控制线路。

6)拆检火花塞。观察火花塞有无濡湿现象,绝缘瓷是否漏电,电极是否破损,电极间隙是否正常等。

①火花塞绝缘瓷破损漏电、电极损坏,应更换。

②电极间隙不当应予以调整。一般发动机的火花塞间隙为 0.8~1mm,有些能量较高的点火系统,其火花塞间隙可达 1.2mm,应按各车维修手册的要求调整到标准值。

③多次反复起动后,火花塞表面相对干燥、沾油太少,说明喷油器喷油量过小,应检查供油系统。

④火花塞严重濡湿,说明喷油器喷油过多,出现"呛油"现象。可能是喷油器漏油,也可能是多次反复起动而发动机不能着车,汽油又未燃烧所致。可将火花塞烘干,并让汽缸内的多余汽油蒸发后,重新安装试车。如果仍出现"呛油"现象,则需拆卸喷油器,检查其是否有滴漏情况。

7)检测汽缸压缩压力。拆检火花塞时,在未安装火花塞之前,可用缸压表测量汽缸压缩压力,操作方便省时。

8)检测燃油压力,如果油压过低,应检查汽油泵、燃油滤清器、燃油压力调节器。

9)检查喷油器,并视情判断是否需要拆卸喷油器,检查其堵塞、滴漏情况,并检查其喷油量。

10)拆下正时齿轮罩,检查正时皮带挠度,并观察点火正时是否对正,视情况予以调整。

11)检查排气消声器或三元催化转换器有无堵塞现象。拆下排气管,起动试车,如果发动机正常起动,说明排气管堵塞。也可以拆下 1~2 个火花塞,如果其余各缸在起动时着火征兆明显,说明排气管堵塞。

发动机有着火征兆但不能起动的故障诊断流程如图 2-33 所示。

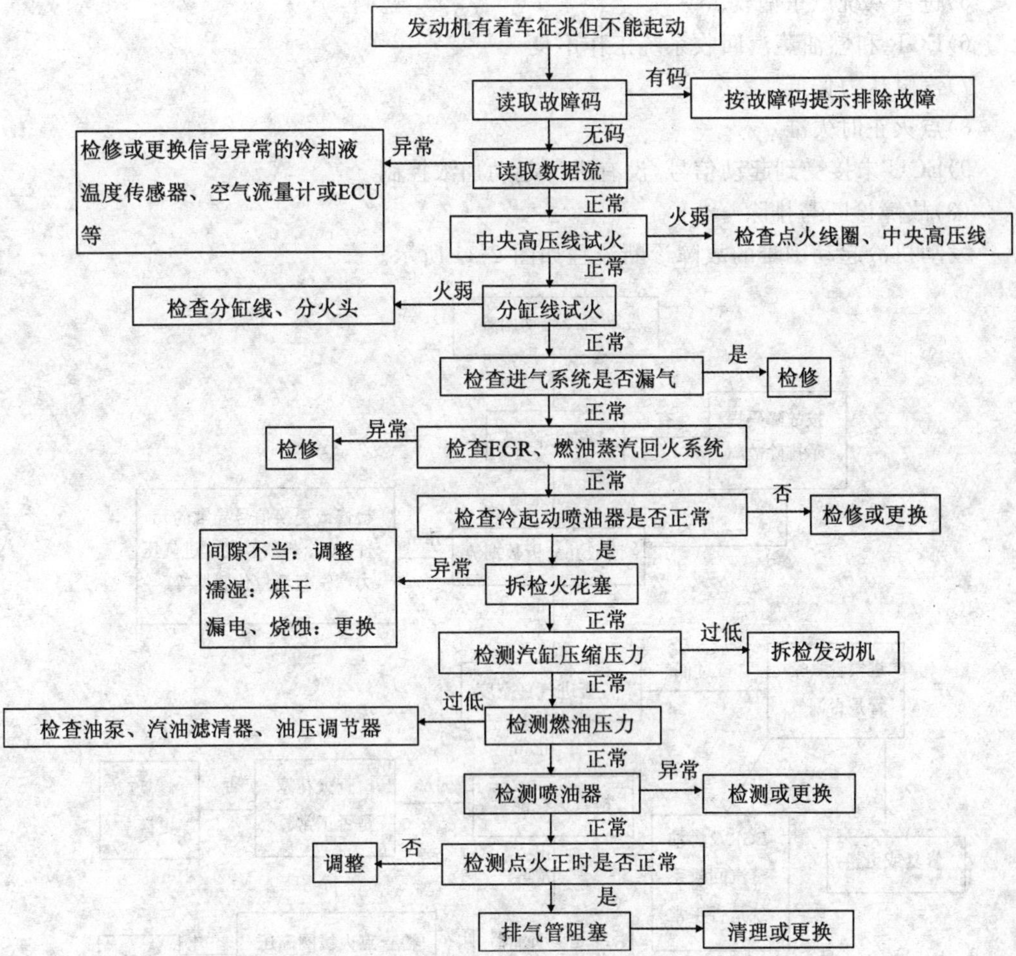

图 2-33　发动机有着火征兆但不能起动的故障诊断流程

2.6.2　发动机起动困难

发动机起动困难分为冷车起动困难和热车起动困难。

2.6.2.1　发动机冷车起动困难

(1)故障现象

在冷却液温度达到正常工作时发动机能够正常起动，但在低于正常工作温度时需要经过多次、长时间运转起动机，发动机才能起动。

(2)故障原因

造成冷起动困难的主要原因是混合气过稀、火花塞火弱、汽缸压力偏低等。

1)火花塞积炭、濡湿，间隙不当，电极破损或漏电。

2)高压线、点火线圈、点火模块等性能下降导致点火能量降低。

3)冷却液温度、进气温度传感器、空气流量传感器故障。

4)冷起动喷油器不喷油或各喷油器雾化不良。

5)进气系统严重漏气。

6)EGR 和燃油蒸汽回收系统工作不良。

7)汽缸压力偏低。

8)点火正时失准。

9)ECU 未接受到起动信号,没有进行起动加浓控制。

(3)故障诊断与排除

发动机冷起动困难的故障诊断流程如图 2-34 所示。

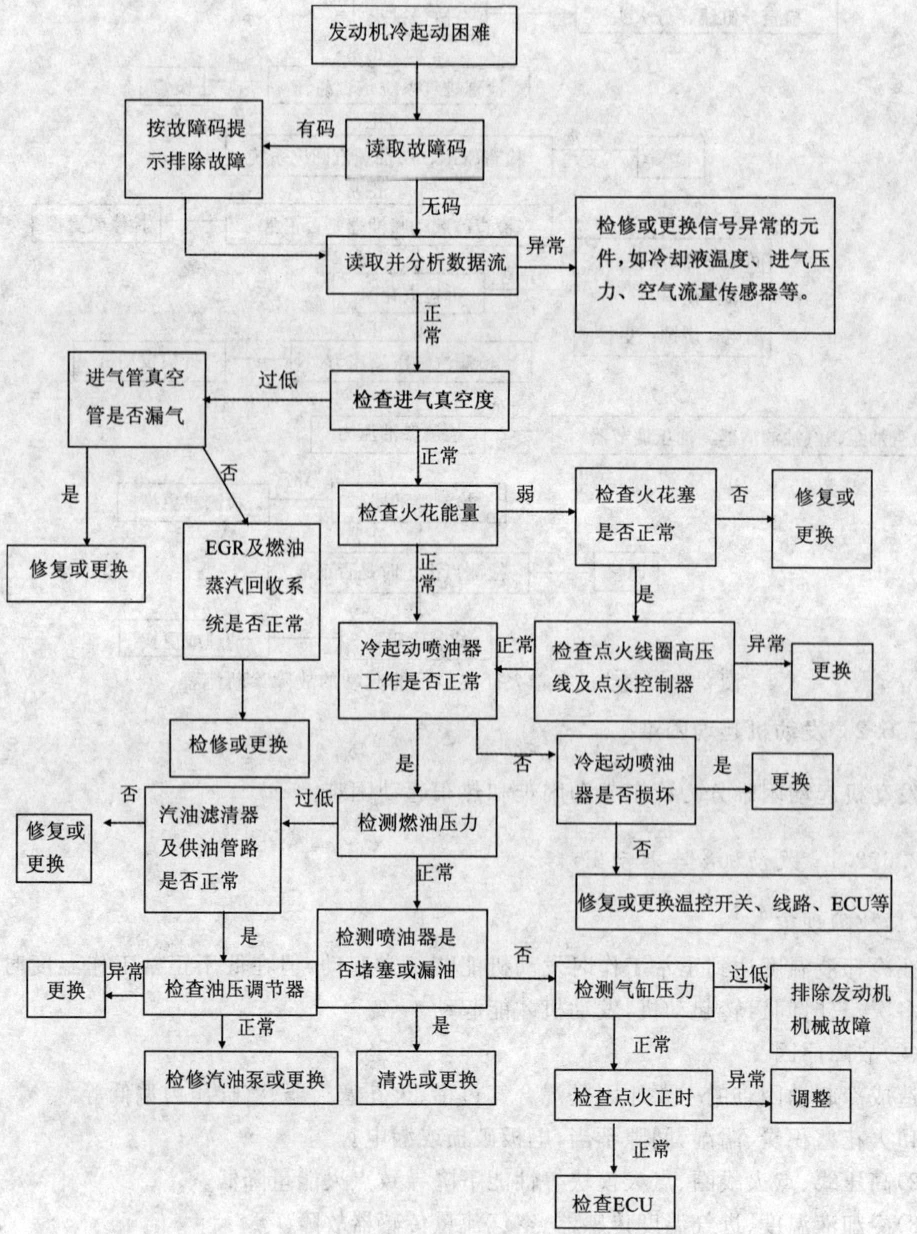

图 2-34 发动机冷起动困难的故障诊断流程

2.6.2.2 发动机热车起动困难

(1)故障现象

发动机冷起动正常,但当运转到正常工作温度的发动机熄火后,再次起动困难,甚至不能起动。

(2)故障原因

造成发动机热车起动困难的主要原因是混合气过浓。

1)冷却液温度、进气温度、进气压力及空气流量传感器信号不正常。

2)空气滤清器脏堵。

3)喷油器漏油或雾化不良。

4)冷起动喷油器一直喷油。

5)燃油压力过高,回油管堵塞或油压调节器故障。

6)供油管路高温气阻严重。

7)点火线圈、点火控制器高温时工作性能下降导致火花较弱。

8)炭罐电磁阀卡滞导致混合气过浓。

(3)故障诊断与排除

发动机热车起动困难的故障诊断流程如图 2-35 所示。

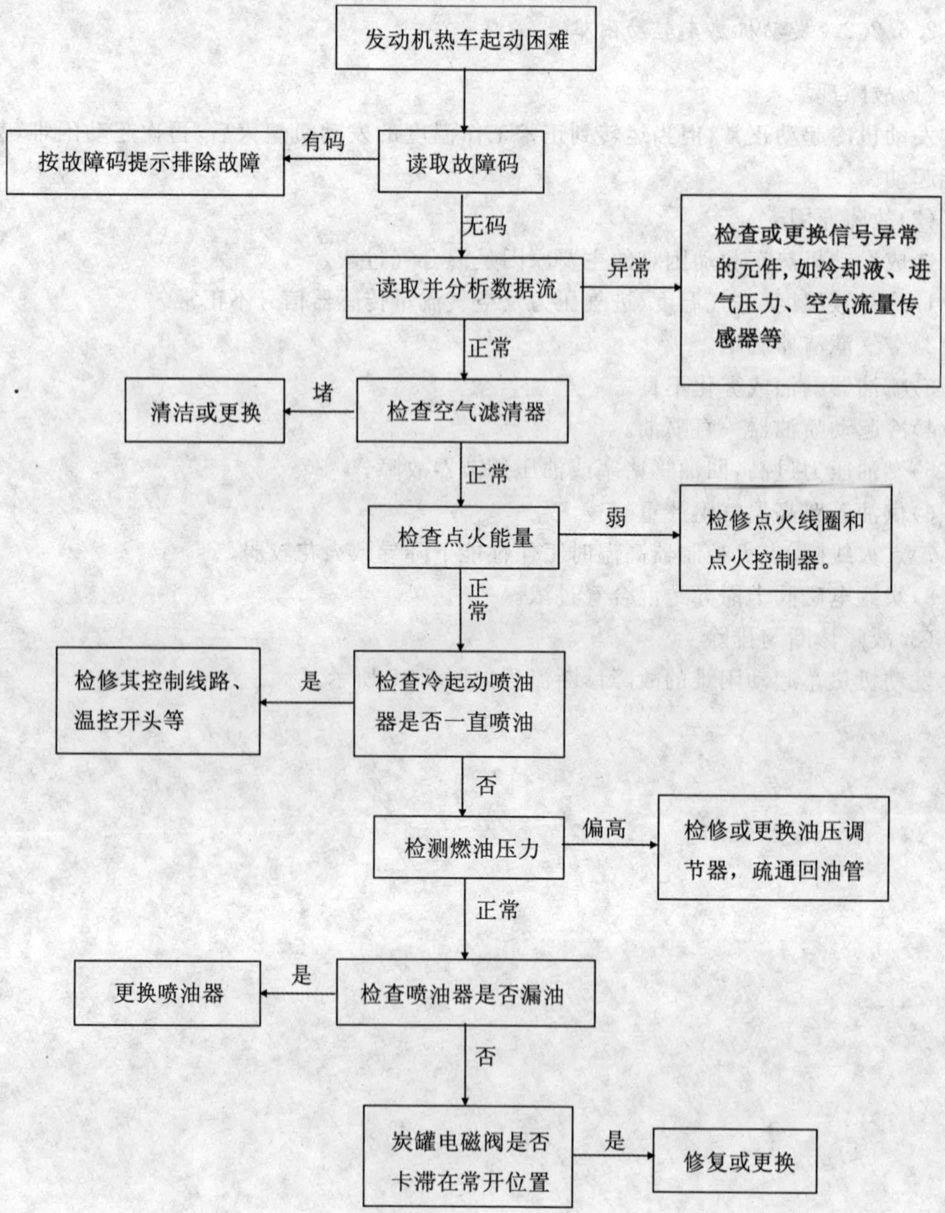

图 2-35　发动机热车起动困难的故障诊断流程

2.6.3　发动机怠速不良

发动机怠速不良表现为怠速不稳和怠速过高。

2.6.3.1　发动机怠速运转不稳定

(1)故障现象

1)起动后发动机怠速运转时，转速偏低、抖动、游车甚至熄火。

2)接通空调开关或动力转向开关时,怠速不稳、转速下降甚至熄火。

(2)故障原因

1)怠速控制阀或线路故障、怠速空气通道堵塞。

2)节气门位置、空气流量、进气压力、冷却液温度等传感器信号不良。

3)节气门体积炭脏污。

4)怠速匹配不良。拆卸或更换节气门体后,必须进行基本设置,使节气门体与发动机控制单元进行匹配。

5)氧传感器故障。

6)进气管、真空管漏气。

7)个别缸不工作或工作不良。

8)火花塞积炭、烧蚀、间隙不当。

9)点火高压线阻值过大、老化漏电等。

10)喷油器积炭、漏油或雾化不良。

11)燃油压力偏低。

12)汽缸压力偏低。

13)个别缸不工作或工作不良。

14)EGR 阀卡滞在常开位置。

15)燃油蒸汽回收装置工作不良。

16)空调开关、动力转向开关信号不良。

17)电子控制单元损坏。

(3)故障诊断与排除

发动机怠速运转不稳定的故障诊断流程如图 2-36 所示。

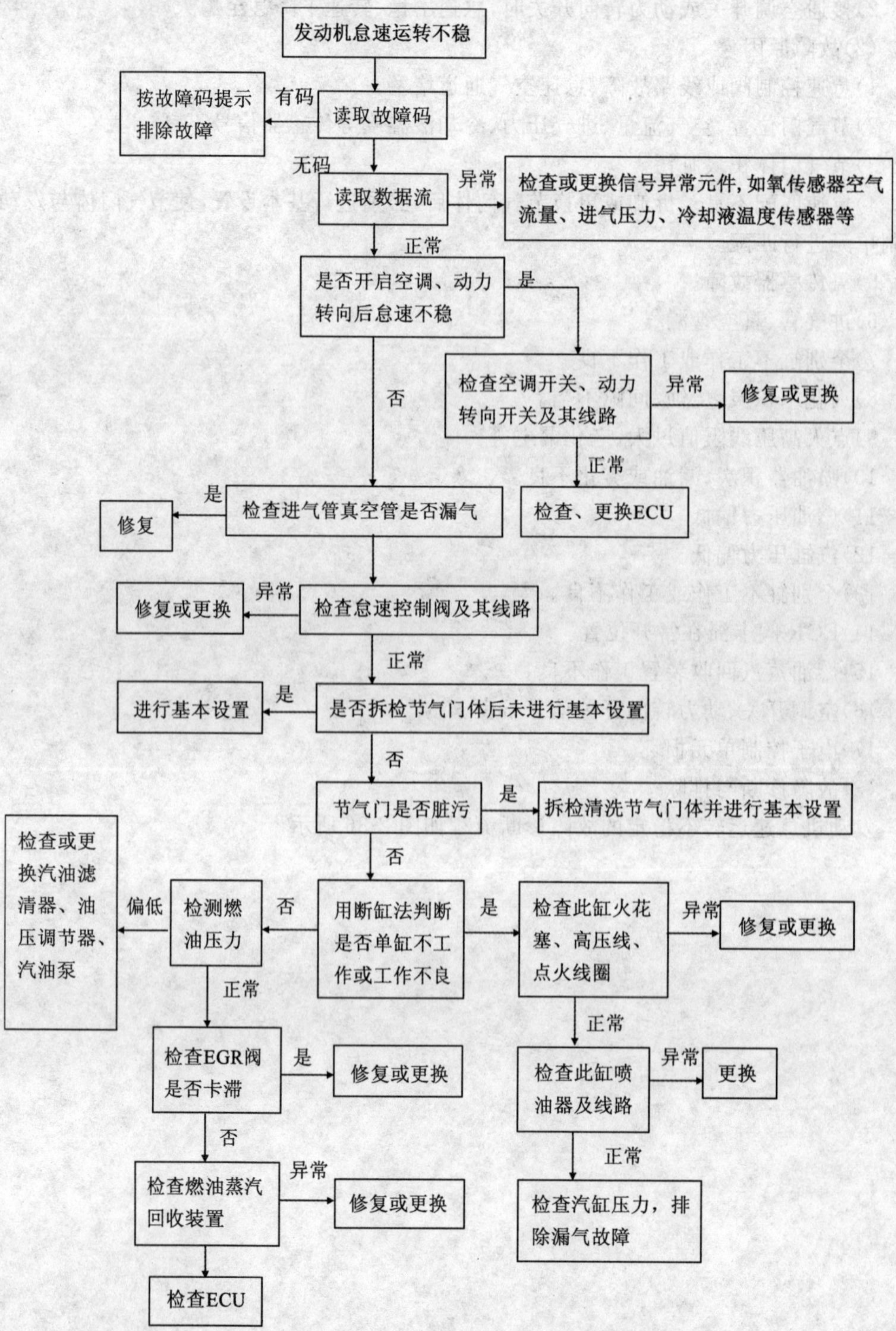

图 2-36　发动机怠速运转不稳定的故障诊断流程

2.6.3.2　发动机怠速转速过高

(1)故障现象

发动机达到正常工作温度后,怠速转速仍然偏高。

(2)故障原因

造成发动机怠速偏高的主要原因是空气量过多或发动机控制信号有误。

1)怠速控制阀故障。

2)节气门位置传感器、冷却液温度传感器信号失准。

3)进气管、真空管漏气。

4)空气流量计、进气压力传感器信号不良。

5)空调开关、动力转向开关、自动变速器挡位开关信号有误。

6)节气门不能完全关闭。

7)燃油蒸汽回收装置工作不良。

8)汽油压力偏高。

9)电子控制单元故障。

(3)故障诊断与排除

发动机怠速过高的故障诊断流程如图 2-37 所示。

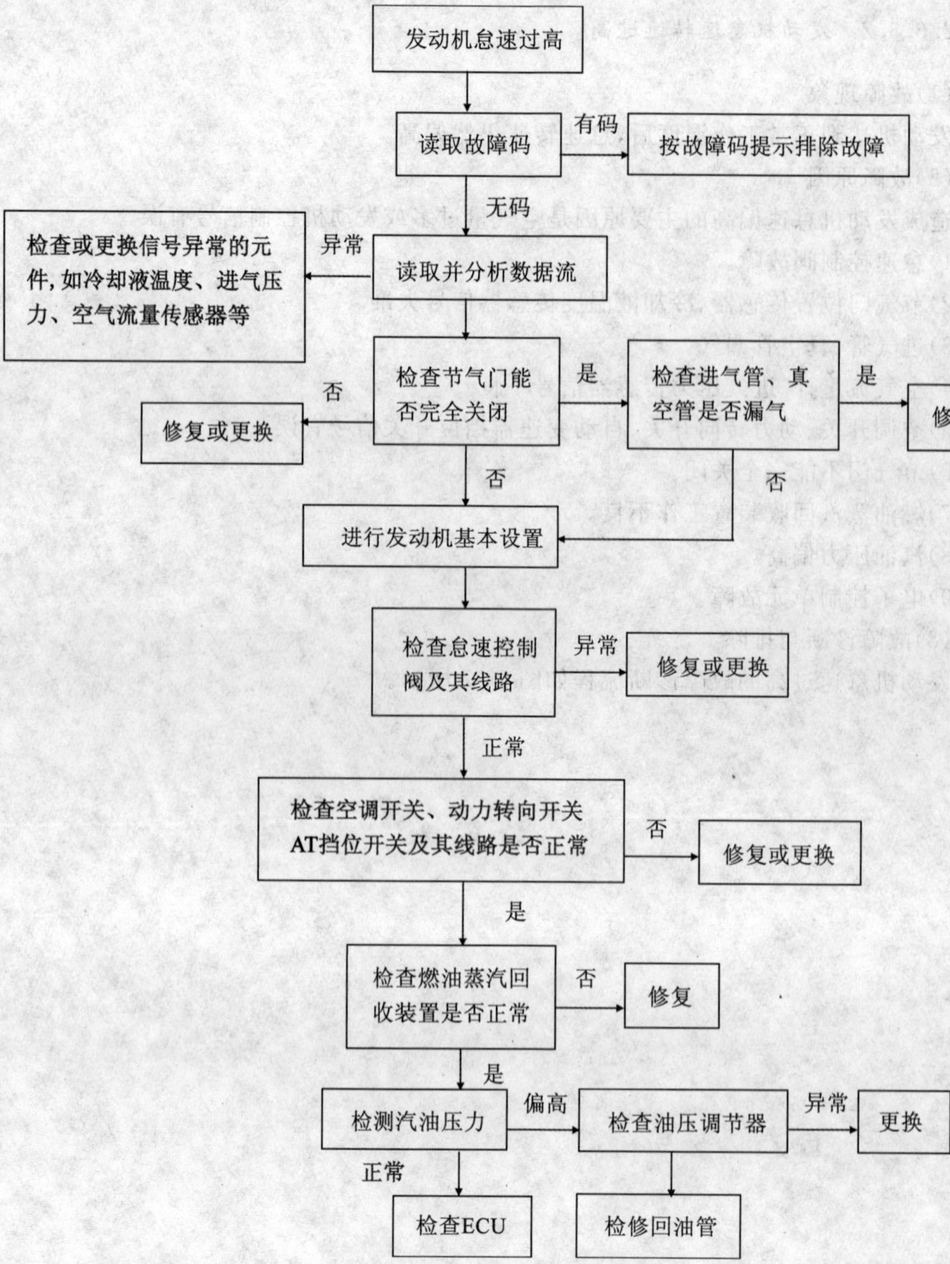

图 2-37　发动机怠速过高的故障诊断流程图

2.6.4 发动机加速不良

2.6.4.1 故障现象

踩下加速踏板，节气门开大时，发动机转速不能及时升高，汽车有“顿车”现象，甚至转速下降、熄火，有时会伴随有排气管“突突”声或回火声。

2.6.4.2 故障原因

加速不良的主要原因是混合气过稀、点火过迟、排气不畅等。具体原因如下：

(1)点火过迟。

(2)火花塞、分缸线、点火线圈导致的缺火或点火能量较弱。

(3)进气管或真空管漏气。

(4)节气门体脏污。

(5)节气门位置、进气压力、空气流量、爆震传感器等信号失常。

(6)排气消声器或三元催化转换器堵塞。

(7)燃油压力较低。

(8)喷油器积炭、堵塞。

(9)EGR 系统工作不正常。

2.6.4.3 故障诊断与排除

发动机加速不良的故障诊断流程如图 2-38 所示。

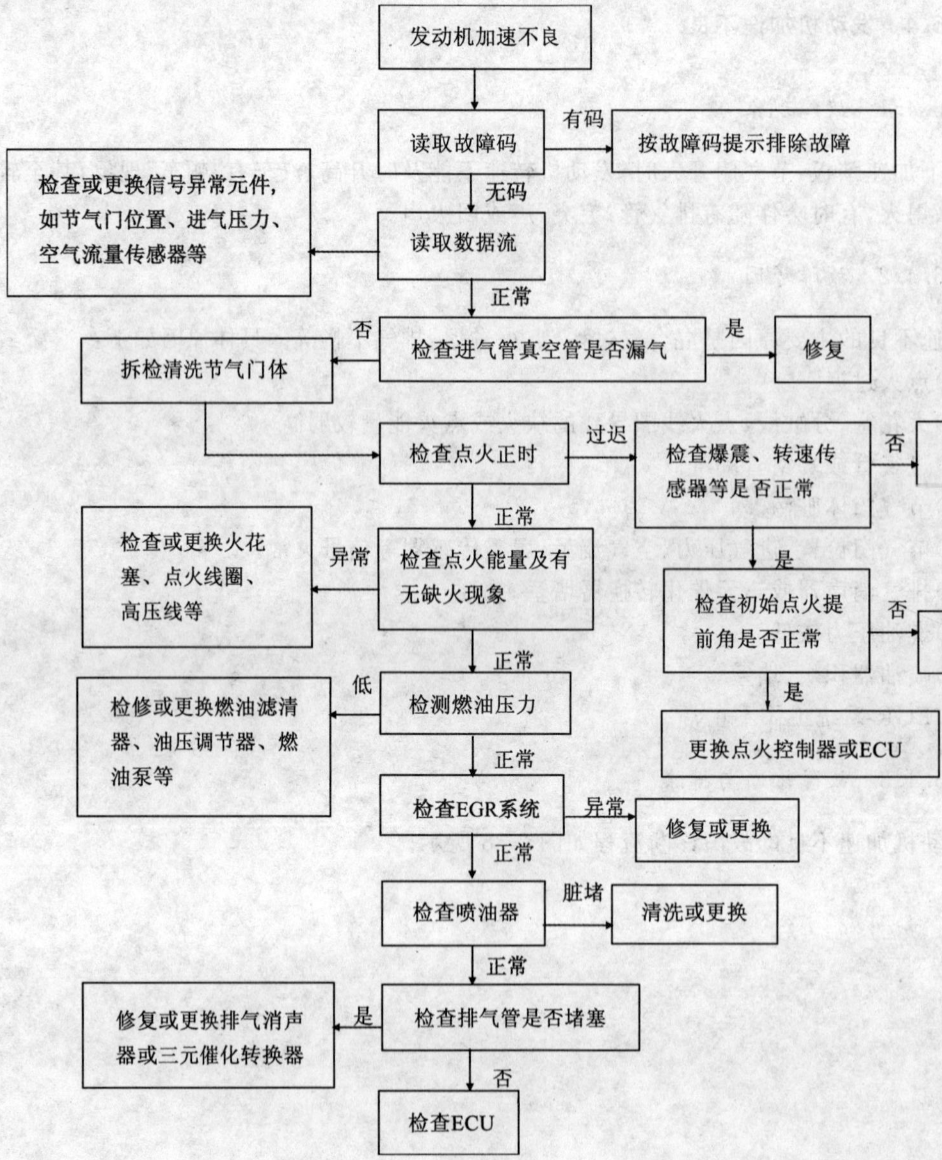

图 2-38　发动机加速不良的故障诊断流程图

2.6.5　发动机油耗过大

2.6.5.1　故障现象

汽车在运行过程中发动机耗油量过大，常常伴有加速或爬坡无力、运转不稳、排气管冒黑烟、放炮等现象。

2.6.5.2　故障原因

人们习惯上所说的油耗过大是指汽车油耗过大，即百公里油耗超过规定值。汽车油耗过大涉及的因素较多，有发动机和底盘技术状况的原因，也有人为因素。底盘方面的主要影响因素有：轮胎气压过低、车辆负载过大、制动拖滞、传动效率低、变速器低挡运行等。人为因素主要是指驾驶员的不良驾驶习惯。在此主要介绍发动机技术状况对油耗的影响，主要故障原因如下：

(1)发动机怠速过高。

(2)氧传感器或空燃比传感器失效，提供稀混合气信号，致使 ECU 进行加浓控制。

(3)冷却液温度传感器失常，提供低温信号，致使 ECU 进行冷车加浓控制。

(4)空气流量传感器、进气压力传感器失常，提供大进气量信号，ECU 进行加浓控制。

(5)节气门位置传感器信号失常，提供大负荷、全负荷信号，ECU 进行大负荷加浓控制。

(6)喷油器、冷起动喷油器滴漏导致混合气过浓。

(7)冷起动温控开关及线路故障导致冷起动控制失常，使冷起动喷油器一直喷油。

(8)燃油压力过高，致使喷油量过多。

(9)点火能量弱、点火正时偏差较大导致燃烧状况变差。

(10)汽缸压力过低、机械零部件磨损导致发动机工作性能下降。

(11)冷却风扇高速运转、节温器阀门常开造成冷却液温度偏低、升温缓慢。

(12)燃油蒸发控制系统故障。

(13)排气消声器、三元催化转换器堵塞。

(14)空调常开、用电设备耗电过多。

(15)ECU 及连接器故障，导致其控制失常。

2.6.5.3　故障诊断与排除

如果发动机具有明显的故障症状，首先根据故障现象确定大致的故障区域，以便有针对性地检测与诊断。如排气管冒黑烟、放炮或有排气“突突”声，可能是混合气过浓或汽缸缺火；排气管排蓝烟多为机件磨损过大；加速无力、抖动可能是进气管漏气，排气管堵塞，单缸缺火等。

如果发动机没有明显的故障症状，应首先排除人为因素的影响。如经常超速超载、急加速、急刹车，长时间开启空调和用电设备，换高挡不及时或自动挡杆位置不当等。当汽车行驶一定里程后，其性能下降(没有故障症状)，许多驾驶员没有及时保养、维修汽车，为保持相同的动力性，无意之中加大了油门而导致油耗过大。

在故障诊断过程中应注意混合气偏浓的情况。混合气偏浓会使发动机动力性略有增强，发动机通常没有症状表现，动态数据流多接近正常值，没有明显差异，因此容易被诊断人员忽略。检测时可借助尾气分析仪，通过检测、分析废气成分判断混合气浓度是否正常。

发动机油耗过大的故障诊断流程如图 2-39 所示。

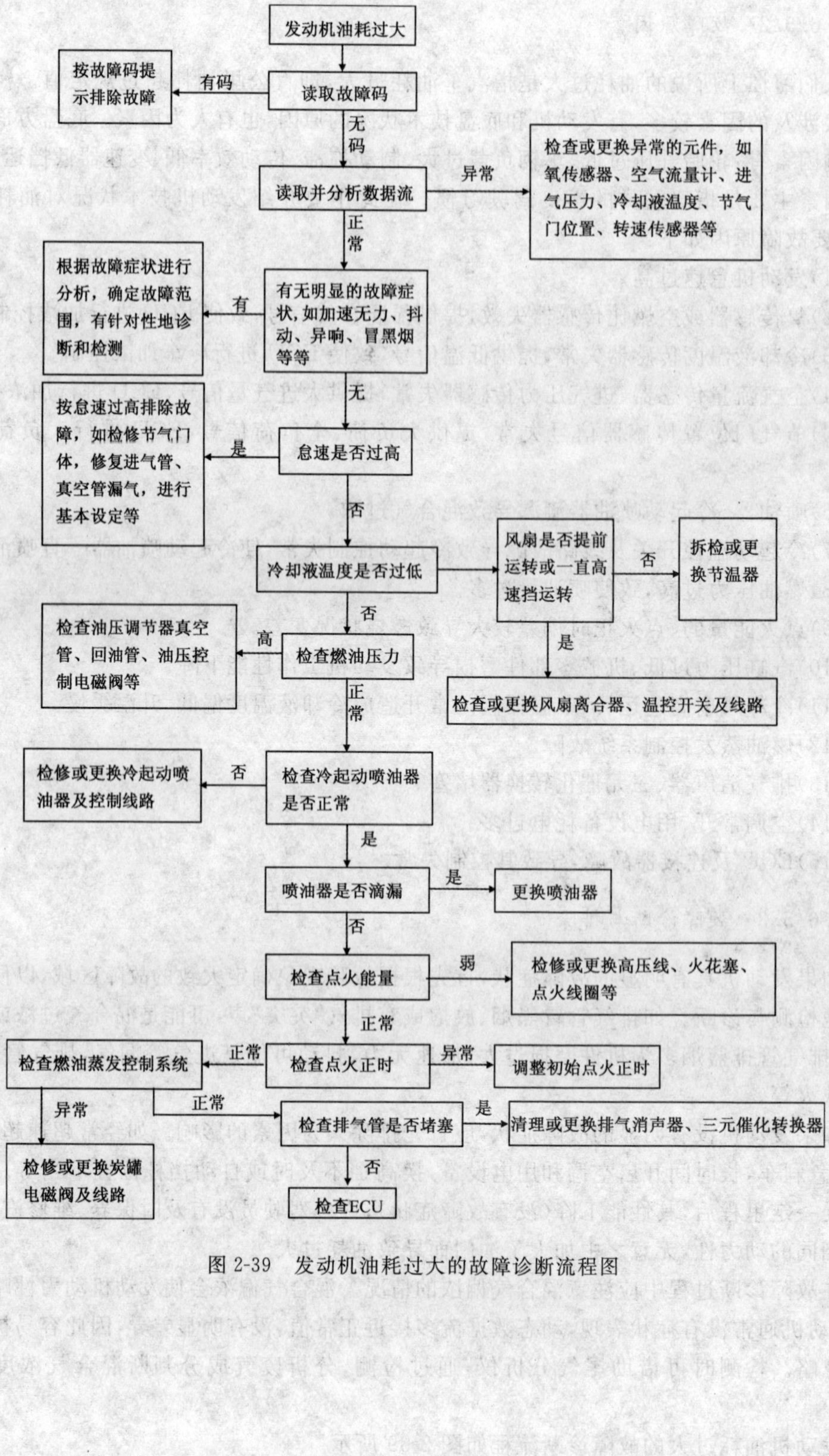

图 2-39　发动机油耗过大的故障诊断流程图

2.6.6 故障案例

案例 1　导线搭铁短路烧断熔断器导致发动机不能重新起动

故障现象:一辆行驶里程 5 万公里新捷达王轿车在行驶过程中突然熄火,重新起动时起动机运转正常,但发动机不能重新起动。

故障诊断与排除:用故障诊断仪 V. A. G1552 检测发动机 ECU,没有故障码输出。给燃油供给系统泄压,接入油压表检测系统油压,发现燃油压力极低。拆下汽油滤清器来油管,起动发动机,发现没有燃油喷出,显然油泵不供油。根据燃油系统的线路连接情况,首先检查中央接线盒的 18 号熔断器,发现其熔丝已经烧断,更换熔断器后故障排除。

可是汽车运行后不久熔断器再次烧断,说明线路有问题,必须检查线路,从根本上排除故障。将燃油系统的控制线路检查完毕,未发现异常。重新分析该车线路连接情况,发现氧传感器和燃油泵共用 1 个熔断器。油泵线路正常,故障可能出在氧传感器线路上。

经过仔细检查,发现氧传感器加热线圈导线绝缘皮磨破搭铁,这样当路面有颠簸时,该线路就会搭铁短路,导致 18 号熔断器烧断。更换氧传感器线束,故障彻底排除。

案例 2　三元催化转换器堵塞导致发动机不能起动

故障现象:本田雅阁轿车在高速公路上行驶时,急踏加速踏板后有踏空的感觉,发动机转速不能提高,只能怠速运转。熄火后重新起动,发动机有着车迹象但不能起动。

故障诊断与排除:起动试车,发动机起动了几秒钟之后自行熄火。再次起动,发动机有着车迹象但不能起动。使用本田专用 HDS 检查,仪器显示没有故障码。起动发动机,快速读取数据流,发现进气歧管绝对压力传感器的输出电压在 2.4~2.8V 之间变动,喷油脉宽达 17~18ms。正常情况下,怠速时进气压力传感器信号电压约为 1.0V。喷油脉宽为约 4ms。检测结果显示:进气压力过高(真空度减小)、喷油过多导致混合气过浓。

为验证检测结果,拆下各缸火花塞,火花塞发黑,显然是混合气过浓所致。清洁火花塞,拔下喷油器连接器,起动发动机几秒钟,再关闭点火开关。插上喷油器连接器,再次起动,发动机着车迹象更加明显,但还是起动不了。

根据维修经验判断,可能是排气管堵塞导致进气压力过高。升起汽车,拆下氧传感器,起动发动机,着车征兆非常强烈,但未能着车。稍踩油门,再次发动,发动机终于起动成功。由此可见,故障原因就是排气管堵塞。

拆下排气管,起动发动机,发动机顺利起动。踩下加速踏板,发动机转速迅速上升。拆检三元催化转换器,发现其严重烧结、石棉体脱落造成堵塞。更换三元催化转换器,装复排气管。试车,发动机起动顺利,故障排除。

案例 3　炭罐电磁阀卡滞常开导致发动机热车不易起动

故障现象:一辆捷达前卫轿车行驶中途停车后重新起动困难,不易着车。

故障诊断与排除:连接 V. A. G1552 故障诊断仪,读取故障码,无码。着车后,选择功能 08,进入测量数据块功能,读取数据流:节气门开度 5.4%,水温 90℃,进气温度 57℃,

进气压力32MPa，氧传感器1.5%～0.7%，喷油时间3.1ms。根据V. A. G1552检测数据分析，发动机怠速工况运行正常。

随后进行常规检查。拆下火花塞，该车火花塞有烧蚀现象，电极间隙为0.49mm，正常间隙为0.45mm。更换火花塞试车，热车后熄火，再等一会重新起动，还是不易着车，但排除了点火系统故障。动态正常，点火也正常，于是对进气管路进行检查，没有发现漏气点，又对发动机缸压、点火线圈、汽油油压、喷油器全查了一遍，一切正常。再次仔细检查，发现忽略了活性炭罐的进气管。拆下炭罐电磁阀检查，发现该阀处于全开状态，内部阀体被卡死不能动，导致发动机进气量过大使混合气变稀，造成热车不好着车。更换活性炭罐电磁阀，试车，故障排除。

案例4　节气门体故障导致发动机怠速过高

故障现象：一辆捷达前卫轿车，发动机怠速不稳，有时转速高达1200r/min，降不下来。

故障诊断与排除：用V. A. G1552检查发动机电控单元，没有故障码。起动发动机并怠速运转，测量节气门开度，发现在3.5%～7%之间变化不定。由此判断可能是节气门脏污，拆下清洗后，发现不能进行基本设置，显示屏显示：

```
系统基本数据设定            060
72.1%     85.0%     8     ERROR
```

接通点火开关但不起动发动机，检查节气门状态，选择测量数据流功能，显示屏显示：

```
读取数据块 5
0/min   0%   0km/h   Idling
```

显示区4是节气门状态，Idling表示怠速触点闭合，正常。起动发动机并怠速运转时，测量数据有以下异常：

```
读取数据块 5
0/min   0%   0km/h   Part throt
```

显示区4在“Idling”和“Part throt”之间变化不定，Part throt表示部分节气门打开(怠速触点断开)，正常时在没踩下油门的情况下应显示Idling。由此可见，这是节气门体内部出现故障，使节气门开度变大，增加了进气量从而使发动机怠速过高。更换节气门体后，故障排除。

案例5　气门组件安装错误导致发动机怠速不稳

故障现象：一辆配置自动变速器、F22B4发动机的进口本田雅阁轿车，由于正时皮带在行驶过程中突然断裂而顶坏气门，更换发动机全部气门后，出现冷车怠速短暂的平稳，而热车后却怠速不稳。

故障诊断与排除：接车后起动发动机并怠速运转，用真空表测量怠速真空度，发现表针在 62kPa 左右小幅度摆动且频率较大(怠速工作时真空表指针应稳定在 64～71kPa 间的某数值)。逐缸断火发现 2 缸真空值跌落 4～5kPa，而其他缸跌落值为 8～10kPa，说明 2 缸工作不良。首先拆检 2 缸火花塞，其间隙较大，且有较多积炭。由于故障是在更换气门后出现的，怀疑气门密封不良，拆下火花塞后随即测量了汽缸压力，达 1120kPa，正常。更换 2 缸火花塞后试车，故障依旧，且 2 缸高压线跳火较弱。换用同型号车的 2 缸高压线，没有明显改善。

用本田专用诊断仪 HDS 读取故障码，提示点火输出控制装置失效。清除故障码后重新读码，故障码依旧。于是更换分电器中的点火模块，再进行 2 缸跳火试验，火花较强，呈淡蓝色。再次清除故障码后检查，故障码没有出现。再次测量真空度，其值从 62kPa 上升到 64kPa，但表针仍快速的小幅摆动，因此怀疑 2 缸喷油器工作不良。拆检并清洗喷油器，其雾化良好。将 2、3 缸喷油器换装试车，故障依旧。用诊断仪读取喷油脉宽，各缸喷油脉宽相同。仔细检查、分析其他数据，均正常。

更换气门后出现故障，且真空表指针小幅度高频摆动，可以判断是气门密封性差。征得车主同意后拆检气门，发现有八个不等距气门弹簧装反(螺距较小的一端应朝下安装)。这个安装错误虽不能直接导致气门密封性不良，却足以证明上次维修质量不高，操作也不规范。继续拆检，发现 2 缸燃烧室有较多积炭，其两个排气门均有 2～3mm 宽的黑印，密封性不良得以验证。与该发动机配套的新气门相比，2 缸排气门头部明显薄很多，测量发现总长度短 1mm。经过仔细对比，发现是错装了本田 VTEC 型发动机的气门。拆检所有气门并仔细对比，其他气门正常，只有 2 缸用错了两只排气门。

由于错装了两只排气门，造成 2 缸排气不畅。气门研磨质量差，又造成密封不良。2 缸工作恶化，导致热车怠速不稳。更换 2 缸的两只排气门，重新研磨后装复试车，真空度上升至 68kPa，且指针稳定。再次断火试验，2 缸真空度跌落值与其他缸基本一样，均在 8～10kPa。反复试车，发动机怠速稳定，故障排除。

案例 6　节气门体脏污导致发动机怠速不稳且加速不良

故障现象：一辆捷达前卫轿车，发动机起动之后怠速不稳，空挡滑行容易熄火，同时感觉加速不良。

故障诊断与排除：用故障阅读器 V. A. G1551 检查，没有故障记忆。选择测量数据流功能，输入显示组 03，屏幕显示：

```
Read measuring value bolck 3
860/min 47.9kPa 10.1% 3.7° v.OT
```

显示区 3 是怠速时节气门开度信号，正常值为 2°～5°，本车为 10.1%，已超过允许范围。根据常规经验分析，一般是由于节气门体太脏导致在相同开度下发动机进气量减小，不足以维持发动机额定怠速转速 860r/min，于是发动机 ECU 控制节气门开度增加。当开度超过 5°时，发动机不但怠速不稳，而且加速不良。拆下节气门体，发现积炭很多。用清洗剂清洗干净，装车并进行基本设置。再次起动发动机，测量怠速时节气门开度为 2°，怠速运转平稳，加速良好。路试检验，故障排除。

案例 7　喷油器堵塞导致汽车急加速不良

故障现象：一辆捷达前卫轿车，怠速运转时发动机有轻微抖动，原地空踩加速踏板，各工况基本都正常。慢踩加速踏板时，加速性能基本良好，但急加速时有顿车现象。

故障诊断与排除：依据故障现象，凭经验判断，故障部位可能是在油路上。发动机在缓慢加速下，加速性能尚可，但在急加速时有顿车现象，多属混合气过稀故障。接上燃油压力表，首先检查燃油压力。怠速状态下读得燃油压力值为 260kPa，表针很平稳，加速时可达 300kPa 左右，说明汽油泵及燃油压力调节器工作正常。

连接故障诊断仪 V. A. G1552，读取故障码，结果显示无故障码。进入发动机动态数据流测试，怠速转速为 850r/min 时，水温为 88 ℃，节气门开度为 6°，进气绝对压力为 32kPa，喷油脉宽为 5. 6ms，氧传感器信号电压为 0. 3V 左右。从以上数据可以看出有几项数据异常：节气门开度为 6°，说明节气门体脏污，正常值一般为 5°以下；喷油脉宽 5. 6ms，说明怠速状态下喷油量过大；氧传感器信号电压 0. 3V，则说明混合气过稀。从喷油脉宽及氧传感器信号电压数值上分析，似乎有点自相矛盾。

为什么喷油脉宽大(即喷油时间长)，而氧传感器电压反而低呢？从理论上分析，喷油脉宽增大，会导致喷油量加大，混合气过浓，氧传感器信号电压应大于 0. 45V 以上。但从故障现象上分析，应是混合气过稀所致。为了验证究竟是喷油脉宽增大，还是氧传感器信号失真，拔下进气歧管上的真空管，拿来一瓶清洗剂，把清洗剂喷入进气管内，即人为地加浓混合气，此时观察到数据流中的氧传感器信号电压迅速上升到 0. 8V 左右，显然氧传感器能正确反映混合气的浓度。由此判断，该故障是混合气过稀造成的。

混合气过稀表示油少气多，或进气系统漏气或喷油量过少。接上真空表，怠速时真空表读数为 68kPa，表针指示平稳，显然进气系统密封良好。进气系统正常，故障只能在油路。已检测到油压正常，肯定是喷油器脏污堵塞，引起喷油量不足。氧传感器检测到混合气过稀，反馈到发动机控制单元。控制单元得到这一信息后，不断地加大喷油脉宽，当喷油器脏污堵塞较严重时，混合气极度偏稀，超过了氧传感器调节范围时，也就无法修正。拆下喷油器检测，4 个喷油器均有不同程度的堵塞现象，且有 2 个堵塞较严重。随后进行了超声波清洗。因数据流中显示节气门开度为 6°，表明有脏污，对节气门体也进行了清洗。

装复并用诊断仪进行了基本设定，起动后路试，急踩加速踏板时，各工况下加速性能均良好，无顿车现象，故障彻底排除。

案例 8　进气压力传感器真空管破裂导致发动机加速不良，排气管冒黑烟

故障现象：行程 12 万公里的奥迪轿车，行驶时加速不良，排气管冒黑烟。

故障分析与排除：排气管冒黑烟表明混合气过浓，可能是混合气过浓或个别缸缺火。

拆开空气滤清器壳，空气滤清器很脏。检查火花塞，火花塞发黑且电极间隙较大。更换空气滤清器和火花塞后试车，排气管还是冒黑烟。拆下火花塞查看，火花塞全部变黑，可见各缸喷油量都比较大。

连接 V. A. G1551，查询发动机故障存储，显示氧传感器信号不可靠。查询数据块 08—01 显示："720min—42%—5.6—VOT38"，这组数值显示的发动机负荷是一个综合值，第二位数值偏高，怠速时应在 27%左右。查询数据块 08－03 显示：1.00－1.00－1.00－1.00，这组数值表示的是混合气适应值和调节值，第一位和第三位数据应是变化的，检测时其数值不变，说明混合气过浓或过稀，氧传感器测量数据超差，使发动机控制单元进入开环控制状态。查询数据块 08－11 显示："720min—42%—93℃—Reg off"，第四位显示混合气调节关闭。

根据以上三组数据分析，发动机负荷值与正常怠速值相比超出很多，负荷大，喷油量也大，也就造成混合气过浓，燃烧不完全。发动机控制单元收到氧传感器传来的混合气过浓信号已超出可调节范围，控制单元关闭闭环调节状态而进入开环控制。

发动机负荷主要由发动机转速信号、节气门位置信号和进气压力信号确定。当检查发动机控制单元测量进气压力的真空管时，发现真空管破损。更换一条新的真空管后，故障排除。

案例 9　凸轮轴传动链错装导致发动机加速不良，油耗增加

故障现象：一辆捷达豪华型轿车发动机加速不良(发闷)，油耗增加。

故障诊断与排除：读取故障码，显示霍尔传感器 G40 对地开路/短路。霍尔传感器产生的信号，可识别发动机第 1 缸压缩上止点位置，用于顺序喷油和爆震判别控制，还用于识别发动机起动时的第 1 次点火。这一信号中断后，发动机电控单元不能正确区别出第 1 缸和第 4 缸，此时发动机将失去爆震控制而进入应急运行，从而使发动机功率降低、油耗增加，并导致汽车加速不良。可能的故障原因有：霍尔传感器 G40 损坏、与电控单元 J220 之间的信号连接线有断路或对正极短路，其电路如图 2-40 所示。

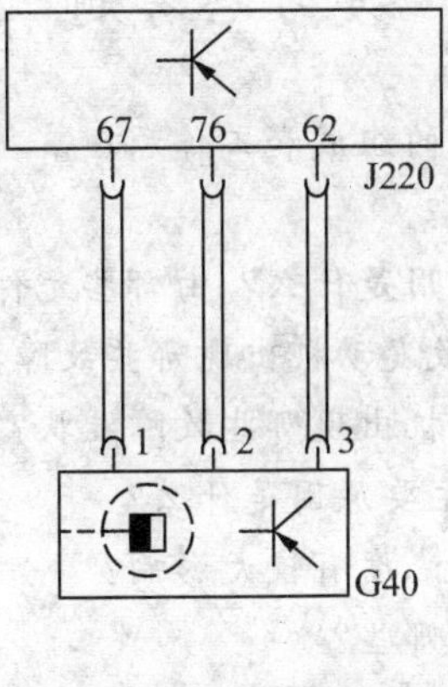

图 2-40　捷达轿车霍尔传感器电路图

拔下霍尔传感器 G40 连接器，用万用表测量 G40 连接器 3 个端子的电压。端子 1 有

5V电压，端子2有9～12V电压，端子3为0V(搭铁)，均属正常。此后，又先后换上一个新的G40和J220试车，仍然显示上述故障。

据车主讲，该车发动机以前曾因正时标记错位顶过气门，此故障是在换过汽缸盖后出现的。在检查正时标记无误后，拆下气门室盖，仔细检查两凸轮轴之间的装配情况，发现两凸轮轴之间的传动链动链节数为15个，而标准的传动链链节数为16个。换上标准的传动链，故障彻底排除。

案例10　氧传感器及喷油器线路故障导致汽车油耗过大

故障现象：桑塔纳2000GLi轿车油耗过大，在加速时排气管冒黑烟。

故障分析与排除：利用故障诊断仪读取故障码，显示为氧传感器无信号。拆检氧传感器，发现前部被积炭堵死。更换氧传感器后检测，显示“系统正常”，但加速时仍有黑烟。检测燃油压力，高达0.55kPa，显然是燃油压力过高导致喷油量过多、混合气过浓使发动机工作产生了黑烟。更换燃油压力调节器后，大部分工况下车都运行正常，只是急加速时还有些沉重。

拆检火花塞，发现1、4缸火花塞发黑，2、3缸火花塞正常。用示波器检查点火次级波形和喷油器波形，1、4缸明显比2、3缸的点火持续时间长，但怠速时的各缸喷油时间没有什么异常。将发动机转速提高到2000转，1、4缸的喷油频率明显比2、3缸的高，也就是说1、4缸比2、3缸的喷油次数多，因此怀疑发动机控制单元有故障。更换ECU后发动机的工作状况没有改善，由此怀疑故障是在线路部分。

检查相关线路，当查到仪表板下的防火墙时，发现有一段线束被胶布包着。拆开胶布后，发现里边有许多线烧掉线皮，其中1、4缸喷油器的控制线连在了一起。经仔细检查，发现该车在加装防盗器时将ECU的信息保持电源线剪断，一边为防盗器电源供电，另一边接在点火开至ECU的电源线上。将线路复原，用示波器重新检测喷油器波形，一切显示正常。路试，发动机加速良好。回访用户，油耗下降到正常范围。

复习思考题

1. 简述发动机微机控制系统的组成和工作原理。
2. 发动机的常见故障有哪些？
3. 发动机燃油供给系统的作用是什么？由哪些元件组成？
4. 各传感器损坏、失效会导致发动机出现哪些故障症状？
5. 各执行器损坏会导致发动机出现哪些故障症状？
6. 造成混合气过稀、过浓的主要原因是什么？
7. 哪些传感器信号对混合气浓度有较大影响？
8. 供给系的常见故障部位有哪些？
9. 通常采用哪些方法进行发动机故障诊断？
10. 发动机故障诊断的原则是什么？
11. 如何利用发动机的自诊断系统进行故障检测？

12. V. A. G1551/2、Tech 2 等常见专用故障检测仪如何进行操作?
13. 如何检测发动机的各个传感器?
14. 怎样利用万用表检测捷达轿车的主要传感器?
15. 喷油器需检测哪些项目? 如何检测?
16. 如何检测燃油泵和怠速控制阀?
17. 点火系的常见故障部位有哪些?
18. 点火系的主要故障症状是什么?
19. 如何利用万用表检查点火系元件?
20. 微机控制点火系有什么特点? 如何进行检测?
21. 怎样检查和调整点火正时?
22. 燃油供给系统不供油的主要原因是什么?
23. 怎样检测燃油压力调节器的工作性能?
24. 混合气过浓或过稀如何诊断与排除?
25. 造成 CO、HC 排放过高的主要原因是什么?
26. 造成 NO_x 排放过高的主要原因是什么?
27. EGR 阀和活性炭罐的作用是什么? 如何进行检测?
28. EGR 系统和燃油蒸汽回收装置出现故障对发动机有什么影响?
29. 说出 EGR 系统和燃油蒸汽回收装置的常见故障部位。
30. 汽缸密封性的常用检测方法有几种? 各有何优缺点?
31. 造成缸压不正常的故障部位有哪些? 故障原因是什么?
32. 发动机异响的故障原因是什么?
33. 发动机异响特性与哪些因素有关?
34. 试分析转速、负荷、温度、缸位、工作循环对发动机异响的影响。
35. 如何分辨发动机的不同异响?
36. 试分析造成发动机各主要异响的原因,并说明故障诊断过程。
37. 发动机润滑系的常见故障有哪些?
38. 机油压力过低有什么危害? 形成原因是什么?
39. 机油压力过低如何诊断?
40. 分析造成机油消耗过大的原因,并说明故障排除过程。
41. 机油变质会出现什么现象? 原因是什么?
42. 发动机过热会造成什么危害? 原因是什么?
43. 发动机过热如何诊断排除?
44. 发动机不能起动的原因有哪些? 如何排除?
45. 同样是不能起动,有着车征兆和无着车征兆的故障原因有何不同?
46. 什么原因会导致发动机热起动困难?
47. 怎样确定发动机冷起动困难的故障部位?
48. 发动机冷起动困难与热起动困难有何区别?
49. 发动机怠速不稳的故障原因是什么?

50. 如何排除怠速不稳故障?

51. 发动机怠速过高如何诊断与排除?

52. 如何进行发动机加速无力故障分析?

53. 简述发动机加速无力的诊断过程。

54. 发动机油耗过大的原因是什么?

55. 简述发动机油耗过大的诊断过程。

56. 收集各种车系、车型发动机的各种故障案例,并进行案例分析和汇总,提高故障诊断与检测技能。

第3章　汽车底盘故障诊断与检测

知识目标

1. 了解自动变速器及ABS系统电控元件的结构。
2. 熟悉汽车底盘各系统的组成。
3. 掌握底盘各系统常见故障的主要原因。
4. 掌握底盘各系统常见故障的诊断与检测方法。

能力目标

1. 能正确使用各种诊断检测仪器和设备。
2. 能根据故障现象，正确分析底盘各种常见故障产生的原因。
3. 能制定正确的诊断操作流程。
4. 通过检测和数据分析，能较为准确的判断故障部位。
5. 能顺利排除底盘的各种常见故障。

汽车底盘的技术状况直接影响动力性、经济性及汽车行驶的安全性和操纵稳定性，因此汽车底盘也是汽车故障诊断与检测的重点内容之一。底盘的功能是传动系、转向系、制动系和行驶系等系统功能的综合，在故障诊断与检测过程中，必须综合考虑底盘各总成的相互关联和影响才能找到真正的故障原因和故障部位。

3.1　传动系故障诊断与检测

传动系常见故障为功能异常和异响，其常见故障现象如图3-1所示。

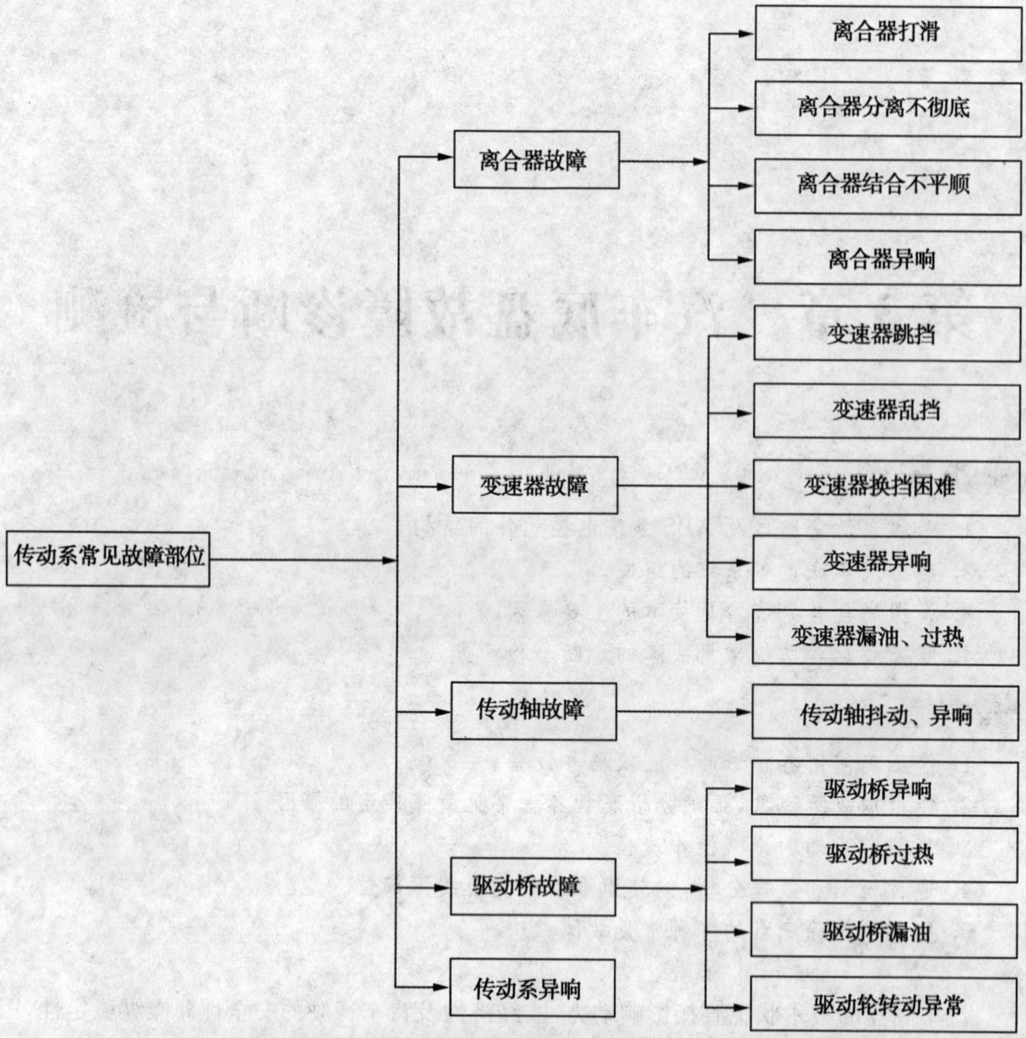

图 3-1　传动系常见故障现象

3.1.1　离合器的故障诊断与检测

离合器主要由主动部分、从动部分、压紧机构和操纵机构组成，其作用是保证发动机顺利起动、汽车平稳起步及换挡工作平顺，防止传动系过载。图 3-2 为捷达轿车离合器分解图。离合器使用频率较高，常见故障为分离不彻底、离合器打滑、接合不平顺、异响等。

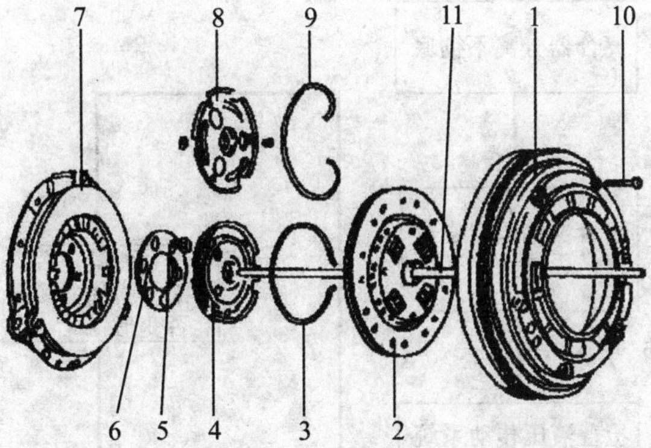

图 3-2　捷达轿车离合器零件分解图

1—飞轮　2—从动盘　3、9—卡簧　4—分离盘(直径 190 mm)　5、10—螺栓
6—中间盘　7—压盘　8—离合分离盘(200 mm)　11—离合器压杆

3.1.1.1　离合器分离不彻底

(1)故障现象

1)汽车起步时,将离合器踩到底仍感到挂挡困难。或虽勉强挂上挡,而离合器踏板尚未完全放松车就前移或发动机立即熄火。

2)变速器挂挡困难或不能换挡。

(2)故障原因

离合器分离不彻底的故障实质是将离合器踏板踩到底时,从动盘与主动盘没有完全分离,处于半接合状态。离合器操纵机构类型不同,其分离不彻底的原因略有不同,液压操纵系统由于液压元件的存在而变得较为复杂。主要原因为:

1)离合器踏板自由行程过大。

2)液压操纵系统进入空气,油液不足或漏油。

3)液压操纵系统主缸、工作缸工作不良。

4)离合器从动盘翘曲、偏移量过大、摩擦片破损、铆钉松脱。

5)膜片弹簧变形,压紧弹簧部分折断或弹力不均等。

6)分离杠杆内端不在同一平面内,分离杠杆调整螺钉松动或支架松动,个别分离杠杆弯曲或调整螺钉折断。

7)离合器压盘变形失效。

8)发动机前后支承固定螺栓松动等。

9)刚维修后的离合器则可能是更换的新摩擦片过厚、从动盘装反等。

10)双片离合器中间压盘限位螺钉调整不当,其个别支撑弹簧折断、过软、弹性相差过大,定位块损坏等。

(3)故障诊断与排除

离合器分离不彻底的故障诊断流程如图 3-3 所示。

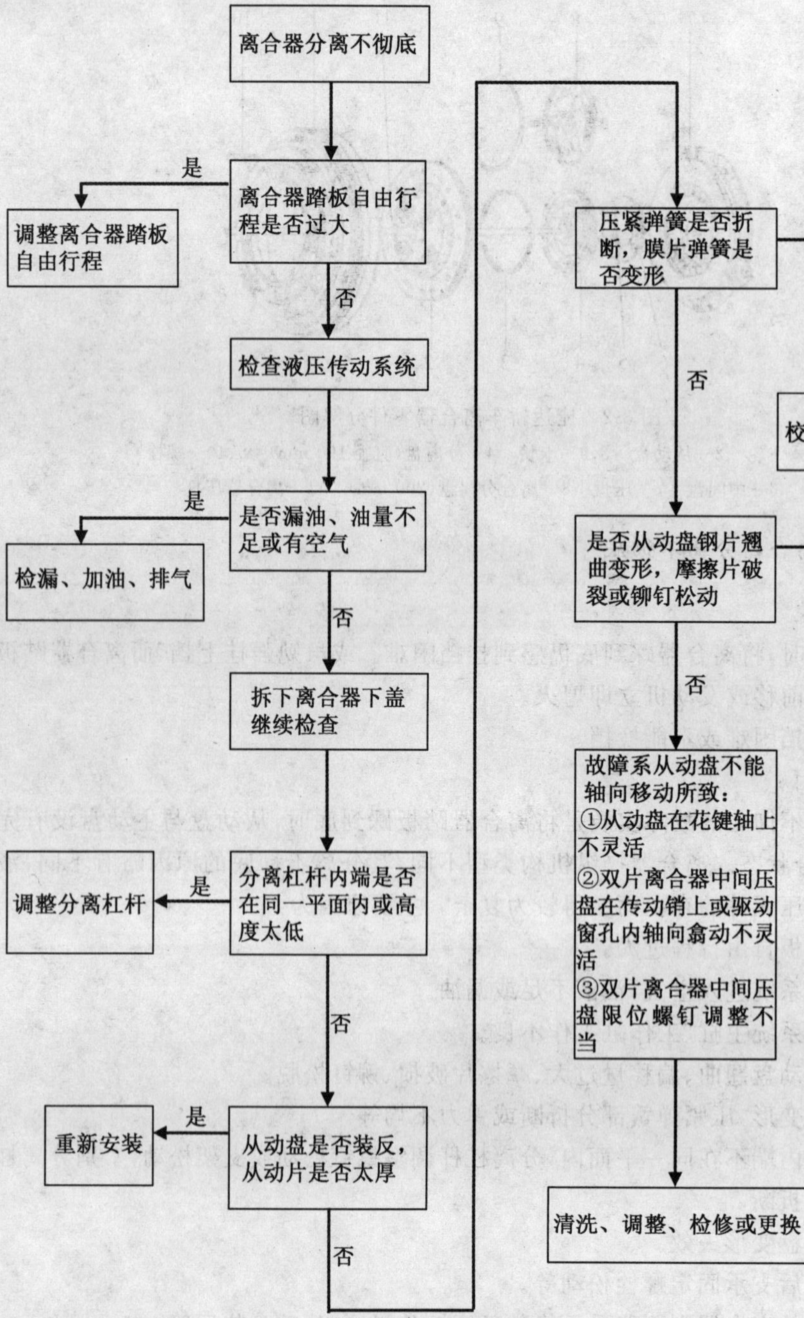

图 3-3　离合器分离不彻底的故障诊断流程

1)离合器操纵系统不同,踏板自由行程调整方法也不同。对杆式操纵系统,用改变踏板拉杆长度的方法来调整踏板自由行程;对拉索式操纵系统,可用改变拉索长度的方法来调整其自由行程。车型不同,踏板自由行程标准值也不相同,如桑塔纳轿车离合器踏板自由行程为 15～20 mm;轿车离合器拉索多具有免维护、免保养、免调整的自动补偿功能。

离合器分离杠杆的调整是将各分离杠杆内端面调整到与飞轮平面平行的同一平面内,可通过旋动调整螺钉进行调整。同时分离杠杆内端面或膜片弹簧的高度应符合要求,如轿车分离杠杆内端面及膜片弹簧内端面的平面度一般为 0.5mm。

注意:调整分离杠杆高度时,踏板自由行程也会随着发生改变,因此应同时进行调整。

2)对离合器的液压操纵系统可参照后述“液压制动系统”的同类故障予以诊断和排除。

3)对双片离合器,其中间压盘限位螺钉与中间压盘的间隙约为 1～1.25 mm。调整时将限位螺钉旋入并抵住中间压盘,然后退出 5～6 圈即可。

注意:各限位螺钉的调整必须一致。

4)让汽车起步前进或倒退,检查离合器分离情况。若离合器分离不彻底现象时有时无,则为发动机前后支承固定螺栓松动,应加以紧固。

5)对新装复的离合器,如果出现分离不彻底现象应进行如下检查:

①踩踏离合器踏板,若踏板沉重,多为更换的新从动盘摩擦片过厚而使离合器压紧弹簧过度压缩,预紧力过大,且离合器分离后压盘间隙不足,致使分离不彻底,可重新更换摩擦片。

②踏下离合器踏板观察从动盘位置。若双片离合器从动盘前端面与中间压盘紧抵或单片离合器从动盘前端面与飞轮紧抵,而其后端面却与压盘有足够间隙,则说明变速器一轴后轴承盖颈部过长,以至抵触从动盘花键毂,使从动盘不能后移。

③若上述正常,经调整后仍难以分离,则应检查从动盘是否装反。单片离合器从动盘短毂多朝向飞轮,双片离合器两从动盘短毂相对(解放车)或按规定装配。

④若以上各项均正常,则应检查和调整分离杠杆高度。若分离杠杆高度合适,则参照上述诊断过程进行诊断和排除。

3.1.1.2　离合器打滑

(1)故障现象

1)完全放松离合器踏板,汽车不能起步或起步困难。

2)汽车行驶中车速不能随发动机转速的提高而提高,感到行驶无力。

3)上坡行驶或重载时,动力明显不足,严重时可嗅到离合器摩擦片的焦臭味。

(2)故障原因

离合器打滑的故障实质是离合器踏板完全放松时,主动盘与从动盘没有完全结合,处于半分离状态,其主要原因为:

1)离合器踏板自由行程过小或没有自由行程、踏板不能完全回位,分离轴承常压在分离杠杆上,使压盘处于半分离状态。

2)离合器拉索失效,丧失自调功能。

3)分离杠杆调整不当,弯曲变形。

4)离合器摩擦衬片变薄、硬化,铆钉外露或沾有油污等。

5)压紧弹簧过软或折断,膜片弹簧受热退火变软或变形,致使压紧力不足。

6)离合器压盘或飞轮表面翘曲变形。

7)离合器与飞轮连接螺栓松动。

(3)故障诊断与排除

1)首先进行故障确诊,然后再进行逐项检查。

①起动发动机,拉紧驻车制动,挂上低速挡,缓缓放松离合器踏板,使离合器逐渐结合。若汽车不能起步,而发动机无负荷感能继续运转又不熄火,即为离合器打滑。

②汽车加速行驶时,若发动机转速升高,而车速不随之相应升高,感到行驶无力,严重时有焦臭味或出现冒烟现象,则为离合器打滑。

2)故障确诊后,按图 3-4 所示流程诊断并排除故障。在诊断过程中要注意检查离合器压盘和从动盘的磨损和变形情况,若超过规定的技术要求必须及时维修或更换。如捷达车离合器的从动盘摩擦衬片铆钉头最小深度为 0.3mm,在从动盘外边缘 2.5mm 处端面跳动量不应大于 0.5mm,压盘向内扭曲量最大不应大于 0.20mm,超出极限应更换。

3.1.1.3 离合器接合不平顺

(1)故障现象

离合器接合不平顺具体表现为汽车起步发抖或发闯。汽车用低速挡起步时,虽然逐渐放松离合器踏板,并缓缓踩下加速踏板,但离合器不能平顺接合,产生振抖。严重时整车出现振抖或突然闯出。

(2)故障原因

离合器发抖的实质是其主、从动盘之间接触不平顺,在同一平面内接触时间不同。离合器发闯则为主、从动盘突然接合之结果。

离合器发闯的主要原因为分离套筒涩滞,踏板回位弹簧折断、脱落,踏板轴锈涩等,导致踏板回位不自如。而离合器发抖的主要原因为:

1)离合器自由行程过小,分离杠杆内端面不在同一平面内。

2)从动盘波形弹簧片损坏,摩擦片油污、破裂、凹凸不平或铆钉外露,接合时断时续。

3)主、从动盘磨损不均或翘曲不平,接合时出现局部接触,压不紧而出现抖动现象。

4)离合器压紧弹簧弹力不均,个别折断或高度不一致,膜片弹簧弹力严重不足。

5)变速器与飞轮壳或发动机固定螺栓松动。

6)从动盘扭转减振器损坏,膜片弹簧固定铆钉松动。

7)从动盘、中间压盘因花键锈蚀、积污而移动发滞。

8)分离叉轴及衬套磨损严重或分离叉支点破损。

(3)故障诊断与排除

使发动机怠速运转,踩下离合器踏板,变速器挂入低速挡,再慢慢放松离合器踏板,轻踩加速踏板让汽车起步,若车身有明显的振抖,并发出“哐当”的撞击声,则为离合器发抖;若汽车不是平顺起步,而是突然闯出,则为离合器发闯。其故障诊断流程如图 3-5 所示。

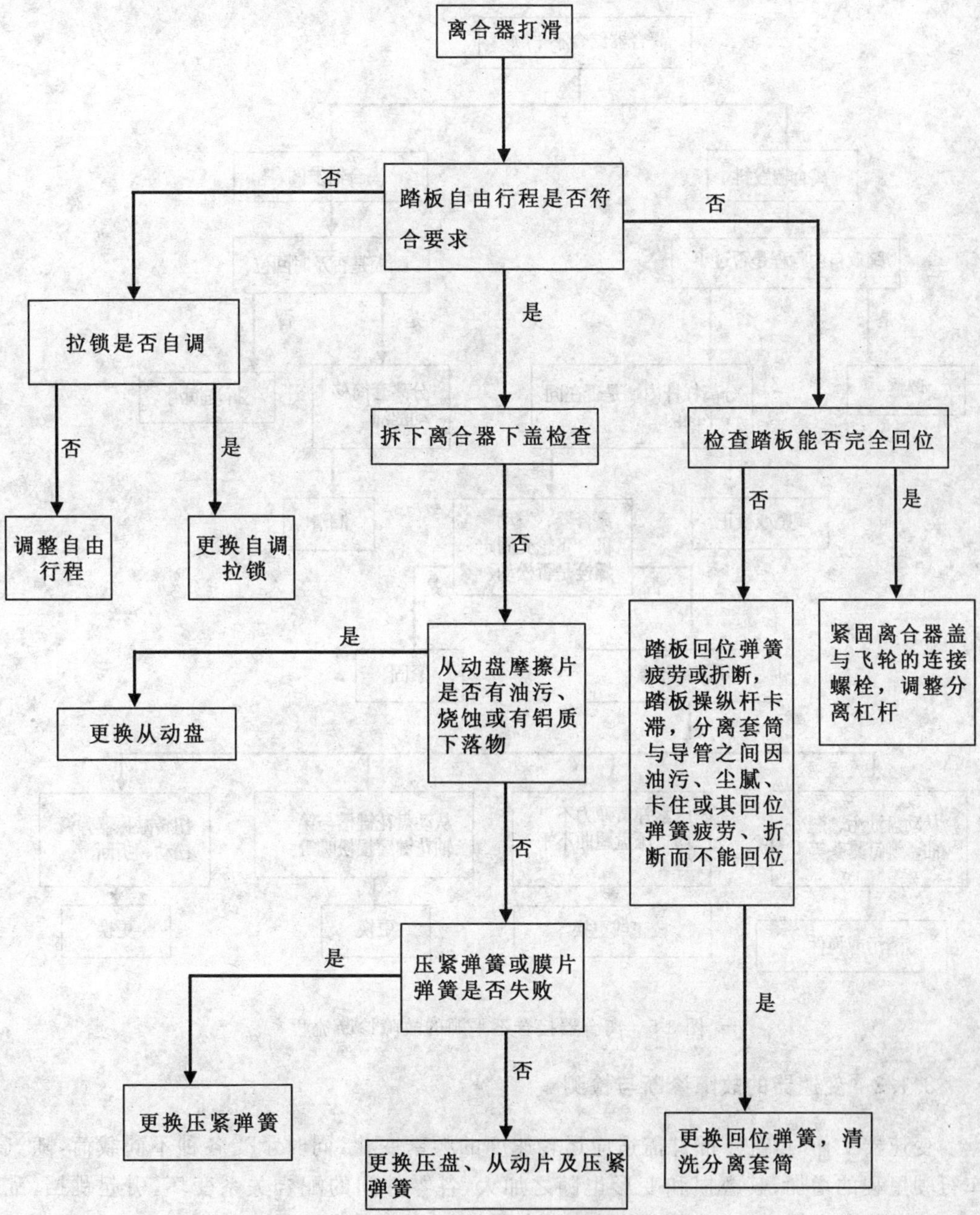

图 3-4　离合器打滑的故障诊断流程

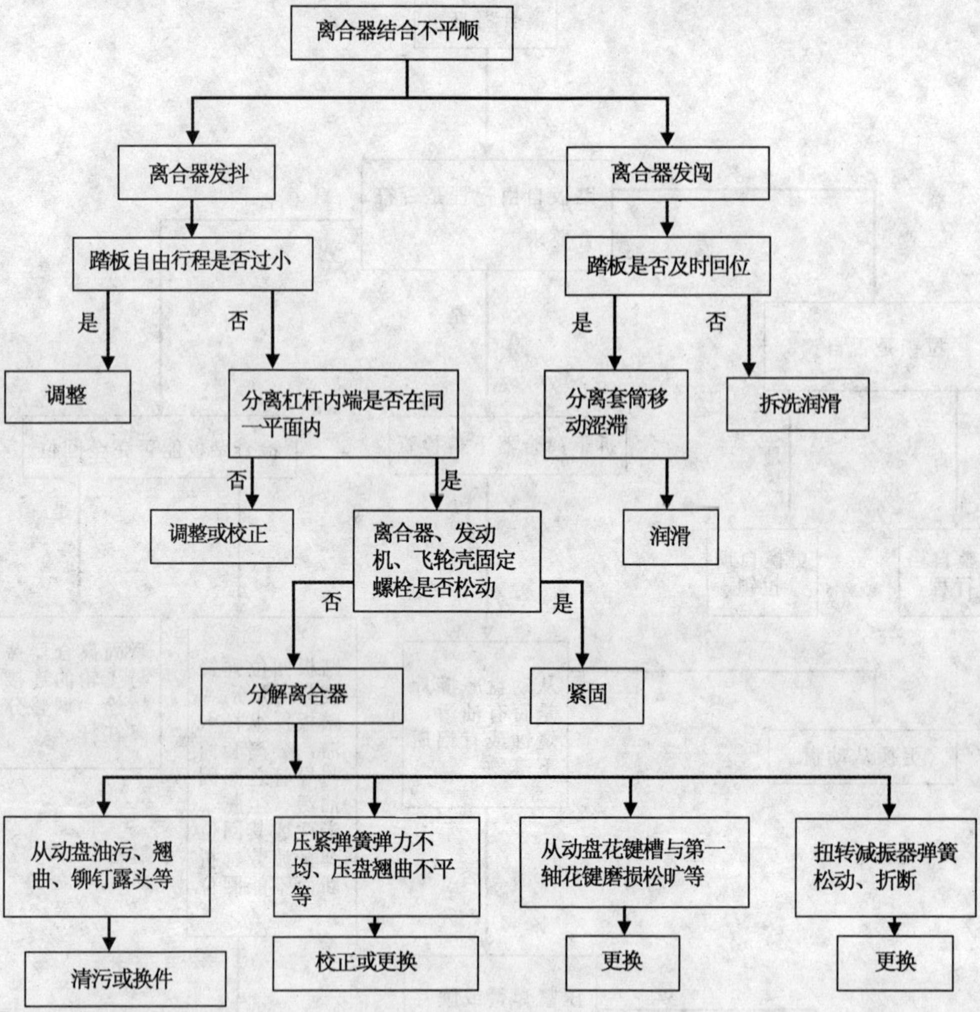

图 3-5 离合器接合不平顺的故障诊断流程

3.1.2 变速器的故障诊断与检测

变速器工作时，各零部件需适应运转速度的频繁变化，同时承受各种不同载荷，随汽车行驶里程的增加，其磨损和变形也随之加大，各零件间的配合关系变坏，引起跳挡、乱挡、换挡困难、卡挡、异响及漏油等一系列故障。下面以手动机械变速器为例进行故障分析，自动变速器的故障诊断见下节内容。

3.1.2.1 变速器跳挡(脱挡)

(1)故障现象

汽车在某一挡位行驶时，变速杆自动跳回空挡。跳挡一般发生在发动机中高速、负荷突然变化或车辆剧烈振动时，尤其在重载加速或爬坡时，且多发生在直接挡或超速挡。

(2)故障原因

变速器跳挡主要是由于操纵机构磨损、变形或调整不当,变速器轴轴向窜动或轴线的同轴度、平行度误差过大,齿轮、齿圈严重磨损等原因所致,具体表现为:

1)齿轮、齿圈上的齿在先进入啮合的一端磨损较为严重,沿齿长方向磨损不均形成锥形,在传动过程中产生轴向推力,使之脱离啮合,造成跳挡。

2)啮合齿啮入深度不足,同步器严重磨损或损坏。

3)滑移齿轮键槽与花键毂花键齿磨损松旷。

4)操纵杆调整不当、弯曲变形、磨损严重,而使变速叉不能完全到位。

5)变速叉磨损严重,弯扭变形,使齿轮或齿套不能完全到位。

6)变速叉轴弯曲或磨损,导致锁紧机构工作不可靠。

7)锁止装置的定位球、锁销及凹槽磨损,定位弹簧过软,导致锁紧机构工作失效。

8)变速器轴、轴承严重磨损松旷或轴向间隙过大。

9)变速器轴的同轴度、平行度误差过大。

10)变速器第二轴前端固定螺母松动、变速器固定螺栓松动。

(3)故障诊断与排除

变速器跳挡应按图 3-6 所示诊断流程进行检查与排除。

1)确定跳挡的挡位。在行驶过程中将变速杆挂入某挡,稍收油门,若变速杆自动跳回,则可诊断为该挡跳挡。

2)若变速器直接挡跳挡,但并未发现变速器其他故障,则应检查第一轴与曲轴同轴度。

3)变速器挂挡时,变速杆阻力甚小或无阻力,且该挡跳挡,多为变速叉轴自锁不良。

4)挂挡时变速杆移动距离变短,且该挡跳挡,说明齿轮啮入深度不足,多系变速叉磨损或向一侧弯曲变形所致。

5)变速器维修后出现跳挡时,则应考虑变速器在装配时改变了原来的配合状况,如花键毂方向装反等。

6)变速器操纵机构的调整。车型不同操纵机构的调整要求也不同,如捷达轿车操纵机构调整过程为:松开螺栓 B,将变速器置于 1 挡,转动调整偏心环 A,使尺寸 $a=1.5$ cm,拧紧螺栓 B,如图 3-7 所示。试挂所有挡位,应轻便自如,无发卡现象,且倒挡锁止机构有效。

3.1.2.2　变速器乱挡

(1)故障现象

离合器技术状况正常,汽车起步挂挡或行驶中换挡时,变速杆不能挂入所需挡位,或虽能挂入所需挡位,但不能退回空挡,或一次挂入两个挡位。

(2)故障原因

变速器乱挡的主要原因是其操纵机构失效,故障部位在变速杆、变速叉与叉轴及互锁装置,其具体表现为:

1)变速杆定位销磨损松旷、断裂或脱出,使变速杆失去控制作用,任意乱摆。

2)变速杆下端弧形工作面磨损过大,不能正确拨动变速叉或导块。

3)变速叉弯曲、下端面或变速叉导块磨损过度。

4)变速叉轴弯曲,互锁销、钢球或凹槽磨损过甚,失去互锁作用。

5)第二轴前端滚针轴承烧结,使第一轴和第二轴连成一体。

(3)故障诊断与排除

1)摆动变速杆,若变速杆能成圈转动,则为定位销折断或脱出;若变速杆摆动幅度较大,则为定位销磨损过甚。出现以上两种情况均应更换定位销,并调整变速杆。

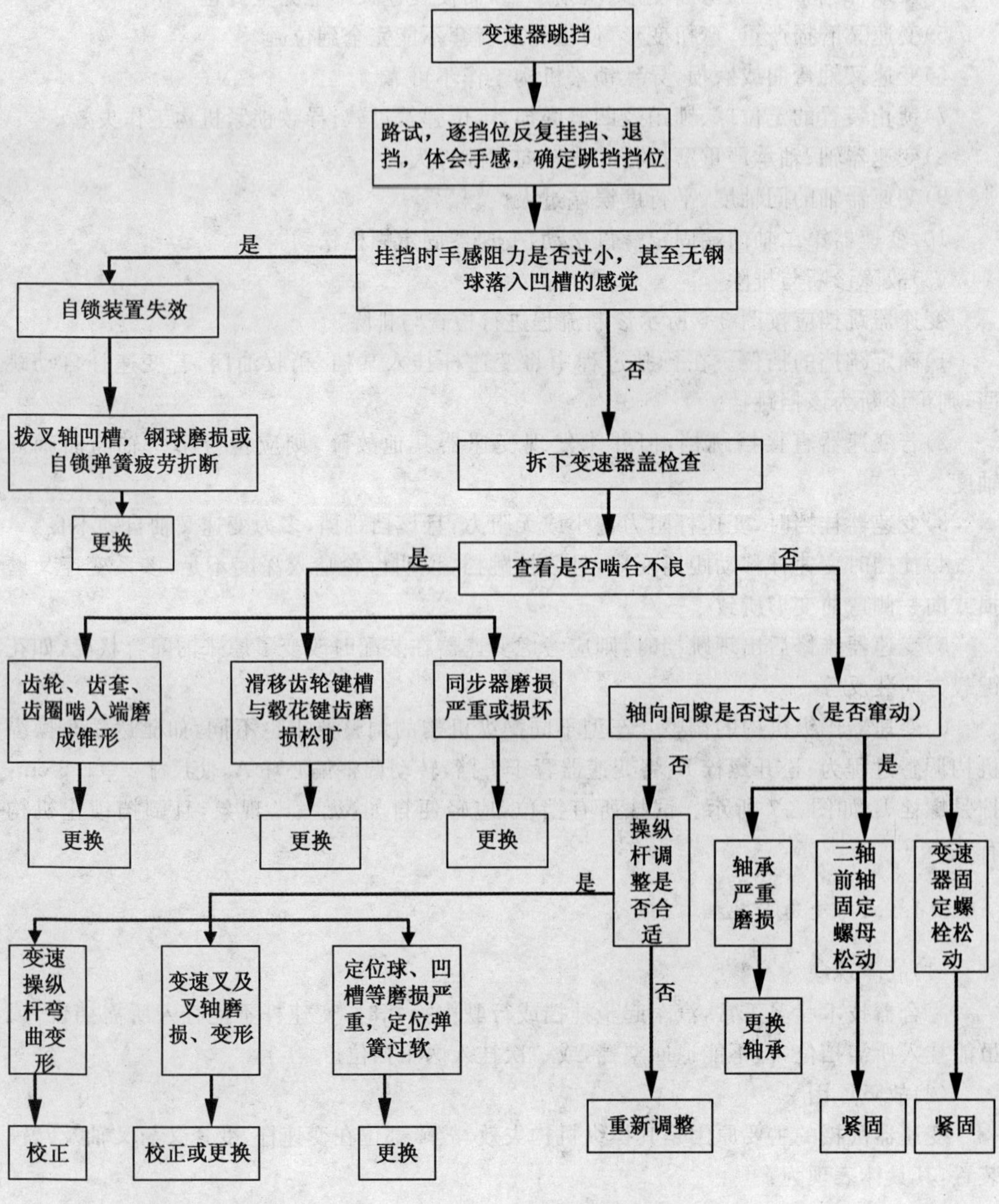

图 3-6 变速器跳挡的故障诊断流程

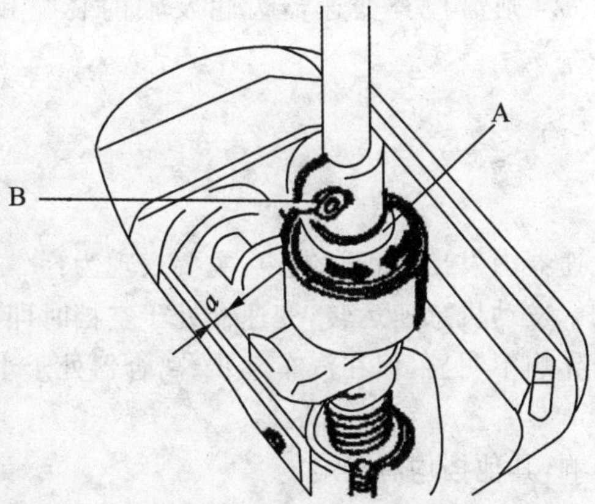

图 3-7　捷达轿车变速器操纵机构调整

A—调整偏心环　　B—螺栓

2)若变速器只能挂挡,不能退回空挡,且变速杆可以转动引起错挡,则为变速杆下端球面或导块、变速叉凹槽磨损过甚。若变速杆摆动量甚大,不能退回空挡位置,说明变速杆下端球形工作面已脱出导块、凹槽或变速叉拨槽,必须对其进行焊补修复或更换。

3)若能同时挂入两个挡位,说明互锁销、钢球磨损过甚而失去互锁作用,必须予以更换。

4)若除空挡和直接挡外,其他挡位均不能正常工作,则应检查第二轴前端滚针轴承是否烧结而使一、二轴连成一体,若是应予清除更换。

3.1.2.3　变速器换挡困难

(1)故障现象

离合器工作良好,变速杆不能正常挂上挡位,或者勉强挂入挡位后,又很难退回。

(2)故障原因

变速器换挡困难的主要原因为操纵机构和同步器失效,具体表现在:

1)变速叉轴弯曲变形,严重锈蚀,端头出现毛刺,移动困难。

2)变速叉或导块、凹槽磨损严重,换挡时变速杆从槽中滑出,造成挂挡、摘挡困难。

3)锁止钢球或凹槽严重磨损,导致定位不准,挂不上挡,还可能出现乱挡。

4)变速杆调整不当。

5)同步器损坏或严重磨损。

(3)故障诊断与排除

1)检查变速杆有无损坏,调整是否正常,并视情调整、校正或更换。

2)查看齿轮齿端倒角是否过小、是否出现毛刺,若出现此类情况,应予更换。

3)检查变速叉轴能否正常移动,变速叉及导块凹槽是否磨损过度,锁紧螺钉有无松动,视情修复或更换。

4)检查锁止机构的钢球、凹槽磨损情况,视情修复或更换。

5)检查各同步器,失效则更换。

6)若上述各项均正常,则需检查变速器齿轮及轴的装配和配合情况,不正常重新装配。

3.1.2.4 变速器异响

(1)故障现象

变速器异响是指变速器内发出不正常响声,主要表现为:

1)变速器空挡异响。发动机怠速运转,变速器处于空挡时即有异响,踩下离合器踏板后响声消失。有的空挡异响不明显,但在汽车起步、离合器处于半接合状态时有强烈的金属摩擦声。

2)直接挡工作无异响,其他挡均有异响。

3)低速挡有异响,高速挡时响声减弱或消失。汽车在 1、2、倒挡行驶时异响明显,高速挡(直接挡或超速挡)行驶时,响声减弱或消失。

4)变速器个别挡有异响。汽车行驶时,只在某一挡位有异响。

5)变速器各挡均有异响。汽车以各挡行驶时,变速器均有异响,车速越高,响声越大。

(2)故障原因

1)新更换的齿轮副不匹配或单独更换了一个齿轮,破坏了原来的配合。

2)轮齿磨损过度,齿侧间隙变大,导致齿面撞击声响。

3)齿轮齿面损伤或齿轮断裂、个别齿折断,造成较为强烈的金属敲击声响。

4)同步器的严重磨损,锁环滑块槽的严重磨损及环齿折断,均会产生不正常响声。

5)齿轮油不足或变质,将导致各运动副润滑不良,出现金属干摩擦声响。

6)各轴弯曲变形,同轴度、垂直度误差过大,影响了齿轮的正常啮合和轴承的正常运转。

7)滑移齿轮齿槽与花键齿磨损严重,配合松旷导致主、从动齿轮相互撞击。

8)变速器壳体变形及总成定位不良,破坏了各齿轮副、轴承及花键齿的配合精度,是导致变速器异响的重要原因。

9)变速操纵机构中,变速杆及变速叉变形、松动及过度磨损均会造成异响。

(3)故障诊断与排除

变速器异响较复杂,与挡位、齿轮副转速、负荷等因素均有关系。挡位不同,齿轮副转速不同,参加工作和承受载荷的零件也不同,因而异响部位也不相同,响声各异。

1)根据异响特征判断异响部位。

①齿轮啮合异响。一般是“当啷、当啷”相互撞击声,与道路条件有关。当车速相对稳定时,响声减弱或消失;在变速器温度升高、润滑油较稀时,响声较为严重。

②轴承异响。滚动轴承疲劳剥落破损,磨蚀松旷及润滑不良等原因,均会产生“哗啦啦”响声,同时还会影响到齿轮的正常啮合,齿轮异响随之产生,其响声随车速改变而改变。

③变速叉凹槽异响。在汽车运行中时有时无,尤其在不平路面行驶时,操纵杆摆动会发出一种较为沉闷、无节奏的声音,握住操纵手柄响声即可消失。

④其他异响。金属干摩擦声及轮齿折断、变速器内异物所造成的异响。在汽车行驶

中，若听到变速器部位有金属干摩擦声，触摸变速器外壳感到烫手，则为润滑油不足或变质，应按规定添加或更换变速器润滑油。

2)根据变速器工作挡位判断异响部位。

①变速器空挡异响多为第一轴常啮合齿轮啮合不良、其轴承损坏或松旷。

②直接挡工作无异响，其他挡均有异响多为中间轴和第二轴前后轴承损坏。

③低速挡有异响，高速挡时响声减弱或消失多为第二轴后轴承损坏（在低挡时轴承负荷比高挡时大得多）。

④变速器个别挡异响多为在异响挡位工作时，承受负荷的齿轮、轴承磨损或损坏所致。

⑤变速器各挡均有异响，多为变速器壳严重磨损、变形所致。

3.1.3　万向传动装置的故障诊断与检测

在万向传动装置中，万向节轴承磨损松旷、各连接部位松动、传动轴弯曲变形、不平衡等，均可导致异响与振抖。

3.1.3.1　汽车起步时有撞击声，行驶中始终有异响

(1)故障现象

汽车起步时传动轴有撞击声，行驶中当车速变化或高速挡低速行驶时也会出现撞击声，整个行驶过程响声不断。

(2)故障原因

此故障为连接松旷所致，具体部位如下：

1)传动轴各凸缘连接处有松动。

2)万向节轴承磨损松旷。

3)中间轴承支架固定螺栓松动，内座圈松旷。

4)后钢板弹簧U形螺栓松动。

(3)故障诊断与排除

1)汽车行驶中突然改变车速时，总有一声金属敲击响，多为个别凸缘或万向节轴承松旷，应紧固凸缘或更换轴承。

2)制动减速时，传动轴出现沉重的金属敲击声，应检查并紧固后钢板弹簧螺栓。

3)起步和改变车速时，撞击声明显，汽车低速行驶比高速行驶时异响明显，则为中间轴承内座圈静配合松动，应重新压配或更换轴承。

4)起步或行驶中，始终有明显异响并感有振动，则为中间轴承支架固定螺栓严重松动，重新拧紧则异响消失。

5)举升汽车，检测其游动间隙或目测并晃动传动轴各部，即可找出松旷部位。

3.1.3.2　起步时无异响，行驶中却有异响

(1)故障现象

汽车起步时虽无异响，但加速时异响出现，脱挡滑行时异响仍然十分清晰。

(2)故障原因

1)万向节装配过紧转动不灵活。

2)传动轴两端万向节不在同一平面内,破坏了传动轴的等速排列。

3)中间轴承球架散离、轴承滚道损伤、轴承磨损松旷或润滑不良。

4)中间轴承支架安装偏斜,或轴承在支架中的位置不正。

(3)故障诊断与排除

1)低速行驶时出现清脆而有节奏的金属敲击声,脱挡滑行时声响仍清晰存在,多为万向节轴承壳压紧过甚使之转动不灵活,一般发生在维修之后。

2)汽车行驶时,车速加快响声增大,脱挡滑行尤为明显,直到停车才消失,一般为中间轴承响。若响声浑浊、沉闷而连续,说明轴承散架,可拆下传动轴挂挡运转,验证响声是否出自中间轴承。若响声是连续的"呜……"声,应检查中间轴承支架橡胶垫圈、紧固螺钉是否过紧或过松而使轴承位置偏斜,可旋松轴承盖螺栓,若响声消失,表明中间轴承安装偏斜。若仍有响声,则应检查轴承的润滑情况。如果响声杂乱,时而出现不规则的撞击声,则应检查传动轴万向节叉的等速排列情况。

3)高速时传动轴有异响,脱挡滑行也不消失,则应检查中间轴承座圈表面是否有损伤以及支架的安装情况。

3.1.3.3 行驶中有异响并伴随车身振抖

(1)故障现象

车速超过中速出现异响,车速越高响声越大,达一定速度时车身振抖,车门、方向盘等强烈振响。若此时空挡滑行,振动更强烈,降到中速振抖消失,但传动轴异响仍然存在。

(2)故障原因

1)传动轴弯曲、平衡块脱落或轴管凹陷破坏了动平衡。

2)传动轴凸缘和轴管焊接时歪斜。

3)中间轴承支架垫圈磨损松旷。

4)万向节十字轴回转中心与传动轴同轴度误差过大。

5)传动轴万向节滑动叉花键配合松旷,变速器输出轴上的花键与凸缘花键槽磨损过甚。

(3)故障诊断

1)周期性异响,车速越快响声越大,应检查传动轴是否弯曲、平衡块有无脱落,传动轴套管是否凹陷,万向节滑动叉花键配合是否松旷。可检查传动轴游隙或用手晃动传动轴,若有晃动感则可确诊花键齿或各部螺栓松动、万向节轴及滚针磨损松旷。

2)举起汽车或支起驱动桥,挂入高速挡,查看传动轴摆振情况。如果抬起加速踏板车速突然下降时摆振更大,则为凸缘和轴管焊接歪斜或传动轴弯曲所致,可拆下传动轴,检查是否为传动轴弯曲、轴管凹陷,还是凸缘和轴管焊接处歪斜。

3)若连续振响,应检查中间轴承支架垫圈径向间隙是否过大。松开中间轴承支架螺栓,发动机急速运转,挂入低速挡,查看摆动情况。若摆动量较大,可拆下中间轴检查。若不弯曲又没有摆量或摆量不大,说明凸缘与轴管焊接良好,其故障为中间轴支架孔偏斜。若中间轴承无故障,则应检查万向节十字轴回转中心与传动轴的同轴度。

3.1.4　驱动桥故障诊断与检测

驱动桥常见故障为异响、过热和漏油等，是由于轴承磨损松旷、损伤，齿轮啮合不良，齿面损伤及壳体变形等原因所致。

按汽车的驱动形式不同，驱动桥有前驱动桥和后驱动桥之分。下面主要介绍后驱动桥的故障诊断。

3.1.4.1　后驱动桥异响

(1)在行驶时后驱动桥发响，脱挡滑行时响声减弱或消失

这种异响的主要表现是：行驶时发响，车速加快响声增大，脱挡滑行时响声减弱或消失，说明异响与各齿轮副的齿隙及啮合情况有关。其故障原因为：

1)圆锥及圆柱主、从动齿轮、行星齿轮及半轴齿轮等啮合间隙过大，或半轴齿轮花键槽与半轴配合松旷。

2)圆锥主、从动齿轮啮合不良或啮合间隙不均、齿面损伤或轮齿折断。

3)半轴齿轮与行星齿轮不配套。

(2)汽车行驶时后驱动桥发出异响，脱挡滑行异响也不消失

导致这类异响的故障原因为：

1)圆锥、圆柱主动齿轮轴承松旷，多为轴承磨损，凸缘螺母松动或轴承调整不当所致。

2)差速器圆锥滚子轴承松旷，多为磨损、调整不当或轴承盖固定螺母松动所致。

3)轴承间隙过小，预紧力过大，齿轮啮合间隙过小。

4)润滑油不足。

诊断时应注意，这种异响与传动轴异响相似，但往往在车速变低时更为明显。

(3)汽车直线行驶良好，转弯时后驱动桥有异响，产生这种异响的主要原因为：

1)差速器行星齿轮与半轴齿轮不配套，使齿轮啮合不良。

2)行星齿轮、半轴齿轮磨损、折断或行星齿轮轴磨出台阶、止推垫片过薄，在转弯时因行星齿轮自转而发出异响。

3)主减速器圆锥、圆柱从动齿轮与差速器壳的固定螺栓或铆钉松动。

4)润滑油不足。

后驱动桥异响的故障诊断流程如图 3-8 所示。

3.1.4.2　过热

当汽车行驶一定里程后，触摸主减速器壳，若有无法忍受的烫手感觉为过热(可用测温仪检测)，可能是齿轮啮合间隙过小、润滑油不足，应重新调整齿轮啮合间隙，加足润滑油。

手摸轴承部位，能忍受其热度但不能长久停留时，为适合温度。若不能忍受，说明轴承装配过紧，应重新调整。

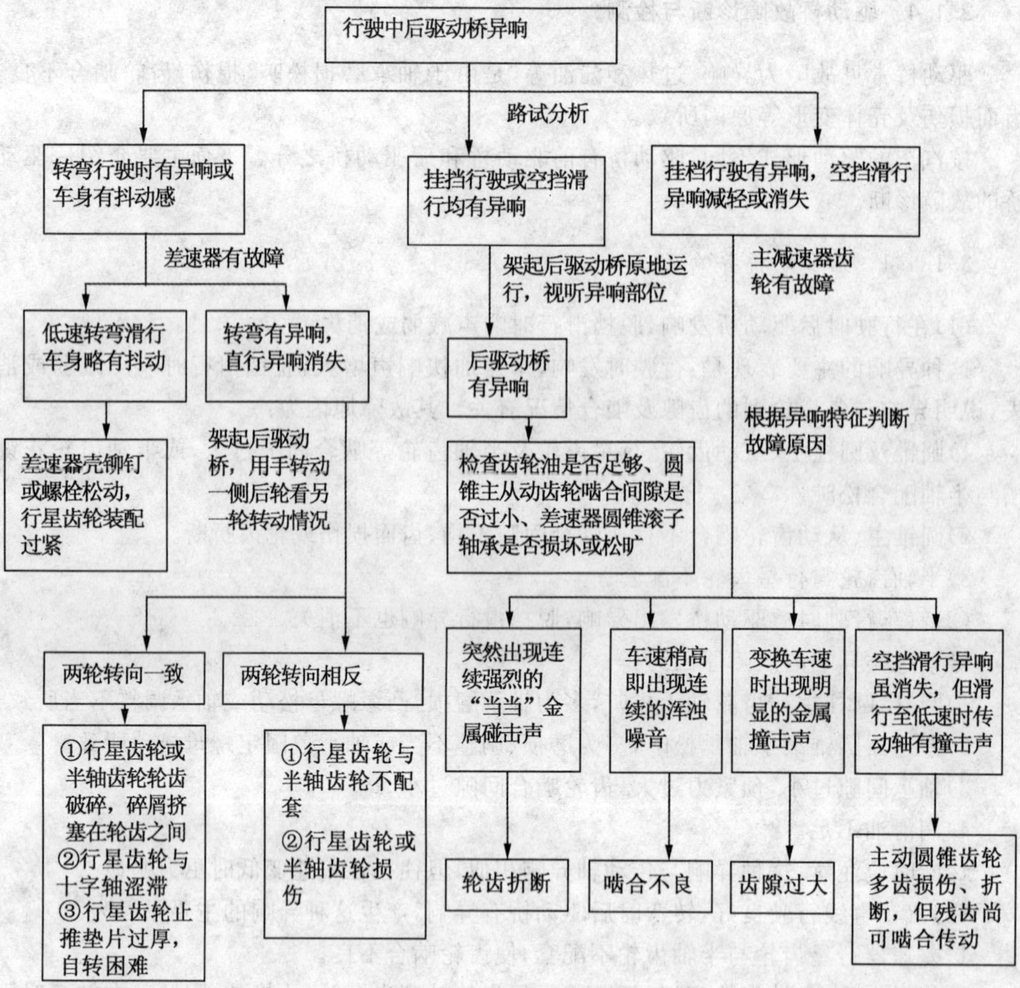

图 3-8　后驱动桥异响的故障诊断流程

3.1.4.3　后驱动桥漏油

后驱动桥漏油主要是主减速器油封、半轴油封损坏或安装不当，与油封接触的轴颈磨损或表面有沟槽，衬垫损坏或紧固螺钉松动，润滑油过多等原因造成的，可根据油迹判断漏油部位并排除。

3.1.4.4　前驱动桥的故障诊断

现代轿车多采用前轮驱动方式，主减速器、差速器与变速器组装在一起，没有单独的驱动桥桥壳。前驱动桥主减速器或差速器故障可参照后驱动桥同类故障作出判断，同时应注意等速万向节工作不良引起的故障。

3.1.5　传动系异响的综合诊断

传动系异响较为复杂,应视情诊断,确定异响部位所在,其故障诊断流程如图 3-9 所示。

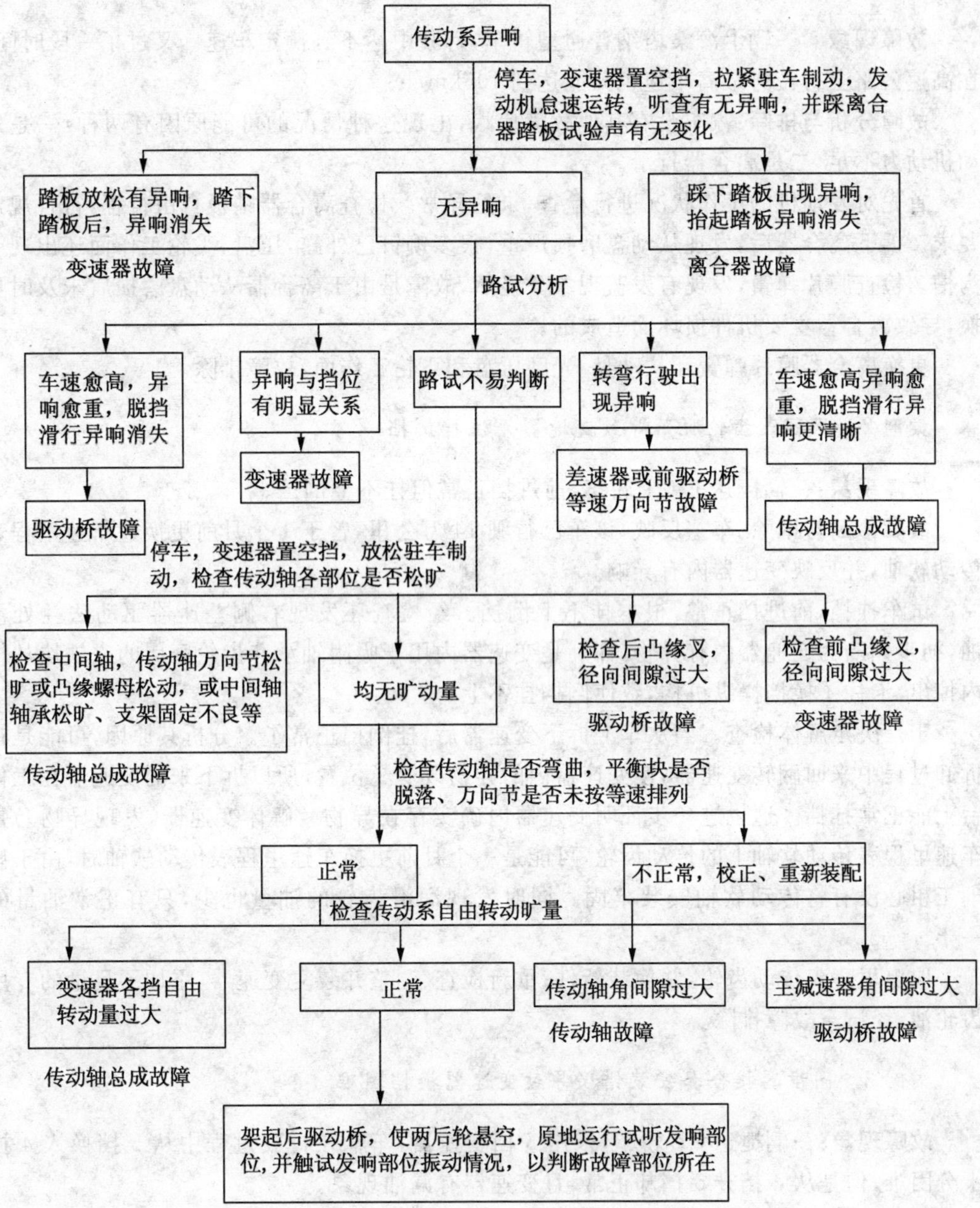

图 3-9　传动系异响的故障诊断流程

3.1.6 故障案例

案例 1　离合器从动盘磨损严重导致汽车最高车速降低

故障现象　一辆上海桑塔纳普通型轿车,行驶中达不到额定车速。又过了一段时间,在高速公路上行驶时最高车速也只能达到 105km/h。

故障分析与排除:汽车没有其他故障症状,出现这种情况的可能原因有两种:一是发动机动力不足,二是离合器打滑。

首先对发动机的工作状况进行检查,未见异常。检查离合器踏板自由行程,符合规定要求。拆下离合器后,发现从动盘磨损严重,很多铆钉已外露,压盘、飞轮工作面还出现了沟槽。检查膜片弹簧,发现有发蓝现象。显然,故障是由于离合器从动盘磨损后未及时更换,导致离合器主要机件损坏而造成的。

更换离合器膜片弹簧和从动盘,光磨压盘和飞轮工作面,故障排除。

案例 2　里程表齿轮脱落导致变速器无法挂倒挡

故障现象:一辆捷达王 CT 轿车,前进挡正常但挂不上倒挡。

故障诊断与排除:车主反映,该车已行驶 14 万公里,曾于 1 个月前更换过车速里程表传动软轴,并反映变速器内有异响。

试车挂挡,前进挡正常,根本挂不上倒挡。经检查还发现右侧差速器驱动法兰处渗油,初步判断为变速器内有异物,怀疑是变速器内用于吸附轴承和齿轮磨屑的磁铁块从槽内掉出,卡住了换挡操纵机构,致使倒挡挂不上。

于是决定解体检查。当从车上拆下变速器后,挂倒挡正常了。分析其原因,可能是在拆卸过程中来回翻转变速器,使变速器内的异物改变了位置,所以拆下来的变速器在工作台上能正常挂挡。这也进一步证明变速器内确实存在异物。解体变速器,发现异物乃是车速里程表传动软轴上的传动齿轮,可能是一个月前更换车速里程表传动软轴时,由于修理工粗心没有将传动软轴安装牢固。同时发现润滑齿轮的油量也少,只有正常油量的一半。

取出里程表传动齿轮,并换装新件;重新检查、调整并装复变速器,添加了足量的专用齿轮油,经试车故障排除。

案例 3　同步器接合套安装错误导致变速器换挡困难

故障现象:一辆捷达 CL 轿车,采用 5 挡变速器,车辆在行驶过程中从 5 挡换入 4 挡十分困难,但是从 4 挡升 5 挡却正常,且变速器有漏油现象。

故障诊断与排除:试车,故障现象明显,容易确诊。经检查发现右半轴油封漏油,因挡位也存在故障,需拆解变速器。

将变速器拆下来分解检查,发现变速器两个壳体结合面上有一层厚厚的纸制垫片,可能是因为密封纸垫过厚,使差速器的轴承间隙过大,造成半轴法兰盘的轴向跳动量过大,导致半轴油封漏油。

随后查找 5→4 降挡的故障原因。在检查换挡组件和同步器组件时，发现 3 挡的同步器滑套错装在了 5/4 挡的同步器骨架上。司机反映，不久前曾因为变速器 3 挡同步器齿环磨损进厂进行维修，肯定是修理工粗心或缺少经验，出现严重的装配错误。因为 5/4 挡的同步器与 3 挡的外形基本相同，5/4 挡同步器滑套的两侧都有坡口，但是 3 挡同步器滑套却只有一侧有坡口，把 3 挡的同步器滑套装在 5/4 挡的同步器骨架上后，没有坡口的一侧就会出现挂挡困难。

将错装的同步器滑套换装过来，并将变速器重新装好。去掉密封纸垫，直接用密封胶密封变速器壳体。试车，故障排除。

3.2　自动变速器的故障诊断与检测

现代轿车多采用电控液动式自动变速器，主要由液力变矩器、行星齿轮变速器、液压控制系统和电子控制系统等组成，其组成和控制原理见图 3-10。

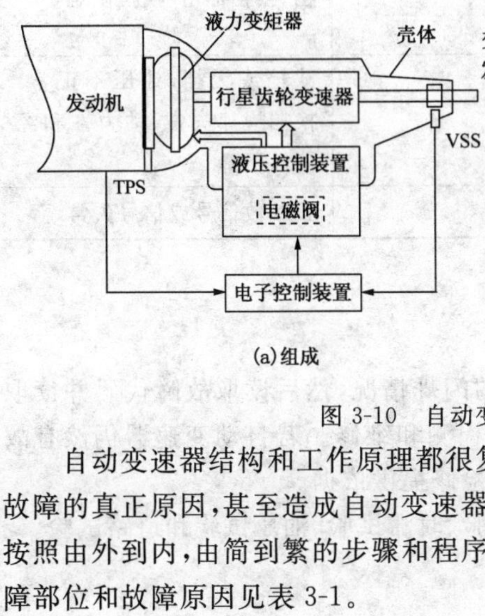

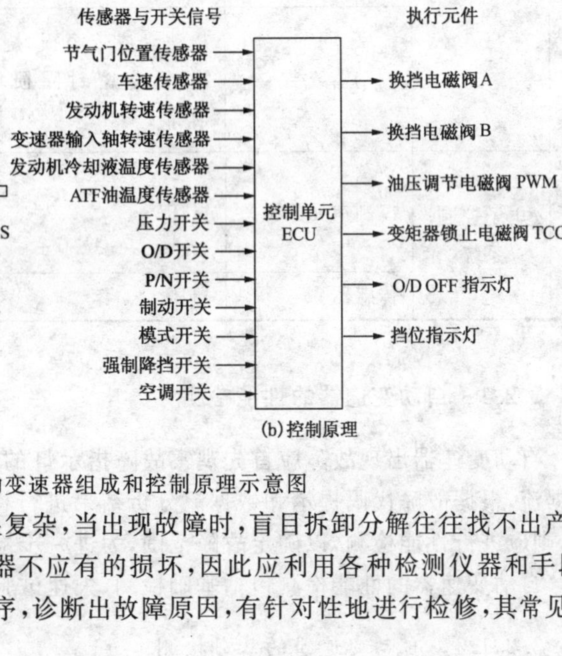

图 3-10　自动变速器组成和控制原理示意图

自动变速器结构和工作原理都很复杂，当出现故障时，盲目拆卸分解往往找不出产生故障的真正原因，甚至造成自动变速器不应有的损坏，因此应利用各种检测仪器和手段，按照由外到内，由简到繁的步骤和程序，诊断出故障原因，有针对性地进行检修，其常见故障部位和故障原因见表 3-1。

表 3-1　　　　　　自动变速器常见故障部位和故障原因

序号	故障部位		主要故障原因	故障现象及危害
1	液力变矩器	单向离合器	失效	传递动力下降,起步困难
		锁止离合器	打滑或烧结	汽车油耗增加或怠速时踩制动熄火
2	齿轮变速器		磨损、润滑不良	过热、异响
3	液压控制系统	油泵	磨损间隙过大、密封圈失效	供油不足、压力降低
		阀体	磨损、卡滞、弹簧弹力下降、球阀丢失或错位、密封不良	打滑,缺挡或无挡,换挡冲击
		离合器	从动盘磨损、烧损,钢片烧损,活塞密封圈损坏、单向阀失效,间隙不当等	打滑,不能分离,缺挡或无挡,换挡冲击,换挡困难
		制动器或带	从动盘或带磨损、烧损,钢片烧损,活塞密封圈损坏,间隙不当等	打滑,不能分离,缺挡或无挡,换挡冲击,换挡困难
4	电子控制系统	控制单元	损坏	缺挡或无挡,油压不正常,换挡规律失常、动力性和经济性下降
		传感器	损坏	无参数信号或信号失常

3.2.1　自动变速器的性能检测

自动变速器出现故障应首先观察故障指示灯的闪烁情况,然后读取故障代码并读取数据流,根据故障代码提示和数据流分析结果进行检测和维修。若自动变速器仍然有故障,则应进行性能检测,以确定故障范围,为进一步检修提供依据。

自动变速器的性能检测包括基础检测、失速试验、时滞试验、油压试验和道路试验。

3.2.1.1　自动变速器的基础检测

自动变速器的基础检测包括油质和液面高度的检查、节气门拉线和选挡杆的检查、怠速、空挡起动开关及强制降挡开关的检查等。

(1)发动机怠速的检查

发动机怠速过低,自动变速器换挡时,将引起车身振动,甚至导致发动机熄火而怠速过高,汽车“爬行”现象严重,且易产生换挡冲击。因此,当自动变速器选挡杆置于“P”或“N”位时,发动机怠速应正常,否则应进行调整和检修,然后再做进一步的检测。

(2)自动变速器油质和液面高度的检查

自动变速器液面高度和油液品质的检查是自动变速器最基本的检查项目,也是决定自动变速器是否进行拆检的主要依据之一。

1)液面高度的检查

自动变速器液面过低将造成液压控制系统供油不足,汽车颠簸时还可能吸入空气,油压降低,使离合器、制动器烧损、打滑,还会造成润滑不良。而液面过高又会被旋转零件剧烈搅动产生泡沫,使系统渗入空气,导致油压降低,且液面过高又会阻滞阀体内排泄孔排油,导致换挡迟滞和换挡冲击。因此,各种型号的自动变速器对液面高度都有明确的规定:在液力变矩器及各换挡执行元件的活塞都充满油后,通常液面高度应在行星排等旋转零件的最低位置之下,但必须高于阀体总成与变速器壳体的安装结合面。

大部分自动变速器的液面高度可利用油尺来进行检查,操作方法是:将汽车停放在水平路面上,拉紧驻车制动;让发动机怠速运转,踩住制动踏板,将选挡杆分别拨至各个挡位,并在每个挡位上停留几秒钟,使液力变矩器和所有换挡执行元件都充满自动变速器油,最后再将选挡杆拨至停车挡“P”位,拔出油尺并擦干净,将擦干后的油尺全部插入加油管后再拔出,检查液面高度,自动变速器液面应位于油尺标定范围之内。注意,自动变速器冷态(低于 25℃)与热态(70℃～80℃)时油尺刻度范围不同。

2)自动变速器油质的检查

自动变速器油通常带有颜色如粉红色、黄色,且透明无味。将自动变速器油滴在干净的白纸上,检查其颜色和气味,如呈褐色或有焦糊味等,说明油已变质。表 3-2 为自动变速器油变质的现象特征及变质原因。

表 3-2　　自动变速器油变质的现象和原因

现　象	变质原因
黑色或褐色	超负荷或未按期换油,引起变矩器过热,离合器、制动器烧损
颜色清淡,充满气泡	油面过高,油被搅动产生气泡;内部密封不严,油液中混入空气
油液中有黑色固体残渣,且有烧焦味	制动器或离合器烧损,轴承缺损,金属磨蚀的粉末等
似油膏覆盖在油尺上	进入冷却液,未定期换油,过热,油面过低等

3)自动变速器油的更换

各种型号的自动变速器对换油行驶里程或运行时间均有明确规定,必须定期更换。自动变速器可采用循环换油机换油,也可采用人工换油。采用人工换油时,将油底壳中的油放净,用压缩空气将散热器中的残余油液吹出,从加油管加入规定牌号的自动变速器油,然后起动发动机,将换挡杆从“P”位变换到所有挡位后,再换回“P”位,检查自动变速器油面高度,应位于“COOL”的范围内,使发动机和自动变速器达到正常工作温度(70℃～80℃),再次检查油面高度,应位于“HOT”范围内。注意:按上述方法换油时,变矩器内的油是无法放出的,当油液污染严重时,应让汽车做短时间运行后再次换油。

(3)节气门拉线的检查与调整

节气门拉线调整不当,将导致主油路压力异常,使换挡执行元件打滑或产生换挡冲击。

调整节气门拉线时，将加速踏板踩到全开位置，松开调整螺母，调整拉线，使防尘套与限位块的距离为0～1mm。然后拧紧调整螺母，并重新检查调整是否正确，见图3-11。

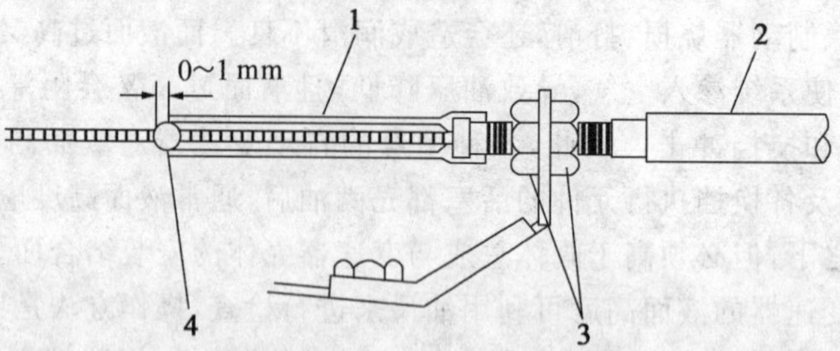

图3-11 节气门拉线的调整

1—防尘套 2—节气门拉线 3—固定螺母 4—限位块

(4)选挡杆和挡位开关的检查与调整

选挡杆及挡位开关调整不当，会使选挡杆的位置与自动变速器阀体中手控阀的实际位置不符，易造成选挡错乱，并造成选挡杆位置与仪表盘上挡位指示灯的显示不符，甚至造成在空挡或停车挡时无法起动发动机，因此必须进行检查和调整。

自动变速器型号不同，选挡杆的调整方法也不同。捷达车通过调整选挡杆锁止电磁铁来保证选挡杆的功能。调整时，在长孔内移动电磁铁，直至调整压杆和杠杆之间的间隙$a=0.3$mm，如图3-12所示。调整完成后，应检查选挡杆的功能：

1)选挡杆置于“P”或“N”位并打开点火开关，未踩下制动踏板时，选挡杆锁止；踩下制动踏板，锁止解除，选挡杆可挂入任一挡位。

2)发动机只能在“P”或“N”位起动，选挡杆位于“1”、“2”、“3”、“D”和“R”位时，起动机均不能起动。

3)将选挡杆拨至各个挡位，挡位指示灯和选挡杆位置应当一致。“R”位时倒挡灯应亮起。

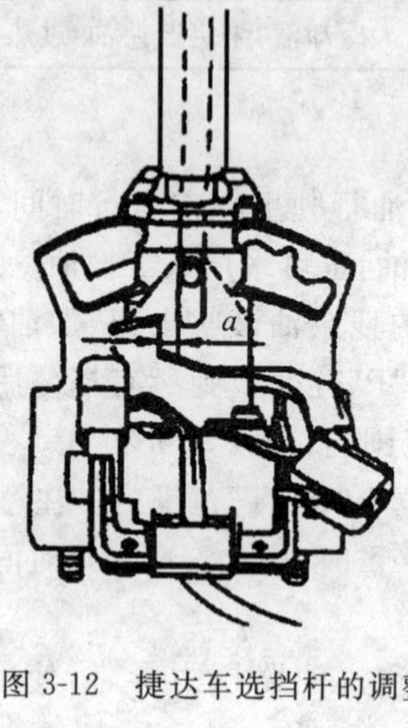

图3-12 捷达车选挡杆的调整

3.2.1.2　自动变速器失速试验

失速试验是检查发动机、液力变矩器及自动变速器中有关的换挡执行元件的工作是否正常的一种常用方法。

(1)失速试验的准备

行驶汽车，使发动机和自动变速器均达到正常工作温度，检查汽车的行车制动和驻车制动系统，并确认其性能良好，且自动变速器的油面高度应正常。

(2)失速试验步骤

1)将汽车停放在宽阔的水平地面上，前后车轮用三角木块塞住。

2)拉紧驻车制动，左脚用力踩住制动踏板。

3)起动发动机，将选挡杆拨入“D”位。

4)在左脚踏紧制动踏板的同时，用右脚将加速踏板踩到底，迅速读取此时发动机的最高转速。读取发动机转速后，立即松开加速踏板。

5)将选挡杆拨入“P”或“N”位，使发动机怠速运转 1min 以上，以防止自动变速器油因温度过高而变质。

6)将选挡杆拨入“R”位，做同样的试验。

在选挡杆位于“D”或“R”位时同时踩下制动踏板和加速踏板，发动机处于最大转矩工况，行星齿轮变速器的输入、输出轴静止不动，因而变矩器涡轮也静止不动，只有变矩器壳及泵轮随发动机一起转动，这种工况属于失速工况，此时的发动机转速称为失速转速。由于在失速工况下，发动机的动力全部消耗在液力变矩器油液的内部摩擦损失上，油液温度会急剧上升，因此，在失速试验中，加速踏板从踩下到松开整个过程的时间不得超过 5s，否则会使自动变速器油因温度过高而变质，甚至损坏密封圈等零件。在一个挡位试验完成之后，不要立即进行下一个挡位的试验，要等油温下降以后再进行。试验结束后不要立即熄火，应将选挡杆拨入空挡或停车挡，让发动机怠速运转几分钟，以使自动变速器油温度正常。如果在试验中发现驱动轮因制动力不足而转动，应立即松开加速踏板，停止试验。

不同车型的自动变速器都有其失速转速标准，若失速转速与标准值不相符，说明自动变速器有故障。如果“D”、“R”位的失速转速均过高，可能是主油路油压过低、前进离合器打滑、倒挡执行元件打滑等；若失速转速均过低，可能是发动机动力不足、变矩器导轮单向离合器打滑等。如果仅在“D”位失速转速过高，可能是前进挡油路油压过低、前进离合器打滑。如果仅在“R”位失速转速过高，可能是倒挡油路油压过低、倒挡执行元件打滑等。

3.2.1.3　自动变速器时滞试验

在发动机怠速运转时将选挡杆从空挡拨至前进挡或倒挡后，需要有一段短暂时间的迟滞或延时才能使自动变速器完成挡位的变换(此时汽车会产生一个轻微的振动)，这一短暂的时间称为自动变速器换挡的迟滞时间。时滞试验就是测出自动变速器换挡的迟滞时间，根据迟滞时间的长短来判断主油路油压及换挡执行元件的工作是否正常，其试验步骤如下：

(1)行驶汽车，使发动机和自动变速器达到正常工作温度。

(2)将汽车停放在水平地面上,拉紧驻车制动。

(3)将选挡杆分别置于"N"位和"D"位,检查、调整怠速。

(4)将自动变速器选挡杆从"N"位拨至"D"位,用秒表测量从拨动选挡杆开始到感觉汽车震动为止所需的时间,该时间称为 N-D 迟滞时间。

(5)将选挡杆拨至"N"位,使发动机怠速运转 1min 后,再做一次同样的试验。共做 3 次试验,取平均值作为 N-D 迟滞时间。

(6)按上述方法,将选挡杆由"N"位拨至"R"位,测量 N-R 迟滞时间。

大部分自动变速器 N-D 迟滞时间小于 1.0～1.2s,N-R 迟滞时间小于 1.2～1.5s。若 N-D 迟滞时间过长,说明主油路油压过低,前进离合器、制动器磨损过甚或间隙过大;若 N-R 迟滞时间过长,说明倒挡油路油压过低,倒挡离合器、倒挡制动器磨损过甚或间隙过大。

3.2.1.4 自动变速器油压试验

油压试验是在自动变速器工作时,测量控制系统各个油路中的油压,为分析自动变速器故障提供依据,以便有针对性地进行检修。自动变速器正常工作的先决条件是控制系统的油压正常,油压过高,会使自动变速器出现严重的换挡冲击,甚至损坏控制系统;油压过低,会造成换挡执行元件打滑,加剧其摩擦片的磨损,甚至会烧毁换挡执行元件。

油压试验的内容取决于自动变速器的类型及测压孔的设置,主要测试前进挡和倒挡的主油路油压,液控自动变速器还需测量调速阀油压。

(1)行驶汽车,使发动机和自动变速器均达到正常工作温度,然后将汽车停放在宽阔的水平地面上,前后车轮用三角木块塞紧。

(2)拆下自动变速器壳体上主油路测压孔或前进挡油路测压孔螺塞,接上高量程油压表。

(3)起动发动机,将选挡杆拨至前进挡"D"位,读出发动机怠速运转时的油压。该油压即为怠速工况下的前进挡主油路油压。

(4)用左脚踩紧制动踏板,同时用右脚将加速踏板完全踩下,在失速工况下读取油压。该油压即为失速工况下的前进挡主油路油压。

(5)将选挡杆拨至空挡或停车挡,使发动机怠速运转 1min 以上。

(6)将选挡杆拨至各前进低挡"S"、"L"或"2"、"1"位置,重复操作,读出各前进低挡在怠速工况和失速工况下的主油路油压。

(7)将选挡杆拨至倒挡"R"位,在发动机怠速和失速工况下读取倒挡主油路油压。

不同车型自动变速器的主油路油压各不相同,若主油路油压过低,可能是油泵供油不足,主调压阀卡死或弹簧过软,节气门拉线或节气门位置传感器调整不当,节气门阀卡滞、油压电磁阀损坏或线路故障,制动器或离合器活塞密封不良,油路密封圈破损等。

3.2.1.5 自动变速器的道路试验

道路试验是诊断、分析自动变速器故障的最有效手段之一,试验内容主要有:检查换挡车速、换挡质量及换挡执行元件有无打滑现象。在道路试验之前,应先让汽车以中低速行驶 5～10min,使发动机和自动变速器都达到正常工作温度。在试验中,如无特殊需要,通常应将超速挡开关置于“ON”位置(即超速挡指示灯熄灭)，并将模式开关置于普通模式或经济模式位置。

(1)升挡过程和升挡车速的检查

将选挡杆拨至前进挡“D”位，踩下加速踏板，使节气门保持在 1/2 开度左右，让汽车起步加速，检查自动变速器的升挡情况。自动变速器在升挡时发动机会有瞬时的转速下降(转速表指针迅速回摆)，同时车身有轻微的闯动感。一般四速的自动变速器在节气门开度保持在 1/2 时 1 挡升至 2 挡的升挡车速为 25～35km/h，由 2 挡升至 3 挡的升挡车速为 55～70km/h，由 3 挡升至 4 挡的升挡车速为 90～120km/h。若升挡车速过低，一般是控制系统的故障所致；若升挡车速过高，可能是控制系统有故障，也可能是换挡执行元件有故障。

(2)升挡时发动机转速的检查

正常情况下，若自动变速器处于经济模式或普通模式，节气门保持在低于 1/2 开度范围内，则在汽车由起步加速直至升入高挡的整个行驶过程中，发动机转速都将低于 3000r/min。通常在即将升挡时发动机转速可达到 2500～3000r/min，在刚刚升挡后的短时间内发动机转速将下降至 2000r/min 左右。如果在整个行驶过程中发动机转速始终过低，加速至升挡时仍低于 2000r/min，说明升挡时间过早或发动机动力不足。如果在行驶过程中发动机转速始终偏高，升挡前后的转速为 2500～3000r/min，而且换挡冲击明显，说明升挡时间过迟。如果在行驶过程中发动机转速过高，经常高于 3000r/min，在加速时达到 4000～5000r/min，甚至更高，则说明换挡执行元件(离合器或制动器)打滑。

(3)换挡质量的检查

换挡质量的检查主要是检查有无换挡冲击。正常的自动变速器只能有不太明显的换挡冲击，特别是电子控制自动变速器的换挡冲击应十分微弱。若换挡冲击过大，可能是油路油压过高、换挡执行元件打滑、蓄压器或缓冲阀失效等，应做进一步的检查。

(4)锁止离合器工作状况的检查

让汽车加速至超速挡，以高于 80km/h 的车速行驶，并让节气门开度保持在低于 1/2 的位置，使变矩器进入锁止状态。此时，快速将加速踏板踩下至 2/3 开度，同时检查发动机转速的变化情况。若发动机没有太大变化，说明锁止离合器处于接合状态；反之，若发动机转速升高很多，则表明锁止离合器没有接合，其原因通常是锁止离合器控制系统有故障。

(5)发动机制动作用的检查

将选挡杆拨至前进低挡 S、L 或 2、1 位置，在汽车以二挡或一挡行驶时，突然松开加速踏板，若车速立即随之而降，说明有发动机制动作用，否则说明控制系统或相关的离合器、制动器有故障。

(6)强制降挡功能的检查

将选挡杆拨至前进挡“D”位，保持节气门开度为 1/3 左右，在以 2 挡、3 挡或超速挡行驶时突然将加速踏板完全踩到底，检查自动变速器是否被强制降低一个挡位。在强制降挡时，发动机转速会突然上升至 4000r/min 左右，并随着加速升挡，转速逐渐下降。若踩下加速踏板后没有出现强制降挡，说明强制降挡功能失效。若在强制降挡时发动机转速异常升高达 5000r/min 左右，并在升挡时出现换挡冲击，则说明换挡执行元件打滑，应检修自动变速器。

(7)“P”位制动效果的检查

将汽车停在坡度大于9%的斜坡上，选挡杆拨入“P”位，松开驻车制动，检查机械闭锁爪的锁止效果。

3.2.2 自动变速器主要零部件的检测

3.2.2.1 电子控制元件的检测

自动变速器型号不同，其电子控制元件也不相同，图3-13为捷达车自动变速器的电子控制元件。

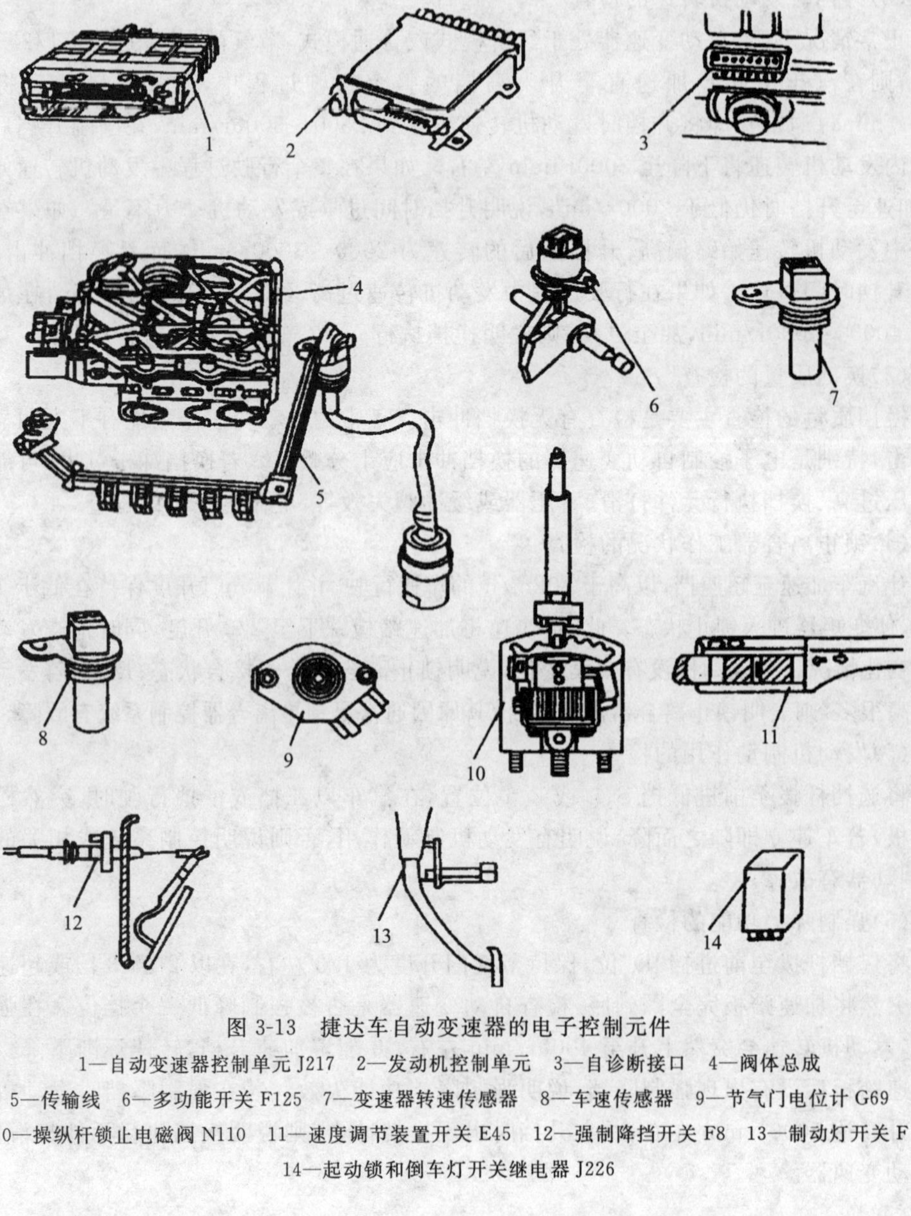

图3-13 捷达车自动变速器的电子控制元件

1—自动变速器控制单元J217 2—发动机控制单元 3—自诊断接口 4—阀体总成 5—传输线 6—多功能开关F125 7—变速器转速传感器 8—车速传感器 9—节气门电位计G69 0—操纵杆锁止电磁阀N110 11—速度调节装置开关E45 12—强制降挡开关F8 13—制动灯开关F 14—起动锁和倒车灯开关继电器J226

(1)车速传感器

用万用表测量其电阻,捷达车阻值应为 800～900Ω。用磁铁靠近车速传感器并迅速移开,反复进行几次,测量传感器信号电压,捷达车应为 2.2～2.5V。不正常则更换车速传感器。

(2)油温传感器

可将油温传感器放入盛有水的容器中加热,测量其不同温度时的电阻值。捷达车油温传感器温度在 20℃时阻值约为 0.247MΩ,60℃时阻值约为 48.8kΩ,120℃时阻值约为 7.4kΩ。若阻值不符应更换传感器。

(3)换挡电磁阀

测量电磁阀电阻,捷达车阻值应为 55～65Ω。在电磁阀两端加 12V 电压,电磁阀应有“咔嗒”声。对电磁阀施加 490kPa 的压缩空气,检查电磁阀是否漏气,不通电时应密封,通电时应导通。若以上各项均不正常,应更换电磁阀。

(4)调压电磁阀

测量电磁阀的电阻,捷达车阻值应为 4.5～6.5Ω。将可变电源连接到电磁阀端子,逐渐增加电压,检查阀门运动情况(供电电流不得超过 1A)。随电压增加,阀门应缓慢伸出;切断电源后,阀门应缩回。若不正常应更换电磁阀。

(5)各种控制开关

自动变速器控制开关较多,有超速挡开关、多功能开关、模式开关、强制降挡开关、制动开关等。通常用万用表检测开关端子的导通情况:开关导通时阻值极小(小于 1Ω),开关断开时阻值为无穷大。多功能开关触点较多,需分别检测。

3.2.2.2　换挡执行元件的检查

(1)片式离合器和制动器的检查

1)钢片:外表面应无裂纹、发蓝现象,且光滑平整,凸齿不拉毛、不翘曲。缓冲钢片的凸面朝向活塞,凸缘盘有台阶的一面朝向卡环。安装时,泄油槽对齐(制动器的油槽缺口朝下)。

2)摩擦片:表面应光滑平整,不剥落、不翘曲,内齿不拉毛,且厚度应不小于标准厚度的 1/2。安装前应浸入 ATF 中至少半小时(尤其是新摩擦片)。

3)活塞:表面应无损伤或拉毛。离合器活塞上的单向球阀应能在阀座内活动自如,晃动离合器活塞,应能听到响声。用压缩空气检查单向阀的密封性,从液压缸一侧吹入压缩空气,密封应良好。

4)离合器或制动器自由间隙:间隙过大换挡时间长,造成换挡冲击,严重时导致打滑;间隙过小不能彻底分离,容易烧片。

自由间隙一般利用厚薄规来检测:用力压住钢片,用厚薄规测量钢片与卡环之间的间隙。也可以利用百分表进行检测:将百分表表杆垂直抵触到钢片上,从活塞的进油孔吹入压缩空气,当表针不再摆动时,百分表的指示值即为离合器或制动器的自由间隙(活塞移动量)。自由间隙可通过更换不同厚度的钢片或凸缘盘进行调整。

(2)带式制动器的检查

制动带内表面无烧损、剥落,制动鼓应光滑平整。制动带摩擦层的厚度应不小于原标准的1/2。

制动带与鼓之间的间隙调整:通常将螺栓拧紧后,再回旋1.5～2.5圈。

(3)单向离合器的检查

内外圈接合面应光滑,无腐蚀和损坏现象。保持架和楔块应完整,无破损和脱落。单向离合器只能在一个方向自由转动,反方向应可靠锁止。安装时方向不能装反。

3.2.3 自动变速器常见故障的诊断与检测

自动变速器的常见故障主要为无挡或缺挡、打滑、换挡冲击过大、无倒挡、挂挡后发动机易熄火、锁止离合器不能锁止及自动变速器油易变质等。导致自动变速器故障的原因很多,情况也比较复杂,可能是调整不当或电控系统故障,也可能是油泵、变矩器、控制阀、换挡执行元件等有故障。在诊断过程中,应先对电控系统进行检测,然后对有关部位进行相应调整,最后再进行分解检修,切忌盲目拆卸。

3.2.3.1 自动变速器无挡

(1)故障现象

发动机运转正常,无论选挡杆位于任何前进挡或倒挡,汽车都不能行驶。

(2)故障原因

1)无油、油面过低或自动变速器油严重变质。

2)进油滤网堵塞、油泵损坏或主油路严重泄漏。

3)油压电磁阀、控制单元或线路有故障。

4)选挡杆和手控阀摇臂间的连接杆或拉线松脱,手控阀保持在空挡或驻车挡位。

5)前进第一挡和倒挡离合器、制动器严重打滑。

6)变矩器故障或其传动板折断。

7)停车闭锁机构故障。

8)汽车其他部位有故障。

(3)故障诊断与排除

1)首先排除汽车其他总成的故障,如制动能否正常解除,有无严重拖滞等。

2)若故障指示灯闪亮,应先读取故障代码,并按故障代码的提示排除故障。电控系统主要故障部位在主油路调压电磁阀,若电控系统故障排除后仍不能行驶,则继续下列检查。

3)检查油面高度和油质。若油面过低或无油,应检查自动变速器油底壳、散热器、油管等部位有无泄漏,视情修复并按规定补充自动变速器油。若油液呈乳胶状,则为散热器损坏,混入发动机冷却液,应维修或更换散热器。若自动变速器油变黑,且油液中含有黑色渣粒,可能是离合器或制动器烧损。

4)检查选挡杆与手控阀摇臂之间的连接杆或拉线,如有松脱,应予以装复,并重新调整选挡杆的位置。

5)进行失速试验,若失速转速过高,说明离合器或制动器烧损打滑;若失速转速过低,则液力变矩器失效导致动力不足,应更换变矩器。

6)检测主油路油压。若主油路没有油压,可能是油泵不工作。若主油路油压过低,可能是油泵进油滤网堵塞、油泵损坏、安全阀失效或主油路严重泄漏,应拆检自动变速器,进行相应检修。

7)若主油路油压正常,且变速器油变黑、有渣粒,应拆检自动变速器,检测离合器与制动器间隙、摩擦片的磨损情况及活塞、油路的密封性。

3.2.3.2 自动变速器打滑

(1)故障现象

1)汽车起步无力:发动机工作正常,选挡杆挂入任何前进挡位,起步困难,加速无力。当车速达到一定值后,汽车在各挡运行基本正常。

2)行驶中加速无力:汽车在行驶中能够正常换挡,但加速无力或在某个挡位时加速无力;加速时发动机转速明显升高而车速上升缓慢。

(2)故障原因

汽车起步加速无力的主要故障原因为液力变矩器导轮单向离合器打滑,不再具有增扭作用,使液力变矩器变成了耦合器。而行驶中加速无力的主要故障原因是主油路油压过低或换挡执行元件打滑。具体原因如下:

1)油面过低,油液变质。

2)液力变矩器导轮单向离合器打滑。

3)进油滤网堵塞,油泵损坏。

4)主油路油压过低。

5)离合器、制动器打滑或其油路泄漏。

6)调压电磁阀故障。

(3)故障诊断与排除

诊断时,应试车确诊是起步加速无力,还是行驶加速无力,并排除汽车其他系统的故障。

1)若故障指示灯亮,则提取故障码,并按故障码提示排除相应故障。多为调压电磁阀故障,视情排除。

2)检查油面高度,过低需检查有无漏油之处。若油变黑且有黑色颗粒,则可能是执行元件摩擦片烧损。

3)试车,若只是起步加速无力,可能是变矩器导轮单向离合器打滑,也可能是前进一挡执行元件打滑。

4)进行失速试验,若失速转速过低,则为液力变矩器导轮单向离合器打滑,应拆检变矩器,检查导轮单向离合器,如果两个方向均能旋转,即可确认单向离合器打滑失效,应更换变矩器。若失速转速过高,可能是前进挡离合器或制动器打滑。

5)如果汽车行驶加速无力,要确认是所有挡位加速无力还是仅在某一挡位加速无力。

若汽车在所有挡位均加速无力,可能是主油路油压过低所至,需检测主油路油压。油压过低应拆检油泵，清洗滤网，检查主油道的密封性，检修或更换阀体。

若汽车仅在某一挡位加速无力，应拆解变速器，检查该挡位离合器或制动器是否磨损过甚，其活塞及油道密封圈有无破损，并视情维修或换件。

3.2.3.3 换挡冲击过大

(1)故障现象

1)汽车起步时，由停车挡或空挡挂入倒挡或前进挡时振动较为严重。

2)行驶中，在自动变速器升挡的瞬间汽车有较明显的"闯"动。

(2)故障原因

1)发动机怠速过高。

2)自动变速器油型号不符合规定。

3)单向节流阀漏装、蓄压器活塞卡滞，不能起减振缓冲作用。

4)蓄压器调压阀、各相关调压阀有故障。

5)主油路油压电磁阀、蓄压器油压电磁阀等油压电磁阀或线路有故障。

6)节气门拉线调整不当。

7)油路泄漏，换挡执行元件打滑。

8)节气门位置传感器、车速传感器或线路有故障。

9)锁止阀或锁止电磁阀有故障(若锁止时换挡冲击过大)。

10)控制单元及线路有故障或汽车其他部位(如传动系)有故障。

(3)故障诊断与排除

1)首先排除汽车其他部位的故障，确诊换挡冲击过大是由自动变速器原因所致。在诊断过程中，必须根据故障车的具体故障征兆(如所有挡位升挡时换挡冲击过大、或仅在某一挡位升挡瞬间换挡冲击较大等)，检测不同故障的相关故障部位。

2)若故障指示灯闪亮，应读取故障代码，读取和分析数据流，并按提示检修。

3)检查发动机怠速，过高应进行调整。

4)若刚刚更换过自动变速器油，应询问或检查油的牌号是否符合规定。

5)检查、调整节气门拉线。

6)检测油压，并检查升挡瞬间油路压力的变化情况。如有异常，则应拆检阀体，检查蓄压器、相关调压阀等，尤其要注意检查单向节流阀是否错装或漏装，同时要检查密封圈的质量、油道的密封性等。

7)若油压正常，应进行时滞试验和路试，检测是否升挡过迟、有无迟滞现象、各换挡执行元件是否打滑等，若有，应拆检自动变速器，检查换挡执行元件的间隙、磨损及元件油路密封情况，做相应调整，必要时换件。

3.2.3.4 挂挡后发动机怠速易熄火

(1)故障现象

1)汽车起步时，踩下制动踏板，将选挡杆由"P"位或"N"位换入任何前进挡或倒挡时发动机易熄火。

2)在前进挡或倒挡行驶中，踩下制动踏板停车时发动机易熄火。

(2)故障原因

此故障的主要故障原因是液力变矩器锁止离合器一直处于结合或半结合状态。

1)锁止电磁阀或线路故障。

2)锁止阀或锁止信号阀卡在锁止位置。

3)锁止离合器不能分离或分离不彻底。

4)车速传感器、挡位开关、控制单元或线路有故障。

5)发动机怠速过低。

(3)故障诊断与排除

1)在空挡或停车挡时，检查、调整发动机怠速。

2)若故障指示灯闪亮，应先读码，并根据提示检修锁止电磁阀、车速传感器、控制单元及线路等。

3)若电控系统正常，应拆检阀体，检查锁止阀和锁止信号阀，不能修复则更换。

4)若上述情况均正常，则为变矩器锁止离合器故障。拆卸变速器，将行星齿轮变速器的输入轴插入变矩器，锁住输入轴，转动变矩器壳，若不能转动或转动阻力非常大，说明锁止离合器不能正常分离，应更换液力变矩器。

3.2.3.5　自动变速器油易变质

(1)故障现象

1)更换后的新自动变速器油使用不久即变质。

2)自动变速器温度太高，从加油口处向外冒烟。

(2)故障原因

1)自动变速器油牌号不符合规定。

2)换油不彻底，仅仅更换油底盘内的油，而未更换变矩器和散热器中的油。

3)发动机冷却液进入自动变速器冷却油路。

4)汽车使用不当，经常超负荷或不正常行驶。

5)自动变速器散热器或管路堵塞、散热器的限压阀卡滞等。

6)离合器或制动器间隙过大、过小，运动件配合间隙过小。

7)主油路油压过低，致使离合器或制动器在接合过程中打滑。

8)液力变矩器有故障。

(3)故障诊断与排除

1)了解汽车行驶情况。若汽车经常超负荷运行或不正常驾驶，如经常拖车或经常急加速、超速行驶等，应改变汽车行驶状况，按规定要求行车。

2)若行驶正常，应检查油面和油质。若油面过低，应按规定补充加油。若油液呈乳胶状，则可能是变速器散热器破裂以致发动机冷却液进入自动变速器冷却系统，对此，应检修或更换散热器。若混有黑色固体颗粒，则为换油不彻底或离合器、制动器烧片所致，对前者，应进行循环换油。对后者，应拆检自动变速器。

3)若油面高度和油质正常，应检测油温。让汽车以中速行驶5～10min，待自动变速器达到正常工作温度后，在发动机运转过程中检查自动变速器散热器的温度。在正常情况下，散热器的温度为60℃左右。

4)若油温正常，应检测主油路油压。若主油路油压过低，应检查调压电磁阀及线路、调整节气门拉线、检修油泵、阀体及相应油路。

5)若油温过高，应检查自动变速器冷却系统。拆下进油管，中速运转发动机或自动变速器，若散热器无油流出或流量较小，说明散热器或管路堵塞，也可能是散热器限压阀(旁通阀)卡滞在常开位置。

6)若冷却系统正常，则可能是运动件配合间隙过小，使油温升高，也可能是离合器或制动器间隙过小或过大，使压盘和摩擦片经常处于摩擦状态而导致油温过高。对此，应拆检自动变速器，调整各间隙，如有必要，更换相应零部件。

7)若以上检查均正常，则可能是变矩器损坏，应更换变矩器。

3.2.3.6 自动变速器异响

(1)故障现象

在汽车行驶过程中，自动变速器内始终有异常响声，停车挂空挡后异响消失。

(2)故障原因

1)油泵因磨损严重或自动变速器油面过低、过高而产生异响。

2)液力变矩器因锁止离合器、导轮单向离合器等损坏而产生异响。

3)行星齿轮机构异响。

4)换挡执行元件异响。

(3)故障诊断与排除

1)检查自动变速器油面高度。

2)用举升器将汽车升起，起动发动机，在空挡、前进挡、倒挡等状态下检查自动变速器产生异响的部位和时刻。

3)若在任何挡位下自动变速器中始终有一连续的异响，通常为油泵或变矩器异响，应拆检自动变速器，检查油泵和变矩器，不正常则更换。

4)若自动变速器只在行驶中才有异响，空挡时无异响，则为行星齿轮机构异响。对此，应分解自动变速器，检查行星排各个零件有无磨损，齿轮有无断裂，单向离合器有无磨损、卡滞，轴承或止推垫片有无损坏等。如有异常，应予以更换。

3.2.4 故障案例

案例1 自动变速器阀板变形导致汽车不能行驶

故障现象：一辆千里马轿车在上坡途中突然中断动力传递，车主及时制动后，再行起步，所有前进挡和倒挡均失效，汽车不能行驶。

故障检查与分析：先进行常规检查。抽出油尺检查自动变速器油，其液面高度和油质均正常，可排除自动变速器因缺油或油质变差而损坏的可能。将车升起，检查选挡杆拉线，拉线工作灵活，位置也正常。起动发动机，随意挂入某一挡位，前驱动轴均不转动，进一步检查两前轴及万向节,均正常,可以排除因驱动轴断裂或万向节不正常而导致动力无法传递的可能。

从常规检查结果分析,可基本排除摩擦片烧坏以及其他元件机械损伤的可能。从电子控制系统的工作原理分析,也不存在电子控制方面故障的可能,因为如果电子控制系统的元件如换挡电磁阀、传感器等出现故障,控制单元会利用失效保护功能,挂上挡后自动变速器总会在某一挡位下工作。为慎重起见,拔掉自动变速器上的所有连接器后试车,还是没有任何挡位,这也说明故障根本原因不在电子控制系统。

经过上述检查和分析,故障原因集中在液力变矩器和液压控制系统。拆下自动变速器、液力变矩器,用专用工具检查液力变矩器,变矩器工作正常。如果液压控制系统出现故障,导致无工作油压或工作油压不能正常传递,将造成自动变速器失效。于是拆检油泵,油泵转动灵活,磨损也不大,基本正常。随后拆检整个自动变速器,未发现有摩擦片烧坏及其他元件的机械损伤,各离合器、制动器自由间隙也正常,用压缩空气检查各离合器、制动器活塞,均密封良好不漏气。拆检并清洗阀板,也未发现明显的异常部位。于是更换所有油封,清洗变速器,装复试车,故障依旧。

从故障的检查及现象看,自动变速器根本没有参加工作。考虑到汽车是在上坡大负荷途中突然失去动力,故障应当与自动变速器的大负荷或超载有关。机械部分已经过了仔细拆检,不传递任何动力的可能性可以排除。电子控制系统和负荷没有关系,也可以排除。故障原因又聚焦在液压控制系统。上坡时发动机以及自动变速器负荷较大,系统工作油压也较大,极有可能冲击系统中的薄弱易损件,从而导致系统严重泄漏,以致无法建立油压。拆检时已更换了密封圈、阀板密封垫等,联想到以前修理其他车辆时遇到过一次阀板变形故障,怀疑此车故障也可能是阀板变形所致。于是再次拆下阀板,仔细检查,肉眼看不出阀板是否变形。

阀板属于精密部件,一般的检测方法和设备难以检查其变形。于是更换了一块同型号的阀板,装复后试车,自动变速器恢复了正常的工作性能,故障排除。

案例 2　零件安装错误导致自动变速器无挡

故障现象:有一辆 2002 款的广本奥德赛轿车,配置 F23Z4 发动机和 DGPA 自动变速器,大修后,无论挂入任何挡位,汽车都不能行驶。

故障诊断与排除:询问车主并查阅维修记录得知:自动变速器大修前,在平路上行驶时,无论选挡杆置于倒挡还是前进挡,自动变速器都能正常工作。但在一次用倒挡在约 30%的坡度上行驶时,倒行约 10m 后,汽车停止不动,即使加大油门,汽车仍然不动。为此,将车送进修理厂检修。在大修过程中,发现 4 挡离合器片有烧毁的现象,更换了主轴和 4 挡离合器片,但装复后,无论挂入任何挡位,汽车都不能行驶。

自动变速器在大修后无任何挡位,人为操作失误造成故障的可能性极大。用举升器举起汽车,操纵选挡杆,不论选挡杆置于任何挡位,前轮转动均非常吃力,且没有空挡。读取故障码,无码。故障指示灯也不亮,再综合车主的描述,排除了电子控制系统的故障,初步判断应当是大修装配或操作有误导致故障。

随后对自动变速器进行重新拆检。拆下变速器右侧盖和驻车制动系统后,发现中间轴正反两个方向都转不动，但主轴和副轴转动自如。进而将变速器中体壳拆掉，此时中间轴可以转动了。继续拆卸，在分解中间轴时，发现倒挡接合套齿毂方向装反，其一个端面是大平面，而另一个端面的中间带有内凹槽，深度约 2mm 左右。正确的装配位置是：大平面一端紧挨着 4 挡齿轮，带内凹槽的一端紧挨倒挡齿轮，倒挡齿轮的凸台与倒挡接合套齿毂的内凹槽配合。由于倒挡接合套齿毂的方向装反，致使倒挡齿轮和 2 挡齿轮向后移动了 2mm 左右，由液压控制的倒挡拨叉轴保持原来的位置不变，这样，倒挡接合套与倒挡接合套齿毂、倒挡齿轮和 4 挡齿轮的相对位置发生了一定量的位移，导致各个运转件在运行接合中不到位。

按正确的装配方法重新装配倒挡接合套齿毂，紧接着对主轴和副轴进行了分解与检查，其装配正确。检查各离合器的自由间隙，均符合技术要求。又对各离合器毂进行压缩空气试验，没有发现漏气现象。于是将整个变速器清洁干净后，重新组装并进行调试，连接故障诊断仪，没有故障码。连接油压表，检测各挡油压，均在要求的范围内。最后进行路试，在约 30% 的坡度上，倒挡行驶时发动机只需 1200～1500r/min，完全恢复正常，故障彻底排除。

案例 3　滑阀弹簧断裂导致换挡冲击过大

故障现象：一辆配置 09G 自动变速器的速腾轿车，挂 D 挡起步加速时，1→2 升挡的过程中车身耸动、换挡冲击大，且每次从 D 挡起步时均有此现象发生。3、4、5 挡之间换挡过程均正常。

故障诊断与排除：用 V. A. S5051 查询，无故障存储。进入 02 读取自动变速器测量数据块，各数据正常。检查 ATF 油位，正常，ATF 无明显的色泽变化及烧焦气味，油质正常。做自动变速器失速试验，怠速失速转速在 2000r/min 左右，说明自动变速器离合器与制动器工作正常。

依据 09G 自动变速器升挡工作原理，1→2 升挡切换时参加工作的执行元件有离合器 K1 和制动器 B1、换挡电磁阀 N92 与调压电磁阀 N283。检查电磁阀 N92 与 N283，其电阻值为 5.8Ω，线路无短路和开路现象。拆下自动变速器滑阀箱，检查 N283 电磁阀工作性能，无堵塞、卡滞现象。进一步拆检与 N283 电磁阀相连的机械阀，发现机械阀的弹簧断成两段，如图 3-14 所示。

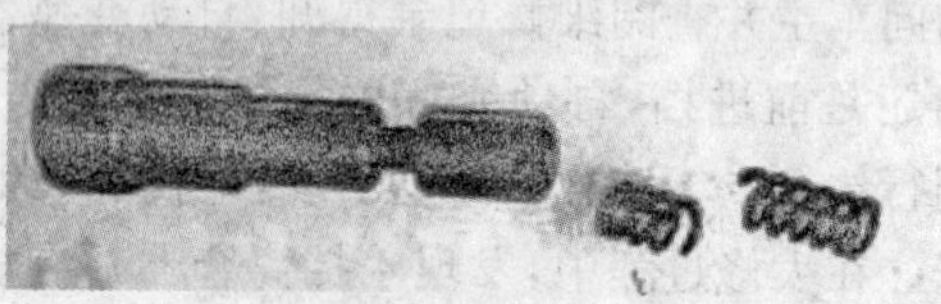

图 3-14　机械阀的弹簧断裂

调压电磁阀 N283 无占空比信号通过时，油道的压力最大，此时机械阀压缩弹簧。当电磁阀通占空比信号后，油道泄压，此时弹簧推动机械阀移动进行油道切换。但机械阀弹簧断成两段后总弹簧力减小，弹簧不能迅速推动机械阀移动进行油道切换，导致制动器 B1 的活塞不能迅速移动，结合迟缓，换挡迟滞，造成 1→2 升挡时车身耸动，换挡冲击大。

更换新的 09G 自动变速器滑阀箱，故障排除。

案例 4　阀板内的单向球阀丢失导致明显的换挡冲击

故障现象：一辆发动机型号为 3VE-FE、装备 A540E 自动变速器的雷克萨斯 LS300 轿车，1→2 升挡时感到有明显的震动和冲击，其他挡位换挡正常，无冲击感。

故障诊断与排除：由于换挡冲击明显，而故障指示灯不亮，因此机械和液压控制系统出现故障的概率很大。首先检查并调整了节气门拉线，故障依旧。于是抬下变速器进行解体检查。因为其他挡位换挡正常，只是在 1→2 升挡时出现严重的换挡冲击，故障部位应当在 1 挡和 2 挡换挡执行元件及其控制油路，应进行重点检查。超速排位于变速器后部，相对独立，且其他挡位换挡正常，可以排除超速排故障的可能性，因而不需分解超速排。

经检查，离合器片、制动片、制动带均完好，单向离合器也锁止良好，没有打滑现象。但在分解 2 挡制动器时，发现一个厚片法兰盘(钢片)装反了，制动器间隙过小。于是自认为是因间隙太小使之接合太快，造成换挡冲击。所以未分解阀板，将 2 挡制动器间隙调整好，组装变速器试车，故障现象仍然存在。

经过上述检修，自动变速器机械部分一切正常，换挡冲击的原因应当在液压油路。升起汽车，放掉变速器油，拆下油底壳之后，将阀板拆下并分解，重点检查 2 挡油路。在 1 挡和 2 挡换挡阀到 2 挡制动器活塞的油路中设置有一个用以改善换挡品质的单向节流阀，其作用是在换挡执行元件接合时延缓油压增大的速度，以减小换挡冲击。但检查时却没有发现这个小钢球，仔细查看阀板油路，其他的单向球阀都在，也没有错位多余的球阀，显然，球阀是在前面检修阀板时丢失了。

按规定尺寸和材质配上了一个直径 5mm 的钢珠，装复后试车，故障排除。

案例 5　导轮单向离合器打滑导致汽车起步困难，加速不良

故障现象：一辆行驶里程 12 万公里的 03 款捷达都市先锋轿车，起步困难，加速不良，而且燃油消耗较大。

故障诊断与排除：为了验证发动机的加速性能，把选挡杆置于“N”位，发动机运转至正常温度后，迅速踩下加速踏板，伴随着轰鸣声，发动机转速迅速上升，说明发动机加速性能良好。路试。将选挡杆分别置于“2”“3”“D”位，踩下加速踏板，发现车速表与发动机转速表上升速度不对应。在选挡杆置于“1 和 R”位时，需加大油门汽车才能正常起步。

为确定故障原因，对自动变速器进行失速试验。在发动机运转的情况下，分别将选挡杆置于“1”、“2”、“3”、“D”和“R”位，使变速器油温升至 50℃～80℃正常范围。猛踩加速踏板至节气门全开，迅速读出发动机失速时的转速，在“3”和“D”位，失速转速分别为 800～900r/min，1200～1300r/min，其标准数值一般为 2000r/min 左右，试验表明失速转速明显偏低。

由于发动机动力性较好，造成失速转速降低的主要原因是液力变矩器工作性能下降，主要是变矩器中导轮的单向离合器打滑。拆卸自动变速器，取下液力变矩器，用专用工具检查导轮单向离合器的工作性能。单向离合器在一个方向转动自如，在另一个方向虽然

转动阻力较大但也能转动，说明导轮单向离合器已经失效。因此确认，故障原因为液力变矩器中单向离合器打滑。

更换液力变矩器，安装变速器后试车，故障排除。

案例 6　离合器活塞密封圈损坏导致汽车最高车速大大降低

故障现象：一辆雷克萨斯 400 轿车，故障最初的表现是最高车速下降，节气门较大时也只能达到 120km/h。因为很少高速行车，也没有特别关注，可行驶一段时间后，即使加速踏板踩到底，最高车速仅能达到 90km/h 左右。

故障诊断与排除：上路试车。将选挡杆上的超速挡开关按下(ON)，在良好路面行车，发现变速器升挡车速较高，且升不了超速挡。发动机转速达 4000r/min 以上，车速还达不到 90km/h。在试车过程中能够感觉到明显的动力不足、变速器打滑现象，且故障出现时，仪表盘上的故障指示灯一直没亮。按动超速挡开关，仪表盘上的“OD OFF”指示灯亮火正常，而出现故障时“OD OFF”指示灯不亮，说明变速器自诊断系统未检测到电子控制系统的故障。从故障现象分析，故障部位可能在变速器的机械和液压控制系统。

在对自动变速器分解之前，检查了变速器液面高度和油质，油温 70℃左右时其油液痕迹处于油尺上热态(HOT)标记的范围以下，即油面偏低。同时发现，不但油液的颜色已呈极深的暗褐色，而且伴随着烧焦的气味，表明自动变速器油已严重变质。做失速试验，失速转速很高，说明变速器内部的离合器有严重打滑现象。

放掉变速器油，拆下油底壳，发现在油液中和油底壳底部含有类似离合器或制动器摩擦片的固体碎渣。于是将自动变速器拆卸、分解，检查超速排时发现，超速排制动器及离合器的摩擦片和个别钢片已有不同程度的烧蚀和损坏。再继续拆检，其他元件基本正常。拆检完毕后，清洗自动变速器，更换超速排制动器和离合器的摩擦片和钢片，将自动变速器装复到车上，并按原厂要求加注自动变速器油，起动发动机进行路试。在开始行驶的 100km 内，选挡杆在“D”位时，可以自动从 3 挡升入超速挡，并且随着节气门开度的增大，车速能达到 140km/h 左右。但继续试车时，随着节气门开度增大，车速却逐渐降低。汽车行驶到 200km 左右时，自动变速器不仅不能从 3 挡升入超速挡，而且还从 3 挡降至 2 挡。此后，即使将加速踏板踩到底，最高车速也只能达到 90km/h 左右，又出现了打滑现象。

显然，离合器烧片不是故障产生的本质原因。回厂后进行油压试验，检测主油路油压，发现选挡杆在“D”位时，怠速时的油压约为 200kPa，失速工况下的油压还不足 350kPa，远远低于标准值(怠速时为 382～441kPa，失速时为 1205～1362kPa)。显然油路压力降低造成离合器烧损，进而导致自动变速器打滑。于是重新分解变速器，重点检查超速排离合器油道的密封性。在利用压缩空气检查超速排离合器活塞时，发现其周围漏气，表明活塞上的“O”形密封环损坏造成油液渗漏，使活塞作用在离合器摩擦片上的压紧力降低，导致离合器打滑。

用压缩空气吹出离合器活塞，更换损坏的活塞密封环，并将轻度烧蚀的摩擦片修复，组装变速器。再次进行试车，故障排除。

案例 7　阀板换挡阀卡滞自动变速器不能升挡

故障现象:一辆本田雅阁轿车,当选挡杆置于"D4"、"D3"位时,无 2、3、4 挡。当选挡杆置于"2"位时,一切正常,最高车速可达 80km/h。选挡杆置于"R"位时,无倒挡。

故障诊断与排除:据车主反映,此车因超载致使自动变速器出现焦糊味(冒烟),在前进挡和倒挡均能行驶,但明显加速无力。为此进厂维修,分解变速器发现,前进 1 挡离合器有烧片痕迹,其他部件基本正常。更换摩擦片后,装配试车,前进挡和倒挡一切正常。交车后车主自行驾驶约 200km,变速器一切正常。但当车辆停下熄火之后,再次起动,挂"R"挡时车辆无反应,然后挂"D4"位,车辆虽能前进,但不升挡,车速最高只能达到 30km/h。"D3"位亦如此,"2"位时车速可达 80 km/h。虽然重新拆卸检修了自动变速器,各零部件也完好无损,但没有找到故障部位所在。

由于故障部位不明显,根据车主的叙述也难以进行分析和判断,再者,故障是在大修后出现的,估计是人为因素造成的故障,因此对自动变速器进行全面检查。结果发现 4 挡/倒挡离合器活塞密封圈断裂,更换新的密封圈后,又重点检查 3、4 挡/倒挡离合器活塞的密封性。做压缩空气密封试验时,发现 3、4 挡/倒挡离合器活塞的快速泄油孔泄漏过快(正常时有轻微泄漏),经拆检修复、清洗后,情况有所好转。重新装配试车,故障依然存在。

随后又进行油压试验,连接油压表至各离合器油压测试孔,结果为:在"D4"、"D3"位时,2、3、4 挡/倒挡离合器的测压孔一点油都没有。在"2"位时,2 挡离合器油压正常。在"R"位时,倒挡离合器也无油压。因此判断故障应当在控制阀板上。再次分解变速器,检查阀板总成,所有钢球、滤网、换挡电磁阀均正常。

常规检查没有发现问题,只能从油路上分析,重点应在 1 挡和 2 挡换挡阀。用小螺丝刀拨动 1 挡和 2 挡换挡阀,移动灵活,其他各阀也无异常。无奈,只好将阀板彻底分解,在拆 1 挡和 2 挡换挡阀时,堵块拿掉后,阀芯卡滞取不出来,强行取出后,发现有偏磨和拉伤的痕迹,用精细砂纸打磨后,将阀芯装入阀套,晃动阀体总成,1 挡和 2 换挡阀移动自如。确认无问题后,装复阀板和自动变速器。试车,故障排除。

案例 8　转速传感器损坏导致自动变速器不能自动换挡

故障现象:一辆新捷达王 GTX,行驶里程 13 万公里,自动变速器不能自动换挡。

故障诊断与排除:新捷达王 GTX 装备的是 01M 四速自动变速器。接车后试车,发现该车无论将选挡杆挂入哪一位置,自动变速器都始终在一个挡位上运行。首先我们用诊断仪 VAS5051 读取故障码,显示 G38 信号电压低,并且在 ABS 系统中读到一个右后轮车速传感器的故障码。消码后试车,又重复出现上述故障码。

G38 为自动变速器输入转速传感器,安装在自动变速器的正上方。用万用表测量其阻值为无穷大,而正常值应为 800～900Ω,说明转速传感器损坏。更换后试车,故障依旧。考虑到该车可能是在故障模式下运行,自动变速器电控单元是根据变速器转速信号和节气门位置信号自动变换挡位的,如果控制单元接收不到转速信号或者节气门位置信号,自动变速器就无法自动升挡。于是重新清除故障码,自动变速器工作正常,而且 ABS 系统中的右后轮车速传感器故障码也不再出现。

案例9 节气门电位计损坏导致汽车车速始终过低且不升挡

故障现象:一辆捷达都市先锋自动变速器轿车,车速始终过低,无升挡迹象,甚至发动机转速达到3000～4000r/min时车速只有35km/h。

故障诊断与排除:使用故障诊断仪V.A.G1552检测自动变速器,查询故障码为00518,故障内容是节气门电位计G69信号超出允许值。将汽车用举升机举起,变速器挂上"D"挡,踩下加速踏板,观察V.A.G1552数据块003组第3区,看到挡位由1H(1挡机械)到2H(2挡机械)反复变化。此时阅读自动变速器数据块中001组第2区节气门电位计电压值,不管将节气门打开到多大,总是显示3V。再使用V.A.G1552进入发动机电控系统,查询故障码为00518,阅读数据块001组第3区,无论怎样变换气门角度其显示值总是57°。显然,节气门电位计G69损坏。

自动变速器电控单元是根据车速信号和节气门电位计信号自动变换挡位,如果控制单元收不到节气门电位计信号或者节气门电位计信号始终是一个固定的数据,控制系统就要按应急程序运行。通过查询自动变速器和发动机的故障码和阅读数据块都说明节气门电位计G69损坏。

更换节气门总成,并按要求对发动机和自动变速器电控系统进行节气门基本调整。然后路试,进行换挡试验,升降挡正常。当发动机转速在3000r/min时,对应的车速约为105km/h,变速器正处于"D"挡中的4挡运行。路试表明自动变速器工作正常,故障排除。

案例10 离合器毂裂纹漏气导致自动变速器热车不能升挡

故障现象:2006款雅阁2.4轿车,"D4"灯偶尔亮,冷车行驶闯动大但升挡正常,热车时不升挡,没有2挡。

故障诊断与排除:用本田HDS诊断仪读取故障码,显示故障码为P0974:换挡电磁阀A故障。用检测仪测试换挡电磁阀A,能听到换挡电磁阀A的动作声,说明换挡电磁阀A及其线路正常。拆检变速器,检查主阀体上的换挡阀A,无卡滞现象,其他阀也无异常。按常规方法检修变速器,装好试车,故障依然存在。

做变速器的行车记录器,发现热车时变速器从1挡直接升到4挡,降挡时只要车不完全停止也一直保持在4挡,直到车完全停住后才是1挡。进行失速测试,发现2挡失速转速过高,其他挡位失速转速正常。检测2挡油压,冷车时为780kPa,热车为330kPa,均低于标准值。可见2挡油路有泄漏。

解体变速器,检查2挡离合器及2挡油路,都未发现问题。把2挡离合器毂和中间轴装配好放到变速器底壳上,向进油口吹入压缩空气,发现2挡离合器毂与底壳处漏气。把轴拿出来用压缩空气吹进油口,发现2挡离合器毂处漏气。仔细检查2挡离合器毂,发现其底部焊接处有裂纹。更换2挡离合器毂。试车,故障排除。

3.3　转向系和行驶系的故障诊断与检测

转向系和行驶系出现故障，不仅影响汽车行驶方向和行驶稳定性，还直接关系到汽车的行驶安全，所以必须及时诊断和排除。转向系和行驶系常见故障部位和故障原因见表 3-3。

表 3-3　　转向系和行驶系常见故障部位和故障原因

故障部位		主要故障原因	故障现象及危害
转向系	转向盘	自由行程过大、过小	转向沉重、转向不灵敏、摆振
	转向器	啮合间隙过大，轴承损坏、调整不当	转向沉重、转向不灵敏、摆振
	传动机构	球铰磨损松旷、拉杆与支架配合松旷	转向沉重、转向不灵敏、摆振、轮胎异常磨损
	转向油泵	皮带过松、油压低	助力不足，转向沉重
	转向控制阀	损坏、失效	助力不足，转向沉重
	动力缸	漏油	助力不足，转向沉重
行驶系	车轮	前轮定位失准，轮胎气压不正常，车轮动平衡超标，轮毂轴承过紧或过松	转向沉重、行驶跑偏、轮胎异常磨损、车轮摆振，汽车行驶不平顺
	悬架	悬架弹簧过软或损坏，减振器损坏	行驶跑偏、轮胎异常磨损、车轮摆振，车身横向倾斜，汽车行驶不平顺
	车架	变形	行驶跑偏、轮胎异常磨损、车轮摆振

3.3.1　转向系和行驶系的故障诊断

转向系和行驶系的常见故障为转向沉重、转向不灵敏、行驶跑偏、前轮摆振、车身横向倾斜、轮胎异常磨损等。

3.3.1.1　转向沉重

(1)故障现象

汽车行驶过程中，驾驶员左右转动转向盘时感到沉重费力，或存在忽轻忽重现象，严重时甚至打不动转向盘。

(2)故障原因

转向沉重既与转向系有关，又与行驶系有关。动力转向系转向沉重的主要原因是转向助力装置失效。其主要故障原因如下：

1)轮胎气压不足。

2)转向油泵驱动皮带松弛或损坏。

3)储油罐油面过低。

4)液压助力系统内有空气或泄漏。

5)转向油泵工作不良,泵油压力过低。

6)液压管路扭曲、折皱或破裂漏油。

7)压力流量限制阀弹簧弹力下降或密封不严。

8)转向控制阀、助力缸工作不良。

9)转向器润滑不良或轴承、啮合间隙调整不当。

10)转向柱弯曲变形,转向器或转向柱的轴承损坏。

11)齿条弯曲变形或与衬套配合过紧。

12)横、直拉杆球头销润滑不良或调整不当。

13)转向主销、转向节润滑不良。

14)前轮定位失准。

(3)故障诊断与排除

1)首先检查轮胎气压,并按规定要求充气。

2)带有动力转向系的车辆,应先对转向助力系统进行常规检查。如果车辆转向时忽轻忽重或急转弯时方向沉重,多为油泵驱动皮带打滑,安全阀、流量控制阀泄漏严重,液压系统中混入空气,油管堵塞、油泵磨损供油不足等。

①检查转向油泵驱动皮带,损坏或断裂应更换若皮带过松,应调整驱动皮带张紧度。

检查时用98～100N的力压下皮带,其挠度以7mm左右为宜,一般新皮带为7.5～9.5mm,旧皮带为9～13mm。

②检查储油罐液面高度,过低应及时添加补充。

③如果液压油出现发黑变质、有气泡或浮化现象时,应更换新油。油液有泡沫或浮化现象表示系统内有空气存在,转向时往往出现噪声,应排除液压系统中的空气。

④检查液压管路有无扭曲、折皱或破裂,各连接部位有无漏油现象,并视情况予以修复。

⑤检查液压泵的泵油压力,若不符合要求,应更换液压泵及流量控制阀。

⑥检查转向控制阀和助力缸,若工作不良或损坏,应更换转向器总成。

3)若助力系统良好,则检查转向系机械传动部分。

①悬空转向轮,转动转向盘,若仍感转向沉重,则故障在转向系,若沉重感消失,则故障在转向轮。给转向主销、转向节加注润滑脂,若仍有沉重感,则故障为前轮定位失准,应对前轮定位参数进行检查和调整。

②拆下横(直)拉杆(或转向摇臂),使其与转向器(齿条)脱开,再转动转向盘检查。若转向盘转动灵活,表明拉杆球头销运动卡滞、润滑不良或传动轴外万向节卡滞、润滑不良等。若转向仍然沉重,则故障在转向器和转向操纵机构。

③拆下凸缘管与转向器主动齿轮间的夹紧箍,再转动转向盘检查,若转向仍然沉重,应对转向柱的弯曲程度进行检修,并检查其支承轴承是否损坏卡滞等。若转向盘转动灵活,则故障在转向器,应检查转向器润滑油是否充足,轴承是否过紧,啮合间隙是否过小,有无卡滞等,视情予以加油、调整或换件。

3.3.1.2 转向不灵敏

(1)故障现象

汽车行驶转向时,需较大幅度地转动方向盘才能控制汽车的行驶方向,感到转向盘松旷量很大,有明显的间隙感,且在直线行驶时汽车方向不稳定。

(2)故障原因

转向不灵敏主要是由于磨损或装配、调整不当造成各部配合间隙过大、连接松旷所致。

1)转向器主动齿轮与齿条(主、从副)啮合间隙过大、轴承松旷。

2)横拉杆及各连接杆件松旷。

3)轮毂轴承调整不当或磨损松旷。

4)转向主销磨损松旷。

(3)故障诊断与排除

一人转动转向盘,另一人打开车前盖观察转向机构的运动情况:

1)转动转向盘,转向器齿条不能立即随之运动,表明齿条与主动齿轮啮合间隙过大,可通过补偿机构进行调整,消除转向器的啮合间隙。

2)若齿条随转向盘运动而横拉杆不动,应更换横拉杆内端连接孔内的缓冲衬套,并检查齿条及连接板与转向支架的连接情况,松动应重新紧固。

3)横拉杆随转向盘运动而转向臂不动,应对横拉杆外端球头销进行检修与调整。

4)若转向臂能随之灵活摆动,可支起前桥晃动前轮检查,轮毂轴承松旷时,应进行调整或更换。

5)对其他类型的转向系统,还应检查和调整转向器的轴承预紧度、啮合间隙,调整、紧固各连接杆件球头销等。

3.3.1.3 车轮摆振

(1)故障现象

汽车在中、高速或某一较高车速运行时,转向轮绕主销摆振,汽车行驶不稳,严重时转向盘抖动,有振手的感觉。

(2)故障原因

1)转向减振器失效,前悬架减振弹簧或减振器损坏。

2)车轮不平衡或轮辋变形。

3)前轮定位失准。

4)转向器啮合间隙过大。

5)转向传动机构磨损松旷或连接松动。

6)轮毂轴承松旷。

7)传动轴不平衡。

(3)故障诊断与排除

1)转动转向盘检查其自由行程,若自由行程过大,应查明原因予以排除。

2)检查转向减振器,若有漏油痕迹应更换。拆下减振器用手推拉,若阻力过小或出现空行程应进行更换。

3)检查前悬架减振器有无漏油现象,推压车身检查前悬架的减振性能是否良好,前悬架连接有无松动现象。减振器漏油或减振弹簧弹力减弱应更换新件,连接松动则重新紧固。

4)检查和调整转向轮定位参数。

5)进行车轮动平衡检测和校正。

6)检测、校正传动轴。

3.3.1.4 车辆行驶跑偏

(1)故障现象

汽车行驶时稍松转向盘就会自动偏向一侧,必须用力握住转向盘才能保证车辆的直线行驶。

(2)故障原因

车辆行驶跑偏主要是两侧车轮受力不等所致。

1)两前轮轮胎气压不等、磨损程度不同、轮毂轴承预紧度不等。

2)存在单边制动拖滞现象。

3)前轮定位不一致。

4)前悬架两侧减振弹簧弹力不等或减振器工作性能存在较大差异。

5)车辆两侧轴距不相等。

(3)故障诊断与排除

1)汽车行驶跑偏,停车后触摸跑偏一侧的制动鼓和轮毂轴承,若过热,说明制动拖滞或轴承过紧,应予调整或检修。

2)检查两前轮的轮胎气压,不符合要求时按规定气压充气。

3)悬空前桥用手转动前轮,若车轮转动不灵活,表明制动盘与制动蹄衬片不能完全分离,产生制动拖滞,应查明原因予以排除(故障排除见后续“制动拖滞”)。

4)观察汽车有无横向倾斜现象。若两侧高度不同,则较低一侧悬架弹簧损坏或弹力下降,应予更换。

5)检查减振器的工作性能。用力压下车辆前端一侧,迅速松开,若车身上下振动 2～3 次后马上静止,表明减振器工作正常,否则应更换减振器。

6)测量汽车两侧轴距,轴距不相同时,应查明原因予以修复。

7)进行前轮定位的检测与调整。

8)动力转向系车辆直线行驶时发飘、跑偏,转向时在方向盘上左右用力不同,可能是分配阀定心弹簧失效,使滑阀偏离中位,流量控制阀或分配阀工作不良及滑阀间隙调整不当或油泥阻滞。应首先检查油液是否脏污,然后检查流量控制阀或分配阀弹簧是否失效,滑阀开启是否灵活,必要时拆检修复或更换。

3.3.1.5　轮胎磨损异常

(1)故障现象

轮胎磨损速度加快,并出现轮胎花纹磨损不均匀,局部磨损严重等现象,如图 3-15 所示。

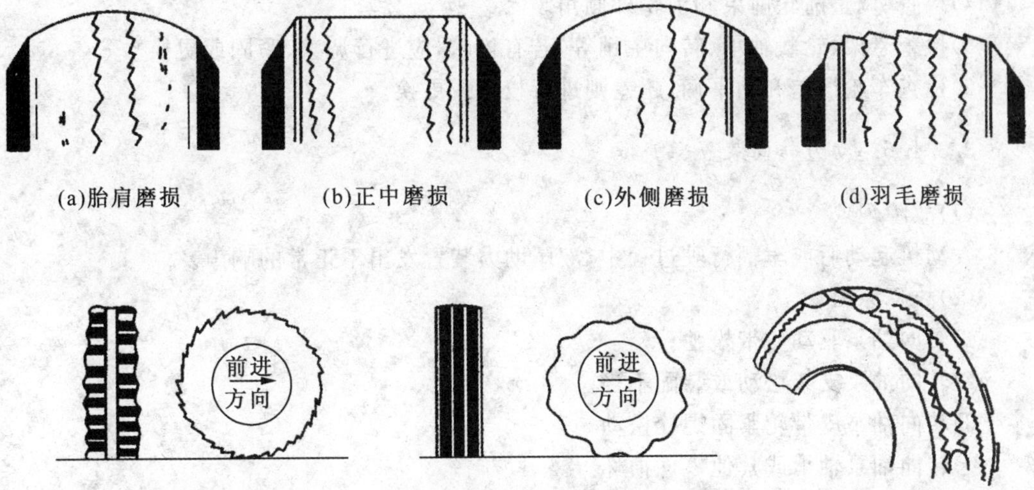

(a)胎肩磨损　(b)正中磨损　(c)外侧磨损　(d)羽毛磨损

(e)锯齿状磨损　(f)波浪状磨损　(g)胎冠碟片状磨损

图 3-15　轮胎异常磨损示意图

(2)故障原因

1)造成轮胎异常磨损的主要原因为:

①前轮定位不正确,前束和外倾角调整不当。

②轮胎气压过高、过低,车轮摆差过大。

③车轮不平衡。

④制动拖滞。

⑤悬架零件磨损或连接松旷。

⑥轮毂轴承松旷、转向主销磨损松旷等。

2)轮胎两胎肩磨损、胎壁擦伤的故障原因为轮胎气压过低或长期超载。

3)胎冠中部磨损的故障原因为轮胎气压过高。

4)胎冠外、内侧偏磨的故障原因为车轮外倾角过大、过小。只有转向轮才出现此现象。

5)胎冠成波浪状磨损和碟边状磨损的故障原因为车轮不平衡、轮毂轴承松旷、轮辋拱曲变形等。

6)胎冠两侧成锯齿状磨损的故障原因为轮胎换位不及时、经常紧急制动或长期超载。

7)胎冠由里向外或由外向里侧成锯齿状磨损的故障原因为前束不当。前束过大,则胎冠由外侧向内侧呈锯齿状磨损;前束过小,则胎冠由内侧向外侧呈锯齿状磨损。

(3)故障诊断与排除

根据轮胎的磨损状况检查具体故障部位,并进行相应调整、维修或更换。

1)检查轮胎气压,按规定充气。

2)及时进行轮胎换位,紧固车轮螺栓。

3)检查并排除制动拖滞故障。

4)检查、调整前轮前束和前轮外倾角。

5)检查悬架、轮毂轴承、转向主销等,若有松旷,应进行调整、紧固或更换。

6)检查车轮摆差和动平衡,超差则进行校正或更换。

3.3.1.6 动力转向装置噪声

(1)故障现象

发动机起动后或车辆行驶过程中,液压助力装置发出不正常的响声。

(2)故障原因

1)转向油泵驱动皮带松弛。

2)转向油泵支架松动或装配不当。

3)转向油泵皮带轮紧固螺栓松动。

4)转向油泵轴承或其他零件损坏。

5)储油罐油面过低。

6)动力转向系统中存在空气。

(3)故障诊断与排除

1)检查液压泵支架及皮带轮,松动应予以紧固。

2)检查并调整转向油泵驱动皮带的张紧度。

3)排除液压系统中渗入的空气。

4)检修或更换转向油泵总成。

3.3.2 车轮平衡的检测

车轮的平衡度对汽车的转向和行驶性能影响很大,如果车轮不平衡,则在其高速旋转时,不平衡质量将引起车轮上下跳动和横向振摆,不仅影响汽车的行驶平顺性、乘坐舒适性和操纵稳定性,而且车辆难以控制,影响汽车的行驶安全。

3.3.2.1 车轮静不平衡和动不平衡

车轮不平衡表现为静不平衡和动不平衡。

(1)车轮静不平衡

支起车轴,调整好轮毂轴承预紧度,用手轻轻转动车轮,使其自然停转。停转后在车轮离地最近处作一明显标记,然后多次重复上述试验,如果每次试验标记都停在离地最近处,则车轮静不平衡。车轮上所作的标记点称为不平衡点或垂点。反之,若车轮经几次转动自然停转后所作标记的位置各不一样,或强迫停转消除外力后车轮不再转动,则车轮是静平衡的。静平衡的车轮,其重心与旋转中心重合;而静不平衡的车轮,其重心与旋转中心不重合，在旋转时产生离心力。

车轮静不平衡将引起轮胎异常磨损，旋转时造成跳动，使前轮出现摆振现象，当左、右前轮的不平衡质量相互处于 180°位置时，前轮摆振最为严重。

(2)车轮动不平衡

静平衡的车轮由于质量分布相对车轮纵向中心面不对称，也可能造成动不平衡，如图 3-16 所示。静平衡而动不平衡点的离心力合力为零，而离心力的合力矩不为零，旋转时产生方向反复变动的力偶，使车轮处于动不平衡中。

动不平衡的前轮将绕主销摆振。而动平衡的车轮肯定是静平衡的，因此对车轮应主要进行动平衡检测。

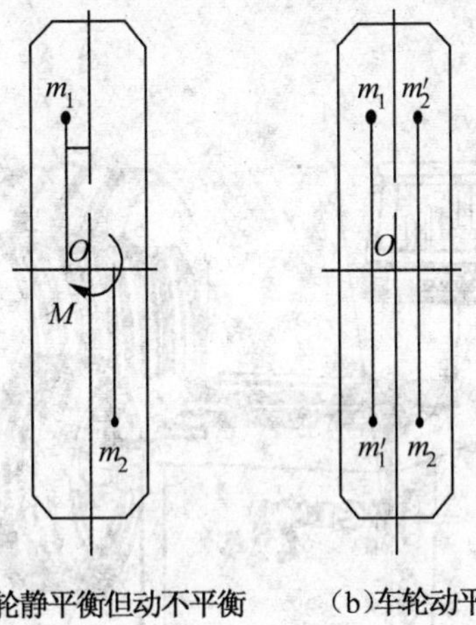

图 3-16　车轮平衡示意图

3.3.2.2　车轮不平衡的故障原因分析

(1)轮毂、制动鼓(盘)加工时定心定位不准、加工误差大、非加工面铸造误差大、热处理变形、使用中变形或磨损不均。

(2)轮胎螺栓质量不等。

(3)轮辋质量分布不均或径向圆跳动、端面圆跳动太大。

(4)轮胎质量分布不均、尺寸或形状误差过大、使用中变形或磨损不均。

(5)使用翻新胎或垫、补胎。

(6)并装双胎的充气嘴未相隔 180°安装，单胎的充气嘴未与不平衡点标记相隔 180°安装(经过平衡试验的新轮胎，往往在胎侧标有红、黄、白或浅蓝色的□、△、○或◇符号，用来表示不平衡点位置)。

(7)轮毂、制动鼓(盘)、轮胎螺栓、轮辋、内胎、衬带、轮胎等组装成车轮后，累计的不平衡质量或形位误差过大，破坏了原来的平衡。

3.3.2.3　车轮平衡的检测方法

通常采用车轮动平衡仪来检测车轮的平衡度。车轮动平衡仪分为离车式和就车式两种，其检测原理及安装、调整方式均不相同。使用离车式车轮平衡机时，需将车轮从车上拆下，安装到车轮平衡机的转轴上检测其平衡状况。下面介绍离车式车轮平衡机及其使用方法。

(1)离车式车轮平衡机的结构

如图 3-17 所示，离车式车轮动平衡机由驱动装置、转轴与支承装置、显示与控制装置、制动装置、机箱和车轮防护罩等组成。驱动装置一般由电动机、传动机构等组成，可驱动转轴旋转。转轴由两个滚动轴承支承，每个轴承均有一能将动反力变为电信号的传感器。转轴的外端通过锥体和大螺距螺母等固装被测车轮。驱动装置、转轴与支承装置等均装在机箱内。车轮防护罩可防止车轮旋转时其上的平衡块或花纹内的夹杂物飞出伤人。制动装置可使车轮停转。

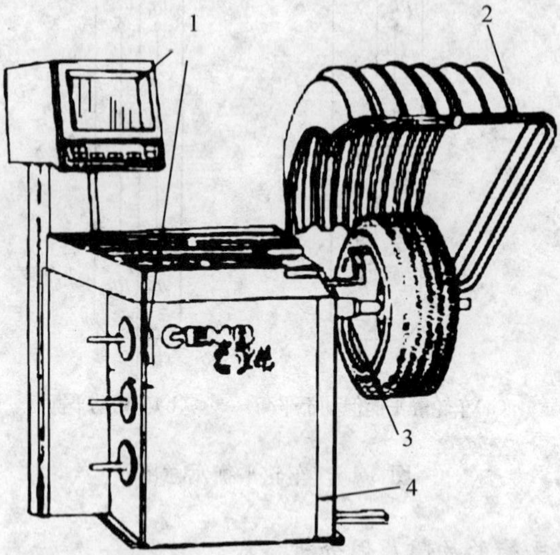

图 3-17　离车式车轮动平衡机

1—显示与控制装置　2—车轮防护罩　3—转轴　4—机箱

车轮动平衡机的显示与控制装置多为微机控制式，能将传感器的电信号通过微机运算、分析、判断后显示出不平衡量及相位。为了使显示的不平衡量恰是轮辋边缘所加平衡块的质量，还必须将测得的轮辋直径 d、轮辋宽度 b 和轮辋边缘至平衡机机箱的距离 a（轮辋外悬尺寸）通过键盘或选择器旋扭输入微机。

(2)离车式车轮平衡机的使用方法

1)清除被测车轮上的泥土、石子和旧平衡块，检查轮胎气压，视必要充至规定值。

2)根据轮辋中心孔的大小选择锥体，用大螺距螺母上紧，如图 3-18 所示。

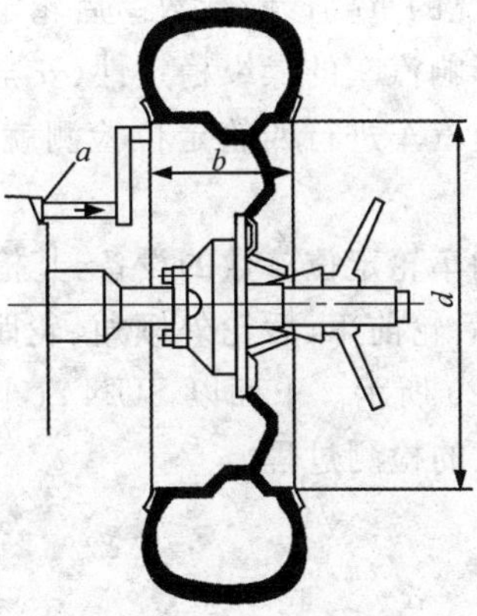

图 3-18　车轮在平衡机上的安装

3)用专用卡尺测量轮辋宽度 b、轮辋直径 d(也可由胎侧读出),用平衡机上的标尺测量轮辋边缘至机箱的距离 a,用键入或选择器旋钮将 a、b、d 直接输入指示与控制装置中。

4)放下车轮防护罩,按下起动键,车轮旋转,平衡测试开始,微机自动采集数据。

5)车轮自动停转后,从指示装置读取车轮内、外不平衡量和不平衡位置。

6)抬起车轮防护罩,用手慢慢转动车轮。当指示装置发出指示(音响、指示灯亮、制动、显示点阵或显示检测数据等)时停止转动。在轮辋的内侧或外侧的上部(时钟 12 点位置)加装指示装置显示的该侧平衡块质量。内、外侧要分别进行,平衡块装卡要牢固。

7)安装平衡块后有可能产生新的不平衡,应重新进行平衡试验,直至不平衡量小于 5g,指示装置显示"00"或"OK"时为止。当不平衡量相差 10g 左右时,沿轮辋边缘左右移动平衡块一定角度,即可获得满意的平衡效果。

8)平衡铝合金轮辋时,应注意选择加装平衡块的位置。图 3-19 所示为几种常用铝合金轮辋平衡块添加位置,图中自左向右分别表示以下功能:标准——平衡一般的轮辋时,用弹簧平衡块,将配重加在轮辋边缘;功能 1——将黏附平衡块加到轮辋肩部;功能 2——用暗藏外部黏附平衡块来平衡;功能 3——组合平衡,弹簧平衡块加在外侧,黏附平衡块加在内侧;功能 4——组合平衡,黏附平衡块加在外侧,弹簧平衡块加在内侧。

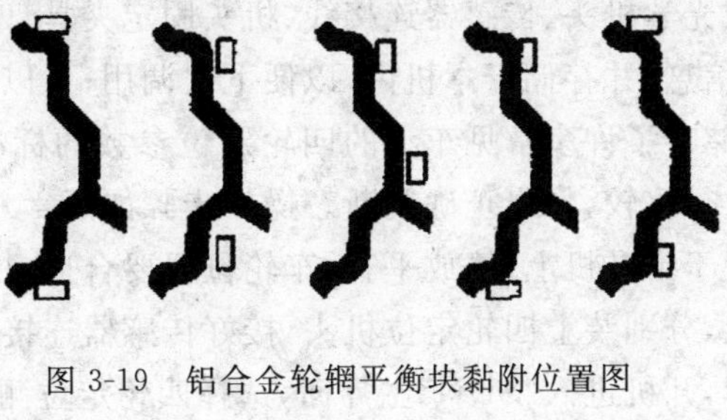

图 3-19　铝合金轮辋平衡块黏附位置图

3.3.3　四轮定位的检测

为了满足高速汽车对操纵稳定性、舒适性及良好的转向特性的要求,现代轿车不仅具有前轮定位,而且还具有后轮定位,即四轮定位。前轮定位包括前轮外倾、前轮前束、主销后倾和主销内倾，是前轴技术状况的重要诊断参数。后轮定位主要有后轮外倾、后轮前束等。车轮定位正确与否将直接影响汽车的操纵稳定性、安全性、燃油经济性以及轮胎等有关机件的使用寿命，因此，对高速汽车进行四轮定位检测就显得尤为重要，四轮定位仪的使用也越来越广泛。

四轮定位仪是专门用来检测车轮定位参数的设备，其检测项目包括前轮前束、前轮外倾角、主销后倾角、主销内倾角、后轮前束、后轮外倾角、轮距、轴距、转向 20°时的前张角、推力角和左右轴距差等，如图 3-20 所示。下面以 SUN 汽车四轮定位仪为例，说明四轮定位仪的使用方法及四轮定位参数的检测过程。

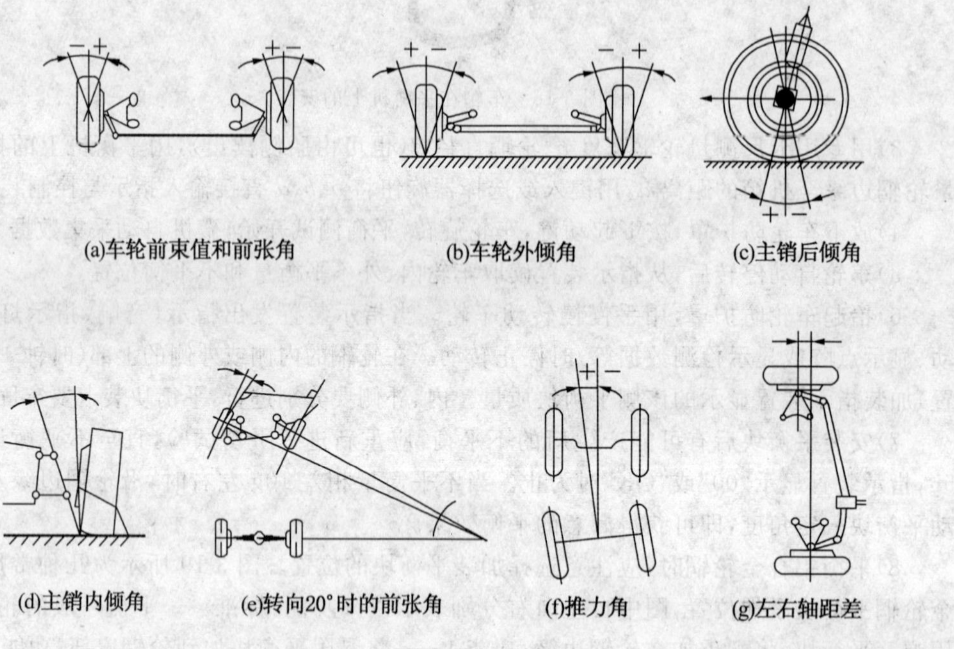

图 3-20　四轮定位的检测项目

SUN 汽车四轮定位仪属于微机控制静态检测车轮定位仪，主要由主机(计算机主机、显示器、打印机)、测试光学机头、传感器连接线、机头固定夹具、四柱举升机等组成。此仪器可以记录有关测试信息，并存储于本机内，以便下次调用；可以提供有关帮助信息，便于调整和操作。该仪器储存了许多常见车型的四轮定位参数的标准数据，使用者可随时调用，以便与实测数据进行比较，作出正确判断。操作步骤如下：

(1)将待测车辆置于举升机上，停放平直，车轮位置要合适，拉紧驻车制动。

(2)在四只轮胎上，分别装上四轮定位机头，接好传感器连接线。

(3)接通仪器电源，开机进入"SUN"主界面，选择四轮定位测试，系统开始自检。

(4)按"ENTER"键，仪器进入基本功能选择，显示器显示菜单：开始定位操作，设定，定位机操作说明，保养定位机，档案库管理。

(5)选择设定功能，按回车键确定，显示器显示：工作台设定，系统配置设定，修改设定，文字及车辆规格数据库设定，测量单位设定，日期/时间设定。

(6)选择车辆规格，进入汽车规格资料库。

(7)选择正确车辆制造商，按确认键进入车型规格界面。

(8)按“F6”返回基本功能选项，并选择“开始定位机操作”，显示器出现清机指令：开始新的定位(归零)，所有定位数值归零，继续现行定位，保存现有数值。

(9)选择开始新定位，进入定位功能，显示器出现：高级四轮定位，前轮定位(方向盘可能不正)，快速测读，车轮定位故障诊断等选项。

(10)选择高级四轮定位，进入系统，并进入顾客登记。

(11)输入顾客相关资料，按回车键确定，进入车辆详细资料界面。

(12)选择相应车辆制造商、汽车年款等选项，按回车键确定。

(13)依次进行定位预备检查、轮胎检查、刹车检查、车底检查等，回车进入钢圈补偿。

(14)按“F9”键，进入“SAI”(内倾角)、包容角及后倾角界面。

(15)依提示安装刹车踏板固定器、调平锁紧机头，按回车键进入调平机头。

(16)依次将四只轮胎的机头调至水平，自动进入测量后倾角及内倾角。

(17)按提示依次向左、右转动方向盘10°左右至仪器自动进入转正前轮。

(18)按提示将方向盘转正，并将所有机头调至水平，自动进入目前工作位置。

(19)调整完毕后，自动进入下一操作，转正前轮。

(20)将方向盘再次转正并将机头调平，进入后轮测读状态。

(21)按回车键，进入前轮测量准备，调平并锁紧方向盘，调平并锁紧机头。

(22)按“F9”进入前轮测读状态。

(23)将测读数据与标准数据分析比较，判断是否需要调整。一般仪器能根据数据库数据自动判断。

(24)按帮助中提示的调整部位和方法调整后，再进行测试，直至符合要求为止。

几种常见车型的前轮定位参数见表3-4，其他车型的定位参数可查阅相关的维修手册。

表3-4　常见车型前轮定位参数

车型	前轮前束		前轮外倾角		主销后倾角		主销内倾角	
	下限	上限	下限	上限	下限	上限	下限	上限
上海桑塔纳	−0°30′±10′(重载)		−1°40′±20′		30′不可调			
奥迪200	−0°10′	−0°4′	−1°0′	0°0′	0°24′	1°45′		
一汽捷达	0°±10′		0°±20′		1°30′±30′		14°	
丰田 Dyna	−0°10′	0°10′	−0°45′	0°45′	0°55′	2°25′	9°45′	11°15′
宝马 M5	0°15′	0°24′	−1°0′	0°0′	7°58′	8°58′	12°16′	13°16′
奔驰 E500	0°10′	0°30′	−1°19′	−0°49′	9°58′	10°58′		
本田 Accord	−0°25′	0°25′	−1°0′	1°0′	2°0′	4°0′		
日产 PriMcra4×4	0°0′	0°12′	−1°4′	0°25′	1°34′	3°4′	14°4′	15°34′

3.3.4 故障案例

案例 1 劣质转向器导致汽车转向沉重

故障现象:一辆捷达王 CT 轿车,在进行转向操作时需用很大的力才能转动转向盘,且汽车行驶方向不太稳定。

故障诊断与排除:询问车主,该车几天前因意外造成左前方下摆臂弯曲变形,在事故点附近的修理厂进行了维修,更换了下摆臂和转向器,并进行了四轮定位的检查与调整。但是维修出厂后便感觉转向沉重,操纵转向盘特别费力。

根据该车的故障现象,首先对转向系进行检查。断开转向横拉杆,转动转向盘轻松自如。用手直接操纵车轮时感到有些费力,经检查发现减振器上端的悬架轴承损坏,立即将其更换。继续检查,发现新转向器与转向杆连接处纵向活动量较大,做工也较粗糙,可以判定新转向器为次品。取出车主保存的原车转向器,检查发现该转向器根本就没有损坏,经清洗、保养后重新装复使用。

再检查四轮定位,发现四轮定位也不准确,重新进行了调整。最后试车,转向操纵正常,故障排除。

案例 2 转向器回油不畅导致汽车转向过程中出现异响

故障现象:一辆捷达 GT 轿车,在转动转向盘进行转向的过程中出现"吱吱"异响。

故障诊断与排除:捷达 GT 轿车带有转向助力装置,由于其部件不易拆解维修,一般采用换件修理法。

根据维修经验,转向动力泵是助力转向系统中的易损件,而且动力泵出现故障,一般都会在转向过程中出现异响,所以先将转向动力泵进行更换,但故障依然存在。来回转动转向盘,认真检查,在转向过程中,用手触摸动力泵和高压管,出现"吱吱"声时,手摸处感到异常振手,类似于转向打到头的现象,可能是油路不畅。于是又更换了高压油管,但故障仍未消失。于是将液压油放掉,继续进行检查。细心分析观察,终于发现了问题,原来高压油储油壶的进油直径稍小,而且油孔中有一毛边,挡住 1/3 的油道。

更换储油壶并进行加油排气,再起动发动机转动转向盘,故障消失。再将换下来的动力泵和高压油管换回去,转向试车,一切正常,说明转向动力泵等没有故障,故障在储油壶。

由于储油壶进油孔孔径小,造成转向器回油不畅,油压偏高,产生异响。后询问司机,其反映几天前由于储油壶漏油,在某修理厂更换了一个,之后就出现该故障。由于维修人员未及时了解车辆使用和维修信息,致使此次维修走了很大弯路,由此也反映了维修人员与用户及时进行信息沟通的重要性。

案例 3 左右横拉杆长度不等导致汽车行驶跑偏

故障现象:一辆皇冠轿车,在平坦、笔直的公路上行驶时,若双手离开方向盘,汽车会马上向右跑偏。

故障诊断与排除:司机反映该车存在明显的跑偏现象。试车,汽车直线行驶时,如果双手离开方向盘，汽车会马上向右跑偏，且感觉方向盘很“刁”，左转向沉重（经询问，司机也有此同感）。根据试车的感觉，汽车不存在拖滞等附加阻力。

首先检查轮胎，轮胎气压基本正常，但存在偏磨现象。其次检查悬架，车身两侧高度一致，压下车辆前端并迅速松开，车身上下振动 3 次后马上静止，表明减振器和悬架弹簧工作均正常。

随后，将汽车开到举升机上并升起汽车。在车下检查发现，该车前束左右横拉杆的长度不一致。该车采用双横拉杆结构，右横拉杆长度为 330mm，左横拉杆长度为 365mm，而要求安装时左右横拉杆的长度必须都等于 360mm。显然，跑偏故障为左右横拉杆长度不等所致。左横拉杆长右横拉杆短就造成方向盘在正中位置时，左前轮比原来内收，而右前轮比原来外张，行驶中两前轮都有向右侧滚动的倾向，因此方向盘必须稍向左打，才能保证汽车直线行驶。这也正是汽车易向右跑偏，左转向沉重，以及轮胎偏磨加剧的原因。

调整横拉杆长度，使左右横拉杆的长度都等于 360mm，前束值达到 3mm。试车，故障排除。

案例 4　转向助力泵滤芯堵塞导致转向助力泵发出响声

故障现象：一辆行驶 12.5 万公里的上海桑塔纳 GLi 轿车，在怠速运转时，转向助力泵发出“嗡嗡”响声，当左右转动转向盘时异响加重。

故障诊断与排除：询问车主得知，该车在 1 个月内更换了 2 个转向助力泵，换上第 1 个转向助力泵后使用了约 20 天便出现噪声，第 2 个则只用了 7 天便又出现同样的问题。据维修技术人员介绍，他们进货渠道正规，此配件已售出多台，均未出现过类似情况。

试车，左右转动转向盘，转向加力正常，在行驶中转向稳定且灵活，未出现转向时跑偏、沉重与发飘现象，且转向回位良好。

拆检已换的泵体，未发现异常磨损。将车停驶在平坦路面，通过全面目视检查，液压管路、泵体及转向器无漏油现象，储液罐内液压油在上限与下限之间，传动带松紧适度，只是液压油呈黑色有变质现象。

车主反映，换上新泵后，从未发现缺油漏油现象。而此泵只使用了不足 10 天，应不是泵内磨损所致。如果泵内压力阀与流量阀不良，将会使压力过低，表现为转向沉重；如果压力过高，会因动力缸左右压差过大，行驶中会出现方向自动跑偏现象；如果转向分配阀工作不良或内部泄漏，会出现转向沉重；如果转向分配阀卡滞，会导致转向回位不良；如果分配阀芯与阀套配合间隙不良，也会发生跑偏与发飘现象。经过以上测试与分析，显然不符合以上任何一种情况，转向系统各部件工作良好，也不存在不良磨损现象。检修中发现的唯一异常之处就是液压油脏污变质。

使发动机怠速运转，转动转向盘数次，待液压油温上升至正常工作温度（约 80℃），旋掉储液缸罩盖，用手按住中间弹簧，起动发动机怠速运转，在观察油面时，除了发现液压油过脏，还发现液压油在流动过程中不时有气泡冒出。可能是气泡随液压油的流动进入泵体，在泵内受到挤压而产生气动噪声。

根据维修经验判断，液压油脏污堵塞转向助力泵滤芯，使滤芯内外两侧压差过大，使油面处于不稳定状态。在油面变化的情况下，由于内侧处于过大负值，很容易使空气混入进油管，传至泵内受到挤压而产生气动噪声。更换一个转向助力泵滤芯，并对转向液压系统进行彻底清洗，换上纯净的标准液压油，试车，故障彻底排除。

3.4　制动系的故障诊断与检测

轿车制动系主要由制动主缸、制动轮缸、真空助力器、制动器及液压管路组成，图 3-21 为奥迪 100 轿车真空助力式液压制动系的组成示意图。制动系常见故障为制动失效、制动效能不良、制动拖滞、制动跑偏等，其常见故障部位和故障原因见表 3-5。

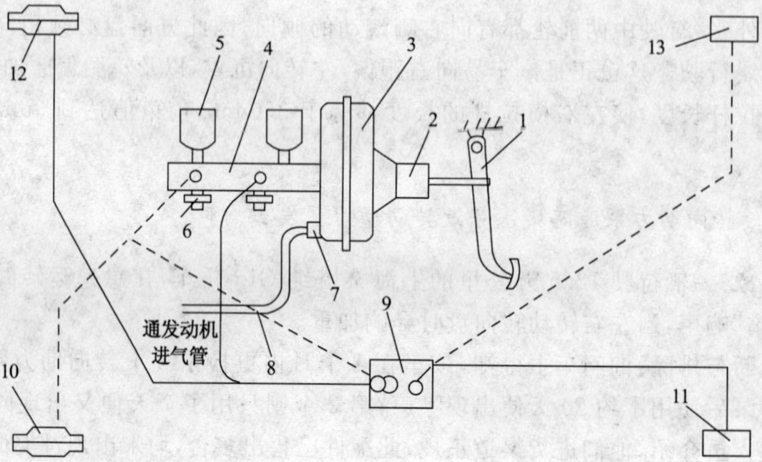

图 3-21　奥迪 100 轿车真空助力式液压制动系的组成

1—制动踏板　2—控制阀　3—真空助力气室　4—制动主缸　5—储液罐　6—制动灯开关　7—真空单向阀　8—真空管路　9—感载比例阀　10—左前轮缸　11—左后轮缸　12—右前轮缸　13—右后轮缸

表 3-5　　制动系常见故障部位和故障原因

故障部位		故障原因	故障现象及危害
液压制动系	储液罐	液面过低或无制动液	制动失效或效能不良
	制动踏板	连接松脱，调整不当，自由行程过大、过小	制动失效或效能不良、拖滞
	制动主缸	活塞磨损、皮碗老化、密封圈破裂、气孔不畅	制动效能不良、拖滞
	真空助力器	膜片破裂、阀门密封不良、真空单向阀失效、真空管漏气	制动效能不良、跑偏
	制动轮缸	活塞磨损、密封圈损坏	
	车轮制动器	制动蹄(块)摩擦片磨损、硬化、油污、铆钉外露，回位弹簧软，制动鼓(盘)磨损有沟槽、制动钳支架松动	制动失效或效能不良、跑偏、拖滞、异响
	液压管路	堵塞、漏油，软管老化	制动失效或效能不良、拖滞、跑偏

3.4.1　轿车液压制动系统的检查与调整

下面以一汽捷达轿车为例，介绍液压制动系统的检查与调整方法。

3.4.1.1　制动液液面高度的检查

制动液储液罐外壳表面刻有“Min”和“Max”标记，制动液液面应位于“Min”与“Max”之间。液面过低说明系统可能有泄漏，应检查修复，并添加制动液。

3.4.1.2　制动踏板的调整

(1)制动踏板与底板距离的调整。用 300N 的力踩下制动踏板，制动踏板与底板之间的距离应不小于 80mm。若不符合要求，应拆下真空助力器与制动踏板的连接弹簧锁片，拔出销子，旋松锁紧螺母，调整推杆叉，直至满足要求，如图 3-22 所示。

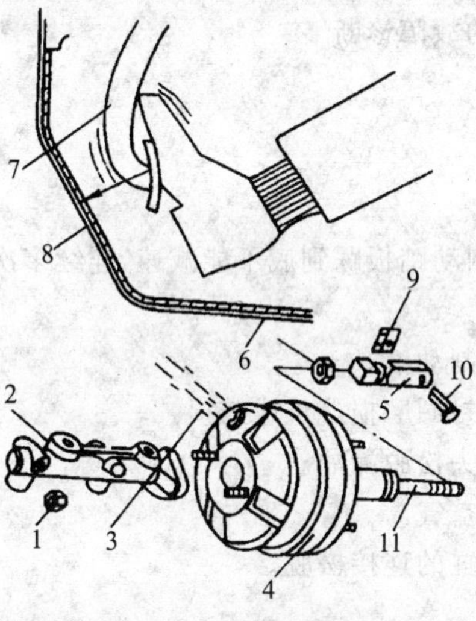

图 3-22　捷达轿车制动踏板的调整

1—螺母　2—制动主缸　3—真空管单向阀　4—真空助力器　5—推杆叉　6—锁紧螺母
7—制动踏板　8—底板　9—弹簧锁片　10—销子　11—推杆

(2)制动踏板自由行程的调整。关闭发动机，踩几次制动踏板，放出真空助力器内存留的真空，用手压下制动踏板，当感到有阻力时，踏板下降的距离即为自由行程，其规定值为 3～6mm。若不符合要求，应调整真空助力器推杆与制动主缸的间隙。

3.4.1.3　制动系统的排气

液压制动系的排气必须按规定顺序进行，捷达轿车制动系排气顺序为：右后轮缸→左后轮缸→右前轮缸→左前轮缸。排气时，接通专用充液—放气装置，按此顺序打开放气螺栓，并用排液瓶盛放排出的制动液。如果没有专用设备，可按以下步骤进行排气：

(1)将一根软管接到排气螺钉上，另一端插入排液瓶。

(2)一人连续踩制动踏板数次，直至踏板再也踏不下去为止，并用力踩住踏板不放。

另一人将制动轮缸的排气螺钉稍稍松开，让制动系统内的空气连同一部分制动液一起排出。当制动踏板被踩到底后，立即旋紧排气螺钉。排气顺序同上。

(3)重复上述过程，直至放出的完全是制动液，排出的制动液里无气泡为止。

(4)在排气过程中，必须观察储液罐液面高度，必要时添加制动液。

3.4.1.4 真空助力器的检查

(1)助力性能的检查。将发动机熄火，用力踩制动踏板数次，消除真空助力器中残留的真空，用适中的力踏下制动踏板，并保持在一定位置不动。然后再起动发动机。如果感到制动踏板位置有明显的自动下沉(增力作用)，说明真空助力器良好。若踏板毫无反应或感觉不明显，说明真空助力器失效，应更换真空助力器。

(2)真空助力器单向阀的检查。单向阀的工作性能可用压缩空气检查，按阀体上的箭头方向压缩空气应能通过，反向则不通。单向阀密封不良时，应更换真空管总成。

3.4.2 液压制动系的故障诊断

3.4.2.1 制动失效

(1)故障现象

汽车行驶中，迅速将制动踏板踩到底不能减速，连续多次踩下制动踏板，无制动作用。

(2)故障原因

1)制动液不足或没有制动液。

2)制动主缸或轮缸密封圈磨损严重或破损。

3)制动管路破裂或接头松脱漏油。

4)制动系统中有大量空气。

5)制动踏板与制动主缸的连接松脱。

(3)故障诊断与排除

1)检查储液罐液面。制动液液面应位于标记“Min”与“Max”之间，无制动液或制动液过少应及时添加补充。

2)检查制动管路有无漏油现象，管路破裂漏油应予以更换。各油管接头松动漏油，需重新紧固密封。

3)检查制动踏板与制动主缸的连接情况，若松脱应重新连接紧固。

4)上述检查正常时，可踩动制动踏板，检查放气螺钉的出油情况。出油有气泡时，应进行放气；出油无力或不出油，表明主缸工作不良，应予更换；出油急促有力，表明故障在制动轮缸，应更换轮缸密封圈。

3.4.2.2 制动效能不良

(1)故障现象

汽车行驶中踩下制动踏板时，不能产生足够的制动力，制动减速度小，制动距离过长。

(2)故障现象

1)制动踏板自由行程过大。

2)制动系统中有堵塞或漏油现象。

3)制动系统中有空气,制动液质量差。

4)制动蹄摩擦片磨损严重、表面沾有油污、破损、铆钉外露等。

5)制动间隙过大,间隙自调装置失效。

6)制动鼓或制动盘磨损、变形、出现沟槽等。

7)真空助力器膜片破裂,阀门密封不良,真空管漏气,真空单向阀失效等。

8)制动主缸活塞磨损,皮碗老化、破裂等。

9)制动轮缸密封圈损坏,活塞磨损,回位弹簧过软等。

(3)故障诊断与排除

1)检查储液罐液面高度,不足及时添加补充。

2)检查踏板自由行程,过大应予调整。

3)制动器低温工作正常,高温工作不良,说明制动液质量不符合要求,引起制动液高温汽化现象,应更换制动液。

4)连续踩动制动踏板,观察踏板的变化情况:

①踩下制动踏板时有弹性感,说明制动系统中混有空气,应进行放气。

②踩下制动踏板时,感觉较硬,制动仍然无力,可检查放气螺钉出油情况。若出油无力,表明制动管路有堵塞现象或主缸活塞有卡滞现象,应检查管路或更换主缸;若出油急促有力,表明轮缸活塞卡滞或制动器有故障,应检修轮缸,拆检制动器,视情更换制动蹄和制动块,修复制动鼓和制动盘。

③连续踩动几次制动踏板,使踏板高度升高后,用力将其踩住。制动踏板若有缓慢或迅速下降现象,说明制动管路有渗漏部位或轮缸密封圈损坏,应检修管路,更换轮缸密封圈。

④连续踩动几次制动踏板,仍感觉踏板低而软,应检查并疏通主缸进油孔及储液罐空气孔。

⑤踩动制动踏板时出现金属撞击声,则为主缸密封圈损坏或主缸活塞回位弹簧过软及折断等,应更换制动主缸。

⑥踩下制动踏板时,踏板沉重发硬,阻力明显加大,表明真空助力器失效,应检修真空助力器总成及真空管路。

3.4.2.3　制动拖滞

(1)故障现象

制动后抬起制动踏板,车辆行驶无力,重新起步困难,全部或个别车轮制动鼓或制动钳发热。踏下离合器踏板后,车速迅速降低,有制动感。

(2)故障原因

1)制动踏板自由行程、制动间隙、主缸活塞与推杆间隙过小,踏板回位不良等。

2)车轮制动器制动蹄回位弹簧弹力减弱或折断。

3)制动主缸或轮缸活塞运动卡滞。

4)制动管路堵塞致使回油不畅。

5)制动主缸补偿孔堵塞或活塞回位弹簧弹力减弱。

6)制动钳支架或制动底板松动、制动盘翘曲变形。

7)真空助力器内部卡滞。

8)驻车制动装置调整不当或拉索卡滞。

(3)故障诊断与排除

1)检查制动踏板自由行程是否过小或无自由行程,并进行相关部位的调整。

2)停车后检查各车轮制动鼓(制动钳)是否过热,或将车辆支起后检查各车轮转动是否灵活。各车轮均过热或转动不灵活,故障一般在制动主缸之前,应检查制动主缸及真空助力器的工作情况。制动主缸补偿孔堵塞,应予疏通。制动主缸活塞运动卡滞或回位弹簧损坏,应更换主缸。真空助力器工作不良(存在内部卡滞等),应更换助力器总成。制动液过脏,应予更换。

3)个别车轮存在转动不灵活及过热现象,故障一般在该轮制动器及制动轮缸,应检查车轮制动器及其制动轮缸的工作性能。若为后轮制动拖滞,制动底板松动应重新紧固,制动蹄回位弹簧弹力减弱或折断应更换新件;驻车制动装置调整不当或卡滞应重新调整并对相应部位进行润滑;轮缸密封圈发胀卡滞、轮缸磨损严重卡滞应更换;制动底板或制动鼓变形严重应予更换。若为前轮制动拖滞,制动钳支架松动应重新紧固,轮缸活塞在缸筒中运动不灵活应更换密封圈或制动钳总成,制动盘严重变形应更换新件。此外,若制动管路堵塞,应予疏通或更换。

3.4.2.4 制动跑偏

(1)故障现象

制动时,左、右车轮制动效能不同,致使车辆行驶方向产生偏斜。

(2)故障原因

制动跑偏的故障实质是两侧车轮受力不等或制动生效时间不一致。

1)两侧轮胎气压不同、磨损程度不一致。

2)一侧制动轮缸工作不良,存在漏油或黏滞等现象。

3)一侧制动管路漏油、凹陷堵塞使制动液流动不畅或存在空气。

4)一侧制动蹄或制动钳摩擦片沾有油污。

5)一侧制动蹄、制动鼓或制动盘变形,致使蹄鼓(或蹄盘)贴合不良。

6)两侧车轮制动器制动间隙、摩擦片磨损程度不一致。

7)一侧制动底板或制动钳支架紧固螺栓松动。

8)压力调节器调整不当或制动压力分配阀失效。

9)两侧轮毂轴承预紧度调整不一致。

10)前轮定位失准,两侧主销内倾、主销后倾、车轮外倾角不一致,前束不正确,悬架固定件松动等。

(3)故障诊断与排除

出现制动跑偏现象,应根据跑偏方向及制动时轮胎印迹确定制动效能不良的车轮。

汽车向右(左)跑偏,说明左(右)侧车轮制动力不足或制动迟缓。其中印迹短的车轮为制动迟缓,印迹轻的为制动力不足。

1)路试。车辆运行中减速制动时,若车辆向一侧偏斜,说明另一侧车轮制动迟缓或制动力不足,仔细检查该轮制动管路有无凹瘪堵塞及漏油现象,并予以排除。

2)若上述情况良好,可对该轮轮缸进行排气,并检查轮胎气压及其磨损程度。

3)若上述均无问题,应检查制动底板或制动钳支架是否松动,并检查、调整轮毂轴承预紧度。

4)拆检制动器,检查摩擦片表面是否油污,并查明油污来源。同时应检查制动蹄、鼓或制动钳、盘是否变形严重,制动轮缸是否工作不良等,视情维修或更换

5)检查压力调节器或制动压力分配阀,视情维修或更换。

6)若汽车还存在行驶跑偏现象,需检查前轮定位、悬架、车身等。

3.4.2.5　制动器异响

(1)故障现象

车辆行驶或制动时,制动器发出不正常的响声。

(2)故障原因

1)制动蹄摩擦片磨损严重,铆钉外露。

2)摩擦片硬化或破裂。

3)制动鼓或制动盘变形或磨损起槽。

4)盘式制动器制动蹄定位(防振)弹簧或鼓式制动器制动蹄保持弹簧损坏。

5)制动底板松动、变形或制动钳支架松动,造成制动鼓与制动底板或制动钳与制动盘相碰擦。

3.4.2.6　制动器滑动部位润滑不良。

(3)故障诊断与排除

1)车辆未制动时,制动器即发出不正常的响声,应检查制动底板或制动钳支架是否松动,制动底板是否明显翘曲变形,制动蹄定位弹簧是否损坏等,视情予以紧固或更换。

2)车辆制动时制动器发响,应检查制动蹄片的损伤程度,制动鼓、制动蹄及制动盘有无明显变形,制动器各运动副润滑是否良好等,并对其运动副表面进行润滑或更换损坏的机件。

6. 驻车制动不良

(1)故障现象

拉紧驻车装置后,车辆仍能以低速挡起步。

(2)故障原因

1)驻车制动装置调整不当或拉锁卡滞。

2)后轮制动器工作不良。

(3)故障诊断与排除

1)拉动驻车制动手柄,检查其自由行程及拉索是否存在运动卡滞现象,并进行必要的

调整和润滑，或更换拉索。

2)驻车制动器操纵机构工作正常时，应对后轮制动器进行检修。

3.4.3 ABS系统的故障诊断与检测

ABS系统(防抱死制动系统)是在常规制动系统的基础上增加了一套电子防抱死控制装置，使其能在汽车紧急制动或光滑路面上制动时，自动控制和调节车轮的制动力，防止车轮抱死，从而避免制动过程中的侧滑、跑偏和丧失转向操纵能力等现象，提高了汽车的操纵稳定性，同时还能获得最大制动力，缩短制动距离，提高汽车的制动性能。

现代轿车的ABS系统主要由液压控制单元、电动液压泵、车轮转速传感器、电子控制单元和ABS故障警告灯、制动警告灯等组成，电动液压泵和储液罐与液压控制单元常常组装在一起，如图3-23所示。

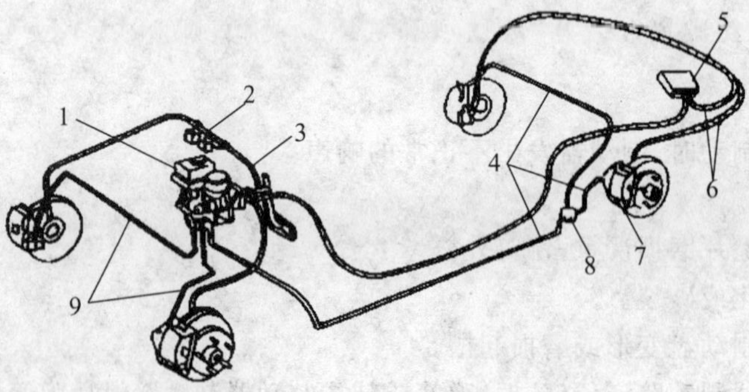

图3-23 轿车ABS系统示意图

1—液压控制单元总成 2—继电器 3—前轮传感器电路 4—后制动管路 5—电子控制单元
6—后轮传感器电路 7—盘式制动器总成 8—比例阀 9—前制动管路

整体式液压控制单元安装在制动主缸和轮缸之间，执行ABS电子控制单元的指令，通过控制液压控制单元内电磁阀电流的通断来自动调节制动器中的液压压力。低压储液罐暂时存储从轮缸中流出的制动液，以缓解制动系统的压力脉动。电动液压泵在压力减小的过程中，将轮缸的制动液经储液器泵回到制动主缸，同时在增压阶段将储液罐中的部分制动液泵入液压循环系统，增加系统压力。液压控制单元内包括多个电磁阀，如捷达轿车MK20-I型ABS系统的液压控制单元有8个电磁阀，每个回路各一对，其中一个是常开的进油阀，另一个是常闭的出油阀。电子控制单元控制电磁阀的通断来调节系统油压：在保压阶段，进出油阀均关闭；在降压阶段，进油阀关闭，出油阀打开；在增压阶段，进油阀打开，出油阀关闭。车轮转速传感器用于测定车轮转速，并把信号输送到电子控制单元。电子控制单元是ABS系统的控制中心，用于接收车轮转速传感器送来的信号，并进行测量比较、分析判断，计算出制动滑移率和车轮角加速度，然后输出指令，通过液压控制单元(电磁阀和电动油泵)控制轮缸的压力。ABS制动系统在仪表盘上设有两个故障警告灯：ABS警告灯和制动装置警告灯。正常情况下，当点火开关打开至起动挡时，制动防抱死系统进行自检，ABS警告灯点亮约2s；在拉起驻车制动操纵杆时，制动装置警告灯点亮，解除驻车制动后熄灭。如果上述情况灯不亮，说明故障警告灯本身或线路有故障，应予以排除。如果 ABS 故障灯常亮，说明 ABS 出现故障；如果制动装置警告灯常亮，说明制动系统中缺少制动液。

在制动过程中，如果车轮没有抱死趋势，ABS 将不参加制动压力控制，此时制动过程与常规制动过程相同。如果 ABS 系统出现故障，电子控制单元不再给液压控制单元发出指令，ABS 不参与制动力控制与调节，即 ABS 不起作用，制动过程与常规制动过程相同，此时仪表盘上的 ABS 故障警告灯亮，发出警告信息。

ABS 系统具有自诊断功能，当电控系统发生故障时，警示灯会立即报警，系统自动关闭，返回常规制动状态。ABS 系统出现故障时，可利用仪器读取故障码和数据流，并根据故障码提示和数据流分析结果进行检修，其电控元件的检测方法与前述发动机、自动变速器电控元件的检测方法相同。表 3-6 为捷达车 ABS 系统的故障码。

表 3-6　　　　捷达轿车 ABS 故障代码

故障代码	故障部位	故障原因
65535	电子控制单元	损坏
01276	ABS 液压泵	电动机不能工作
00283	左前轮转速传感器	电气及机械故障
00285	右前轮转速传感器	
00290	左后轮转速传感器	
00287	右后轮转速传感器	
00668	供电端子 30	无电压或电压不正常
01130	ABS 工作异常	传感器信号不合理

ABS 系统工作不正常而又无故障码输出，可根据具体故障现象进行相应的故障诊断。

3.4.3.1　发动机未起动，点火开关置“ON”时 ABS 警告灯不亮

此故障的可能原因为熔断器烧断、警告灯灯泡损坏、电源电路断路或连接器损坏、ABS 警告灯控制器损坏。

(1)检查中央电器盒内的 ABS 熔断器，烧断则更换。

(2)检查中央电器盒熔断器插座，损坏应修复。

(3)断开电子控制单元连接器，点火开关置“ON”，若 ABS 警告灯点亮，则为警告灯控制器一侧或电子控制单元一侧的电路断路，应检修或更换线束。若 ABS 警告灯仍然不亮，应检查警告灯灯泡，损坏应更换。

(4)若灯泡良好，检查警告灯电源电路、搭铁电路及其连接器，如有断路现象或腐蚀，应更换线束。

(5)在检查过程中，轻轻晃动线束及连接器，如果故障消失，则为接触不良引起的偶发性故障，视情排除。

(6)上述检查正常,故障可能是警告灯控制器损坏所至,应更换警告灯控制器。

3.4.3.2 发动机起动后ABS警告灯常亮

此故障的可能原因为警告灯控制器损坏或电路断路、ABS电子控制单元损坏。

(1)检查电子控制单元与警告灯控制器之间的线束,如电路断路则更换线束。

(2)检查ABS警告灯控制器,不正常则更换。

(3)若警告灯电路及控制器均正常,则故障在电子控制单元,应进行更换。

3.4.3.3 ABS系统工作异常而无故障码输出

此故障不仅和ABS系统有关,还与驾驶状况及路面条件有密切关系。其主要故障原因为车轮转速传感器安装不当、传感器失效或沾有异物、连接器接触不良、齿圈损坏、车轮轴承损坏、ABS液压控制单元及电子控制单元损坏。

(1)检查车轮转速传感器的安装情况,不正确需重新安装。

(2)检查传感器输出信号电压,若信号电压正常,故障在液压控制单元,用故障诊断仪液压单元测试功能进行检查,不正常则更换。

(3)检查各个传感器是否损坏,感应头是否吸附杂质,进行清洁或更换。

(4)检查传感器与触发齿之间的气隙,不正常则调整。

(5)检查传感器齿圈,清理齿槽间的杂物,齿圈损坏则及时更换。

(6)检查车轮轴承,轴承过松或损坏,应予调整或更换。

(7)在检查过程中,轻轻晃动线束及连接器,如果故障消失,则为接触不良引起的偶发性故障,视情排除。

(8)断开电子控制单元连接器,检查各传感器的电阻值,应为1.0～1.3kΩ(捷达车),若阻值不正常,应检修连接器或更换线束。

(9)若上述检测结果良好,则为电子控制单元有故障,应更换电控单元。

3.4.3.4 行驶中进行制动时,制动踏板行程过长

导致此故障的原因为制动液泄漏或系统机械部分有故障,可能是液压系统泄漏或有空气、常闭阀关闭不严、制动盘严重磨损、驻车制动调整不当所至。

(1)检查制动管路及接头,如有泄漏,应按要求拧紧或修复。

(2)拆检制动器,检查制动盘的磨损情况,视情修理或更换。

(3)检查驻车制动调节装置,不正常则更换。

(4)对液压制动系统进行排气。

(5)用故障诊断仪液压单元测试功能检查常闭阀的密封性能,若不正常,更换液压控制单元。

3.4.3.5 行驶中需要用很大的力踩制动踏板才能实施有效制动

此故障原因是踏板自由行程调整不当、真空助力器失效或液压控制单元内常开阀有故障。

(1)用故障诊断仪液压单元测试功能检查常开阀,若不正常,更换液压控制单元。

(2)用传统方法检查真空助力器及踏板自由行程。

3.4.4　故障案例

案例 1　制动总泵损坏导致制动失灵

故障现象:桑塔纳 2000GSi 轿车,行驶中进行制动时,一脚制动不灵,踏板位置很低,连续踩几脚,制动效果也没有好转。

故障诊断与排除:该车更换的制动液为大众公司专供产品,保证了该制动液合格有效,上述故障不可能是因制动液质量而造成的。经询问司机得知,该车自买回来之后,就从来没有更换过制动液,因最近一段时间刹车时有不灵,才来检查制动系统。

据此车况分析,该故障很可能是因为制动管路长时间没有保养而脏污,造成制动总泵内部泄漏,使制动液回流。为清洗管路中的脏污,重新用制动液充放机将制动液更换两遍,更换出来的制动液确实脏污并有颗粒。重新试车,故障仍然存在,而且更为严重。可能是制动总泵内部的脏污被清洗后,造成皮碗与内腔密封不严,因此判断制动总泵已损坏。

将旧制动总泵拆下并解体后发现,泵体内集有大量污物,泵的内壁有拉伤痕迹,制动皮碗老化有裂纹。显然,由于长时间没有更换制动液而使皮碗硬化造成了上述故障,车主应按照保养手册说明,定期到修理厂检查制动系统。更换新制动总泵,故障彻底排除。

案例 2　装配非原厂真空助力器导致汽车制动不良

故障现象:行驶里程 7 万公里的 2003 款上海大众时代骄子轿车,在行驶中踩制动踏板时,总感到踏板发硬,且制动不良。

故障诊断与排除:路试,制动踏板比正常车硬,制动距离长,有制动作用但制动不良。踩制动时,能感到 ABS 起作用时踏板上的反弹感。

用 V. A. S1552 检查,进入 03(ABS)－02(读取故障码),屏幕显示:没有故障存储。进入 08(读取数据流),当车速 45km/h 时,001 显示组 1～4 区显示 4 个车轮的速度分别是 43km/h、44km/h、46km/h、45km/h,显示数据与车速相符。踩制动时,4 个车轮转速也能同步下降,说明 4 个车轮传感器没有故障。但是如果 ABS 泵工作过于灵敏,也会造成制动发硬,制动不良。为了判断是 ABS 系统故障还是常规制动系统故障,暂时拔下 ABS 供电保险 S123、S124(位于中央电器盒左上角,30A),再次路试,制动发硬仍存在,说明问题出在常规制动部分。

根据先简单后复杂的原则,首先对制动液、前后制动片和制动管路进行检查。检查制动液,其颜色呈暗红色(新制动液为淡黄色),询问车主知该车 7 万公里没有更换过制动液。前后制动片均为原厂件,制动盘、制动毂磨损均匀,没有“拉槽”等不规则的现象,只是前制动片厚度变薄,只有 2.5mm。制动油管没有变形,也没有渗漏现象。

更换制动液和前制动片,路试,故障仍存在。随后对真空助力器进行检查:在发动机熄火的状态下，踩几下制动踏板，使助力器中气动膜片两边气压一致后，把制动踏板踩到中间保持不动，然后起动发动机，发动机起动后制动踏板有一定程度下降，说明真空助力器良好。制动总泵如果性能不好，会出现制动发软，制动失灵等现象。虽然此车没有出现过上述现象。但其他部分正常，也只有怀疑可能是制动总泵有故障了。

更换制动总泵并进行了排气，路试，故障依旧。无奈只有拆下真空助力器进行检查。从配件库中领出原厂真空助力器与该车助力器比较，发现两个问题：一是原车的助力器推杆头部没有调整螺栓（原厂件不需要调整），二是旧的助力器上标签零件号与原厂件不同。这说明此车助力器是被更换过的，询问驾驶员得到证实。

由于更换的助力器质量有问题或与此车不配套导致故障。更换并安装好原厂助力器及制动总泵，排气后路试，制动踏板不再发硬.制动效果明显改善，故障排除。

案例 3　制动分泵锈蚀导致汽车制动不良

故障现象：一辆大宇希望轿车，制动时必须将制动踏板踩到底才能产生制动效果。

故障诊断与排除：试车，制动时制动踏板行程很长，而且将制动踏板踩到底后，制动距离也偏长。首先对制动油杯进行检查，除油质略脏外，没有发现其他问题。随后对制动系统进行放气，发现制动管路中没有气体。

按照经验判断，可能是总泵的两个活塞密封不良，导致油液穿过油封返回油杯。将总泵拆下检查，未发现问题。由于总泵不易拆解，与同型号车互换后试车，故障依旧。检查结果表明总泵没有故障，可能是制动分泵漏油造成的，但制动液一点也没有减少。无奈只好拆下车轮，检查各制动分泵，结果发现两个前制动分泵皮碗处有渗油口。但是渗油不足以导致上述故障，况且制动时，油液还是被密封在系统中的。

为了防止漏检一些意想不到的地方，分别拆下每个分泵的油管连接螺栓，用特制的垫片将油管堵死，然后对 4 个分泵依次试验。最后发现左前分泵堵住后，制动系统很快恢复正常，踏板不再一踩到底。显然故障就出在左前制动分泵上，拆下分泵后，只见其固定分泵用的滑道已与分泵锈蚀在一起，导致分泵不能自由移动，从而使左前轮制动间隙不能自调，左前轮制动间隙极大。踩下制动踏板时，有很大一部分制动液进入左前分泵；在踏板有效行程不变，也就是总制动液供应量不变情况下，由于制动片与制动盘（或鼓）的间隙加大，所以真正用在制动上的油液流程相对减少，实际制动压力下降。将锈蚀部位彻底清除后，换油、放气、试车，故障彻底排除。

案例 4　制动主缸故障导致汽车轻踩制动时甩尾

故障现象：一辆带有 ABS 系统的别克轿车，高速行驶时轻踩制动即会向左甩尾，而紧急制动时该车一切正常，不出现任何甩尾现象。

故障诊断与排除：反复试车，试验结果与车主描述相同，都是轻踩制动时甩尾。检查紧急制动后的刹车痕迹，多次紧急制动后路面没有明显的轮胎拖印，因而判定，紧急制动时车轮没有抱死，ABS 系统工作正常。

根据制动原理，汽车在高速行驶中，轻踩制动属于常规制动的范畴，ABS 系统不起作用，四个制动轮缸的工作油压由制动主缸来控制。如果此时制动主缸分配压力不平衡或有一个活塞轻微泄漏，或有一条制动管路轻微泄漏(注意是轻微)，在制动时势必会有一条制动管路的油压低于另一条，两侧车轮制动力矩不等而产生甩尾。而当高速行驶中紧急制动时，ABS制动系统起作用，ABS控制单元通过控制各个轮缸的工作油压来控制四个车轮的制动力矩，所以不会相差太多，因此不会出现甩尾现象。

根据以上分析，首先检查制动管路的泄漏情况。举升汽车，检查制动管路，没有发现泄漏部位。根据以往的检修经验，制动主缸损坏的可能性较大。更换制动主缸，并反复试车，故障排除。

案例5　单轮制动间隙过大导致汽车紧急制动时跑偏

故障现象：皇冠轿车紧急制动时左前轮制动不良，汽车向右跑偏。

故障诊断与排除：试车，在汽车行驶过程中实施紧急制动，汽车向右跑偏，车速越高，跑偏现象越严重。观察刹车后的路面印痕，左前轮痕迹较浅而右前轮痕迹较深，说明左前轮制动不良。

首先对各个轮缸进行排气，管路中没有气泡，左前轮轮缸和管路也正常。然后举起汽车，检查左前轮制动器，发现制动蹄、鼓间隙较大。随后按规定予以调整：打开制动底板后面的蹄、鼓间隙调整孔橡胶塞，将专用工具和旋具伸进孔内，拨动制动器调整螺母的凸轮齿，使调整螺栓伸出量加大，以减少制动蹄、鼓间隙，直至用手不能转动车轮为止。然后再向回拨螺母5～6个凸轮齿，使制动蹄片与制动鼓保持0.5～0.6mm的标准间隙。调整好左前轮制动间隙后，又对其他三个车轮的制动间隙进行了检查，基本正常。上路试车，多次实施紧急制动，汽车不再跑偏，且制动效果良好。

案例6　车轮传感器齿圈摆动过大导致ABS系统始终不起作用

故障现象：一辆桑塔纳时代超人轿车ABS故障灯时亮时灭，且ABS系统始终不起作用。

故障诊断与排除：路试，ABS系统不起作用，且ABS故障灯亮。用V.A.G1552读取故障码，显示故障码为00285，表示右前转速传感器G45故障。于是拆下右前轮转速传感器，检查连接线，正常，测量其阻值为1.2kΩ，属于正常的范围。重新试车，故障现象依旧，ABS系统始终不起作用。

随后将其他车轮的传感器和线束进行了全面检查，结果均正常。装上传感器测量齿圈和传感器之间的间隙，转动右前轮发现有的位置齿圈和传感器间隙很大，而有的位置间隙很小。正常齿圈和传感器之间的间隙应在1.10～1.97mm范围内。更换右前轮齿圈，清除故障码。重新试车，ABS系统正常，故障排除。

案例7　轮速传感器吸附铁粉导致轿车ABS警告灯无规律的点亮和熄灭

故障现象：一辆行驶5万公里的捷达都市先锋轿车，在行驶过程中ABS警告灯无规律的点亮和熄灭，且当ABS警告灯点亮时ABS不起作用，当ABS警告灯熄灭时ABS工作正常。

故障诊断与排除：根据故障现象，当ABS警告灯熄灭时ABS系统工作正常，可以判断电控单元有故障的可能性不大。于是进行基本部件检查，检查 ABS 导线连接器未发现故障，测量 4 个轮速传感器的电阻值，2 个前轮轮速传感器和 2 个后轮轮速传感器的电阻值均在规定范围内。

将汽车举起，转动车轮，用示波器检测其轮速传感器的输出电压波形，发现右前轮轮速传感器输出的电压波形及波幅和其他 3 个轮速传感器相差很大。检查右前轮轮速传感器，发现铁心的前端黏附了很多铁粉；清除铁粉，重新检测传感器输出电压波形，4 个轮速传感器波形基本一致。为了查明铁粉的来源，检查右前轮制动器，发现制动摩擦块与制动盘的间隙过小，以致右前轮制动器因磨损过早而产生铁粉。调整间隙后试车，ABS 警告灯不再点亮，ABS 系统工作正常。

案例 8　轮速传感器齿圈碰伤导致 ABS 系统出现间隔性异响

故障现象：一辆捷达王自动变速器轿车，在轻轻踩下制动踏板实施制动时底盘出现间隔性的异响。

故障诊断与排除：试车，轻轻踩下制动踏板，车下部发出"咔嗒"异响。经检查制动系统及底盘各部分均未发现异常。再次试车，仔细查听，初步判断异响可能是 ABS 系统所致。

用故障诊断仪 V. A. G1551 进行检测，没有故障码。然后读取 ABS 系统数据流，在行车及发生异响时，各个车轮车速正常，其他数据也正常。再次反复试车，仍然没有找到故障原因，于是检查 ABS 系统的各个零件。在拆检左前轮轮速传感器齿圈时，发现齿圈已被碰伤，有两个齿向内侧凹进。

由于齿向内侧凹进，致使间隙增大，当车轮齿圈转到碰伤部位时，传感器不能正确感知轮速信号，ABS 控制单元认为该轮即将抱死，于是发出指令，使液压控制单元内的出油电磁阀开始工作，等车轮转过该点后，电磁阀又停止工作，因而产生响声。由于该声音与紧急制动 ABS 系统工作时发出的响声不同，所以被误认为车辆底盘出现异响。更换新齿圈后试车，故障症状消失。

复习思考题

1. 传动系的常见故障有哪些？
2. 离合器有哪些常见故障？
3. 离合器打滑的实质是什么？如何确诊？
4. 离合器打滑的故障原因有哪些？如何诊断与排除？
5. 离合器分离不彻底的故障原因是什么？如何诊断与排除？
6. 离合器发抖的故障实质和原因是什么？
7. 离合器异响的现象和原因有哪些？
8. 液压离合器踏板弹性过大的故障原因是什么？应如何处理？
9. 如何排除液压离合器系统的空气？
10. 变速器跳挡的故障现象、故障原因是什么？

11. 如何排除变速器跳挡故障?
12. 变速器乱挡的故障现象、故障原因是什么?
13. 变速器乱挡如何诊断排除?
14. 变速器挂挡困难的故障现象、故障原因是什么?
15. 如何排除变速器挂挡困难的故障?
16. 变速杆抖动的原因是什么?
17. 传动轴振动的故障原因是什么? 如何排除故障?
18. 驱动桥发响的原因是什么? 如何诊断排除?
19. 驱动桥哪些部位容易漏油?
20. 如何区分和确诊传动系各部位异响?
21. 自动变速器的液面为什么不能过高,也不能过低?
22. 自动变速器的基础检测包括哪些内容?
23. 自动变速器各项试验的作用是什么?
24. 如何利用自动变速器的试验结果分析判断故障部位?
25. 自动变速器有哪些常见故障? 故障原因是什么? 如何诊断?
26. 转向系和行驶系的常见故障有哪些?
27. 转向系和行驶系哪些部位易出故障?
28. 轮胎不正常的磨损形式有哪些?
29. 轮胎磨损不均匀的原因是什么? 如何诊断排除?
30. 前轮摆振的原因是什么? 如何诊断排除?
31. 汽车行驶跑偏的原因是什么? 如何诊断排除?
32. 如何进行四轮定位的检查与调整?
33. 怎样检测车轮的不平衡度?
34. 转向沉重的故障现象、故障原因是什么?
35. 如何诊断排除转向沉重故障?
36. 转向不灵的故障现象及原因是什么? 如何诊断排除?
37. 如何调整车轮的转向角?
38. 轿车动力转向系统的调整项目和内容有哪些?
39. 动力转向沉重、助力作用不足的原因是什么? 如何诊断排除?
40. 动力转向不稳的原因是什么? 如何诊断排除?
41. 液压制动系统的哪些零部件容易损坏或失效? 会造成什么危害?
42. 液压制动效能不良的原因是什么? 如何诊断排除?
43. 如何根据踩踏板时的感觉来确定液压制动系的故障部位?
44. 液压制动拖滞的原因是什么? 如何诊断排除?
45. 产生制动噪音的原因是什么?
46. 造成液压制动跑偏的故障原因是什么?
47. 如何诊断个别车轮制动不良的故障?
48. 如何检测真空助力器?

49. 怎样排除液压制动系统内的空气?

50. 如何检查和调整制动踏板的自由行程?

51. 轿车 ABS 系统由哪些元件组成? 各元件的作用是什么?

52. 简述 ABS 系统的工作原理。

53. 捷达轿车 ABS 系统是如何进行控制的?

54. ABS 系统工作不良而无故障码输出,如何进行检查和诊断?

第4章　汽车电器系统的故障诊断与检测

知识目标

1. 了解汽车电器系统的组成和功用。
2. 掌握主要电器元件的结构和工作原理。
3. 掌握电器系统常见故障的诊断与检测方法。

能力目标

1. 能熟练读识并正确分析电器系统的各种控制电路图。
2. 能正确分析电器系统各种常见故障产生的原因。
3. 能准确判断电器系统的常见故障部位。
4. 能顺利排除电器系统各种常见故障。

汽车用电设备发展迅速，除起动系、照明系、仪表、辅助电器、空调、安全气囊等装置外，许多新的车身电器设备或电控装置在不断更新和产生，如汽车音响、汽车导航、ABS、EBD、ESP、TRC等等。汽车电器系统主要由电源系统、起动系统、中央门锁与防盗系统、照明系统、信号系统和仪表系统等组成，本章重点介绍其故障诊断与检测方法。

4.1　电源系统的故障诊断与检测

汽车电源系统主要由蓄电池、交流发电机、电压调节器及相关线路构成。图4-1为捷达轿车电源系统的电路。

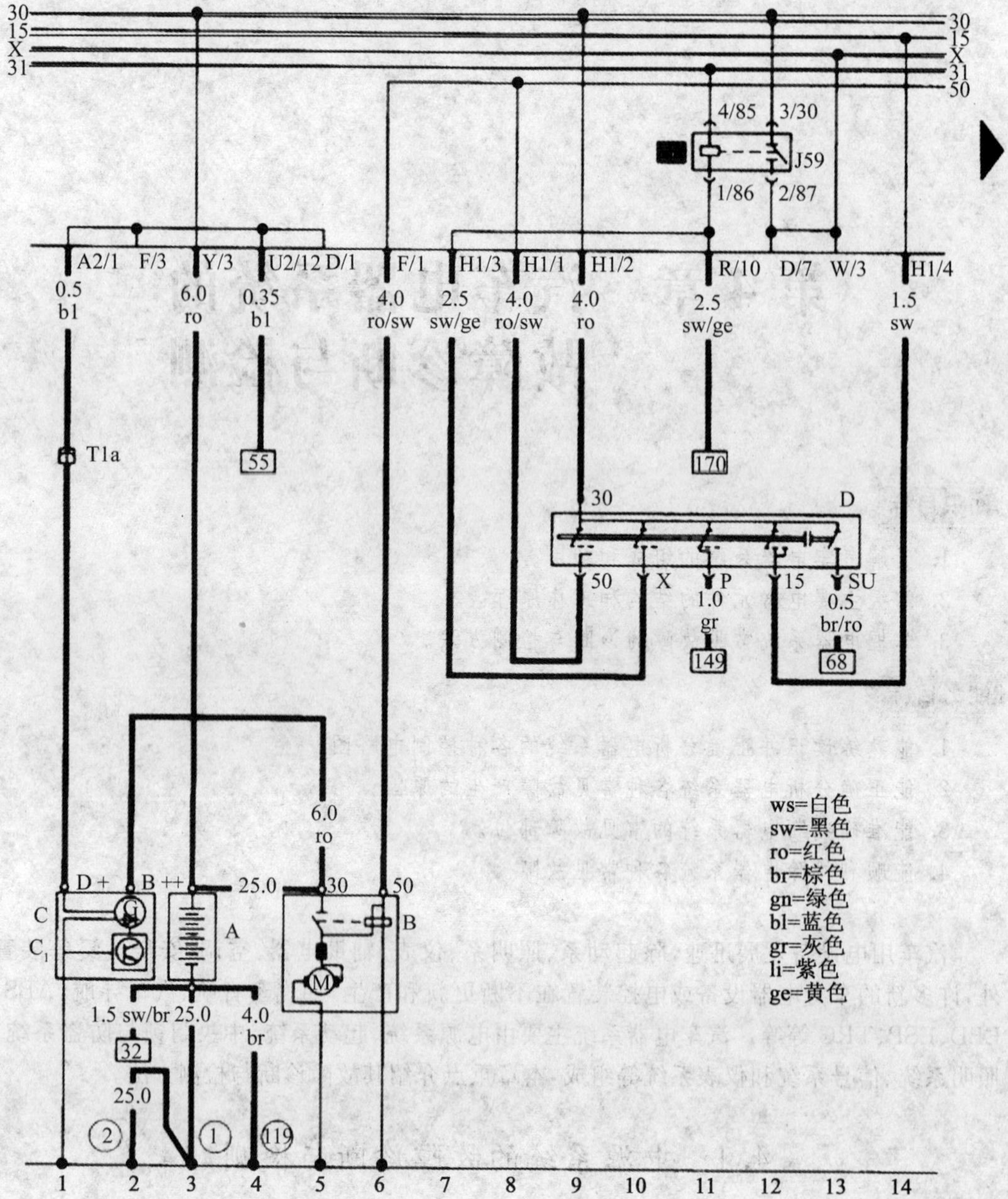

图 4-1 捷达轿车电源系统电路

A—蓄电池 B—起动机 C—发电机 C_1—调节器 D—点火开关

汽车电源系统常见故障现象有蓄电池极板硫化、蓄电池放电、发电机的报警灯不亮和发电机报警灯不熄灭等。

4.1.1 蓄电池极板硫化

(1)故障现象

蓄电池极板上生成一层白色晶粒。

(2)故障原因

1)初充电不足或初充电中断。

2)放电后长期放置不用。

3)长期充电不足或未及时充电。

4)经常过量放电。

5)电解液密度超标或随意加硫酸液。

6)电解液液面过低致使极板上部硫化。

(3)故障排除

1)全充电全放电循环往复,使活性物质复原。

2)清除极板上的硫酸铅。

3)电解液密度不应超过规定值。

4)及时补充电解液至规定的液面高度。

4.1.2 蓄电池放电

(1)故障现象

在汽车正常运行期间,反复出现蓄电池电压过低、发动机难以起动现象。

(2)故障原因

1)接线柱腐蚀而导致接触不良。

2)电线绝缘层破损。

3)蓄电池及电气设备内部短路。

4)蓄电池老化。

(3)故障排除

1)关闭车上所有用电设备。

2)断开蓄电池搭铁线,将大量程电流表接在蓄电池负极与接地线之间。

3)调节电流表量程,读取读数,如读数不超过 10mA,则线路正常。

4)若电流表读数超过 10mA,则依次拆断熔丝,观察电流表读数,找出故障电路并排除故障。

5)若在有熔丝的电路未发现故障,则应拆掉无熔丝组件的导线,如发电机、起动机、点火系统、仪表系统等,找出故障电路并排除故障。

4.1.3 发电机报警灯不亮

(1)故障现象

将点火开关打至点火挡,不起动发动机,发电机报警灯不亮。

(2)故障原因

1)报警灯被烧坏。

2)发电机及调节器故障。

3)继电器或线路断路。

(3)故障诊断和排除

首先检查蓄电池和发电机驱动皮带张紧力，其次检查连接线，然后按图 4-2 所示的流程进行故障诊断。

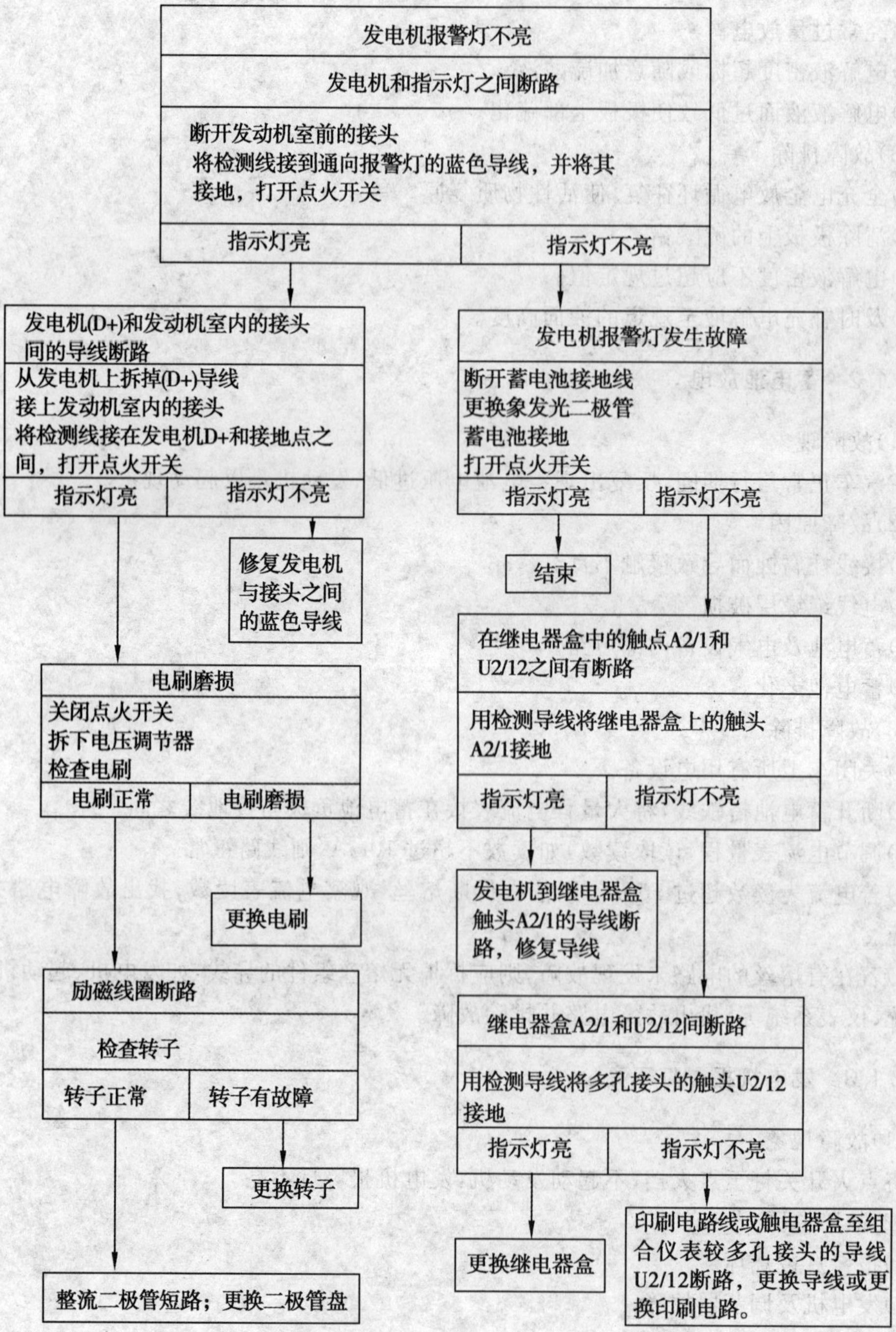

图 4-2　发电机报警灯不亮的故障诊断流程

4.1.4　发电机报警灯不熄灭

(1)故障现象

发动机运转,发电机报警灯常亮,即使提高发动机转速也不熄灭。

(2)故障原因

1)发电机或调节器故障。

2)线路发生短路。

3)继电器故障。

4)发电机皮带断裂。

(3)故障诊断和排除

首先检查发电机驱动皮带是否断裂,若皮带良好,则检查并整理皮带张紧力,然后按图 4-3 所示流程进行故障诊断。

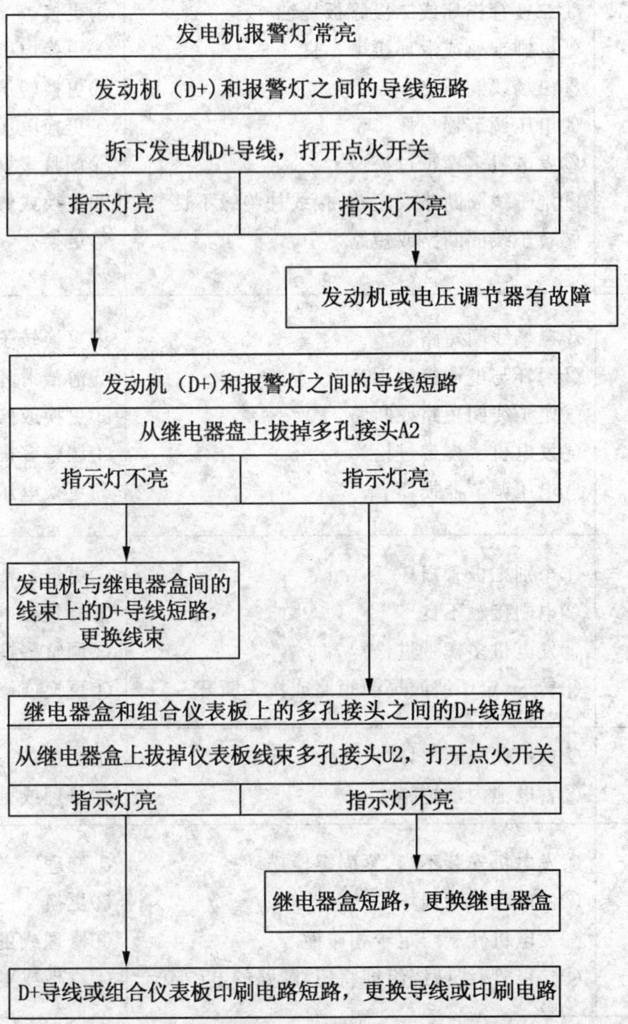

图 4-3　发电机报警灯不熄灭的故障诊断流程

4.1.5 电源系统其他常见故障

汽车电源系统其他常见故障及排除方法见表 4-1。

表 4-1　电源系统常见故障与排除方法

故障现象	故障原因	排除方法
蓄电池电解液浑浊	①蓄电池经常过充电，极板孔隙中逸出大量气体，在极板孔隙中造成压力而使活性物质脱落 ②低温大电流放电，密度过高而使活性物质脱落 ③汽车行驶中的颠簸振动	①沉积物较少时，清除后继续使用 ②若沉积物较多时，应更换新极板和电解液
发电机不发电	①二极管损坏或二极管板烧蚀 ②电刷卡死或滑环接触不良 ③磁场线圈断路 ④电压调节器损坏 ⑤发电机多楔带过松 ⑥定子线圈断路或短路，接线柱绝缘不良 ⑦转子线圈断路或短路	①更换 ②更换电刷弹簧或修理 ③更换转子 ④更换电压调节器 ⑤调整多楔带张紧装置 ⑥更换或修理 ⑦更换
发电机输出功率不足	①磁场线圈短路 ②滑环与电刷接触不良 ③定子线圈短路或断路 ④发电机多楔带过松 ⑤电压调节器损坏	①更换转子 ②清洁滑环，更换电刷 ③更换或修理 ④调整多楔带张紧装置 ⑤更换电压调节器
充电电流过小	①个别二极管损坏 ②电刷接触不良 ③发电机多楔带过松 ④转子、定子线圈局部短路或接头断开	①更换 ②修理 ③调整多楔带张紧装置 ④更换或修理
充电电流过大	①电压调节器损坏 ②蓄电池内部短路	①更换 ②修理或更换
发电机异响	①发电机安装不当，紧固螺栓松动 ②发电机轴承损坏 ③发电机转子与定子相碰撞 ④二极管、线圈绕组即将短、断路的电磁声	①修理 ②更换 ③修理或更换 ④修理或更换

4.1.6　故障案例

案例 1　蓄电池电量不足导致的发动机不能起动

故障现象：一辆 2005 款捷达轿车，起动机运转无力，发动机不能发动。

故障诊断与排除：经初步检查，蓄电池电解液液面偏低，极板露出，且表面有一层白霜，说明有硫化现象。用密度计测量电解液密度，正常。用 V. A. G1498 检查，测得蓄电池负载电压为 5.5V，说明蓄电池电量严重不足。

询问用户得知，蓄电池液面降低后及时补充了电解液，但很快又消耗了，如此多次反复。因而判断，故障可能是由于用户对蓄电池保养不当造成的。电解液的消耗是因为充电时将电解液中的水电解，补充时应加注蒸馏水或专用补充液。补加电解液会造成密度过高，加速蓄电池硫化。蓄电池硫化后，又使电解液过早出现沸腾现象，加快了电解液的消耗。补充电解液后又加速了极板硫化，这样恶性循环使蓄电池损坏。更换蓄电池，故障排除。

案例 2　发电机电枢绕组烧断导致发动机起动困难

故障现象：一辆捷达 GiX 轿车，发动机起动时起动机转速低，有时发动机不能起动。起动后，仪表盘充电指示灯熄灭。

故障诊断与排除：关闭车上所有用电设备，当发动机怠速或低速运转时，充电指示灯熄灭，测量发电机输出电压最高只有 12.5V。可见发电机工作异常。

由于充电指示灯工作正常，所以充电灯电路和发电机励磁电路没有故障。分解发电机，测量六只整流二极管，良好。测量三相电枢绕组，发现有一相断路，在只有二相绕组发电的情况下，导致发电机输出功率下降，造成蓄电池亏电。充电指示灯是否点亮由蓄电池电压和“D＋”端电压的差值确定。发电机正常工作时，“D＋”端是发电机六只二极管组成的三相全波整流电路的输出电压，此电压用来提供励磁电流，与发电机输出端电压相等，充电指示灯熄灭。当有一相绕组断路后，发动机怠速及低速运转时，“D＋”端电压也下降，造成充电指示灯暗红。当发动机转速提高后，由二相整流输出电路输出的电流刚好能够提供励磁电流时，“D＋”端电压与蓄电池电压相等，此时充电指示灯熄灭。修复断路的电枢绕组，故障排除(也可更换发电机)。

案例 3　蓄电池搭铁线不良导致起动机运转无力而无法起动车辆

故障现象：桑塔纳 2000GSi 轿车起动机运转无力，发动机不能起动。

故障诊断与排除：检查发现蓄电池电量亏损，需进行充电。车主根据蓄电池的使用情况，要求更换一个新蓄电池。更换新的蓄电池后，发动机顺利起动，且一切指示均正常。该车运行不久又出现了同样的故障，因此怀疑更换的蓄电池质量有问题。经对蓄电池进行测量，除电压为 10.6V 外，其余值都在蓄电池的允许值范围内。显然，蓄电池本身没有问题，应检查充电系统。

首先检查发动机及蓄电池周围的连接线，未发现异常。用备用蓄电池起动发动机，观察发电机指示灯，指示灯未亮。用万用表电压挡在发电机“B+”接柱与外壳之间测量发电机的输出电压，慢慢加速，结果为13.7～13.9V，表明发电机及充电系统正常。

由于线路没有故障，车主坚持认为问题还是出在蓄电池上，于是又给该车换装了一个新的蓄电池。就在新蓄电池充电的时候，车主有急事用车，因此临时把备用蓄电池装在了车上。到了第二天要换蓄电池的时候，却意外地发现蓄电池的电压由12.8V降到了12V，说明发电机并没有给蓄电池充电。

重新起动发动机，在发电机“B+”接柱与外壳之间测量电压值。缓慢加速时，电压表显示值为13.7V左右。在蓄电池正、负极柱之间测量，电压表指示为12V；发动机急加速时，电压表指示值在12～13.7V(蓄电池电压与发电机输出电压之间)波动。用一根导线连接发动机与蓄电池负极接柱，电压表显示为14V左右。至此可判断：发电机与蓄电池之间搭铁不良。举起汽车，发现发动机与车身之间的搭铁线已严重锈蚀(车身端)，轻轻一拉就掉了下来，拆卸螺栓时也因锈蚀而被拧断。重新焊接并固定，起动试车，一切正常。

由于桑塔纳2000GSi轿车车身到发动机之间的搭铁线位于车身内侧，车主常用高压洗车机冲洗底盘，长期积水与潮湿加快了搭铁线的锈蚀，因此造成充电系统无法构成正常的回路，使蓄电池无法得到及时的补充，因而亏电。在检测过程中，只检测到了发电机的输出电压，并没有检测其充电量，并且由于该搭铁线位于车身内侧，从上面不容易看见，检查充电线路时疏忽了对它的检查，因而增加了对这起充电故障准确判断的难度。

4.2 起动系统的故障诊断与检测

发动机起动系统由起动机及其控制电路组成，其故障常常导致起动机不能带动发动机运转，常见故障有起动机不转或运转无力、起动机空转以及起动机异响等。

4.2.1 起动机不转

(1)故障现象

点火开关转至起动挡，起动机不转。

(2)故障原因

1)蓄电池故障。蓄电池严重亏电或极板硫化、短路等，蓄电池极桩与线夹接触不良，起动电路导线连接处松动而接触不良等。

2)起动机故障。换向器与电刷接触不良，励磁绕组或电枢绕组有断路或短路，绝缘电刷搭铁，电磁开关线圈断路、短路、搭铁或其触点烧蚀而接触不良等。

3)起动继电器故障。继电器线圈断路、短路、搭铁或其触点接触不良。

4)点火开关故障。接线松动或内部接触不良。

5)起动系线路故障。线路中有断路、导线接触不良或松脱等。

6)自动变速器变速杆不在“P”或“N”位置。

(3)故障诊断与排除

1)检查电源。按喇叭或开大灯，如果喇叭声音小或嘶哑，灯光比平时暗淡，说明电源有问题，应先检查蓄电池极桩与线夹及起动电路导线接头处是否有松动，触摸导线连接处是否发热。若某连接处松动或发热则说明该处接触不良。如果线路连接无问题,则应检查蓄电池。

2)检查起动机。用起子将起动机电磁开关上连接蓄电池和电动机导电片的接线柱短接,如果起动机不转,则说明起动机内部有故障,应拆检起动机;如果起动机空转正常,则进行以下检查。

3)检查电磁开关。用起子将电磁开关上连接起动继电器的接线柱与连接蓄电池的接线柱短接,若起动机不转,则说明起动机电磁开关有故障,应拆检电磁开关。如果起动机运转正常,则说明故障在起动继电器或有关线路上。

4)检查起动继电器。用起子将起动继电器上的“电池”和“起动机”两接线柱短接,若起动机转动,则说明起动继电器内部有故障,否则应再作下一步检查。

5)检查点火开关及线路。将起动继电器的“电池”与点火开关用导线直接相连,若起动机能正常运转,则说明故障在起动继电器至点火开关的线路中,应检修线路。

4.2.2　起动机运转无力

(1)故障现象

起动时,起动机转速太低甚至停转,发动机不能起动。

(2)故障原因

1)蓄电池亏电。

2)线路接触不良或接线柱被氧化。

3)起动机故障。换向器与电刷接触不良,电磁开关接触盘和触点接触不良,电动机励磁绕组或电枢绕组有局部短路等。

4)发动机机械故障导致起动阻力太大。

(3)故障诊断与排除

首先排除发动机机械故障,然后按图 4-4 所示流程进行故障诊断与排除。

4.2.3　起动机空转

(1)故障现象

接通起动开关后,起动机快速旋转而发动机曲轴不转。

(2)故障原因

起动机空转表明电路正常,故障在其传动装置和飞轮齿圈等部位。起动机空转实际有两种情况:一种是起动机驱动小齿轮不能与飞轮齿圈啮合的空转,故障主要在起动机的操纵和控制部分;另一种是起动机驱动小齿轮已和飞轮齿圈啮合,由于单向啮合器打滑而空转,故障主要在起动机单向啮合器。

有的起动机传动装置采用一级行星齿轮减速装置,使用中常会出现载荷过大而烧毁卡死。有的采用摩擦片式离合器,若压紧弹簧损坏,花键锈蚀卡滞和摩擦离合器打滑,也会造成起动机空转。

(3)故障诊断与排除

1)若驱动小齿轮不能与飞轮齿圈啮合,则应检查主回路接触盘的行程是否过小。如过小会使主回路提早接通，造成电枢提前高速旋转。

2）若在起动机空转的同时伴有齿轮撞击声，表明飞轮齿圈牙齿或起动机小齿轮牙齿磨损严重或已损坏，应更换。

3）若单向啮合器打滑空转，应分解起动机进行检修或更换。

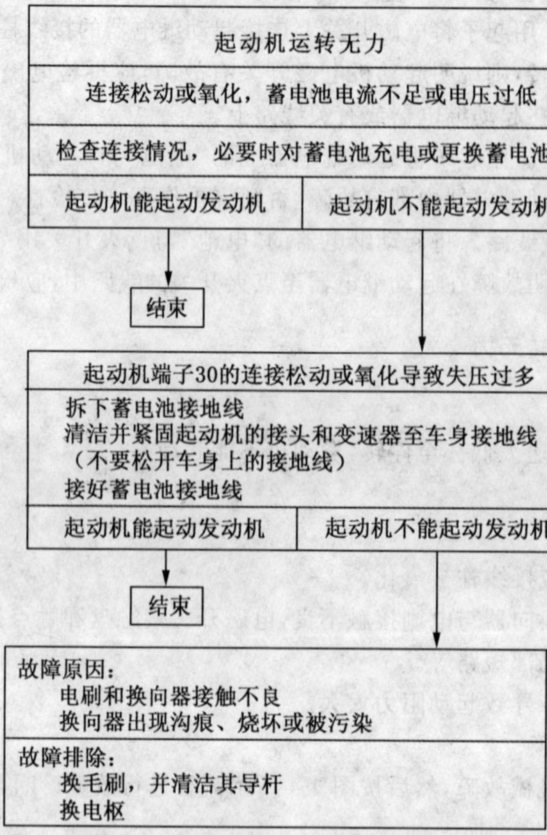

图 4-4　起动机运转无力的故障诊断流程

4.2.4　故障案例

案例 1　飞轮装配问题导致的发动机起动困难

故障现象：一辆捷达王 CT 轿车起动时，起动机发出“啪啪”的吸合声，但带不动发动机，需要起动好几次才能着车。

故障诊断与排除：根据故障现象，检查有关线路及蓄电池，均无故障。分析故障原因可能出在起动机上，于是拆下起动机进行检查。直接将起动机通电，起动机运转有力，无任何故障。再次检查有关线路及蓄电池，均正常。询问车主，得知此车不久前更换过飞轮，判断故障可能是飞轮不符合质量要求而致。检查飞轮及其齿圈，发现飞轮定位销丢失一个，导致起动时飞轮旋转不同心，造成起动困难。重新安装定位销，试车，起动正常，故障排除。

案例 2　起动继电器线圈搭铁螺钉松动导致发动机间歇性停转

故障现象:一辆行程 1.21 万公里的现代索纳塔轿车,冷车起动初期起动机出现间歇性停转现象,一旦起动成功,冷却液温度上升到 20℃以上后,一切正常。

故障诊断与排除:询问车主并查阅该车维修记录得知,该车因为此故障先后 3 次进厂修理。第一次更换了起动机和蓄电池,第二次更换了蓄电池和锁定开关,第三次更换了起动继电器并检查了搭铁线。

接车后,首先根据维修资料分析该车起动电路。在该车的起动系统中,设置有防盗装置继电器(在车内继电器盒)和起动继电器(在发动机舱接线盒)。当点火开关转至"起动"挡时,12V 电源经车内接线盒内的保险丝(10A),再经防盗继电器触点(2～4),流过发动机舱接线盒(同时触点 2 又经旁路至防盗继电器线圈端子 3)。当锁定开关置于"P"或"N"位时,上述 12V 电源流经起动继电器线圈,至发动机舱左侧减振器旁的车体搭铁端,从而使起动继电器工作,进而使起动机转动。

当汽车进入防盗状态时,如果使点火开关处于"接通"位置,只要处于 ETACS(电子时间和警报装置)监控中的机盖开关、行李箱盖开关及 4 个车门开关中的某一个被打开(机盖和行李箱盖开关的电压从 5V 降至 0V,各车门开关电压从 12V 降至 0V),ETACS 3 号端子被搭铁,接通防盗继电器线圈电路,使防盗继电器触点断开(常闭式),从而断开起动继电器电路,起动机不能转动。

根据起动控制原理,制定了下述检测程序:

(1) 检测机舱接线盒内保险丝(30A)是否良好。

(2) 检测点火开关 AM 端子电压是否为 12V。

(3) 检测车内接线盒 15 端子电压。但是在车上进行该项检查难度大,所以先拆下车内继电器盒盖,检测防盗继电器 1 号端子电压。如果此处电压不足 12V,可以认定自车内接线盒至防盗继电器 1 号端子之间的配线不良,或车内接线盒不良。

(4) 在接通点火开关时检测锁定开关 7 号端子电压,当变速手柄置于"P"或"N"位置时,检测锁定开关 8 号端子电压。

(5) 检测起动继电器端子电压。在正常情况下,其 86 号端子电压应为 12V,85 号端子应为 0V。如果检测结果 85 号端子电压为 12V,说明继电器搭铁不良。

(6) 检测起动继电器 30 号端子电压。30 号端子通过保险丝直接与蓄电池相连,故在关闭点火开关时,其端电压应为 12V。

经电路检测发现,该车故障原因是由于起动继电器工作线圈搭铁点处紧固螺钉(M10)松动,造成起动继电器线圈搭铁不良,导致继电器间歇性不工作。清理并紧固搭铁螺钉。反复试车,起动机均能连续运转,发动机顺利起动。

4.3　中央门锁及防盗系统的故障诊断与检测

本节以捷达轿车为例,介绍中央门锁及防盗系统的故障诊断与检测方法。

4.3.1 中央门锁及防盗系统基础知识

4.3.1.1 中央门锁系统的结构与原理

中央门锁系统通过一系列电子控制来打开或锁住车门，电控门锁通常由电子控制机构和执行机构两部分组成。多数自动门锁在车速超过某一预设值时或具备一定条件时，能自动锁住车门。

捷达轿车的中控门锁采用的是双向压力泵式中控门锁，它主要由机械部分、空气管路和控制电路三部分组成，其控制电路如图 4-5 所示。电路部分的核心是中控门锁控制单元，它连同双向压力泵装在一个塑料盒内，安装在后座椅下面，用连接器与中控门锁线束连接。当用钥匙或拉出两前门的任一门锁操纵杆来打开车门锁时，由于门锁通过连接杆与前车门锁执行元件相连接，连接杆被向上拉起，车门锁执行元件中的门锁开关的开锁触点Ⅰ闭合，中控门锁控制单元收到此信号后，立即控制双向压力泵转动，接通压缩空气，使系统管路中的气体呈正压，气体进入四个车门及行李舱的执行元件内，膜片推动连接杆向上运动将车门打开。相反，当连接杆被压下时，车门锁执行元件中的门锁开关的门锁触点Ⅱ闭合，中控门锁控制单元控制双向压力泵向另一方向运转，用以抽吸空气，系统管路中呈负压，各门锁执行元件进入真空状态，膜片带动连接杆向下运动而将车门锁住。

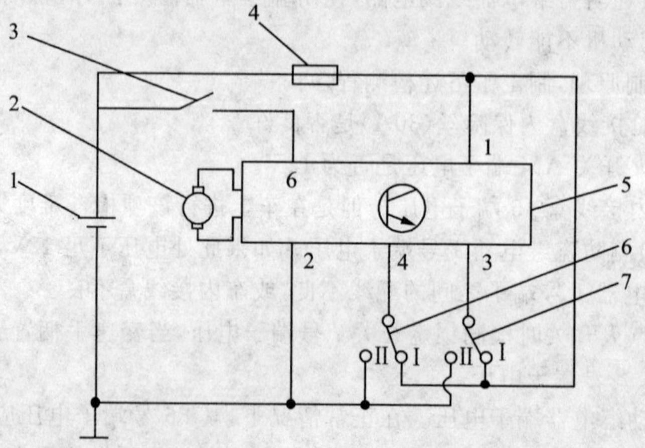

图 4-5 捷达中控门锁系统控制电路

1—蓄电池 2—双向压力泵 3—点火开关 4—熔断丝

5—中控门锁控制单元 6—左前门锁开关 7—右前门锁开关

4.3.1.2 防盗系统的结构与原理

防盗系统是一种车辆止动系统，其功能是防止某人用未被授权的钥匙起动发动机，开走车辆。

捷达轿车采用的是变换码式防盗装置，该系统由传感器、电控单元和执行元件等组成，如图 4-6 所示。当把带有送码器的钥匙插入装备有接收和发射天线的锁腔内时，送码器在天线所发射的电磁场中获得能量，送码器的信息由载流频率获得，防盗器控制单元通过调整发射天线的电流来调节电磁场的负荷，从而向送码器传递数据，提出质询。送码器通过内部预置的程序计算出应答值，调整电磁场的负荷，向防盗器控制单元之间进行相互识别。如果带送码器的钥匙与防盗器控制单元能够相互识别，防盗器控制单元再与发动机控制单元进行通信，解除防盗功能，发动机才能起动，否则发动机将无法起动。

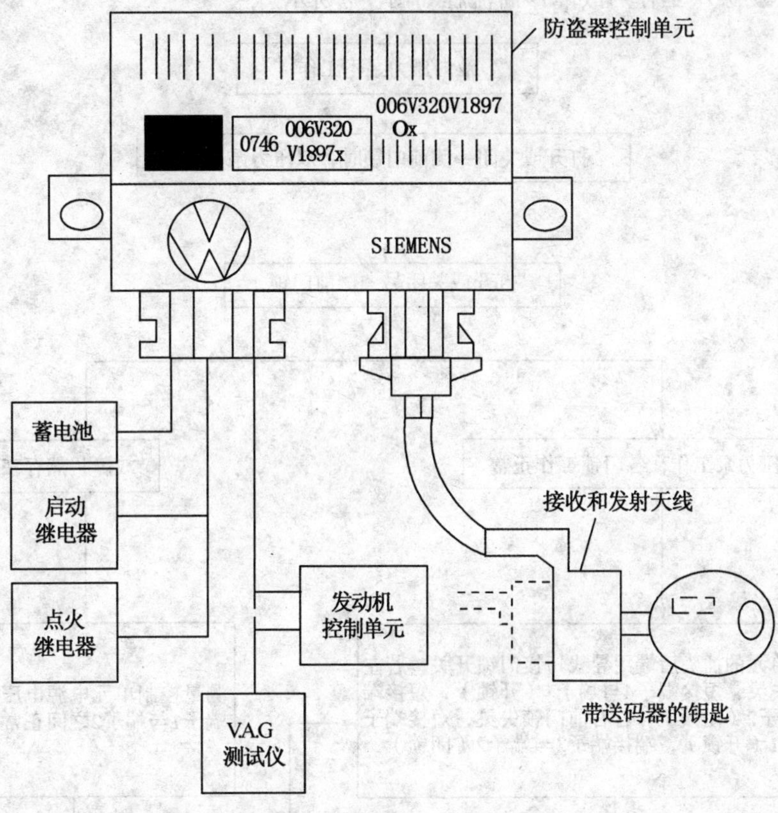

图 4-6　防盗系统元件示意图

4.3.2　中央门锁系统故障诊断与检测

对捷达轿车来说，在门锁系统失灵时，应先观察是全部门锁失灵还是某个门锁失灵，如果全部门锁失灵，通常是电源断路、空气管路破裂、控制单元损坏所致；若打开或关闭前门锁时，双向压力泵工作时间长达 30s，但门锁不动作，说明系统有漏气处；如果只是某个门锁失灵，一般是该门锁机械方面的故障，只要拆检故障车门即可。

4.3.2.1　双向压力泵不工作

(1)故障现象

打开或关闭前门锁时，双向压力泵不工作，其他三个车门的锁扣都不动作。

(2)故障原因

1)电源熔断丝熔断。

2)中控门锁控制单元或双向压力泵损坏。

3)前门锁执行元件中的门锁开关损坏。

4)线路故障。

(3)故障诊断与排除

双向压力泵不工作的故障诊断流程如图 4-7 所示。

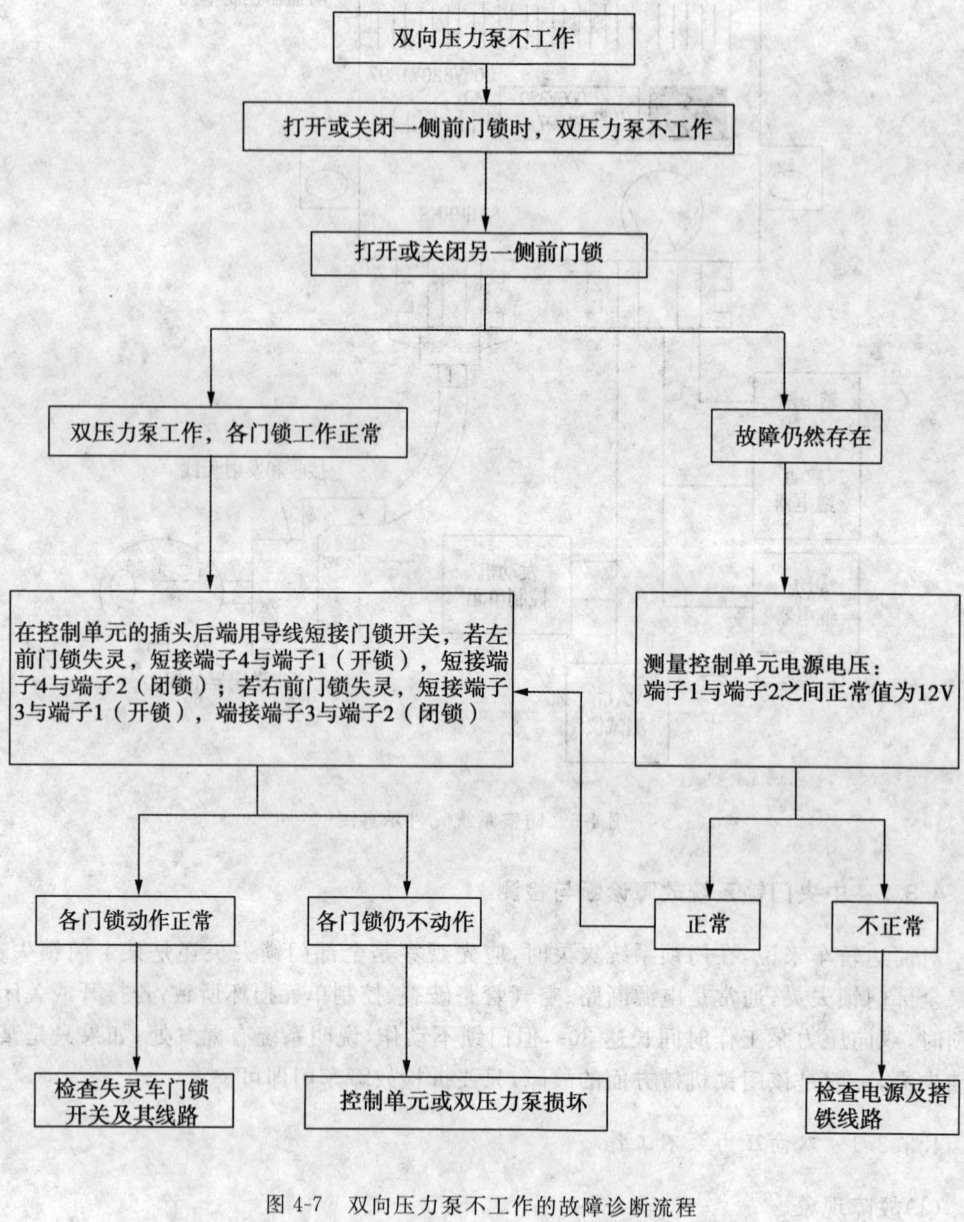

图 4-7　双向压力泵不工作的故障诊断流程

4.3.2.2　中央联锁机构无法联锁

(1)故障现象

各车门无法联锁。

(2)故障原因

1)管路泄漏。

2)双向压力泵失效。

(3)故障诊断

1)蓄电池电压应符合要求,熔断丝工作正常。

2)拆掉后座椅,取出双向压力泵绝缘材料,断开中控门锁控制单元6脚连接器。

3)检查双向压力泵电压供给情况。用万用表测量连接器插孔1和2之间的电压,应约为12V,若未达到规定值,检查线路是否断路并排除故障。

4)检查点火开关至双向压力泵的供电电压。将点火钥匙插入点火开关,不接通点火开关,用万用表测量连接器插孔6和2之间的电压,应约为12V,若未达到规定值,则检查线束及点火开关的工作情况。

5)检查点火开关功能。拔下点火钥匙,用万用表测量连接器插孔6和2之间的电压,应为0V,否则,说明点火开关损坏。

6)检查驾驶员一侧车门开关功能。用万用表测量连接器各插孔之间的电压:门锁锁止时,插孔1和4之间应为12V;门锁开启时,插孔4和2之间应为12V,否则应检查线路及车门开关控制单元。

7)检查前排乘员一侧车门开关功能。用万用表测量连接器插孔之间的电压:门锁锁止时,插孔1和3之间应为12V;门锁开启时,3和2之间应为12V,否则应检查线路及车门开关控制单元。

8)检查泄漏点。若双向压力泵的运行时间超过3s,最多达7s,而中控门锁机构还不工作,则说明系统不渗漏,并于30s后自动切断工作电路。检查泄漏点应从泵开始,然后逐个拔下三通真空软管,判定泄漏在哪一侧,最后找出泄漏点。

9)若无泄漏点且该系统仍不工作,则应更换双向压力泵。

4.3.3　防盗系统的故障诊断与检测

4.3.3.1　系统自诊断

捷达轿车防盗系统防盗器控制单元具有自诊断功能,通过故障指示灯自检功能可以识别某些故障。

(1)当点火钥匙处于开的位置时,驾驶员一侧的防盗警告灯亮3s后熄灭,表示整个防盗系统工作正常。

(2)若点火开关打开后,指示灯持续亮60s,表示点火钥匙的匹配过程有误。

(3)若点火开关打开约2.5s后,指示灯开始闪烁并持续60s,表示点火钥匙中无密码芯片或是使用了没有被授权的钥匙。

(4)若点火开关打开后,指示灯立即闪烁并持续60s,则表示读写线圈出现功能性故障或数据线出现故障。

4.3.3.2 利用故障诊断仪V.A.G1551/2诊断

在电器熔断丝和蓄电池电压正常的前提下,拆下中央电器盒护盖,正确连接V.A.G1551/2,则显示屏显示:

```
V. A. G. SELF DLAGNOSIS              HELP
1-Rapid data transfer
2-Flash code output
```

(1)选择功能

1)按“1”键,进入快速数据传递模式,显示屏显示:

```
Rapid data transfer          HELP
Input address word
```

2)输入防盗器的地址码“25”,按“Q”键确认,显示屏显示:

```
1GD953257 IMMO VWZ230V1509105 V64   →
Coding 09600                WSC12345
```

说明:1GD953257为防盗器控制单元零件号;IMMO为电子防盗系统的缩写;VWZ230V1509105为防盗器控制单元14位数编号;V64为防盗器控制单元软件版本号;Coding 09600为编码号;WSC12345为维修站代码。修理防盗器使用V.A.G1551/2时,必须先输入维修站代码。

3)按“→”键,显示屏显示:

```
Rapid data transfer                  HELP
Select function
```

防盗系统可选功能有:01—查询控制单元版本;02—查询故障代码;05—清除故障存储器;06—结束输出;07—控制单元编码;08—读取测量数据块;10—配制钥匙;11—安全登录。

(2)查询故障代码

1)在选择功能界面,按下“0”和“2”键,按“Q”键确认。

在此界面,存储的故障被依次显示出来,捷达防盗系统的故障代码见表4-2。

2)按下“0”和“6”键,再按“Q”键,结束输出。

表4-2　捷达轿车防盗系统故障代码表

故障代码及含义	故障原因	故障排除
00750:警告灯对正极短路、开路或对地短路	①防盗器控制单元与警告灯之间连线断路 ②防盗器警告灯损坏	①检查线路的断、短路情况 ②更换警告灯
01128:防盗器天线故障	①3针连接器没有与控制单元连接或天线失效 ②防盗器控制单元失效	①检查连接器及天线,如有必要更换天线 ②清除故障存储器并再次查询,如有必要,更换控制单元
01176:钥匙信号电压太低	①天线或连线失效 ②点火钥匙中的电子器件失踪或丧失功能 ③机械齿吻合的点火钥匙不匹配	①检查天线的连线和连接器,如有必要更换天线 ②更换点火钥匙重新匹配所有点火钥匙,然后检查功能 ③重新匹配所有点火钥匙,然后检查功能
01177:发动机控制单元没被授权	发动机控制单元不匹配	在控制单元间的W线正常前提下,匹配发动机控制单元
01179:钥匙编程错误	点火钥匙匹配故障	输入密码重新匹配所有点火钥匙并检查其功能
01202:诊断线短路	①防盗器控制单元7脚与8脚短接(W线和K线) ②防盗器控制单元失效	①检查连接器和接头,排除线路故障 ②清除故障再次查询,如有必要,更换控制单元
65535:控制单元失效	①防盗器控制单元7脚与8脚短接(W线和K线) ②防盗器控制单元不能识别正确波频率,防盗器控制单元失效	①检查连接器,排除线路故障 ②更换防盗器控制单元

(3)读取测量数据块

1)在选择功能界面下输入“08”,显示屏显示:

Read measuring value block	Q
Enter display group number	

2)输入显示组号“22”,按“Q”键确认,显示屏显示:

Read measuring value block 22			Q
1	2	3	4

1区显示是否允许起动发动机:若显示代码1则为允许起动,若显示代码0则为不允许起动,可能是钥匙匹配错误或发动机控制单元与防盗器控制单元匹配错误。2区显示

是发动机控制单元的回答:1 为正确,0 为不正确,可能是发动机控制单元或连接线路故障。3 区显示的为钥匙状态:1 表示钥匙转发正确,0 表示钥匙匹配错误,或转发器无效。4 区显示为钥匙的实际数量。

(4)配制钥匙

捷达轿车防盗系统最多可以记忆 8 把不同钥匙。钥匙配制操作后,原来储存在防盗器控制单元中的旧钥匙设置将被清除,只有在新配制过程中配制的钥匙有效。钥匙配制的操作过程为:

1)在选择功能界面下,输入“11”,使用安全登录功能,显示屏显示:

Login procedure
Enter code number ×

2)键入防盗器控制单元的 PIN 码,进行安全登录,显示屏显示:

Rapid data transfer	HELP
Select function	

3)键入“10”并确认,显示屏显示:

Adaptation	Q
Feed in channel number	

4)按“0”和“1”键,显示屏显示如下,并开始配置程序。

Channel 1 Adaptation ×	
Old no. of 2	←1 3→

5)直接输入原有钥匙数,或按 3 键增加数值,按 1 键减少数值,显示屏显示:

Channel 1 Adaptation 2	Q
Enter Adaptation Value ×	

6)按要配置的钥匙数,输入 0000×并确认,显示屏显示:

Channel 1 Adaptation ×	Q
Store Changed Value?	

7)按“Q”键确认,显示屏显示:

Channel 1 Adaptation ×	→
Changed Value is stored	

8)按“→”键返回功能选择界面,输入“06”结束输出。

此时,指示灯将被接通 3s,第一把钥匙被预置和记忆,同时,60s 的初始化计时器起动,关闭点火开关,拔出钥匙,快速依次插入其余钥匙,分别打开点火开关 1s 以上,所有钥匙将被自动记忆。需要注意的是，匹配所有钥匙的操作过程不得超过 60s，只是插入钥匙，而没有打开点火开关，则这把钥匙匹配无效。

4.3.3.3　发动机控制单元的更换

更换发动机控制单元后，防盗器控制单元必须记忆新的控制单元码，防盗器控制单元中已生效的钥匙无需进行重新匹配。更换发动机控制单元后的匹配过程为：

1)在选择功能界面下，输入“10”，使用匹配功能，显示屏显示：

```
Adaptation                    Q
Feed in channel number
```

2)输入“00”频道号，按“Q”键确认，显示屏显示：

```
Adaptation                    Q
Erase learned values?
```

3)按“Q”键，显示屏显示：

```
Adaptation                    →
Learned values have been erased
```

4)按“→”键，完成匹配程序，发动机控制单元的随机代码被防盗器控制单元读入储存起来。

4.3.3.4　防盗器控制单元更换

防盗器控制单元是防盗系统的核心部件，具有采集信息、信号转换与处理、发出指令、识别并存储故障信息等功能，此外，它还有本身的密码，即前述配制钥匙时用的安全登录码。若更换新的防盗器控制单元，其本身密码会自动被发动机控制单元读入并存储，但需要重新进行一次所有钥匙的匹配程序。若更换从其他车上拆下来的防盗器控制单元，应先进行一次发动机控制单元与防盗器控制单元匹配程序，再重新进行一次所有钥匙匹配程序。

4.3.4　故障案例

案例 1　汽车引擎盖开关不动作导致防盗系统失灵

故障现象：一辆上海通用凯越轿车，防盗指示灯不亮。用遥控器能够闭锁、开锁、开启后备箱。闭锁时，转向灯不闪烁，防盗喇叭也不响。开锁时，转向灯闪烁 2 次，而防盗喇叭无声。

故障诊断与排除：通常在防盗系统电源正常、搭铁良好、四个车门开关及引擎盖开关和后备箱盖开关正常、相关线路正常等情况下，车辆即可进入防盗状态。进入防盗状态后，防盗指示灯闪烁，按遥控器闭锁键时转向灯应闪烁一次，喇叭应响一声；按遥控器开锁键时转向灯应闪烁两次，喇叭应响两声。显然本车是由于某种原因无法进入防盗状态。

首先检查防盗系统电源：保险丝正常，搭铁良好，四个车门的门灯开关正常，后备箱灯开关也正常，引擎盖开关通断也正常。用万用表测量指示灯正常，其插头一端有 12V 电源，显然控制端没有信号。在车右前端大灯下面找到防盗喇叭，用万用表测量喇叭及线路，正常。

防盗系统控制单元没有提供控制信号，检查线路也正常。询问车主，得知此车因事故进行过钣金整形，更换了前梁。而引擎盖开关安装在前梁上，可能是开关安装位置不对，引擎盖关好后开关没动作。随后，将车门及后备箱盖全部关闭，引擎盖打开，用手按住开关；按下遥控器的闭锁键，转向灯闪了一下，喇叭响了一声，防盗指示灯闪烁。按遥控器的开锁键，转向灯闪两次，喇叭响了两声，防盗系统正常工作。

故障部位确定之后，在引擎盖开关下面安装了一个厚度合适的垫子，使引擎盖盖好后开关能够正常动作。再次遥控器开锁、闭锁验证，一切正常。

案例 2　防盗器搭铁线松动导致不着车

故障现象：捷达 GiX 轿车有时发动机不能发动，录音机、四门电动玻璃、中控门锁不工作，同时防盗器指示灯虚闪。

故障诊断与排除：如果电气设备的搭铁线接触不良，就会造成电气设备工作紊乱。经询问，此车换过点火开关，拆过防盗器。用 V. A. G1552 检测发动机控制单元，查询无故障记录。检测防盗器控制单元，不能进入。

查阅电路图得知，玻璃升降机、中控门锁和防盗器共用一条搭铁线。此搭铁线连接在继电器盒旁车身处，检查发现该搭铁线螺栓松动。紧固搭铁线，防盗器控制单元能够进入，故障排除。

案例 3　转发器损坏导致防盗器锁止

故障现象：宝来 1.8MT 轿车起动 1s 后自动熄火，防盗报警灯亮。

故障诊断与排除：使用 V. A. G1552 诊断仪，输入地址码“01”查询发动机控制单元，有一个故障码 17978，即发动机控制单元锁止，说明防盗系统因某种原因被触发，将发动机控制单元锁止。再输入地址码“17”查询防盗系统控制单元，也有一个故障码 01176，即钥匙信号太弱。从故障代码分析，可能是该钥匙的转发器有问题。

使用备用钥匙重新起动发动机，发动机正常起动，且防盗报警灯熄灭。故而用仪器对原来那一把钥匙进行重新匹配，但未能匹配成功，说明该钥匙内部的脉冲转发器确实损坏，需要重新配制钥匙。

案例 4　供电导线破损导致中控门锁不工作

故障现象：捷达 GTX 轿车四个电控门锁均不工作。

故障诊断与排除：该车四个电控门锁均不工作，表明其控制电路有故障。可能的故障原因有：供电熔丝熔断、中控门锁控制器损坏、电源线或负极搭铁线有断路处。

首先检查熔丝，正常；其次检查搭铁线，也正常。在检查供电线路时，发现在车门铰链处导线破损严重，几乎磨断。重新连接好破损导线，四个电控门锁工作正常。

4.4　汽车其他电器系统的故障诊断与检测

4.4.1　照明系统的故障诊断与检测

汽车照明系统主要由前照灯、雾灯、倒车灯、室内灯、行李箱照明灯、牌照灯及各控制电路组成，图 4-8 至图 4-10 为大众捷达车照明电路图，其常见故障的诊断及排除方法见表 4-3。

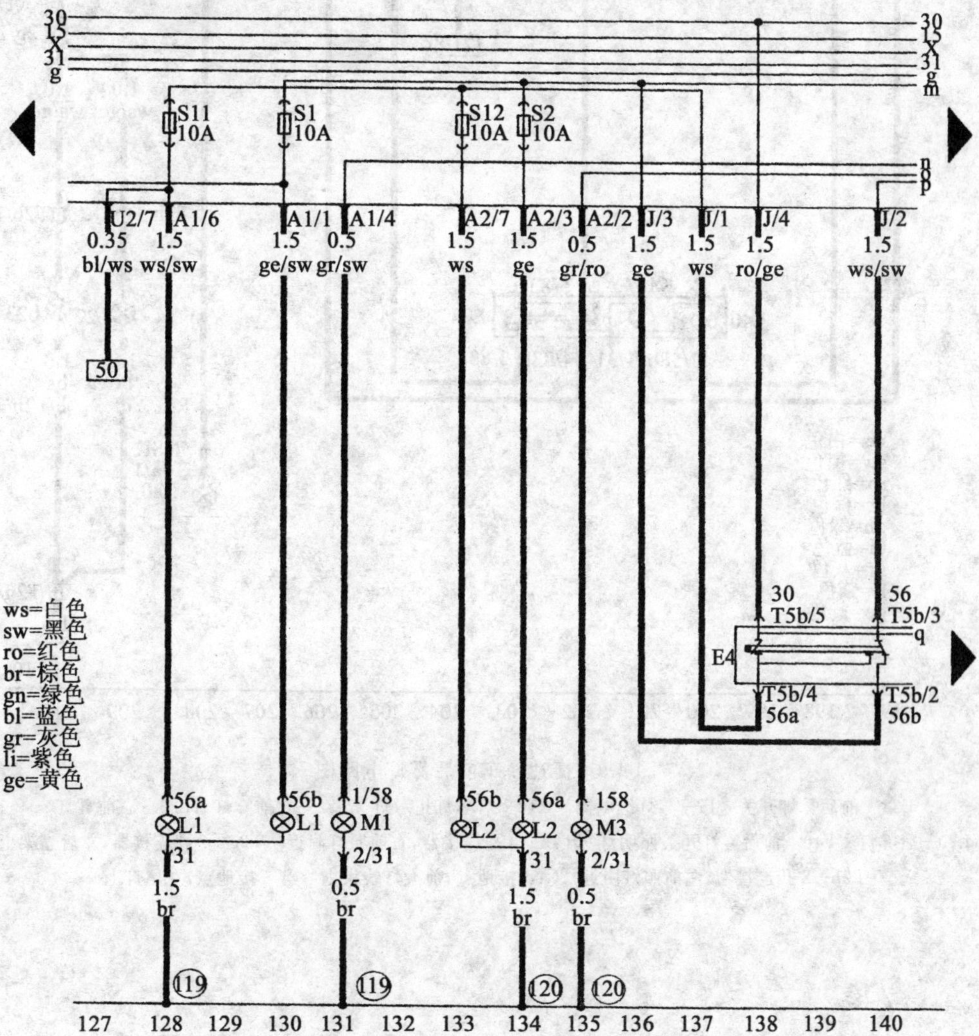

图 4-8　捷达轿车前照灯电路图

E4—变光及转向灯开关　L1—左前照灯双丝灯　L2—右前照灯双丝灯　M1—左停车灯

M3—右停车灯　T5b—5 孔连接器，转向柱开关后面　⑲—接地点，前照灯线束内

⑳—接地点，前照灯线束内

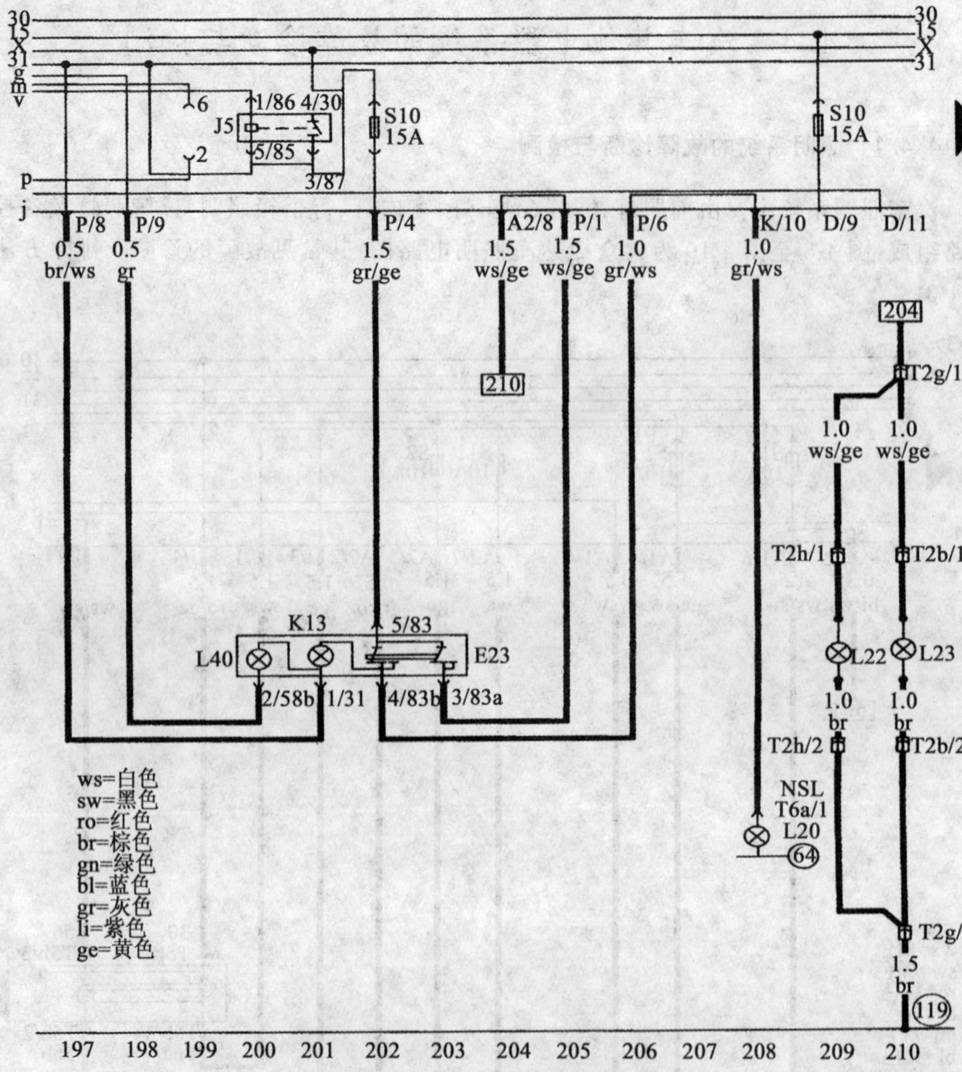

图 4-9　捷达轿车前后雾灯电路图

E23—前后雾灯开关　J5—雾灯继电器　K13—后雾灯指示灯　L22—左前雾灯　L23—右前雾灯　L20—后雾灯　L40—前后雾灯开关照明灯　T2b—2 孔连接器，右前照灯附近　T2g—2 孔连接器，左后悬架上　T2h—2 孔连接器，左前照灯附近　⑪⑨—接地点，前大灯线束内　⑥④—接地点，左尾灯上

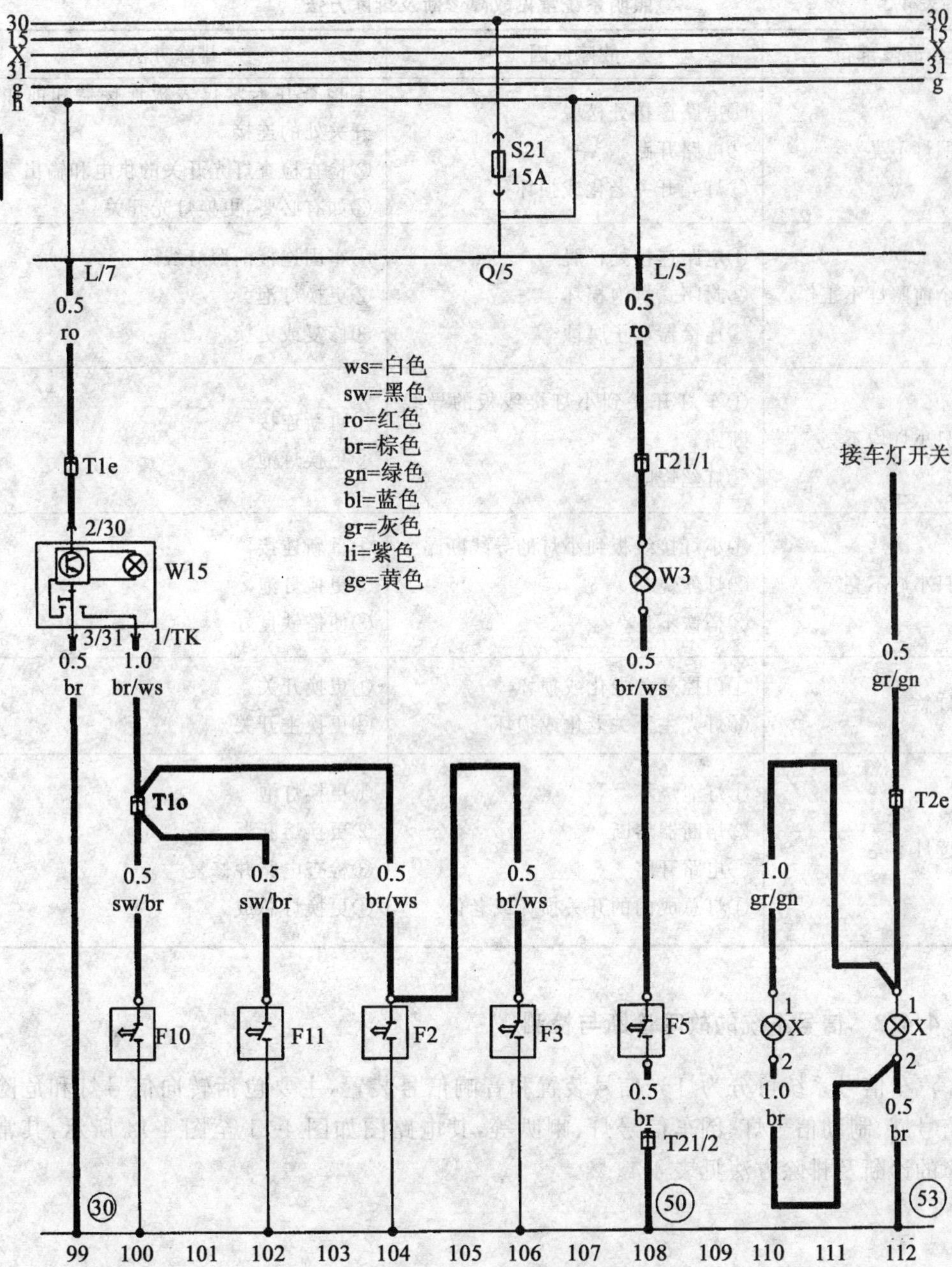

图 4-10　捷达轿车室内灯、行李箱灯、牌照灯电路图

F2—左前门锁联锁开关　F3—右前门锁联锁开关　F5—行李箱照明灯开关　F10—左后门锁联锁开关
F11—右后门锁联锁开关　T21—2 孔连接器，行李箱左侧　W3—行李箱灯　W15—室内灯　X—牌照灯
T1e—单孔连接器，继电器盒上部　T1o—单孔连接器，继电器盒上部　T2e—2 孔连接器，行李箱左后部
㉚—接地点，继电器盒旁　㊿—接地点，行李箱左侧　53—接地点，行李箱左侧

表 4-3　　照明系统常见故障诊断及排除方法

故障部位	故障原因	排除方法
前照灯不亮	①电路连接处松脱 ②电路开路 ③灯光开关老化或损坏	①检查并卡紧仪表板连接器和前照灯开关处的连接 ②检查检查灯光开关的供电和输出 ③如有必要，更换灯光开关
一个前照灯不工作	①电路连接处松脱 ②封闭式灯泡损坏 ③连接器端子腐蚀	①牢固连接前照灯线路 ②更换灯泡 ③修复或更换
两只小灯均不亮	①车灯开关到小灯接线板的导线断路 ②灯丝烧断	①重新连接 ②更换灯泡
一只小灯不亮	①小灯接线板到小灯的导线断路 ②灯丝烧断 ③搭铁不良	①重新连接 ②更换灯泡 ③使搭铁良好
顶灯总亮	①门控开关老化或损坏 ②灯光主开关老化或损坏	①更换开关 ②更换主开关
阅读灯不亮	①灯泡烧坏 ②熔断器熔断 ③电路开路 ④灯总成内的开关损坏或老化	①更换灯泡 ②更换熔断器 ③检查电路并修复 ④更换灯总成

4.4.2　信号系统的故障诊断与检测

汽车信号系统可分为灯光信号装置和音响信号装置，主要包括转向信号灯和危险警告信号灯、制动信号灯、倒车信号灯、喇叭等，其电路图如图 4-11 至图 4-14 所示，其常见故障的诊断及排除方法见表 4-4。

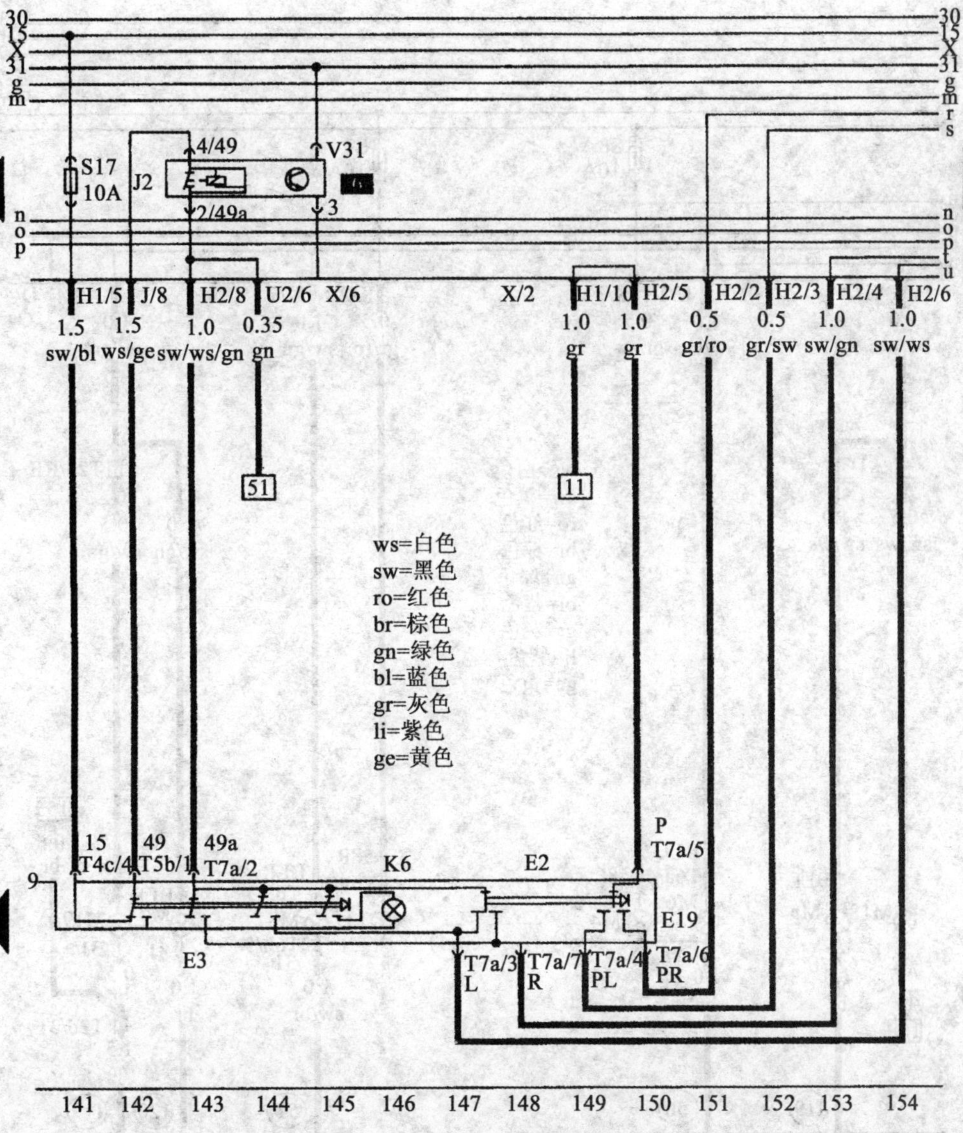

图 4-11　转向灯开关、危险警告灯开关电路图

E2—转向灯开关　K6—遇险报警灯　E3—遇险报警开关　T4c—4 孔插接件，转向柱开关后

E19—驻车灯开关　T5b—5 孔插接件，转向柱开关后

J2—遇险报警灯继电器　T7a—7 孔插接件，转向柱开关后

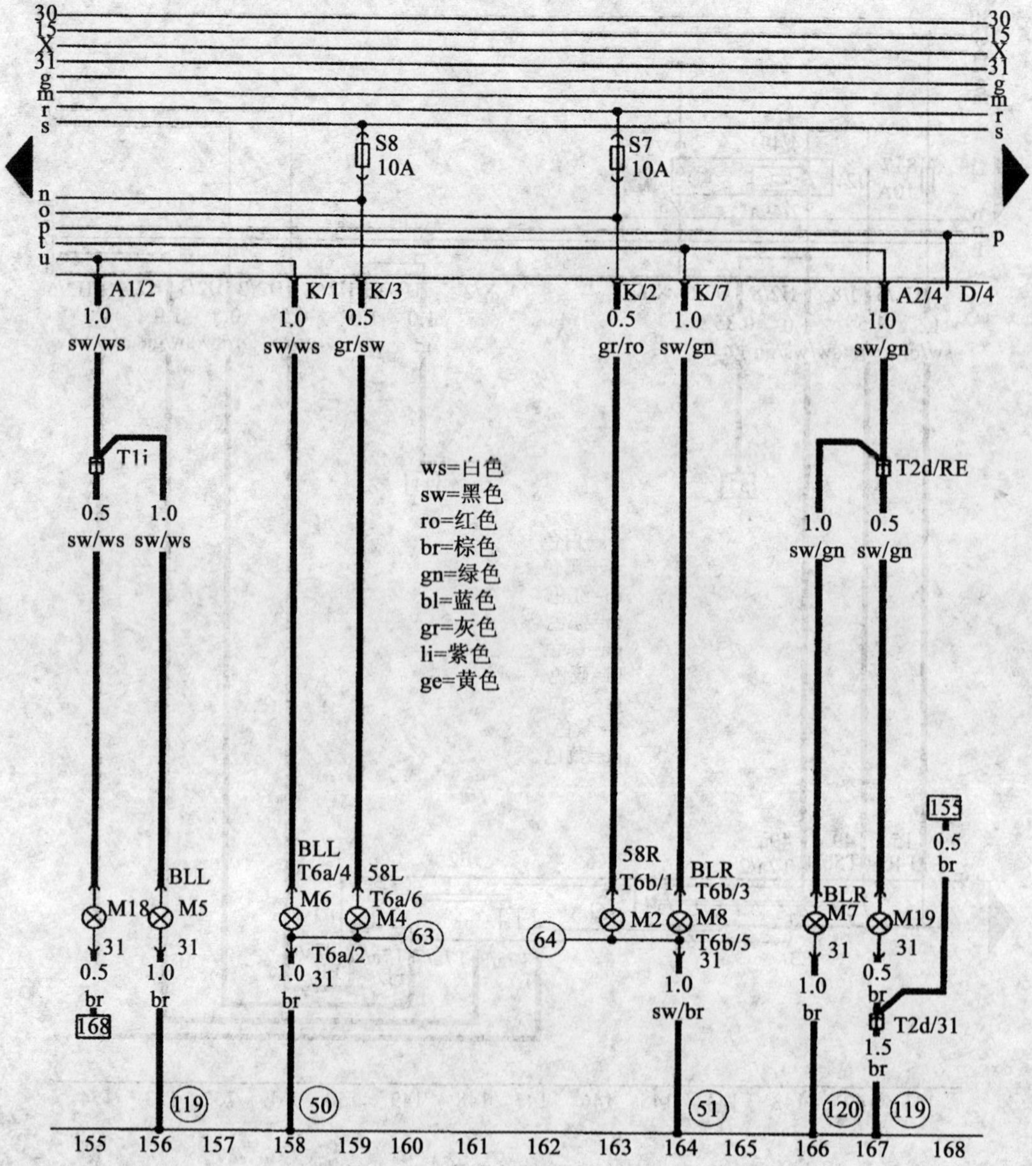

图 4-12　转向灯电路图

M2—右尾灯　T6a—孔插接件，左尾灯　M4—左尾灯　T6b—6 孔插接件，右尾灯　M5—左转向灯　㊿—接地点，行李箱锁下端　M6—左后转向灯　㊿①—接地点，行李箱锁下端　M7—右前转向灯　63—接地点，左尾灯灯架处　M8—右后转向灯　64—接地点，右尾灯灯架处　M18—左侧停车转向灯　119—接地连接点，前照灯线束内　M19—右侧停车转向灯　120—接地连接点，前照灯线束内　T1i—单空插接件，左减振器支柱后　T2d—2 空插接件，左减振器支柱后

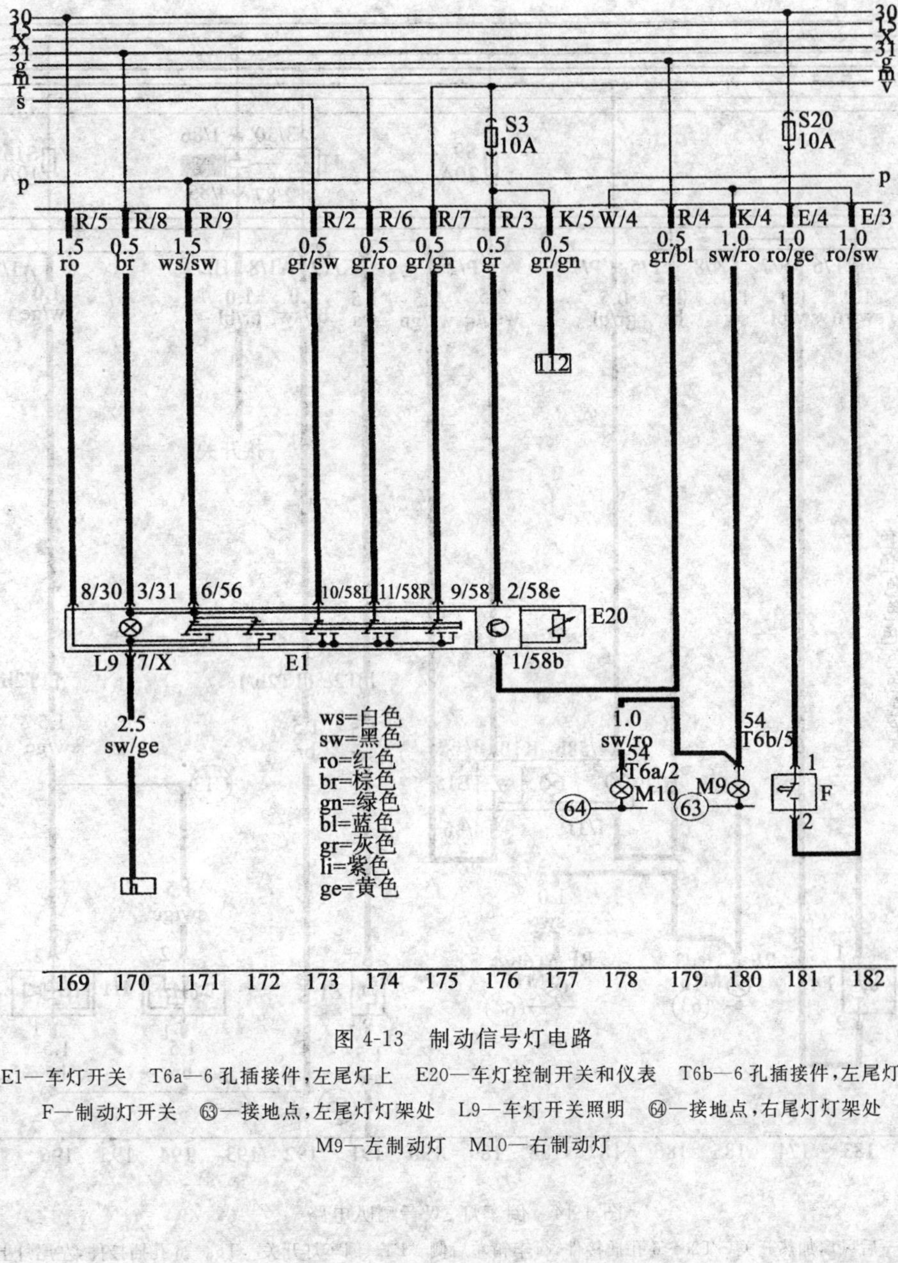

图 4-13　制动信号灯电路

E1—车灯开关　T6a—6 孔插接件，左尾灯上　E20—车灯控制开关和仪表　T6b—6 孔插接件，左尾灯上

F—制动灯开关　㊸—接地点，左尾灯灯架处　L9—车灯开关照明　㊹—接地点，右尾灯灯架处

M9—左制动灯　M10—右制动灯

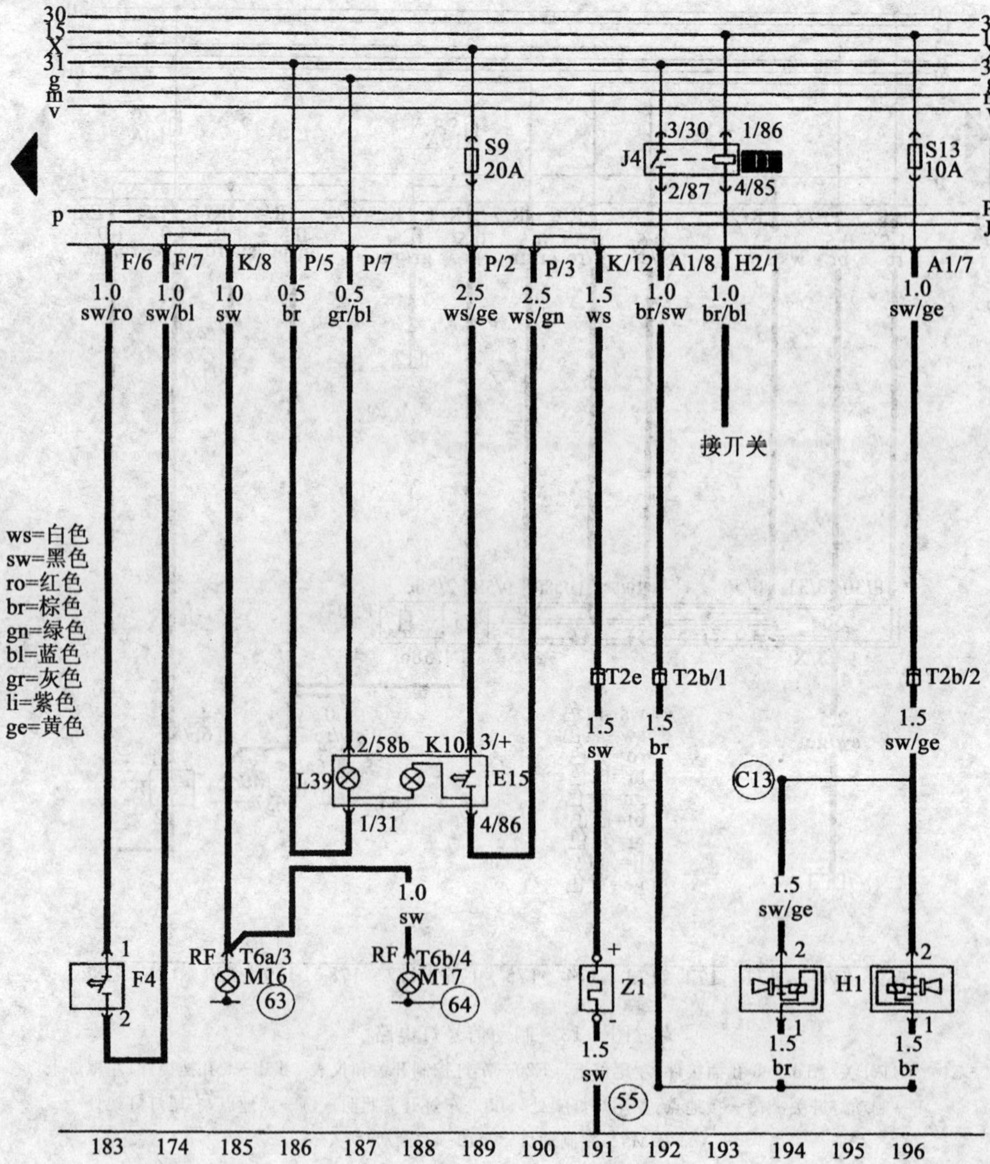

图 4-14　倒车灯、双音喇叭电路

E15—后风扇加热开关　T2e—6 孔插接件，行李箱左后侧　F4—倒车灯开关　T6a—6 孔插接件，左尾灯上

H1—双音喇叭　T6b—6 孔插接件，右尾灯上　J4—双音喇叭继电器　Z1—后风扇加热

K10—后风扇加热指示灯　㊺—接地点，行李箱右侧　L39—后风扇加热开关照明灯

⑥③—接地点，左尾灯灯架上　M16—左倒车灯　⑥④—接地点，左尾灯灯架上

M17—右倒车灯　Ⓒ13—电源线连接点，双音喇叭线束内　T2b—2 孔插接件，继电器盒后面

表 4-4　　信号系统常见故障诊断与排除方法

故障部位	故障原因	排除方法
转向信号灯不亮	①熔断器或电路断电器烧断 ②闪光器老化或损坏 ③导线连接松脱 ④电路开路或搭铁不良 ⑤转向灯开关损坏	①更换 ②更换闪光器 ③重新连接导线 ④按要求修复 ⑤更换转向灯开关或线束
制动灯不亮	①熔断器或电路断电器烧断 ②导线连接松脱 ③电路开路或搭铁不良 ④制动灯开关老化或损坏	①更换 ②重新连接导线 ③按要求修复 ④更换制动开关
喇叭不响	①线路断路 ②过载或电路短路，使熔丝烧断 ③喇叭导线端头与转向机间的连接器脱开 ④导线在转向机轴管内扭断 ⑤按钮接触不良或搭铁不良	①检查并连接 ②排除短路故障并更换熔丝 ③修复并接好连接器 ④更换导线 ⑤检查并修复

4.4.3　仪表报警系统的故障诊断与检测

汽车仪表板上多安装组合仪表装置，以便及时有效地监测发动机等汽车各系统的运转情况。组合仪表上一般设有燃油表、冷却液温度表、车速里程表等常用仪表、指示灯、报警灯及数字钟表等，图 4-15 至图 4-17 所示为捷达轿车仪表报警系统电路图，其常见故障诊断及排除方法见表 4-5。

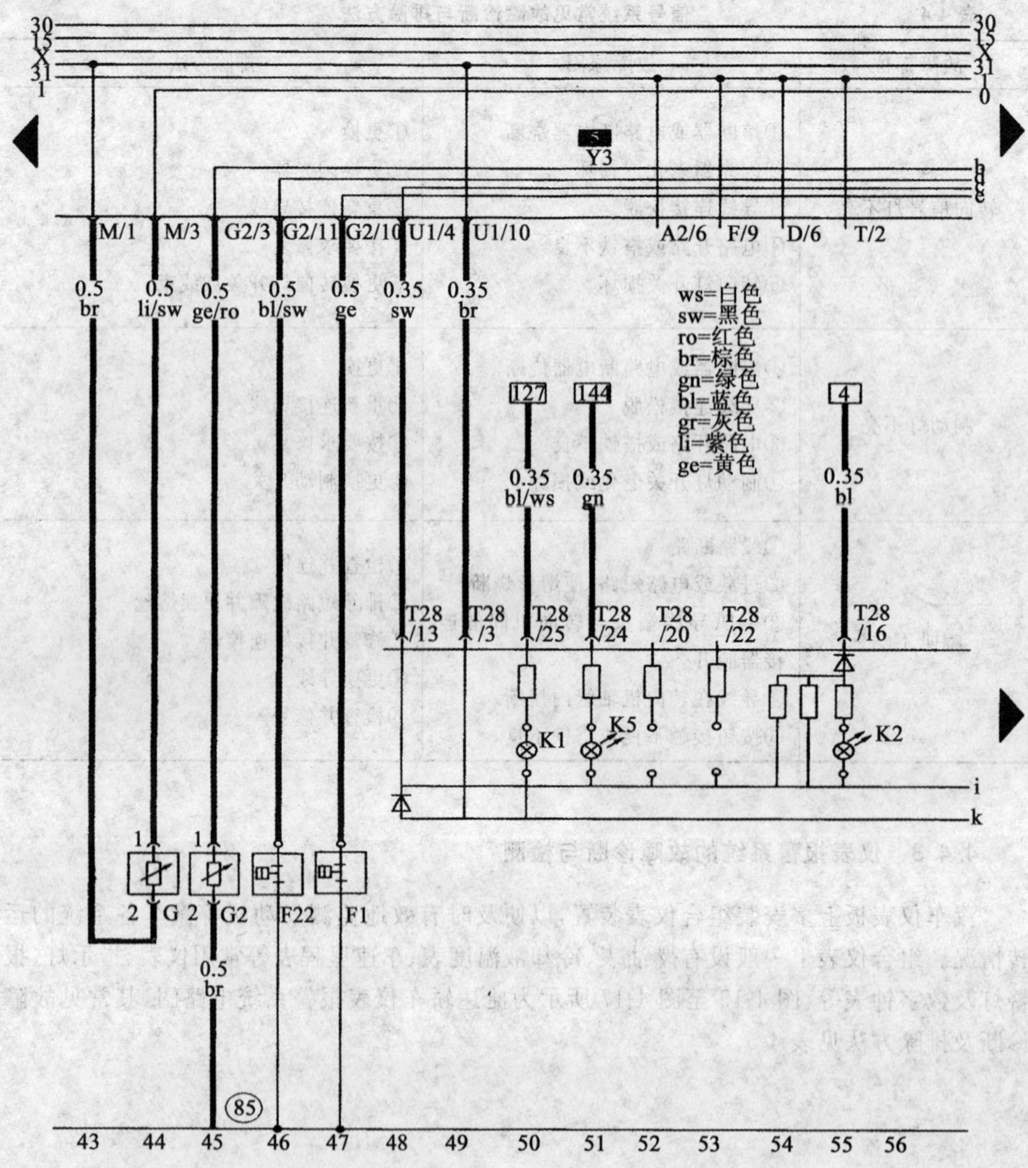

图 4-15　捷达轿车仪表报警系统电路图(1)

F1—油压开关　F22—油压开关　K1—远光报警灯　K2—发电机报警灯　K5—转向报警灯

G—燃油表传感器　G2—冷却液温度表传感器　T28—28 孔插头，在仪表板上　㉟—搭铁点，在发动机室线束内

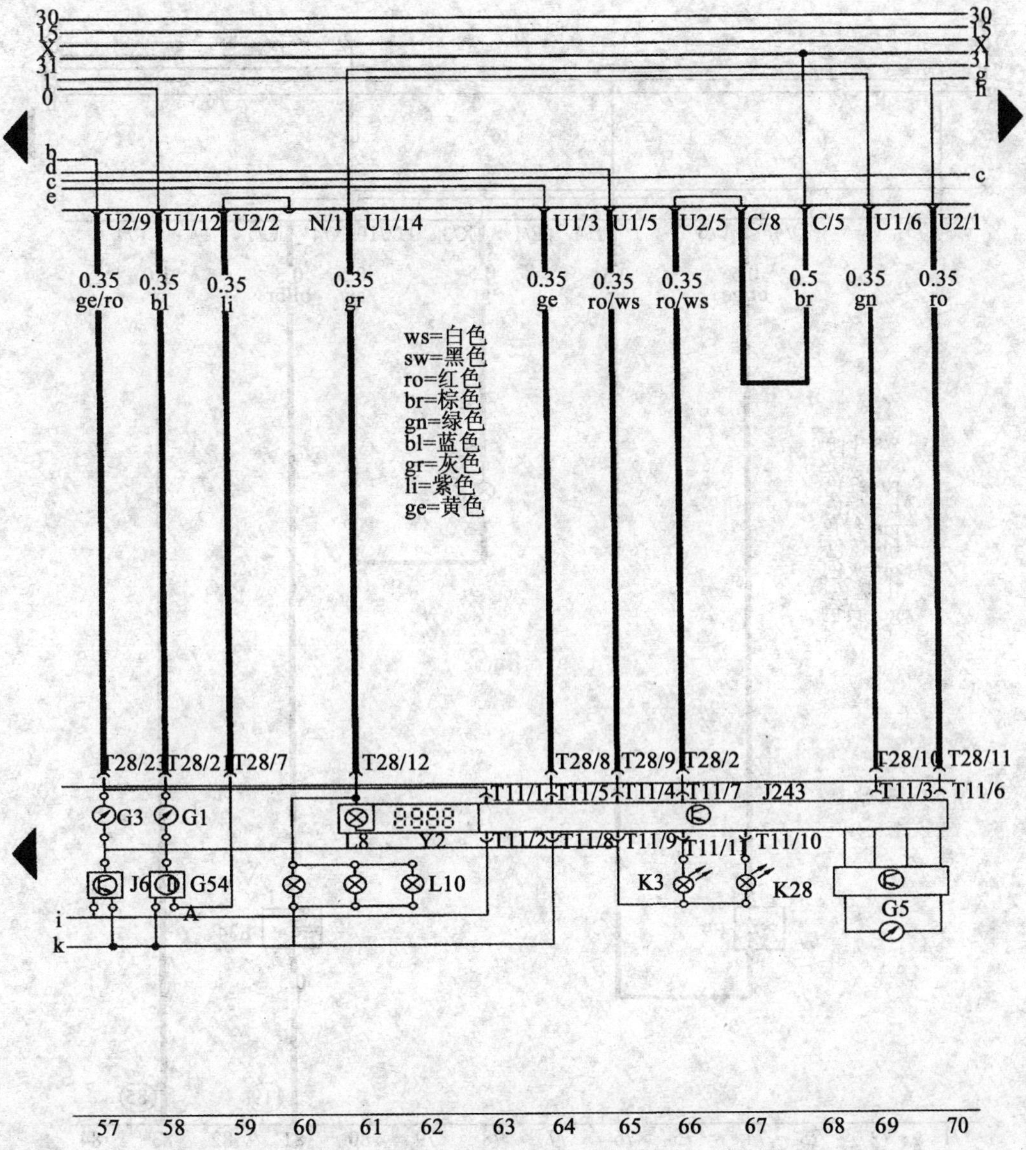

图 4-16　捷达轿车仪表报警系统电路图(2)

G1—燃油表　G3—冷却液温度表　G5—转速表　G54—速度传感器,仪表板内　J6—稳压器
J143—油压和冷却液报警及转速表控制单元　K3—油压报警灯　K28—冷却液温度报警灯　L8—时钟照明灯
L10—仪表板照明灯　L1d—单孔连接器,继电器盒后面　T11—11 孔连接器,控制器 J243 上
T28—28 孔连接器,仪表板旁　Y2—数字式时钟

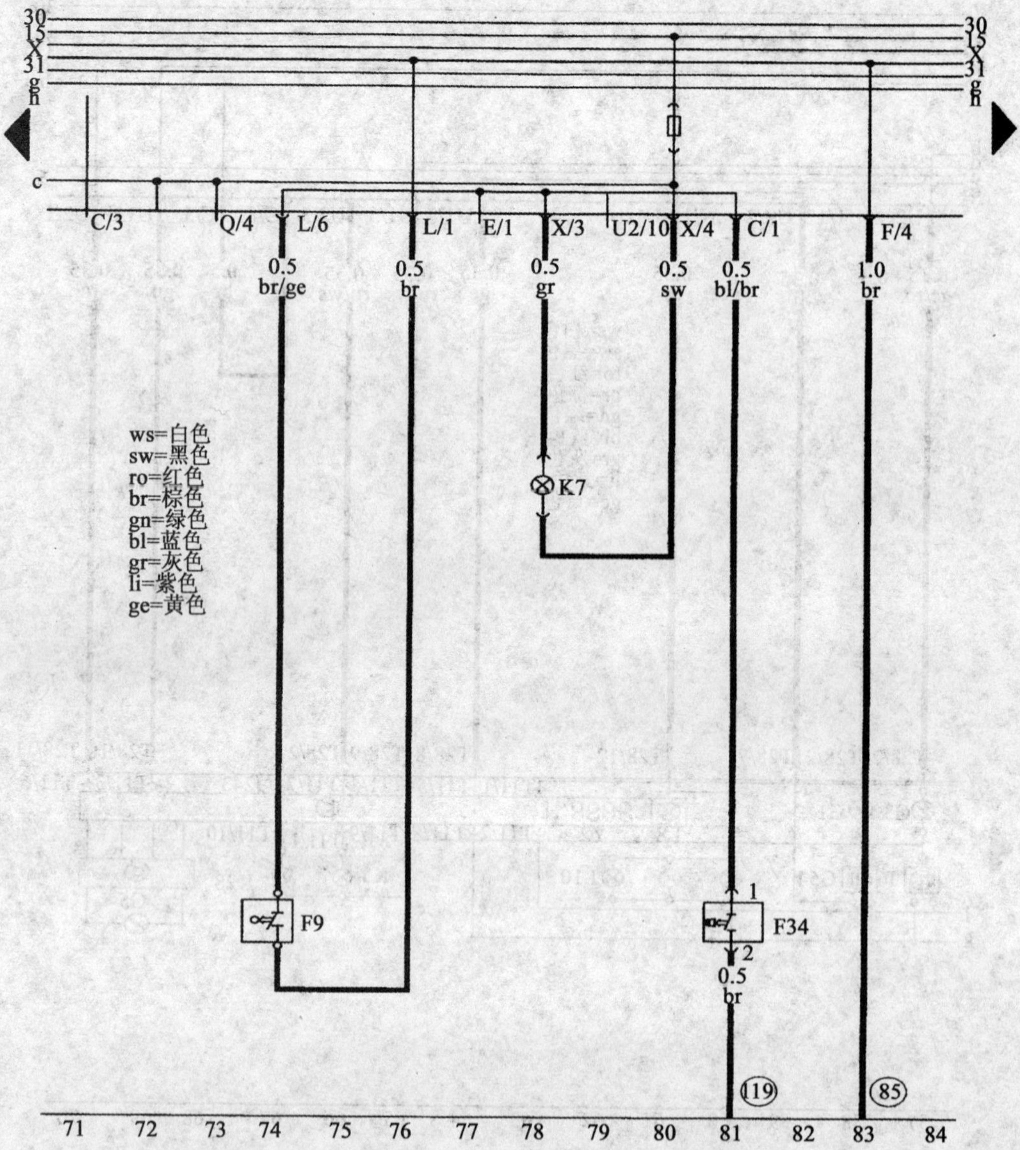

图 4-17　捷达轿车仪表报警系统电路图(3)

F9—手制动指示灯开关　F34—制动液面报警开关　K7—双管路制动及手制动指示灯具

㊽—搭铁点，发动机室线束内　⑲—搭铁点，前照灯线束内

表 4-5　　捷达仪表报警系统常见故障诊断及排除方法

故障部位	故障原因	排除方法
燃油表不工作	①燃油表与传感器之间的线路断路或接触不良 ②燃油箱油位传感器损坏 ③稳压器损坏	修理或更换
发动机转速表工作不正常或不工作	①转速表连接器接触不良 ②仪表板上的印刷线路断路 ③转速表连接导线过松或接头损坏	修理或更换
冷却液温度表不工作或指示不正确	①冷却液温度传感器表面有水垢，接头被腐蚀 ②导线接触不良	检查并修理
怠速时油压报警灯亮	①机油滤清器堵塞 ②曲轴及连杆轴承磨损过大 ③机油泵损坏 ④机油泵限压阀卡在开启位置 ⑤低压机油开关损坏 ⑥线路故障	更换或修复
2000r/min 时油压报警灯亮	①机油泵磨损 ②机油滤清器堵塞 ③汽缸体的油道堵塞 ④曲轴与连杆轴承间隙过大 ⑤线路故障 ⑥高压油压开关损坏	更换或修复

4.4.4　故障案例

案例 1　打开前小灯，前照灯近光同时亮

故障现象：捷达 CT 轿车在打开前小灯的同时，前照灯近光点亮。

故障诊断与排除：首先检测前照灯开关，开关无故障。拆下继电器盒，目视观察无异常，将继电器盒重新装上，测量前照灯线电压，发现在打开前小灯后，前照灯线有电压。前照灯开关线束完好，故障点应在继电器盒内。更换继电器盒，故障排除。

案例 2　丰田皇冠轿车两前照灯只有一侧亮，另一侧不亮

故障现象：一辆丰田皇冠 3.0 轿车夜间行车时，打开灯控制开关（灯控制开关置于“HEAD”挡）时，左侧汽车前照灯不亮，无论将远近光调光器开关置于“LOW BEAM”（近光）或“HIGH BEAM”（远光）挡，左侧近光灯、远光灯均不亮。

故障诊断与排除:首先验证故障,将灯控制开关置于“HEAD”挡,只有右侧前照灯亮。将远近光调光器开关在“LOW BEAM”(近光)和“HIGH BEAM”(远光)挡变换,右侧前照灯工作正常,左侧近光灯、远光灯均不亮。当远近光调光器开关置于“HIGH BEAM”(远光)挡时,远光指示灯亮。

丰田皇冠轿车前照灯电路由蓄电池、主熔断器、前照灯控制继电器、灯控开关、远近光调光器开关、整体式继电器、前照灯保险丝、远近光灯丝等组成。从该车故障现象及线路设置判断,由于右侧前照灯工作正常,主熔断器、前照灯控制继电器、灯控开关、远近光调光器开关、整体式继电器等无故障,问题出在左侧前照灯控制线路。单独控制左侧前照灯线路的只有左侧灯保险丝、左侧前照灯远近光灯丝及连接导线等,从故障部位分析,保险丝烧断导致左侧前照灯不亮的可能性极大。找到左侧前照灯保险丝,果然已经烧断,更换一个新的保险丝,重新试车检验,左侧前照灯工作正常,故障排除。

案例 3. 所有转向灯不亮

故障现象:捷达 GiX 轿车所有转向灯均不亮。

故障诊断与排除:打开点火开关,向左或向右拨动转向灯开关,车外转向灯不亮,更换闪光继电器,故障依旧。捷达闪光继电器有三个端子,即 12V 电源端、搭铁端和信号输出端。拔下闪光继电器,用万用表测量其插座的供电端 4/49 插孔,发现电压为 0V,说明电源电路(包括 17 号熔丝、紧急警告灯开关、继电器盒及其线路)有断路之处。经检查,断路点在紧急警告灯开关内。更换警告灯开关,故障排除。

案例 4 捷达 GIX 轿车喇叭不响

故障现象:一辆捷达 GIX 轿车,按下喇叭按钮,喇叭不能发声。

故障诊断与排除:喇叭不响,可能是喇叭控制电路断路。首先检查喇叭电源保险丝,没有熔断。将喇叭的“—”接线柱直接搭铁,喇叭发出声响,说明喇叭主电路的 10A 保险丝及喇叭正常。用一只汽车灯泡作试灯,灯的一端引线搭铁,另一端引线作为探头检查线路的断路故障。将试灯的探头搭接在喇叭继电器的电池接线柱上,试灯发光,说明继电器线圈供电电源正常。再将喇叭继电器的线圈接线柱搭铁,听到继电器内有吸合的声响,说明喇叭继电器线圈也正常。把继电器线圈接线柱与搭铁断开,按住喇叭按钮,继电器内发出“咔嗒”声,继电器能正常吸合,判断喇叭继电器线圈控制电路正常。检查喇叭继电器常开触点,发现当继电器线圈吸合时,电路仍为断路,说明继电器的常开触点严重烧蚀,接触不良。更换喇叭继电器,按动喇叭开关,喇叭正常发声,故障排除。

案例 5 上海帕萨特 B5 1.8T 轿车制动或转向时燃油表指示失常

故障现象:一辆上海帕萨特 B5 1.8T 轿车在进行制动或转向操作时,燃油表的指针会有上下 10L 左右的波动。当燃油箱内还有 20L 左右的燃油时,如果进行制动或转向操作燃油表将会报警,同时还能看到明显的燃油表指针波动。

故障诊断与排除:在进行试车时,发现除了上述故障之外,该车的里程表也不走。询问车主得知,为了不记录车辆的行驶里程,已人为地将里程表传感器连接器拔下。

为了能够进行故障的定量分析，找来一辆车况正常的同型号车辆进行检测分析。用 VAG1552 故障诊断仪进入仪表系统（地址码为 17），用 08 功能（读取测量数据块）进行动态数据分析，发现两辆车在车辆颠簸时燃油表传感器的电阻和通过其换算出来的燃油量均发生变化，这说明燃油箱油面的波动引起的燃油表传感器的电阻值的变化是正常的，在这种情况下，燃油表的指针应该是波动的。

为了消除车辆颠簸时燃油表指针的波动，通过仪表控制单元来对燃油表指针的波动进行修正。目前许多汽车上的仪表板均采用了多功能显示屏，该多功能显示屏可以在车辆行驶的过程中精确地显示车辆的平均车速和当前油耗等多种信息（例如奥迪 A6 轿车、宝来轿车、波罗轿车等），而在多功能显示屏上所显示的平均油耗信息，其中的一些数据，例如数字显示的剩余油量信息就需要由燃油表传感器提供相关信息，而当车辆颠簸燃油箱的油面发生波动时（或车速发生变化时），为了不让多功能显示屏上显示的数字随之大幅波动，在仪表控制单元中设置了相应的程序，采集车速的变化或车轮转速的变化，来换算出排除了油面波动干扰的实际剩余油量，从而使多功能显示屏能够准确地显示剩余油量的信息。而在实现该功能时，这种经过仪表控制单元修正的信号同时也提供给燃油表，以保证在燃油箱的油面波动时，燃油表的指针不波动。而当失去车速信号后，仪表控制单元则无法感知车速的变化情况，从而也就无法相应地消除燃油箱油面波动的干扰，从而出现燃油表指针波动的故障。

虽然该车没有装用带多功能显示屏的仪表系统，但其控制单元的内部程序和设计思路是一样的，因此，上海帕萨特 B5 1.8T 轿车所装备的仪表系统也具备上述功能。由于车主将里程表传感器的导线连接器拔下，从而导致上述功能失效而出现车辆制动或转向操作时燃油表波动的故障。

为了验证上述分析的正确性，将正常车辆的里程表传感器导线连接器拔下进行试车，果然发现其燃油表指针在车辆进行制动或转向操作时出现波动现象。最后，插好故障车里程表传感器连接器，试车，故障排除。

复习思考题

1. 怎样查找并排除电器系统的短路、断路故障？
2. 汽车电源系统的常见故障有哪些？
3. 蓄电池有哪些常见故障？
4. 蓄电池亏电的故障原因是什么？如何查找故障部位？
5. 如何排除电器元件及线束漏电导致的蓄电池放电故障？
6. 造成发电机充电指示灯常亮不灭的原因有哪些？
7. 发电机不充电的原因有哪些？如何诊断并排除故障？
8. 起动机不转或运转无力的主要原因有哪些？如何诊断？
9. 如何确认起动机空转的故障部位？
10. 汽车的中央门锁是如何控制的？
11. 如何根据故障指示灯判断捷达车防盗系统的故障？

12. 如何诊断大灯和雾灯的故障？

13. 怎样排除小灯、尾灯和停车灯故障？

14. 如何排除转向灯和报警灯故障？

15. 怎样查找制动灯和倒车灯的故障部位？

16. 如何诊断并排除各种仪表、报警灯故障？

第 5 章　汽车整车性能检测

知识目标

1. 了解汽车常用检测设备的功用和工作原理。
2. 掌握汽车常用检测设备的使用方法。
3. 了解提高汽车各项性能的方法及措施。

能力目标

1. 能正确使用底盘测功试验台、汽车速度仪、油耗计、侧滑试验台、制动试验台等检测设备。
2. 能测定驱动轮的输出功率或驱动力、燃油消耗量、车轮侧滑量、车轮平衡度、转向力和转向盘自由行程、制动距离、制动力、制动减速度等性能参数。
3. 能正确操作车速表试验台、前照灯检测仪、废气分析仪、烟度计、声级计等各种仪器设备。
4. 能根据检测结果正确评价汽车的工作性能，并分析故障原因。

汽车的使用性能包括动力性、燃料经济性、制动性、操纵稳定性、行驶平顺性、乘坐舒适性及安全环保性能等。汽车技术状况的变化直接影响其使用性能，而评价汽车的技术状况需要测定其各项性能参数。汽车性能检测主要包括底盘输出功率的检测、燃油经济性检测、车轮侧滑量检测、制动性能检测、排放污染物的检测、车速表校验、汽车噪声的检测、前照灯检验、汽车防雨密封性试验、汽车外观检视等内容，其诊断参数既可在室内试验台上进行检测，也可通过道路试验进行检测；既可单独检测某一项或几项，又可集中检测所有项目。目前，在用汽车的整车性能检测均在汽车检测线上进行。

5.1　汽车动力性检测

汽车的动力性是汽车最基本、最重要的性能，直接影响汽车的平均运行速度和运行效率。汽车检测部门一般常用汽车的最高车速、加速能力、最大爬坡度、发动机最大输出功率、底盘输出最大驱动功率作为动力性评价指标。汽车动力性的室内测试采用驱动车轮输出功率或驱动力作为诊断参数，在底盘测功试验台上进行；而汽车动力性道路试验则是利用汽车速度仪测试其滑行性能、加速性能、最高车速和最大爬坡度。

5.1.1 底盘测功试验台

5.1.1.1 底盘测功试验台的功能

底盘测功试验台可以测试汽车驱动轮输出功率、加速性能、滑行能力和传动系统的传动效率，并可检测校验车速表，辅以油耗计、废气分析仪等设备，还可以对汽车的燃油经济性和废气排放性能进行检测。

5.1.1.2 底盘测功试验台的类型

底盘测功试验台可以按多种方法进行分类。按测功装置中测功器形式不同可分为水力式、电力式和电涡流式；按测功装置中测功器冷却方式不同可分为风冷式、水冷式和油冷式；按滚筒承载能力不同可分为小型、中型、大型和特大型；按滚筒装置的类型不同可分为单轮单滚筒式、双轮双滚筒式和单轮双滚筒式。

5.1.1.3 底盘测功试验台的构成

底盘测功试验台一般由滚筒装置、举升装置、功率吸收装置（测功或加载装置）、测量装置、控制与指示装置和辅助装置等组成。图 5-1 为国产 DCG-10C 型汽车底盘测功试验台机械部分的结构示意图，其采用风冷式电涡流测功器，用美国 Intel 公司生产的单片机作为系统的控制核心，适用于轴质量不大于 10 吨，驱动车轮输出功率不大于 150kW 车辆的检测。

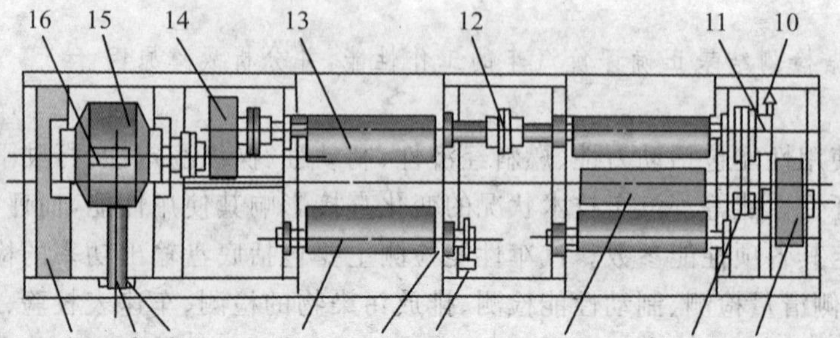

图 5-1 DCG-10C 型底盘测功试验台机械部分结构示意图

1—框架 2—测力杠杆 3—压力传感器 4—从动滚筒 5—轴承座 6—速度传感器 7—举升装置 8—传动带轮 9—飞轮 10—电刷 11—离合器 12—联轴器 13—主动滚筒 14—变速器 15—电涡流测功器 16—冷却水入口

(1)滚筒装置

如图 5-2 所示，滚筒装置有单滚筒和双滚筒两种类型。

1)单滚筒式试验台：支撑两侧驱动轮的滚筒为单筒，滚筒直径一般较大，多在在 1500～2500mm。直径越大，车轮在滚筒的运动就越接近车轮在路面上滚动的实际情况，轮胎与滚筒的滑转率小，滚动阻力小，因而测试精度较高。但加大滚筒直径受到制造成本、安装、占地面积等条件的限制，滚筒直径不宜过大。单滚筒式试验台对车轮在滚筒上的安放和定位要求较高，而滚筒中心在垂直平面内的对中又较困难，因而使用不便，仅适用于汽车制造厂、科研单位和大专院校的研究性试验，不适合汽车检测线、汽车维修企业等生产单位使用。

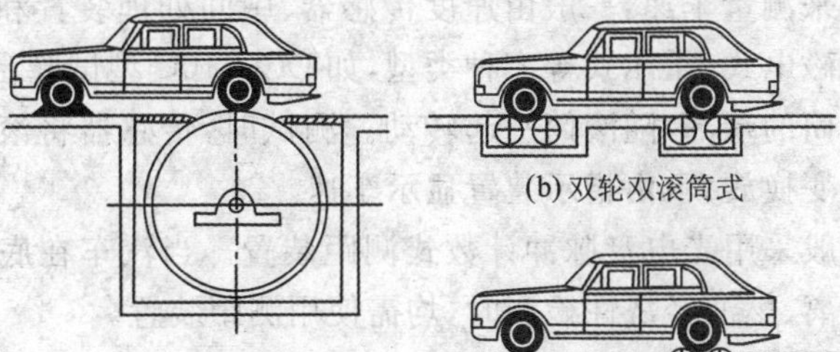

(a) 单轮单滚筒式

(b) 双轮双滚筒式

(c) 单轮双滚筒式

图 5-2 滚筒式底盘测功试验台

2)双滚筒式试验台：支撑两侧驱动轮的滚筒为双筒，滚筒直径较小，通常在 185～400mm。由于滚筒直径小，轮胎接触变形大，滚动阻力和滚动损失较大，测试精度较低。双滚筒式试验台结构简单，安装使用方便，且成本较低，因而使用广泛，尤其是单轮双滚筒式试验台应用最为普及。

双滚筒式试验台中的双筒有主、副之分，与测功器相连的为主滚筒，左、右两个主滚筒之间用联轴器连接，而左右两个副滚筒处于自由状态。滚筒采用空心结构，其表面形状不同，有光滚筒、滚花滚筒、带槽滚筒和带涂覆层滚筒多种形式。光滚筒摩擦系数较低，涂覆层滚筒与道路情况最为接近，因而这两种滚筒目前应用最多。

滚筒经过动平衡试验后通过滚动轴承安装在框架上，滚筒直径往往根据试验台的最大试验车速而定，最大试验车速高时，滚筒直径也相应增大。一般情况下，最高试验车速达 160km/h 时，滚筒直径不应小于 300mm；最高试验车速达 200km/h 时，滚筒直径不应小于 350mm。

(2)举升装置

设置在主副滚筒之间，以便车辆驶入、驶出测功试验台。举升装置由举升器和举升平板组成，有气动、液动和电动三种类型，其中，气动技术装置应用最多。气动举升器分为汽缸式和气囊式，其中气囊式结构简单、成本低廉。

(3)功率吸收装置(加载装置)

功率吸收装置俗称测功器，用来模拟车辆在道路上行驶所受的各种阻力，吸收和测量驱动轮的输出功率。常用的底盘测功器有水力测功器、直流电机电力测功器和电涡流测功器。目前多采用电涡流测功器，其测试范围广、结构紧凑、耗电量小、可控性好、便于安装。

(4)测量装置

包括测力装置、测速装置和测距装置。测功器不能直接测出汽车驱动轮的输出功率值,需要测出旋转运动时的转速与扭矩,或直线运动时的速度与牵引力,再换算成功率值,所以测功试验台必须配有测力装置与测速装置。

1)测力装置:用来测量驱动轮上的驱动力,由测力臂和测力测功器组成,其传感器有机械式、液压式和电测式三种形式,目前应用较多的是电测式。电测式测力装置通过测力传感器,将制动转矩信号转变成电信号,经处理后由指示装置直接显示出驱动力。

2)测速装置:用来测量车速,一般由速度传感器、中间处理装置和指示装置组成。速度传感器有光电式、磁电式、霍尔式等多种类型,如DCG-10C型试验台的测速测功器为光电式,安装在从动滚筒的端部,随滚筒一起转动。测试时,传感器将滚筒的转速信号转变为电信号,经处理器变换放大,由指示装置显示车速。

3)测距装置:一般采用光电盘脉冲计数式测距装置。当汽车在底盘测功试验台上进行加速距离、滑行距离、燃油经济性检测时,均需使用测距装置。

(5)控制与指示装置

控制装置和指示装置往往制成一体,形成柜式结构,安装在易于操作和观察的位置。目前,底盘测功试验台采用微机控制,测力传感器和速度传感器输出的电信号送入微机处理后,指示装置直接显示驱动轮的输出功率。图5-3为DCG-10C型底盘测功试验台控制柜面板图,控制柜上设置有功能按键、显示窗、旋钮、功能灯、报警灯、指示灯等,用来控制试验过程,显示或打印试验结果。

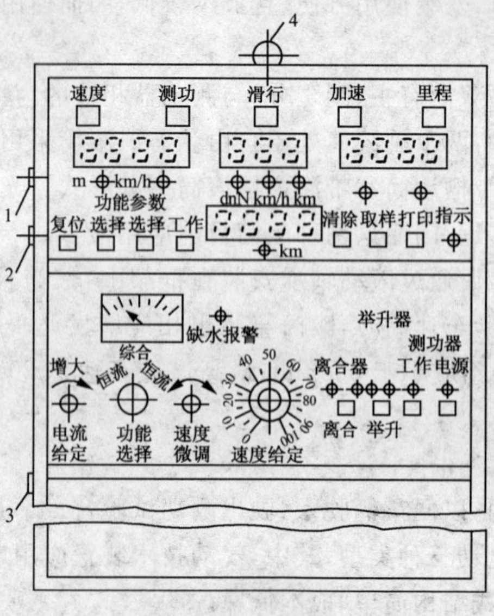

图5-3 DCG-10C型底盘测功试验台控制柜面板

1—取样盒插座 2—打印机数据线插座 3—打印机电源线插座 4—报警灯

(6)飞轮装置

飞轮安装在试验台框架的滚动轴承上,通过离合器与主滚筒相连,用于模拟汽车在道路上行驶时的动能。飞轮的转动惯量模拟汽车的旋转惯量,应与加速能力试验、滑行性能试验的要求相适应。带有飞轮的底盘测功试验台称为惯性式底盘测功试验台,飞轮质量一般按被测汽车的质量选取。

5.1.2 驱动轮输出功率的检测

不同形式的底盘测功试验台，其使用方法也略有区别，下面介绍一般操作方法。

5.1.2.1 检测前的准备

(1)底盘测功试验台的准备

使用试验台之前，按规定要求对试验台进行检查、调整和润滑，用被检车辆带动试验台滚筒运转，使试验台预热。

(2)被检汽车的准备

汽车开上底盘测功试验台以前，调整发动机供油系及点火系至最佳工作状态。检查、调整、紧固和润滑传动系。清洁轮胎，检查轮胎气压和车轮的连接情况。必须运行汽车至正常工作温度。

5.1.2.2 检测方法

(1)检测项目的选择

首先根据测试目的或车主要求确定检测项目，应选择几个有代表性的工况测试汽车驱动轮的输出功率或驱动力。常用的测功检测项目有：

1)发动机额定转速下驱动轮的输出功率或驱动力。

2)发动机最大转矩转速下驱动轮的输出功率或驱动力。

3)发动机全负荷选定车速下驱动轮的输出功率或驱动力。

4)发动机部分负荷选定车速下驱动轮的输出功率或驱动力。

(2)一般测功方法

1)接通试验台电源，并根据被检车辆驱动轮输出功率的大小，将功率指示表的转换开关置于低挡或高挡位置。

2)操纵手柄(或按钮)，升起举升器的托板。

3)平稳驶入被检车辆，将驱动轮停放在试验台滚筒间的举升器托板上，并且尽可能与滚筒成垂直状态。

4)降下举升器托板，直到轮胎与举升器托板完全脱离为止。

5)用三脚架抵住位于试验台滚筒之外的一对车轮，以防止检测时汽车从试验台滑出。

6)将冷却风扇置于被检汽车正前方，并接通电源。

7)测量驱动轮输出功率或驱动力。根据检测项目及检测点设定的车速来检测驱动轮功率，通常每点测量三次，取平均值。

①发动机额定转速下驱动轮的输出功率的检测。起动发动机，由低速挡逐渐换至直接挡或最高挡，逐渐加大节气门开度，同时调节测功器的加载负荷，使发动机在节气门全开情况下以额定转速运转，待车速稳定后，读取并打印(或记录)输出功率值、试验车速值。

②发动机最大转矩转速下驱动轮输出功率的检测。将变速器挂入选定挡位，起动发动机，逐渐加大节气门开度，同时调节测功器的加载负荷，在节气门全开的情况下继续对滚筒加载，至发动机转速降到最大转矩转速且稳定运转时，读取并打印(或记录)输出功率

值、试验车速值。

③发动机全负荷选定车速下驱动轮输出功率的检测。在踩下加速踏板的同时调节测功器的加载负荷，使发动机在节气门全开情况下以选定的车速稳定运转，测得驱动轮输出功率。

④发动机部分负荷选定车速下驱动轮输出功率的检测。检测方法与③相同，只是发动机在选定的部分负荷下工作。

⑤在变速器不同挡位下驱动轮输出功率的检测。将变速器依次挂入每一挡，按上述方法检测即可测得驱动轮的输出功率。在发动机发出额定功率时，挂直接挡，可测得驱动车轮的额定输出功率。当发动机发出最大转矩时，挂 1 挡，可测得驱动车轮的最大驱动力。

滚筒式底盘测功试验台，除能检测驱动车轮的输出功率或驱动力外还能检测车速表指示误差，燃油油耗量等。在测得驱动车轮输出功率后，立即踩下离合器踏板，利用试验台对汽车的反拖还可测得传动系消耗功率。将测得的同一转速下的驱动车轮输出功率与传动系消耗功率相加，即可求得这一转速下的发动机有效功率。

除上述测试项目外，凡需要汽车在运行中进行的检测与诊断项目，只要配备所需的检测设备，均可在滚筒式底盘测功试验台上进行。例如，检测各种行驶工况下的废气成分或烟度，点火提前角或供油提前角，诊断各总成或系统的噪声与异响(包括经验诊断法)，观测汽油机点火波形或柴油机供油波形，检测各总成工作温度及电气设备的工作情况等。

(3)DCG-10C 型底盘测功试验台的使用

当使用 DCG-10C 型汽车底盘测功试验台测功时，将“速度给定”旋钮(图 5-3)置于选定的速度刻线上，“功能选择”旋钮置于“恒速”上，在逐渐增大节气门到所需位置的同时，控制装置能自动调控激磁电流，使汽车在选定的车速下恒速测功。如果手动调控励磁电流，须将“功能选择”旋钮置于“恒流”上，然后手动旋转“电流给定”旋钮即可增大或减小励磁电流，并在旋钮给定位置上供给恒定的励磁电流。

5.1.3 汽车动力性道路试验

汽车动力性道路试验项目主要有滑行试验、加速性能试验、最高车速测定和最大爬坡性能试验，检测仪器多采用五轮仪或非接触式汽车速度仪。

5.1.3.1 滑行试验

滑行试验的目的是为了测定汽车车轮的滚动阻力、车身空气阻力及传动系的各种阻力。简单的滑行试验(即测定滑行距离)广泛用于汽车传动系装配质量的检验。精密滑行试验可测定滚动阻力系数(包括传动系的各种阻力)和空气阻力系数。

(1)滑行距离测试

在长约 1000m 的试验路段两端竖立标杆作为滑行区段，汽车在进入滑行区段前，车速应稍大于 30km/h，此时驾驶员将变速器置空挡，松开离合器踏板，汽车开始滑行，直至完全停止。在滑行过程中，驾驶员不得转动方向盘。当车速为 30km/h 时(汽车应已进入滑行区段)，记录滑行初速度和滑行距离。试验至少往返各一次，往返区段尽量重合。

无论是用底盘测功试验台检测还是进行道路试验，初速度为 30km/h 时，汽车的滑行距离应符合表 5-1 的规定。

(2)行驶阻力系数测定　利用滑行法可粗略估算滚动阻力系数 f 和空气阻力系数 C_D，具体方法为：在长约 1000m 的水平路面上，两端立上标杆，安装调试好仪器，分别测量从高速 v_1(如 60km/h)滑行至(v_1-5)km/h 的滑行时间 t_1 和从低速 v_2(如 15km/h)滑行至(v_2-5)km/h 的滑行时间 t_2，然后根据测量数据估算滚动阻力系数和空气阻力系数。

表 5-1　车辆滑行距离要求

汽车整备质量(kg)	双轴驱动车辆(m)	单轴驱动车辆(m)
<1000	≥104	≥130
1000～4000	≥120	≥160
4000～5000	≥144	≥180
5000～8000	≥154	≥230
8000～11000	≥200	≥250
11000	≥214	≥270

5.1.3.2　最高车速测试

试验采用五轮仪或非接触式汽车速度仪，可直接显示测试车速。试验前检查汽车的转向机构、各紧固件的紧固情况及制动系性能等，以保证试验的安全。试验应在符合测试条件的道路上进行，选择中间 200m 为测量路段，并用标杆做好标记，测量路段两端为试验加速区间。根据被测试汽车加速性能的优劣，选定充足的加速区间，使汽车在驶入测量路段前能够达到最高的稳定车速。汽车在加速区间以最佳的加速状态行驶，在到达测量路段前保持变速器及分动器在汽车设计最高车速的相应部件的工作状况并记录异常现象。

5.1.3.3　加速性能试验

试验分最高挡或次高挡加速性能试验和起步连续换挡加速性能试验，自动挡汽车只进行原地起步加速试验。

(1)最高挡或次高挡加速性能试验

最高挡或次高挡加速性能试验又称超车加速性能试验，主要测量超车加速时间，即用最高挡或次高挡由某一中等车速加速至某一高速所需的时间。

试验时，在道路上选取合适长度的路段，在两端放置标杆作为标记。变速器置于预定挡位，以预定车速(从稍高于该挡最低稳定车速起，选 5 的整数倍车速)做等速行驶，用五轮仪或非接触式汽车速度仪监视初速度，当车速稳定后驶入试验路段，迅速将油门踏板踩到底，使汽车加速行驶至该挡最大车速的 80%以上。试验往返各进行一次，加速试验的路段应重合。

(2)起步连续换挡加速性能试验

汽车停在试验路段一端，变速器置于该车的起步挡位，迅速起步并将油门踏板快速踩到底，使汽车尽快加速行驶。当发动机达到最大功率转速时，力求迅速换挡，换挡后立即将节气门全开，直至最高挡最高车速的80%以上。试验往返各进行一次，加速试验的路段应重合，用五轮仪测定汽车加速行驶的全过程。

5.1.3.4 爬坡性能试验

爬坡性能试验是在各种坡度的坡道上测定汽车的起步能力和爬坡能力，分陡坡试验和长坡试验，试验仪器有坡度仪、秒表等。

(1)陡坡试验

一般在专门设置的坡道上进行，坡道长度应大于汽车长度的2～3倍。车辆用最低挡开始爬坡，其所能克服的最大坡度即为最大爬坡能力。

试验坡道的坡度应接近于试验车的最大爬坡度，坡道长度小于25m，坡前应有8～10m的平直路段。坡度大于或等于30%的路面用水泥铺装，小于30%的坡道用沥青铺装，在坡道中部设置10m的测速路段。坡道大于40%的纵坡必须设置安全保障装置。

试验时，非越野车使用最低挡，若有副变速器也置于最低挡。将试验车停在接近试验坡道的平直路段上，起步后将节气门全开进行爬坡。测量并记录汽车通过测速路段的时间及发动机转速，爬坡过程中监视各仪表的工作情况。爬至坡顶后停车检查各部位有无异常现象。如第一次爬不上去，可进行第二次试验，但不超过两次。

越野车使用最低挡，分动器也置于最低挡，置于全轮驱动位置。试验车停在接近试验坡道的平直路段上，起步后将节气门全开进行爬坡。当试验车处于坡道上时，停住车辆，变速器置空挡，发动机熄火2min再起步爬坡，测量并记录汽车通过测速路段的时间及发动机转速。

(2)长坡试验

其目的是检查车辆能否在短时间内顺利通过坡度为7%～10%、长10km以上的连续长坡。试验时要记录爬坡过程中的换挡次数，各挡使用时间及爬坡所需的总时间。

5.2 汽车燃油经济性检测

燃油经济性的评价指标为单位行驶里程(100km)或单位运输工作量的燃油消耗量，是评价在用汽车技术状况与维修质量的综合性参数。汽车的燃油经济性可通过道路试验或在底盘测功试验台上测试，通常采用油耗仪测量其燃油消耗量。

5.2.1 油耗仪的工作原理及使用方法

油耗仪是测量汽车燃油消耗量的仪器，一般由传感器和计量显示装置组成。油耗仪种类较多，主要有容积式、质量式、流量式和流速式等，其中容积式和质量式应用最为广泛。

5.2.1.1 容积式油耗仪

容积式油耗仪按传感器结构分为活塞式、膜片式和量管式，活塞式油耗仪因计量准确、测试精度高而得到广泛应用。下面以行星活塞式油耗仪为例介绍其工作原理。

行星活塞式油耗仪的传感器由流量转换机构和信号转换机构组成，如图 5-4 所示。流量转换机构将一定容积的燃油流量转变为曲轴的旋转运动，主要由活塞(四个)、液压缸、连杆、曲轴和壳体组成，四个活塞呈十字形向心布置，其工作原理如图 5-5 所示。

燃油在泵油压力作用下推动活塞运动，再由活塞推动曲轴旋转，曲轴旋转一周四个活塞各往复运动一次，完成一个进排油循环。活塞在油缸中处于进油行程还是排油行程，取决于活塞相对于进排油口的位置。图 5-5(a)表示活塞 3 处于进油行程，从其曲轴箱来的燃油通过 P_3 推动活塞 3 下行，并使曲轴作顺时针旋转，此时活塞 4 处于排油行程终了，活塞 1 处在排油行程中，燃油从活塞 1 上部通过 P_1 从排油口 E_1 排出，活塞 2 处于进油终了。当活塞和曲轴位置如图 5-5(b)所示时，活塞 3 进油终了，活塞 4 处于进油行程，通道 P_4 导通，活塞 1 排油终了，活塞 2 处于排油行程，燃油从 P_2 经排油口 E_2 排出。同理，可描述位置(c)(d)各活塞的进排油状态。如此反复，在燃油泵泵油压力作用下即可完成定容量、连续泵油的作用。曲轴旋转一周，各缸分别排油一次，其排油量可用下式确定：

$$V=4\times(\pi D^2/4)\times 2h=2\pi hD^2$$

式中：V 为四个缸的排油量(cm^3)；D 为某一活塞直径(cm)；h 为曲轴偏心距(cm)，$2h$ 为活塞行程。

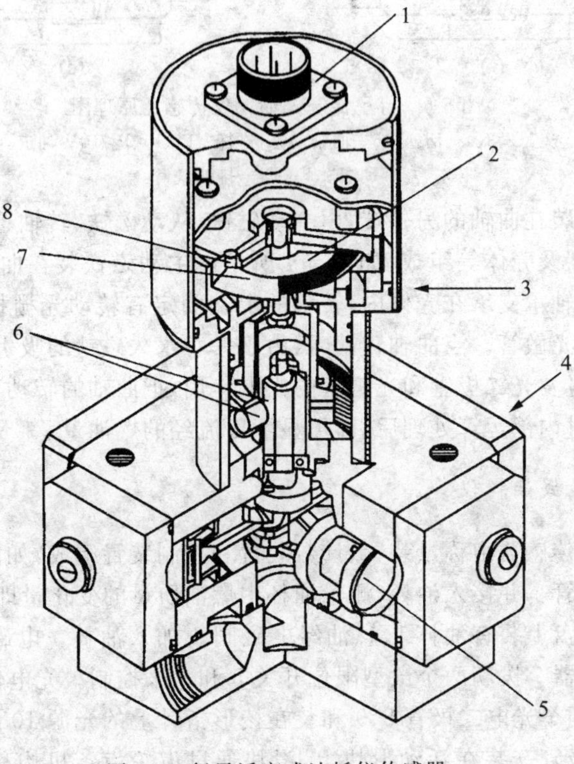

图 5-4 行星活塞式油耗仪传感器

1—信号端子 2—转动光栅 3—转速/脉冲变换部 4—流量/转速变换部

5—活塞 6—光敏管 LED(位置) 7—固定光栅 8—磁性联轴节

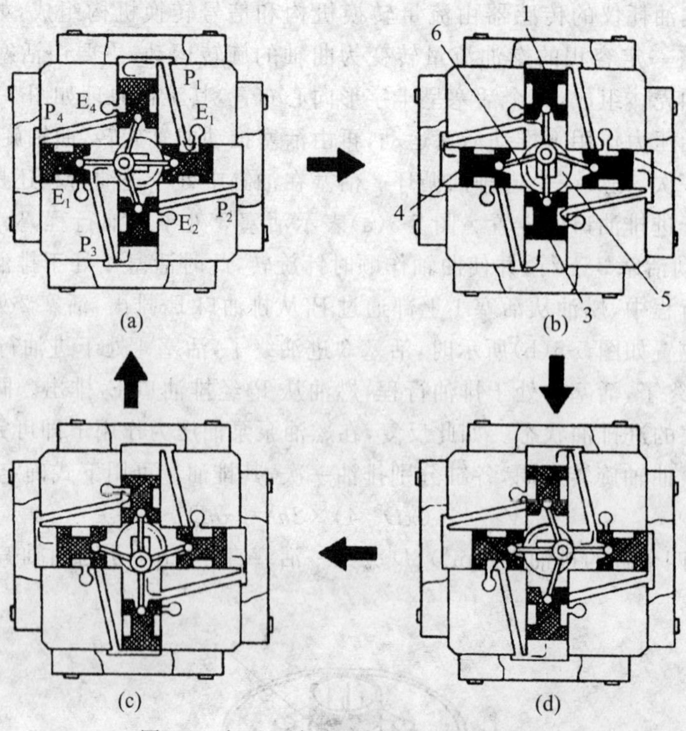

图 5-5　行星活塞式油耗仪传感器原理图

1、2、3、4—活塞　5—曲轴　6—连杆　P_1、P_2、P_3、P_4—油道

E_1、E_2、E_3、E_4—排油口

信号转换机构装在曲轴的另一端，由主动磁铁、从动磁铁、转轴、光栅板、发光二极管、光敏管、电缆连接器及壳体等组成，如图 5-4 所示。主动磁铁装在曲轴上，从动磁铁装在转轴上。转轴通过轴承支承在壳体内，转轴的上端固定有转动光栅板，在固定光栅上、下方有发光二极管和光敏管。当曲轴转动时，由于一对永久磁铁的吸引作用，转轴及转动光栅也随之转动，通过发光二极管和光敏管的光电作用，把曲轴的转动变成光电脉冲信号送入计量显示仪，经过内部运算处理后，即可显示出流经的燃油量。

5.2.1.2　质量式油耗仪

质量式油耗仪传感器由称量装置、计数装置和控制装置组成，如图 5-6 所示。将发动机的进油管和回油管一并接入油杯，测量油杯中燃油质量的变化量即可测得燃油消耗量。

称量装置的秤盘上装有油杯 1，燃油经电磁阀 4 加入油杯。电磁阀的开闭由装在平衡块上的行程限位器 7 拨动两个微型限位开关 5 和 6 来控制。光电传感器给出油耗始点和终点信号，它由两个光电二极管 8、9 和装在棱形指针上的光源 10 组成。光电二极管 8 为固定式，光电二极管 9 装在活动滑块上，滑块通过齿轮齿条机构移动。齿轮轴与鼓轮 12 相连，计量的燃油量通过转动鼓轮 12 从刻度盘上读出。计量开始时，光源 10 的光束射在光电二极管 8 上，光电二极管发出信号，使计数器 13 开始计数，随着油杯中燃油的消耗，指针移动。当光束射到光电二极管 9 上时，光电二极管 9 发出信号，使计数器停止计数。

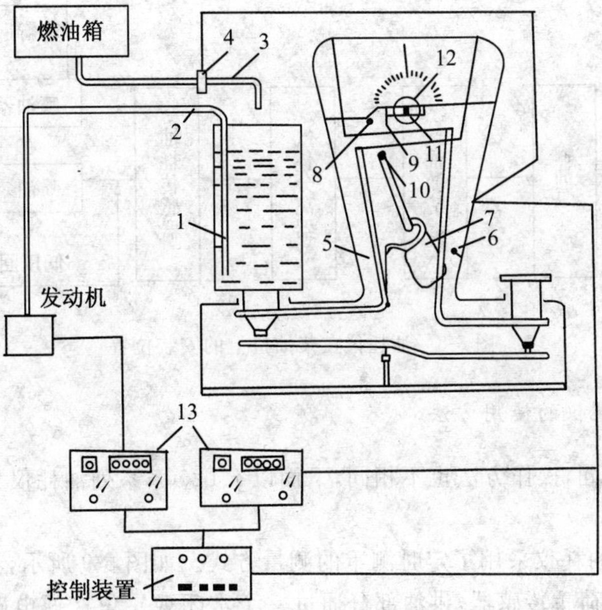

图 5-6　质量式油耗仪示意图

1—油杯　2—出油管　3—加油管　4—电磁阀　5、6—限位开关　7—限位器

8、9—光电二极管　10—光源　11—鼓轮机构　12—鼓轮　13—计数器

5.2.1.3　检测油路的连接与气泡排除

检测油路的布置方式和油路中的气泡对检测结果有很大影响，因此，必须合理布置检测油路，并将油路中的气泡排除干净。

(1)油路的连接

检测汽油机燃油消耗量时，油耗仪应串接在汽油滤清器与燃油分配管之间，如图 5-7 所示。检测柴油机燃油消耗量时，油耗仪应串接在柴油滤清器与喷油器之间，高压和低压回油管应接在油耗仪与喷油泵之间，如图 5-8 所示。

(2)油路气泡的排除

油路中的空气泡对油耗检测结果影响很大，油耗仪传感器会把空气泡所占的容积当作燃油消耗量计量，使得检测数据高于实际值，造成测量值失真。因此测量前必须把油路中的气体排净。测量时一旦发现油路出现气泡，应重新测量。

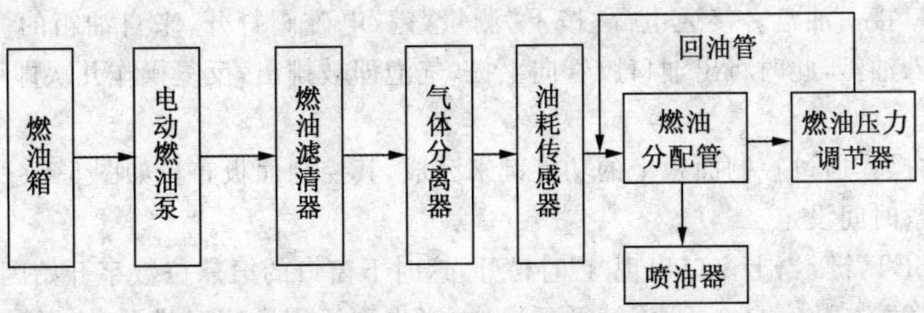

图 5-7　油耗仪在汽油机上的安装位置

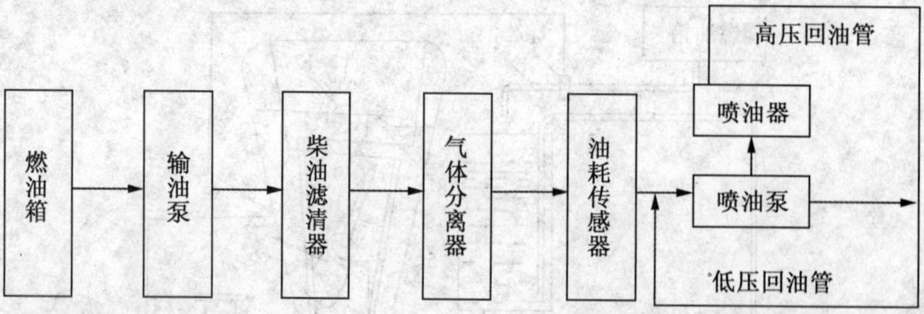

图 5-8　油耗仪在柴油机上的安装位置

5.2.1.4　油耗仪的使用方法

油耗仪类型不同，操作方法也不相同，下面以 ET2500 系列油耗仪为例介绍油耗仪的使用方法。

ET2500 系列油耗仪采用了定时测重的测量方式。如图 5-9 所示，其称重部分采用了高精度电阻应变式荷重传感器，供油部分通过一个常闭式二位二通电磁阀控制充油和放油过程。电磁阀打开时，油箱直接向发动机供油，同时也向油杯供油。当油杯油面到上限 2V 时，电磁阀关闭，截断油箱对发动机的供油，发动机所需燃油由油杯供应。当油杯油面下降到设定位置时，仪表开始测量计时，油耗仪进行自动测量，测量完毕即可显示出此次测量时间的耗油量。

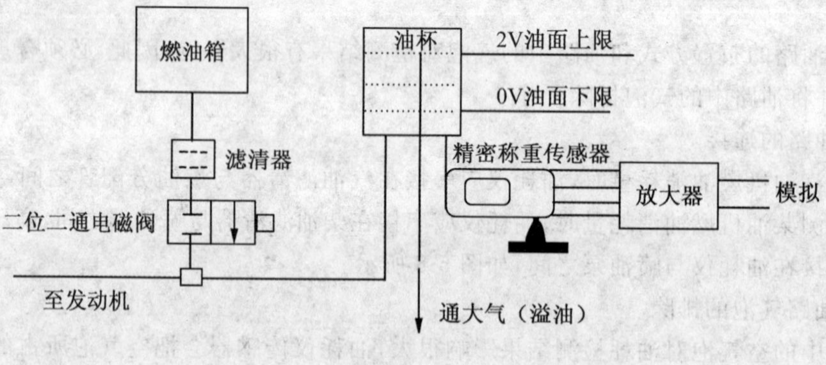

图 5-9　ET2500 系列油耗仪示意图

在使用前，必须将油耗仪外接油管内的气泡排净。将仪器的进油口用透明软管接至油箱，出油口接一油盘。接通电源，按下“测量”键，电磁阀打开，来自油箱的燃油流入油杯，同时流入油盘，此时将出油口胶管向上提，气泡即被排出，反复操作几次即可排尽管道内的空气。

仪器的操作通过控制面板上的功能键来完成，其控制面板布置如图 5-10 所示。

(1)测量时间设定

按住“SET”键，当上窗口出现“t”时松开，这时下窗口的第一位数字开始闪烁，提示修改。按动“△”键，数字自 0～9 连续循环递增，当出现所需数字时松开“△”键。按动“>”键(移位)，第二位数字开始闪烁，重复操作即可设定好所需的油耗测量时间。设置完毕，按“SET”键退出。

(2)测量方式选择

仪器有单次和循环两种测量方式，在非测量状态按“循环”键可在两种方式之间切换，指示灯点亮时为循环测量方式。

循环测量时，完成一次测量，仪器停顿 3s 再继续下一次测量。再次按动“测量”键，退出测量程序，窗口显示最后一次测量值。单次测量时，按动一次“测量”键只测量一次。

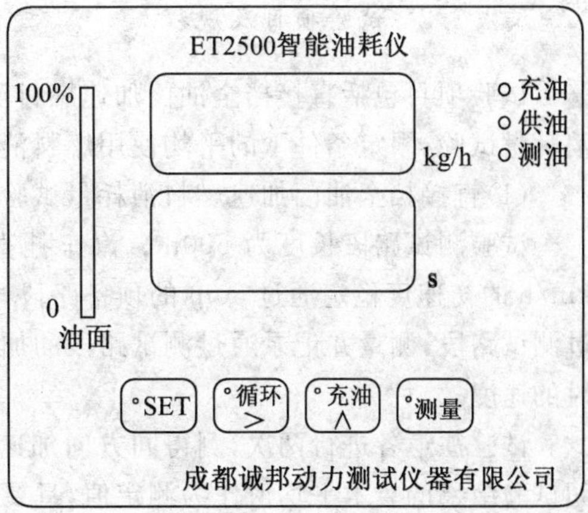

图 5-10　ET2500 油耗仪控制面板

(3)测量

按“测量”键可进入或退出测量，键上的指示灯会指示当前状态。即使在充油时也可以进入测量，但此时只是申请测量，须在充油完毕且油面稳定以后才能真正进入测量。仪器真正进入测量状态后，右上角的测量指示灯点亮。

测量时，下窗口显示测量时间的倒计时。计时到“0”时，上窗口显示的是设置的测量时间内的平均油耗量，平均油耗量结果出来前 1s，窗口显示“---”。计时到“0”之前，上窗口显示的是每秒钟的瞬时油耗量。

仪器在任何油面都可进入测量，但如果仪器检测到油箱中的油量不够一次测量时，会自动转入充油状态。进入充油程序后，除非按“充油”键退出充油，否则一直到油箱充满为止。停止充油后，油面有 10s 的稳定时间，在此期间不会进入测量。

(4)充油

在非测量状态，按“充油”键可打开电磁阀向油杯充油，再按一次“充油”退出。

5.2.2　燃油经济性道路试验

5.2.2.1　试验条件

(1)道路

试验道路应为清洁、干燥、平直的沥青或混凝土路面，长 2～3km，宽不小于 8m，纵向坡度在 0.1%以内。

(2)环境

无雨无雾，相对湿度小于 95%，气温 0℃～40℃，风速不大于 3m/s。

(3)车辆载荷

除有特殊规定外，轿车为规定载荷的一半(取整数)，城市客车为总质量的 65%，其他车辆为满载。

(4)仪器

车速测定仪和燃油消耗仪精度 0.5%，计时器最小读数 0.1s。

5.2.2.2 试验项目及规程

试验项目包括直接挡全油门加速燃料消耗量试验、等速燃料消耗量试验、多工况燃料消耗量试验、限定条件下的平均使用燃料消耗量试验。

(1)直接挡全油门加速燃料消耗量试验

试验测试路段长度为500m。汽车挂直接挡(没有直接挡可用最高挡),以(30±1)km/h的初速度稳定通过50m的预备路段,从测试路段的起点开始,节气门全开,加速通过测试路段,测量并记录通过测试路段的加速时间、燃油消耗量及汽车到达测试路段终点时的速度。

试验往返各进行两次,测得同方向加速时间的相对误差不大于5%。取四次加速时间试验结果的算术平均值作为测定值,且要符合该车技术条件的规定。

(2)等速燃料消耗量试验

试验测试路段长度为500m。汽车用常用挡位,等速通过500m的测试路段,测量通过该路段的时间及燃油消耗量。

试验车速从20km/h(最小稳定车速小于20km/h时从30km/h开始)以每隔10km/h均匀选取车速,直至最高车速的90%。至少测定5个试验车速,同一车速往返各进行两次。

(3)限定条件下的平均使用燃料消耗量试验

测试路段为平原干线公路,长度不小于50km,在正常情况下,尽可能匀速行驶。轿车车速为(60±2)km/h;铰接式客车车速为(30±2)km/h,其他车辆(50±2)km/h。

测定每50km单程的燃油消耗量,往返各一次,以两次测结果的算术平均值作为限定条件下的平均使用燃料消耗量的测定值。

(4)多工况燃料消耗量试验

将不同车型的车辆严格依据各自的试验循环进行燃油消耗量测定。怠速工况时,离合器接合,变速器置空挡,从怠速工况转化为加速工况时,在转换前5s分离离合器,把变速器挡位换为低速挡,换挡应迅速、平稳。减速工况时,应完全放松加速踏板,离合器仍接合。当车速降至10km/h时分离离合器,必要时,减速工况允许使用制动器。

试验过程中,加速、匀速及制动减速时,在每个试验工况除单独规定外,车速偏差为±2km/h。在工况改变过程中允许车速的偏差大于规定值,但任何条件下超过车速偏差的时间不大于1s,即时间偏差为±1s。

每循环试验后,应记录通过循环试验的燃油消耗量和通过时间。当按各试验循环完成一次试验后,车辆应迅速调头,重复试验。试验往返各进行两次,取四次试验结果的算术平均值最为多工况燃料消耗量的测定值。

各类汽车进行多工况燃料消耗量试验时的试验循环如图5-11至图5-15所示。

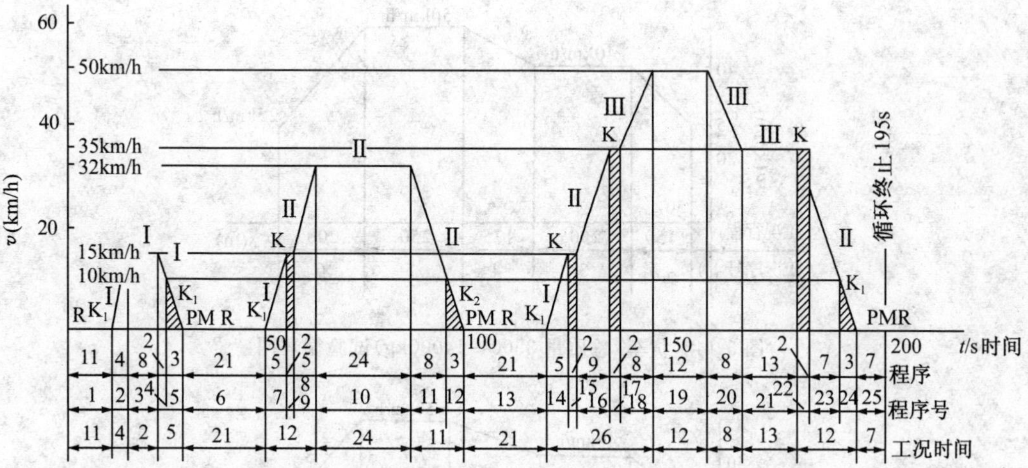

图 5-11 轿车及货车(总质量小于 3500kg)试验循环图

K—离合器分离 K_1、K_2—离合器分离变速器 1 挡、2 挡 Ⅰ、Ⅱ、Ⅲ—变速器 1 挡、2 挡、3 挡

PM—空挡 R—怠速(阴影部分表示换挡)

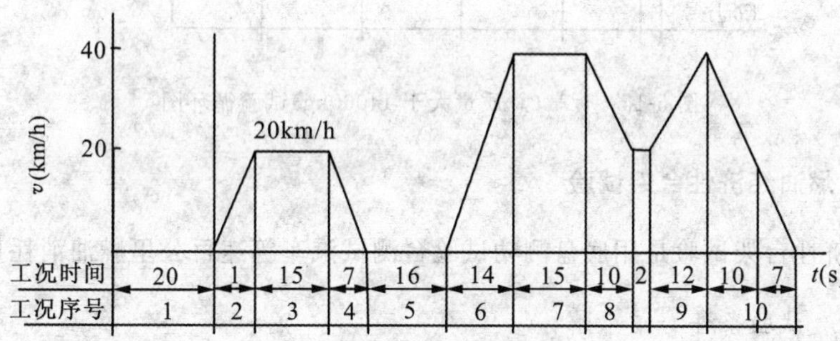

图 5-12 微型汽车试验循环图

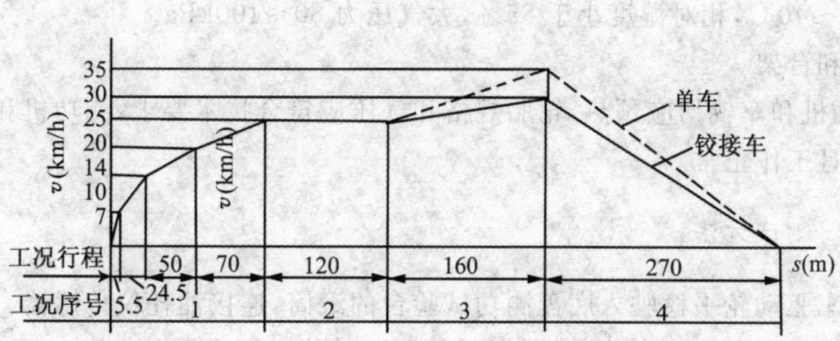

图 5-13 城市客车试验循环图

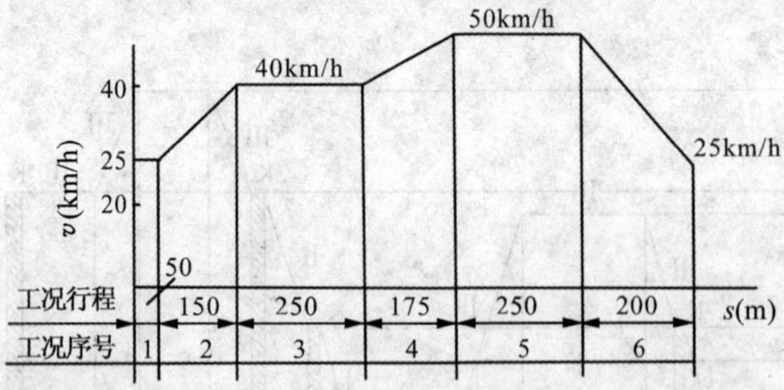

图 5-14　货车(总质量 3500～14000kg)试验循环图

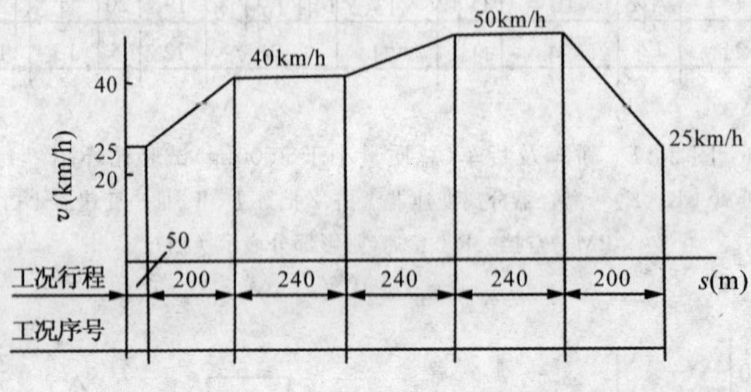

图 5-15　货车(总质量大于 14000kg)试验循环图

5.2.3　燃油经济性台架试验

燃油经济性台架试验是用底盘测功试验台测试汽车等速百公里燃油消耗量。

5.2.3.1　试验条件

(1)环境

气温 0℃～40℃，相对湿度小于 85%，大气压力 80～100kPa。

(2)车辆和台架

底盘测功机和车辆均应预热，轮胎规格和气压应符合技术要求，测功机和油耗仪应符合使用要求，且工作正常。

5.2.3.2　测试方法

(1)把汽车驱动轮平稳驶入底盘测功试验台的滚筒，连接油耗仪传感器。

(2)在测功机上设置好车速：轿车为 60km/h，其他车辆为 50km/h。

(3)起动发动机，逐挡加速至直接挡(无直接挡则挂最高挡)，同时给滚筒加载使车辆模拟道路行驶，直至车速达到设定值。

(4)待车速稳定后，按下油耗测量按钮，测量等速行驶 500m 的时间和燃油消耗量(可从显示装置直接读取)。一般重复试验三次取其平均值。

等速行驶燃油消耗量试验结果须经重复性检验。当重复性较差时，应查找原因，增加试验次数，最后还应对试验结果按标准环境状态进行校正。

5.3　汽车车轮侧滑量的检测

汽车车轮外倾角和车轮前束配合不当将导致车轮产生侧向滑移，严重时将破坏车轮的附着条件，丧失定向行驶能力，造成轮胎异常磨损，还可能引发交通事故。

汽车侧滑试验台是检测车轮侧滑量的专门设备，检测时，使汽车以一定的行驶速度通过侧滑试验台即可测得车轮的横向侧滑量。侧滑试验台有两种类型：一类是测量车轮侧滑量的滑板式侧滑试验台，另一类是测量车轮侧向力的滚筒式侧滑试验台。我国广泛采用的是滑板式侧滑试验台，按滑板数量不同，可分为单板式和双板式。

5.3.1　侧滑试验台的检测原理

5.3.1.1　双板式侧滑试验台的检测原理

(1)车轮外倾角引起的侧滑

外倾角的存在使得转向轮在滚动过程中有向外张开的趋势，只是由于刚性转向桥的约束不能真正向外滚开，但前轴分别给两前轮向内的侧向力，导致汽车行驶时两前轮在向前滚动的同时向内侧滑，并且加剧轮胎在地面上的滑磨。

假设让两个只有外倾角而没有前束值的转向轮同时向前驶过两块相对于地面可以左右滑动的滑动板，由于轮胎与滑板之间的摩擦系数很大，两侧滑板在转向轮侧向力的作用下分别向内侧滑移，如图 5-16 所示，该滑移量即为转向轮外倾角引起的侧滑量。

图中滑板由实线位置侧滑到虚线位置，其单边车轮的内侧滑量 $S_c=(L'-L)/2$，侧滑试验台就是应用上述原理来检测转向轮的侧滑量。

车轮外倾(或负外倾)对滑板的作用，不管车辆前进还是后退，其侧滑量相等且侧滑方向一致。

(2)车轮前束引起的侧滑

为减少和消除车轮外倾造成的侧滑及轮胎滑磨现象，转向轮设置了前束。转向轮具有前束值以后，车轮滚动时有向内收拢的趋势，只是由于转向桥的约束并不能真正向内滚拢，而前轴分别给两前轮向外的侧向力，导致汽车行驶时两前轮在向前滚动的同时向外侧滑，并且加剧轮胎在地面上的滑磨。

假设让两个只有前束而没有外倾的转向轮向前驶过滑动板，两侧滑板在转向轮侧向力的作用下分别向外侧滑移，如图 5-17 所示，该滑移量即为转向轮前束引起的侧滑量，其单边转向轮的外侧滑量 $S_t=(L'-L)/2$。

车轮前束(或负前束)对滑板的作用，在车辆前进和后退时，其侧滑量相等但侧滑方向相反。

(3)车轮外倾与前束的综合作用

通常汽车的转向轮同时设置有外倾角和前束值，其侧滑量为二者综合作用的结果，车轮侧滑量近似为 $S=S_t-S_c$。如果二者配合得当，则转向轮在向前滚动过程中，车轮外倾与车轮前束作用在转向轮的侧向力大小相等、方向相反，因而可以相互抵消，使车轮处于向前直行的滚动状态，不产生侧滑现象，即 $S=0$。若车轮外倾与前束配合不当，二者对车轮的侧向力失去平衡，车轮则向侧向力大的一侧滑移，$S\neq0$。当 $S>0$ 时，两轮向外侧滑；$S<0$ 时，两轮向内侧滑。

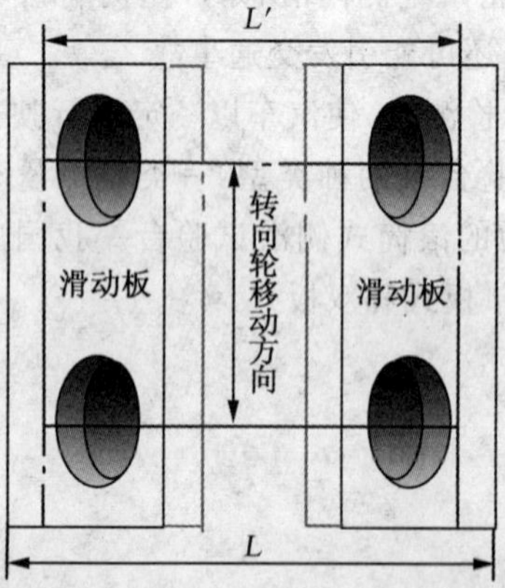

图 5-16　由车轮外倾角引起的侧滑

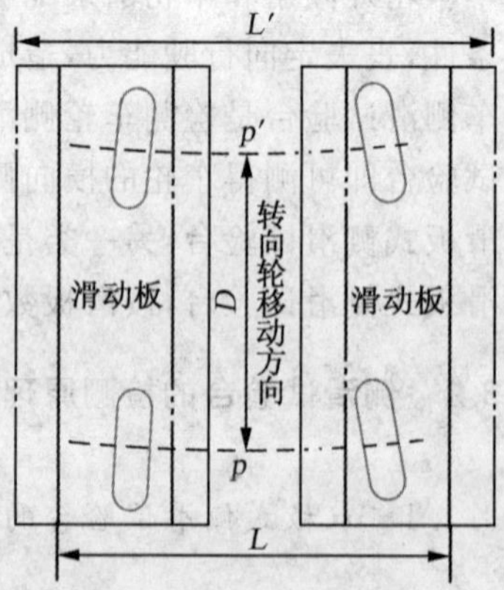

图 5-17　由车轮前束引起的侧滑

5.3.1.2　单板式侧滑试验台的检测原理

如图 5-18 所示，汽车左前轮从单滑动板上行驶，右前轮在地面上行驶。若右前轮正直行驶无侧滑，即侧滑角为零，而左前轮具有侧滑角 α，通过车轮与滑动板间的附着作用带动滑动板向左移动距离 b，如图 5-18(a)所示。若右前轮也具有侧滑角 β，同样右前轮相对左前轮也会向内侧滑，此时滑动板向左移动距离 c。由于左前轮同时向内侧滑为 b，则滑动板的移动距离为两前轮侧滑量之和，即 $b+c$，如图 5-18(b)所示。

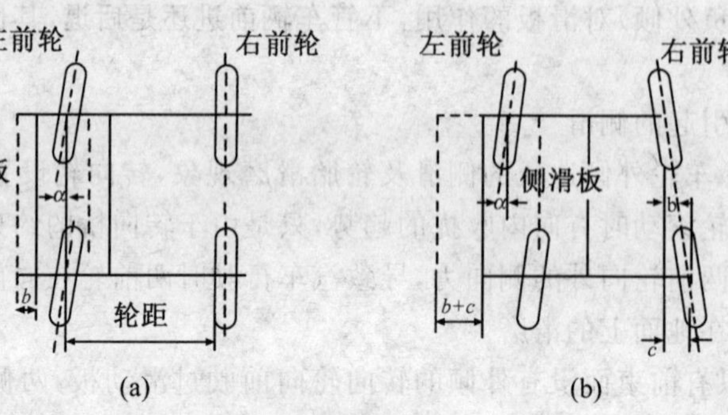

图 5-18　单板式侧滑试验台的测试分析

采用单板式侧滑试验台检测车轮侧滑量时，虽然是一侧车轮从滑动板通过，但检测结果并非是单轮的侧滑量，而是左右轮侧滑量的综合反映，因此单轮的侧滑量为 $(b+c)/2$。此侧滑量与汽车驶过滑板时的偏斜度无关。

5.3.2　侧滑试验台

滑板式侧滑试验台由测量装置、指示装置和报警装置等组成，下面介绍汽车检测线广泛采用的双板式侧滑试验台的结构和工作原理。

5.3.2.1　测量装置

测量装置由框架、左右两块滑动板、杠杆机构、回位装置、滚轮装置、导向装置、锁止装置、位移传感器及信号传递装置等组成，其作用是测量前轮侧滑量并传递给指示装置。

滑板按长度不同有 500mm、800mm、1000mm 三种形式，在其下部装有滚轮装置和导向装置，两滑动板之间连接有曲柄机构、回位装置和锁止装置。在侧向力作用下，两滑动板只能在左右方向上作等量同向位移，在前后方向上不能移动。

按滑动板位移量传递给指示装置方式的不同，测量装置可分为机械式和电气式。机械式侧滑试验台不便于远距离传输，近年来已不再使用。电气式测量装置把滑动板的位移量通过位移传感器变成电信号，再经过放大处理传输给指示装置，如图 5-19 所示。

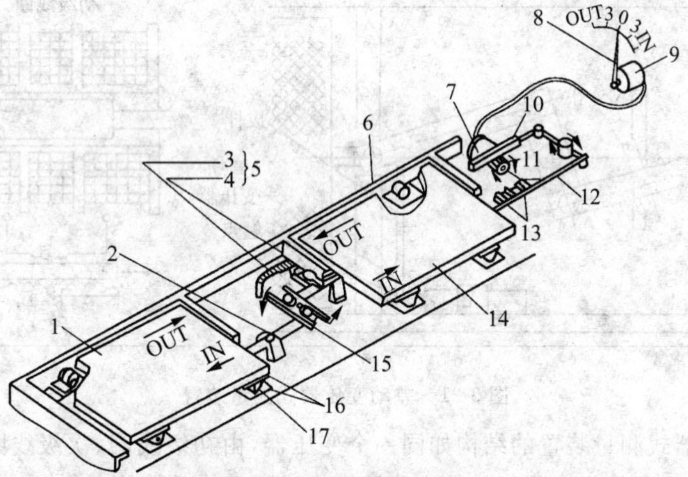

图 5-19　电气式侧滑试验台

1—左滑动板　2—导向滚轮　3—回位弹簧　4—摆臂　5—回位装置　6—框架　7—产生电信号的自整角电机　8—指针　9—接收电信号的自整角电机　10—齿条　11—齿轮　12—连杆　13—限位开关　14—右滑动板　15—双销叉式曲柄　16—轨道　17—滚轮

电气式测量装置按位移传感器的不同有电位计式、差动变压器式、自整角电机式等多种类型。

(1)电位计式测量装置

位移传感器安装位置如图 5-20 所示。传感器将滑动板的移动量变为电位计触点的位移，从而引起电压的变化，并传递给指示装置。测量电路工作时在电位计两端加上一定的电压，当电位计的滑动触点随滑板移动时，触点的输出电压与位移量成正比，通过指示计可指示出对应于滑动板的位移量和方向。

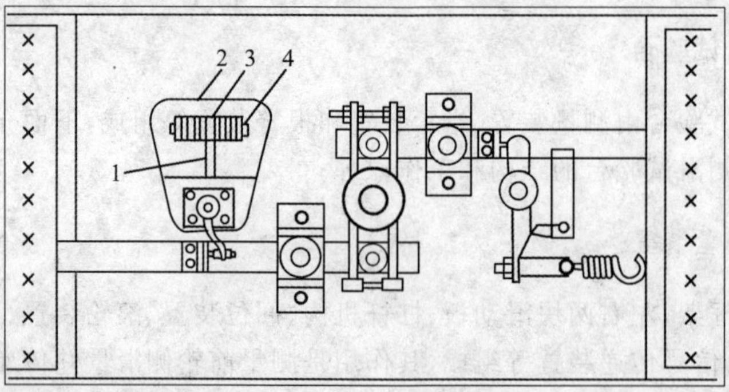

图 5-20 电位计式测量装置

1—滑动片 2—电位计 3—触点 4—线圈

(2)差动变压器式测量装置

位移传感器安装位置如图 5 21 所示。由滑动板带动位移传感器的拨杆移动,传感器输出与位移量成正比的电压量,并传递给指示装置。

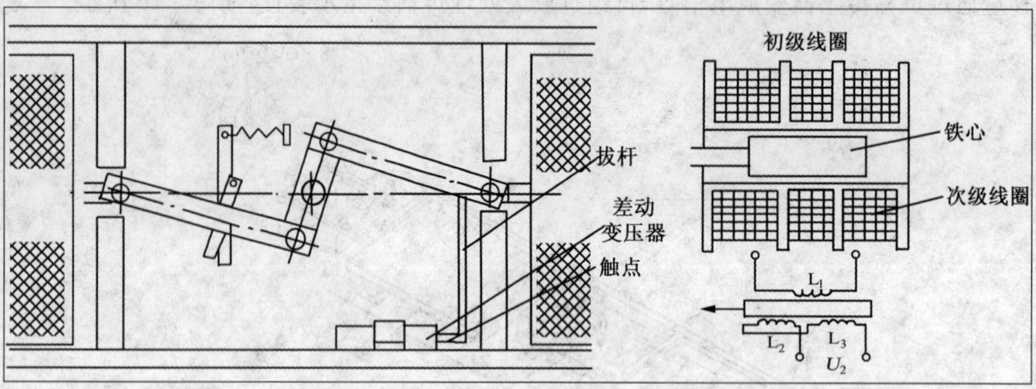

图 5-21 差动变压器式测量装置

差动变压器式测量装置的结构如同一个变压器,由初级线圈、次级线圈、铁心等几部分组成,其工作原理是将被测信号的变化转换成线圈互感系数的变化,在初级线圈接入电源 U_1 后,次级线圈即感应输出电压 U_2。滑动板移动时通过推杆移动铁心,从而引起线圈互感系数的变化,输出电压则随之作相应的变化。这种测量装置结构简单、灵敏度高、测量范围大、使用寿命长。

(3)自整角电机式测量装置

位移传感器安装位置如图 5-22 所示。由侧滑板通过推杆推动连杆绕固定销轴转动,连杆转动时带动齿条移动,齿条移动带动产生信号的自整角电机转动一个角度,产生电信号,此电信号传给接受信号的自整角电机并转动相同角度,仪表指针指示相应的侧滑量。

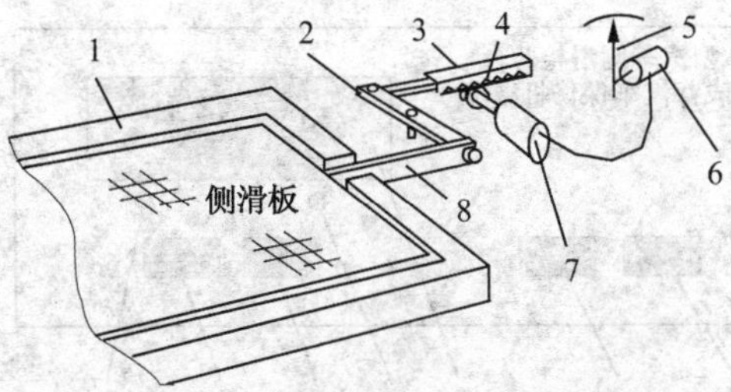

图 5-22　自整角电机式测量装置

1—框架　2—连杆　3—齿条　4—小齿轮　5—仪表指针　6—接受信号的自整角电机　7—产生信号的自整角电机　8—推杆

5.3.2.2　指示装置

指示装置有指针式和数字式。如图 5-23 所示，指针式指示装置把测量装置传递来的滑动板侧滑量，按汽车每行驶 1km 侧滑 1m 定为一格刻度。侧滑方向根据指针偏向 IN 或 OUT 确定，IN 表示正前束，OUT 表示负前束。

根据汽车侧滑的检测标准，常常在指针式指示装置的仪表盘上将侧滑量示值分为三个区域：侧滑量 0～3m/km(IN 或 OUT)为合格区域(或 GOOD 区域)，标记为绿色；侧滑量 3～5m/km(IN 或 OUT)为警示区域(或 FAIR 区域)，标记为黄色；侧滑量 5～10m/km(IN 或 OUT)为不合格区域(或 BAD 区域)，标记为红色，当指针到达这一区域时并伴有蜂鸣声报警。

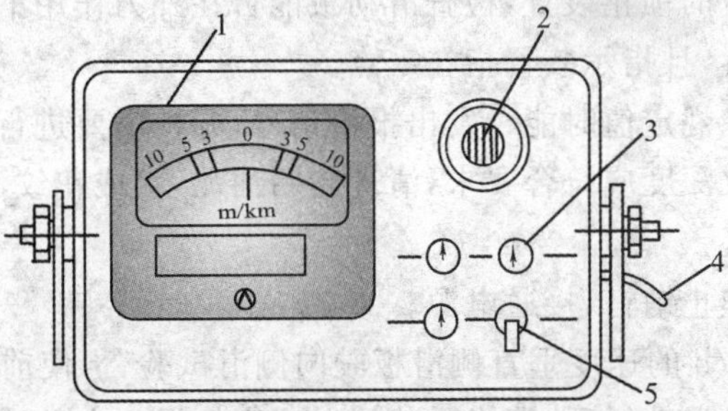

图 5-23　指针式指示装置

1—指示仪表　2—报警用蜂鸣器或信号灯　3—电源指示灯　4—导线　5—电源开关

近年来国内各厂家生产的侧滑试验台均采用数字式指示装置，多以单片机进行数据采集和处理，具有操作方便、运行可靠、抗干扰性强等特点，同时还能对检测结果进行分析、判断、存储、打印和数字显示等功能。当滑动板侧滑时通过位移传感器转变成电信号，经过放大与信号处理后成为 0～5V 的模拟量，再经 A/D 转变成数字量，输入微机运算处理，然后显示出检测结果。数字式指示装置如图 5-24 所示，其用数字显示侧滑量，用"＋""－"表示侧滑方向。

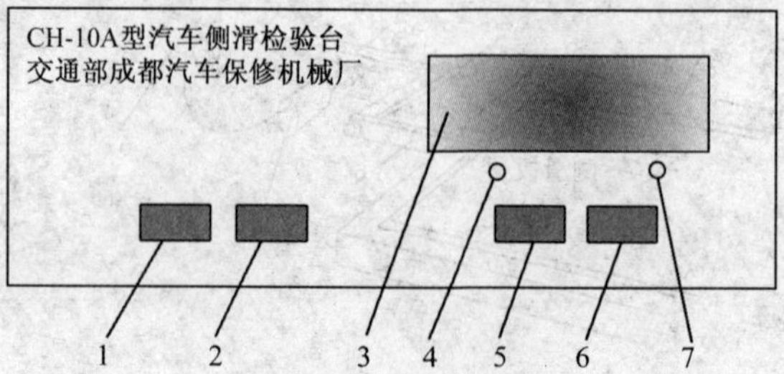

图 5-24　数字式指示装置

1—电源接通键　2—电源断开键　3—数码显示器　4—电源指示灯

5—打印键　6—复位键　7—报警灯

5.3.2.3　报警装置

在检测车轮侧滑量时，为便于快速表示检测结果是否合格，当车轮侧滑量超过规定值(5 格刻度)后，侧滑试验台的报警装置能根据测量装置的限位开关发出的信号，用蜂鸣器或信号灯报警。

5.3.3　侧滑量的检测

(1)检测前的准备

1)侧滑试验台导线应连接良好。

2)试验台上面及其周围应保持清洁，不能有油污、泥土、砂石及水等。

3)打开侧滑试验台的锁止装置，检查滑动板能否在外力作用下左右滑动自如，外力消失后应能回到原始位置，且指示装置指在零点。

4)检查报警装置在规定值时能否发出报警信号，并视需要进行调整或修理。

5)轮胎气压及花纹深度应符合要求，清理轮胎油泥、水或花纹沟槽内的石子。

(2)检测方法

1)拔掉滑动板的锁止销钉，接通电源。

2)汽车以 3～5km/h 的速度垂直侧滑板驶向侧滑试验台，使前轮平稳通过滑动板。

3)当前轮完全通过滑动板后，从指示装置上观察侧滑方向并读取、打印最大侧滑量。

4)对于后轮有定位的汽车，按同样方法检测后轮侧滑量。

(3)检测注意事项

1)前轮始终以 3～5km/h 的速度通过侧滑板，在侧滑板上不能停顿。

2)高于 5km/h 或低于 3km/h 的速度通过侧滑板的检测结果无效。

3)检测过程中不能转向和制动。

4)超过试验台允许轴荷的车辆不准进入滑板。

5.3.4　检测结果分析

(1)车轮侧滑量检测标准

国标 GB7258-2004《机动车运行安全技术条件》规定，车辆侧滑量应在±5m/km 之间，侧滑量方向外正内负。

(2)检测结果分析

1)检测时滑板向外移动说明车轮前束过大或前轮负外倾过大；滑板向内移动说明车轮负前束过大或车轮外倾过大。

2)车轮的侧滑量超标多为车轮前束不当所致，绝大多数情况下侧滑不合格都可以通过前束调整来解决。通常情况下，车轮向外侧滑超标说明前束过大，向内侧滑超标说明前束过小。

3)由于侧滑量是车轮外倾和前束的综合作用，因此侧滑合格也不表示车轮定位参数都符合要求。为了保障行车安全，应通过系统定位调整来确保车轮的正确位置。

(3)后轴技术状况分析

对于后轮没有车轮定位的汽车，可通过检测后轮侧滑量来判断后轴是否弯曲、轮毂轴承是否松旷。

1)使汽车后轮从侧滑试验台滑动板上前进或后退，如果两次侧滑量读数均为零，表明后轴无任何弯曲现象。

2)若两次侧滑量读数不为零，且前进或后退驶过侧滑板后，侧滑量读数相等而侧滑方向相反，表明后轴在水平面内产生弯曲。

①前进时滑动板向外滑动，后退时又向内滑动，表明后轴端部在水平面内向前弯曲。

②前进时滑动板向内滑动，后退时又向外滑动，表明后轴端部在水平面内向后弯曲。

3)若两次侧滑量读数不为零，且前进或后退驶过侧滑板后，侧滑量读数相等而侧滑方向相同，表明后轴在垂直平面内产生弯曲。

①滑动板向外滑动，表明后轴端部在垂直平面内向上弯曲。

②滑动板向内滑动，表明后轴端部在垂直平面内向下弯曲。

4)后轮多次驶过滑动板，每次读数均不相等，表明轮毂轴承松旷。

对于有车轮定位的汽车，仍可按上述方法检测后轴的变形及轮毂轴承的安装情况，只是在检测结果中减去定位值，其剩余值即为后轴弯曲变形所致。

5.4　汽车制动性能检测

国标 GB7258-2004《机动车运行安全技术条件》规定，机动车可以用制动距离、制动减速度和制动力检测制动性能，检测设备有五轮仪、制动减速度仪和制动试验台。制动性能分台式检测和路试检测两种方式，其中台式检测法在国内外获得了广泛应用。

5.4.1　制动性能的台架试验

5.4.1.1　制动试验台的分类

制动试验台可以检测制动系统的制动力、制动距离和制动减速度，可根据不同的方法进行分类：按试验台测量原理不同，可分为反力式和惯性式；按试验台支承车轮形式的不同，可分为滚筒式和平板式；按试验台同时能测车轴数不同，又可分为单轴式、双轴式和多轴式。目前国内汽车综合性能检测站所用制动检测设备多为反力式滚筒制动试验台和惯性式平板制动试验台。国内外已经研制出惯性式防抱死制动试验台，但其价格昂贵，短期内难以普及应用。

5.4.1.2 反力式滚筒制动试验台

(1)结构组成

反力式滚筒制动试验台由结构完全相同的左右两套对称的车轮制动力测试单元和一套指示、控制装置组成。如图5-25所示，单轴反力式滚筒制动试验台由框架、驱动装置、滚筒装置、测量装置、举升装置和指示与控制装置等组成。

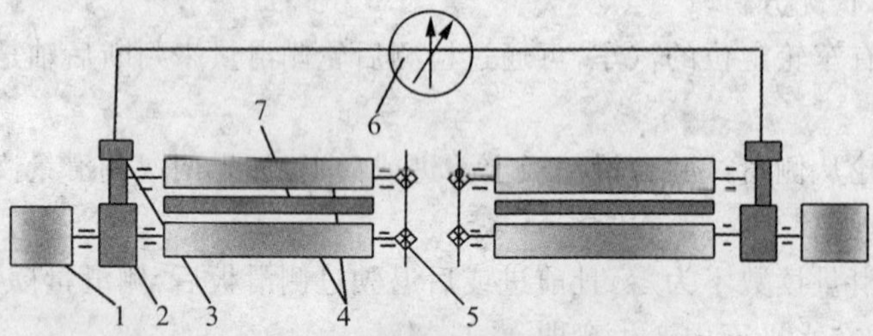

图5-25 单轴反力式滚筒制动试验台

1—电动机 2—减速器 3—测量装置 4—滚筒装置 5—链传动 6—指示与控制装置 7—举升装置

1)驱动装置由电动机、减速器和传动链条等组成。电动机的转动通过减速器内的蜗轮蜗杆传动和一对圆柱齿轮减速后传递给主动滚筒，主动滚筒又通过链传动把动力传递给从动滚筒。减速器与主动滚筒共用一轴，减速器壳体处于浮动状态，车轮制动时，该壳体能绕轴摆动，把制动力矩传给测力杠杆。

2)滚筒装置由四个滚筒组成，左右各一对独立设置(主、从动滚筒)，被测车轮置于两滚筒之间。滚筒相当于一个活动路面，用来支承被检车轮并在制动时承受和传递制动力。

3)测量装置主要由测力杠杆、测力传感器等组成。测力杠杆一端与传感器连接，另一端与减速器壳体连接。装在测力杠杆前端的测力传感器有自整角电机式、电位计式、差动变压器式或电阻应变片式等多种类型，传感器把测力杠杆的位移或力转变成反映制动力大小的电信号，送入指示与控制装置。

4)举升装置一般由举升器、举升平板和控制开关等组成。举升器有气压式、液压式和电动式等形式。举升装置设置在主、从动滚筒之间，以便汽车出入制动试验台。

5)指示与控制装置。目前制动试验台多采用微机系统进行控制，其指示装置有指针式和数字式。

(2)检测原理

将被检车辆左右车轮置于每对滚筒之间，用电动机通过减速器和链传动使主、从动滚筒带动车轮旋转，然后用力踩下制动踏板，车轮给滚筒一个与其转动方向相反的摩擦力矩，该力矩大小与滚筒对车轮的制动力矩相等，并驱动浮动的减速器壳体偏转，迫使连接在减速器壳体上的测力杠杆产生位移，通过测力传感器转换成反映制动力大小的电信号，由微机采集、处理后，指令电动机停转，并由指示装置指示或由打印机打印检测结果。

制动力的诊断参数标准以轴制动力占轴荷的百分比为依据，因此必须在测得轴荷及轴制动力后才能评价轴制动性能，所以，反力式滚筒制动试验台需要配备轴重计或轮重仪，有些制动试验台本身带有内置式轴重测量装置。

(3)检测方法

反力式滚筒制动试验台的操作过程如下：

1)打开电源开关。如果指示装置为指针式仪表，检查指针是否在零位。

2)清洁试验台滚筒及汽车轮胎，检查轮胎气压，核实汽车各轴轴荷。

3)升起制动试验台举升器。

4)汽车被测车轴在轴重计或轮重仪上检测完轴荷后，应尽可能沿垂直于滚筒的方向驶入制动试验台。先前轴，再后轴，使车轮处于两滚筒之间。

5)汽车停稳后变速杆置于空挡位置，行车制动器和驻车制动器处于完全放松状态，能测制动时间的试验台还应把脚踏开关套在制动踏板上。

6)降下举升器，至举升器平板与轮胎完全脱离为止。如制动试验台带有内置式轴重测量装置，则应在此时测量轴荷。

7)起动电动机，使滚筒带动车轮转动，先测出车轮阻滞力。

8)用力踩下制动踏板，检测轴制动力，读取并打印检测结果。

9)升起举升器，驶出已测车轴，驶入下一车轴，按同样方法检测轴荷和制动力。

10)当与驻车制动器相关的车轴在制动试验台上时，检测完行车制动性能后应重新启动电动机，在行车制动器完全放松的情况下，用力拉紧驻车制动器操纵杆，检测驻车制动性能。

5.4.1.3　惯性式平板制动试验台

(1)结构组成

如图5-26所示，惯性式平板制动试验台主要由测试平板、传感器和数据采集系统等组成。小型车检测线一般由四块制动、悬架、轴重测试用平板及一块侧滑测试板组成。数据采集系统由力传感器、放大器、多通道数据采集板等组成。

(2)检测原理

为提高汽车的制动稳定性，减少制动时后轮侧滑和汽车甩尾，通常汽车设计时前轴制动力较大而后轴制动力相对较小。此外，还可以充分利用汽车制动时惯性力导致车辆重心前移轴荷发生变化的特点，使前轴制动力达到静态轴重的140%。上述制动特性只有在道路试验时才能体现，反力式滚筒试验台无法测量前轴的最大制动力。

平板制动试验台可在低速时动态检测车辆的制动性能，其检测原理基于牛顿第二定律，即制动力等于质量与加速度之积。检测时测出轴荷和减速度即可求得制动力(理论上制动力与检测时的车速无关)。

检验时汽车以5～10km/h速度(或按试验台的允许速度)驶上平板，变速器置空挡并紧急制动。汽车在惯性力作用下，通过车轮在平板上附加于制动轮大小相等方向相反的作用力，使平板产生纵向位移，经传感器测出各轮的制动力和动态轮重，由数据采集和处理系统计算并显示检测结果。

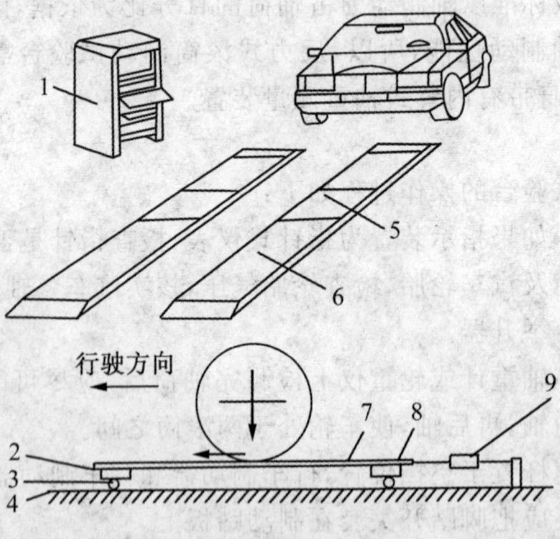

图 5-26　平板式制动试验台示意图

1—控制柜　2—压力传感器　3 -钢球　4—底板　5—侧滑测试平板

6—制动一轮荷测试平板　7—面板　8、9—拉力传感器

(3)制动过程分析

在车辆空挡驶上台面时,台面水平方向的测力传感器测得车辆车轴空挡滑行阻力,称重传感器同步测得车轴载荷,即可计算出车辆空挡滑行阻力与载荷之百分比。如图 5-27 所示,车轴驶上平板后实施制动,此时制动力与轴荷迅速增加,同时后轴轴荷减少,制动力增长相对较小;前轴轴荷达到最大后,前桥向上反弹,轴荷减小,后轴轴荷增加。经过几个周期震荡后,前后桥轴荷趋于稳定。

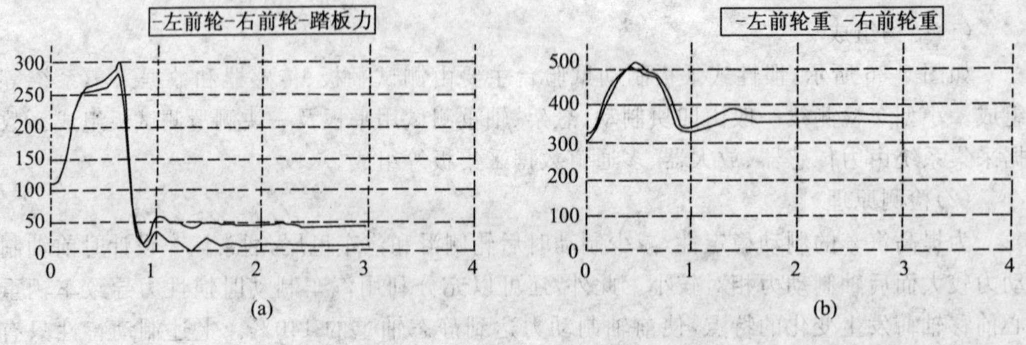

图 5-27　平板式制动试验台检测过程曲线

5.4.2　制动性能的路试检测

制动性能路试检测是指利用五轮仪和制动减速度仪等检测设备,在道路试验中通过检测制动距离、制动时间或制动减速度来评价汽车的制动性能。

5.4.2.1　制动距离检测

(1)检测方法

路试检测制动距离应在平坦(一般坡度不超过 1%)、干燥和清洁的硬路面上(轮胎与路面之间的附着系数不小于 0.7)进行。检测时，在汽车适当位置安装五轮仪，在制动踏板上安装提供信号用的踏板套。被检车辆在规定宽度的试验车道上沿车道中心线行驶至高于规定值的初速度后，变速器置空挡，当滑行到规定的初速度时，急踩制动使汽车停止，同时操作五轮仪测出制动距离。

(2)五轮仪简介

五轮仪分为接触式和非接触式两类，由传感器和记录仪两部分组成，可以测出制动过程中的制动距离、制动时间和制动初速度。

1)传感器部分

常用的五轮仪传感器有磁电式和光电式，如图 5-28 所示。

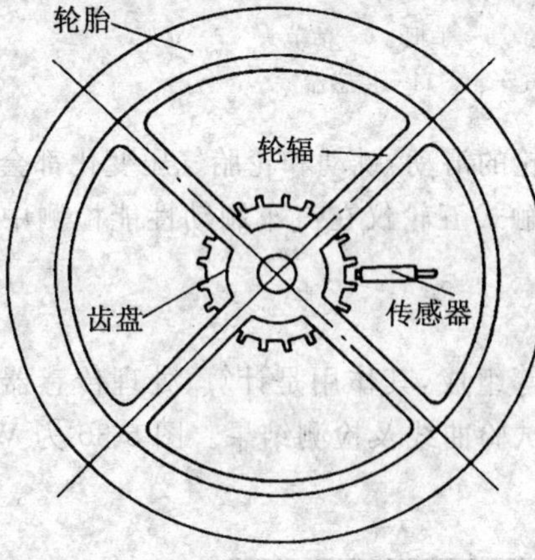

(a)接触式五轮仪传感器

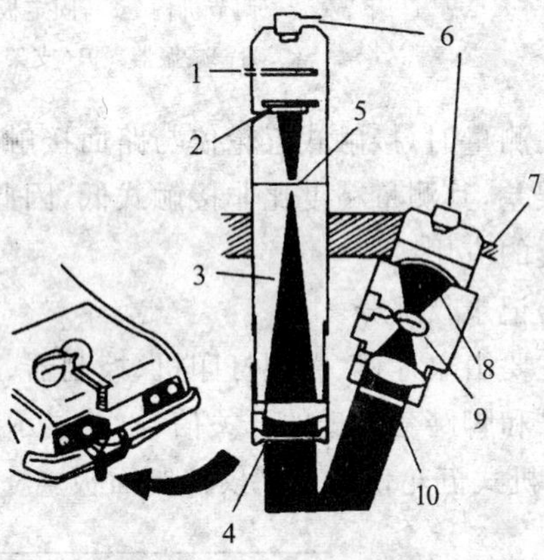

(b)非接触式五轮仪传感器

图 5-28　五轮仪传感器

1—前置放大器　2—受射光元件　3—受射光束　4—物镜　5—光栅　6—接线柱　7—支架　8—反射镜　9—灯泡　10—非球面镜

在接触式五轮仪中，应用较多的是微机式五轮仪，其传感器部分主要包括第五轮和安装在轮架上的磁电传感器及齿轮盘，如图 5-29 所示。当第五轮转动时，传感器发出连续的脉冲信号传给记录仪部分，记录仪部分通过计数处理得出行驶距离。在测试过程中，通过检查脉冲周期，便可得到瞬时车速。

非接触式五轮仪以计算机为核心部件，配以相应的 I/O 接口，不需要与路面接触或设置任何测量标志，其传感器主要由一个光学系统和电池组成，如图 5-28(b)所示。传感器采用光电头相关滤波技术，工作时，安装在车身上的光电探测器(光电头)照射路面，由于图像的移动使光电池输出宽带随机信号，其主频与车速成正比，通过空间滤波器将与车速成正比的主频检出，送入记录仪部分进行速度运算和距离计算。

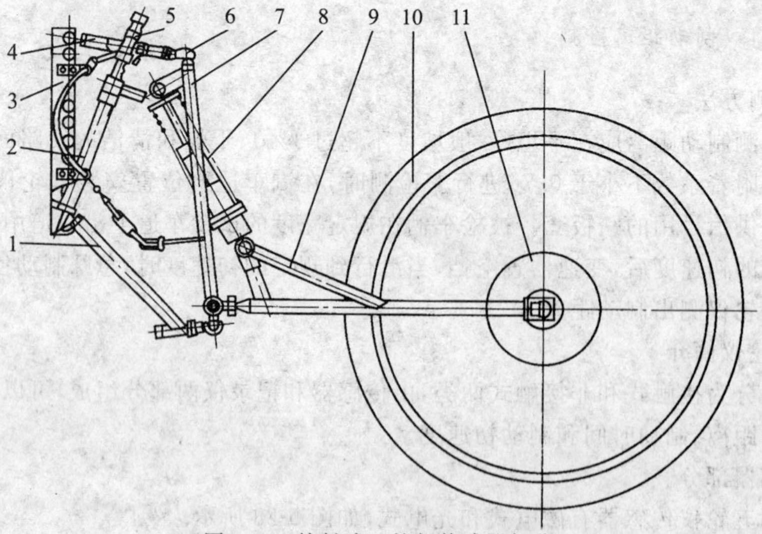

图 5-29　接触式五轮仪传感器部分

1—下臂　2—调节机构　3—固定板　4—上臂　5—手把　6—活节头　7—立架　8—减振器　9—支架　10—充气车轮　11—传感器

在测量时，接触式五轮仪与路面接触的第五轮的滑动、跳动和轮胎气压变化都会引起测量误差，其测量精度比非接触式低，因此，非接触式五轮仪在汽车制动性能检测中得到了广泛的应用。

2)记录仪部分

主要由单片机、微型打印机、控制器、显示器等组成，其作用是计算、处理传感器输送的信号和脚踏套输送的开关信号，并显示和打印试验曲线及检测结果。图 5-30 为 WLY-5 型微机式五轮仪的记录仪控制面板。

(a)上面板

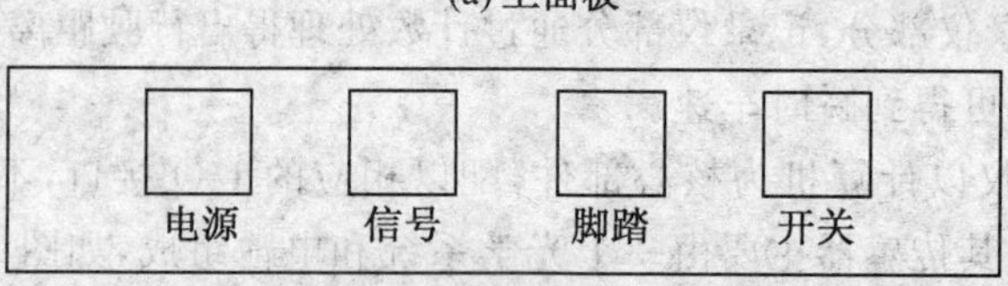

(b)下面板

图 5-30　WLY-5 型微机式五轮仪记录仪控制面板

5.4.2.2 制动减速度检测

制动减速度的路试检测方法与检测制动距离相同，不同点是用制动减速度仪测量车辆充分发出的平均减速度(FMDD)。制动减速度仪又称制动仪，以检测制动减速度和制动时间为主，用于整车道路试验。仪器小巧轻便，不用五轮作传感器，使用较为方便。

制动减速度仪一般由仪器部分和传感器部分组成，附带一个脚踏开关。仪器部分和传感器部分可以制成整体式，装在一个壳体内，也可以制成分体式，二者用导线相连。图 5-31 为国产 QTZ 型微机减速度仪外形图(整体式)。

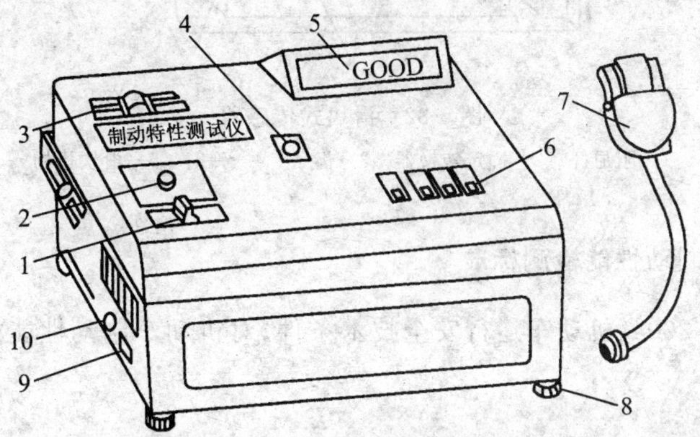

图 5-31 QTZ 型微机减速度仪外形图

1—电源开关 2—踏板开关插座 3—蓄电池表头 4—水平泡 5—LED 显示器 6—操作键 7—踏板开关 8—可调支架 9—充电插口 10—熔丝

制动减速度仪的传感器有滑块式和摆锤式两种。滑块式传感器由阻尼杆、光电转换机构、齿条、弹簧和滑块机构等组成，如图 5-32 所示。汽车移动时，在惯性力作用下，滑块克服弹簧的拉力发生位移，位移量与汽车减速度的大小成正比。为尽量减少弹簧、滑块组合产生的简谐振动，由阻尼杆产生适当的阻尼作用。光电转换机构由发光管、光敏管、定光栅和动光栅组成。当滑块发生位移时，与滑块固定一体的齿条通过与之啮合的齿轮使动光栅转动，光敏管接收到时通时断的光信号并变成电脉冲信号，经整形后通过导线送到微机。滑块的移动速度越快，光电转换机构输出的电脉冲信号越多。仪器部分接到脚踏开关信号后，对传感器送来的信号进行分析、处理，最后显示制动减速度和制动时间。

汽车制动时，车头下沉，车身前倾，滑块式或摆锤式传感器对减速度仪的测量精度产生一定程度的影响，尤其是紧急制动时，影响更为明显。因此，国标 GB7258-2004《机动车运行安全技术条件》规定用充分发出的平均减速度(FMDD)作为评价指标，而不再使用制动稳定减速度。

充分发出的平均减速度 FMDD 可用下式计算求得：

$$\mathrm{FMDD}=(v_{2b}-v_{2e})/25.92(S_e-S_b)$$

式中：FMDD 为充分发出的平均减速度($\mathrm{m/s^2}$)；v_0 为试验车制动初速度(km/h)；$v_b=0.8v_0$(km/h)；$v_e=0.1v_0$(km/h)；S_b 为试验车速从 v_0 到 v_b 之间车辆行驶的距离(m)；S_e 为试验车速从 v_0 到 v_e 之间车辆行驶的距离(m)。

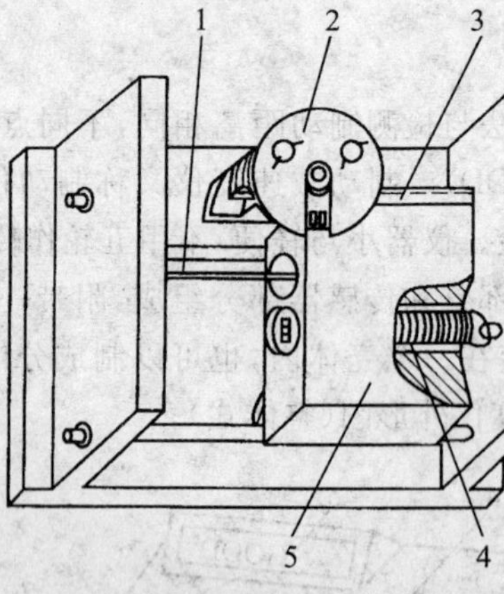

图 5-32　滑块式传感器

1—阻尼杆　2—固定转换器　3—齿条　4—弹簧　5—滑块机构

5.4.3　汽车制动性能检测标准

国标 GB7258-2004《机动车运行安全技术条件》对机动车制动性能检验有严格规定，具体要求如下：

5.4.3.1　路试检验制动性能

机动车行车制动性能和应急制动性能检验应在平坦、硬实、清洁、干燥且轮胎与地面间的附着系数不小于 0.7 的水泥或沥青路面上进行。检验时发动机应脱开。

(1)行车制动性能检验

1)用制动距离检验行车制动性能

机动车在规定初速度下的制动距离和制动稳定性要求应符合表 5-2 的规定。制动距离指机动车在规定的初速度下急踩制动时，从脚接触制动踏板(或手触动制动手柄)时起至机动车停住时止机动车驶过的距离。制动稳定性要求是指制动过程中机动车的任何部位(不计入车宽的部位除外)不允许超出规定宽度的试验通道的边缘线。

表 5-2　制动距离和制动稳定性要求

机动车类型	制动初速度(km/h)	满载检验制动距离要求(m)	空载检验制动距离要求(m)	试验通道宽度(m)
乘用车	50	≤20.0	≤19.0	2.5
总质量不大于 3500kg 的低速货车	30	≤9.0	≤8.0	2.5
其他总质量不大于 3500kg 的汽车	50	≤22.0	≤21.0	2.5
其他汽车、汽车列车	30	≤10.0	≤9.0	3.0

2)用充分发出的平均减速度检验行车制动性能

汽车、汽车列车在规定的初速度下急踩制动时充分发出的平均减速度及制动稳定性要求应符合表 5-3 的规定,且制动协调时间对液压制动的汽车不应大于 0.35s,对气压制动的汽车不应大于 0.60s,对汽车列车、铰接客车和铰接式无轨电车不应大于 0.80s。

制动协调时间是指在急踩制动时,从脚接触制动踏板(或手触动制动手柄)时起至机动车减速度(或制动力)达到表 5-3 规定的机动车充分发出的平均减速度(或表 5-5 所规定的制动力)的 75%时所需的时间。

表 5-3　　制动减速度和制动稳定性要求

机动车类型	制动初速度(km/h)	满载检验充分发出的平均减速度(m/s^2)	空载检验充分发出的平均减速度(m/s^2)	试验通道宽度(m)
乘用车	50	≥5.9	≥6.2	2.5
总质量不大于 3500kg 的低速货车	30	≥5.2	≥5.6	2.5
其他总质量不大于 3500kg 的汽车	50	≥5.4	≥5.8	2.5
其他汽车、汽车列车	30	≥5.0	≥5.4	3.0

3)进行制动性能检验时的制动踏板力或制动气压

①满载检验时,气压制动系的气压表指示气压≤额定工作气压液压制动系的踏板力:乘用车≤500N,其他机动车≤700N。

②空载检验时,气压制动系的气压表指示气压≤600kPa 液压制动系的踏板力:乘用车≤400N,其他机动车≤450N。

(2)应急制动性能检验

汽车(三轮汽车除外)在空载和满载状态下,按表 5-4 所列初速度进行应急制动性能检验,应急制动性能应符合表 5-4 的要求。

表 5-4　　应急制动性能要求

机动车类型	制动初速度(km/h)	制动距离(m)	充分发出的平均减速度(m/s^2)	允许操纵力不应大于(N)	
				手操纵	脚操纵
乘用车	50	≤38.0	≥2.9	400	500
客车	30	≤18.0	≥2.5	600	700
其他汽车(三轮汽车除外)	30	≤20.0	≥2.2	600	700

(3)驻车制动性能检验

在空载状态下,驻车制动装置应能保证机动车在坡度为 20%(对总质量为整备质量的 1.2 倍以下的机动车为 15%)、轮胎与路面间的附着系数不小于 0.7 的坡道上正、反两个方向保持固定不动,其时间不应少于 5min。对于允许挂接挂车的汽车,其驻车制动装置必须能使汽车列车在满载状态下时能停在坡度为 12%的坡道(坡道上轮胎与路面间的附着系数不应小于 0.7)上。

5.4.3.2 台试检验制动性能

(1)行车制动性能检验

1)制动力要求

汽车、汽车列车在制动检验台上测出的制动力应符合表 5-5 的要求。

表 5-5 台试检验制动力要求

机动车类型	制动力总和与整车重量的百分比		轴制动力与轴荷* 的百分比	
	空载	满载	前轴	后轴
乘用车、总质量不大于 3500kg 的货车	≥60	≥50	≥60**	≥20**
其他汽车、汽车列车	≥60	≥50	≥60**	—

* 用平板制动检验台检验乘用车时应按动态轴荷计算。

** 空载和满载状态下测试均应满足此要求。

2)制动力平衡要求(两轮、边三轮摩托车和轻便摩托车除外)

在制动力增长全过程中同时测得的左右轮制动力差的最大值,与全过程中测得的该轴左右轮最大制动力中大者之比,对前轴不应大于 20%,对后轴(及其他轴)在轴制动力不小于该轴轴荷的 60%时不应大于 24%。当后轴(及其他轴)制动力小于该轴轴荷的 60%时,在制动力增长全过程中同时测得的左右轮制动力差的最大值不应大于该轴轴荷的 8%。

3)汽车制动协调时间要求

对液压制动的汽车不应大于 0.35s,对气压制动的汽车不应大于 0.60s,汽车列车和铰接客车、铰接式无轨电车的制动协调时间不应大于 0.80s。

4)汽车车轮阻滞力要求

进行制动力检验时各车轮的阻滞力均不应大于车轮所在轴轴荷的 5%。

(2)驻车制动性能检验

当采用制动检验台检验汽车驻车制动装置的制动力时,机动车空载,乘坐一名驾驶员,使用驻车制动装置,驻车制动力的总和不应小于该车在测试状态下整车重量的 20%(对总质量为整备质量 1.2 倍以下的机动车为不小于 15%)。

5.5 车速表检测

汽车行驶速度关系到行车安全和运输生产率,为了提高运输效率,汽车的行驶速度越来越快。但速度过高往往使汽车失去操纵稳定性,且制动距离也会大大增加,尤其在限速路段,驾驶员必须按照车速表的指示值准确地控制车速。因此,车速表一定要准确可靠。车速表经长期使用,其指示误差会愈来愈大。如果车速表的指示误差过大,驾驶员就难以正确控制车速,且极易因判断失误而造成交通事故。所以必须及时对车速表进行检测、校准,确保车速表的指示精度。

5.5.1　车速表误差的形成与测量原理

(1)车速表误差的形成原因

车速表常常与里程表组合在一起,有电子式和磁感应式等类型。汽车行驶时,车速传感器将汽车行驶速度传递给车速表,并显示出来。磁感应式车速表通过涡轮蜗杆和软轴的传动,利用磁电互感作用,通过指针摆动来显示车速。车速传感器、车速表的制造和装配误差,以及车速表性能的下降,都会造成车速表的指示误差。

汽车的实际行驶速度与车轮滚动半径有关(成正比)。轮胎磨损导致车轮滚动半径减小,轮胎气压不足或过高也会使车轮滚动半径发生变化。但车速表的指示值不会随车轮滚动半径的变化而变化,因而导致车速表指示值与实际车速形成误差。

不管是电子式还是磁感应式车速表,在其技术状况正常的情况下,车轮滚动半径的变化是导致车速表误差的主要原因。

(2)车速表指示误差的检测方法和测量原理

汽车车速表的检测方法有道路试验法和室内台架试验法两种。

道路试验法是汽车以不同车速通过一个预定长度的试验路段,测出通过该路段的时间,然后根据公式计算出实际车速,并与驾驶室内车速表的指示值相对照,求出不同车速下车速表的指示误差值。

台架试验法是以车速表试验台滚筒作为连续移动的路面,把被测车轮置于滚筒上旋转,模拟汽车在道路上行驶状态,进行车速表误差测量。如图 5-33 所示,将汽车的驱动轮置于滚筒上,由发动机经传动系驱动车轮旋转,车轮借助于轮胎的摩擦力带动滚筒旋转。滚筒端部装有磁电传感器,传感器输出的脉冲数随滚筒转速的增高而增加,而滚筒的转速与车速成正比。

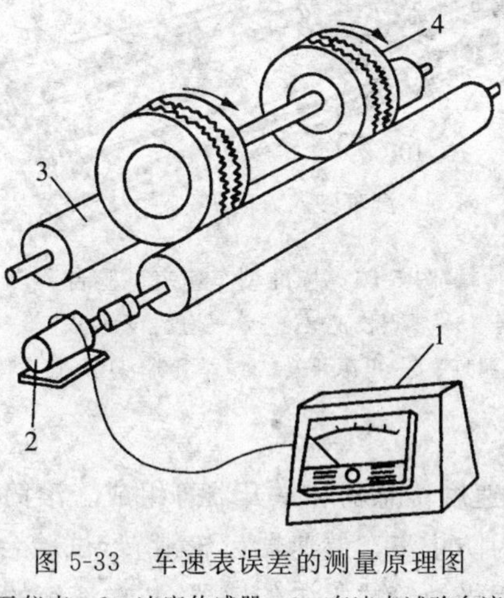

图 5-33　车速表误差的测量原理图

1—实际车速的指示仪表　2—速度传感器　3—车速表试验台滚筒　4—驱动车轮

滚筒的线速度、圆周长与转速之间的关系,可用下式表达:

$$v=nL\times60\times10^{-6}$$

式中:v 为滚筒的线速度(km/h);L 为滚筒的圆周长(mm);n 为滚筒的转速(r/min)。

因车轮的线速度与滚筒的线速度相等，故上述的计算值即为汽车的实际车速值。此值由车速表试验台上的速度指示仪表显示，称为试验台指示值。

车轮在滚筒上转动的同时，汽车驾驶室内的车速表也在显示车速值，称为车速表指示值。将试验台指示值与车速表指示值相比较，即可得出车速表的指示误差。

$$\text{车速表指示误差}=\frac{\text{车速表指示值}-\text{试验台指示值}}{\text{试验台指示值}}\times 100\%$$

5.5.2 车速表试验台的结构

车速表试验台有三种类型：标准型、驱动型和综合型。标准型车速表试验台无驱动装置，依靠被测车轮带动滚筒旋转；驱动型车速表试验台由电动机驱动滚筒旋转；把车速表试验台与制动试验台或底盘测功试验台组合在一起即为综合型。

(1)标准型车速表试验台

试验台由速度测量装置、速度指示装置和速度报警装置等组成，如图 5-34 所示。

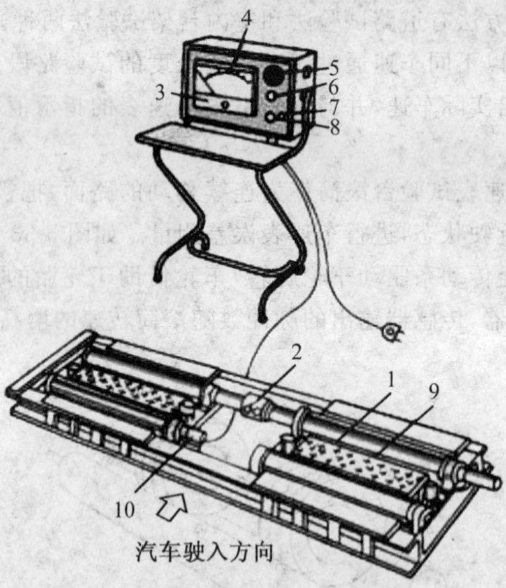

图 5-34　标准型车速表试验台

1—滚筒　2—联轴器　3—零点校正螺钉　4—速度指示仪表　5—蜂鸣器　6—报警灯　7—电源灯　8—电源开关　9—举升器　10—速度传感器

1)速度测量装置

速度测量装置由滚筒、速度传感器和举升器等组成。滚筒分两组共 4 个，通过滚动轴承安装在框架上。试验时为防止汽车差速器齿轮滑转，试验台的两个前滚筒由联轴器连在一起。速度传感器多采用光敏管或霍尔传感器，装在滚筒的一端，将对应于滚筒转速所发出的电压信号(或脉冲信号经处理后)送到速度指示装置。为使汽车进出试验台方便，在前后滚筒之间设有举升器。举升器多用气压驱动或液压驱动。举升器与滚筒制动装置联动，举升器升起时，滚筒被制动而不能转动。

2)速度指示装置

速度指示装置根据速度传感器传来的电信号(电压信号或脉冲信号)及滚筒外圆周长等参数,经处理后,驱动显示装置以 km/h 为单位表示车速。

3)速度报警装置

试验台报警装置的作用是:指示检测车速,当汽车实际行驶车速达到某一规定值(如40km/h)时,报警装置灯发亮或蜂鸣器发响,提示驾驶员车辆已到达检测车速,注意观察驾驶室内车速表指示值是否在合格范围内(合格范围为 38～48km/h)。

(2)驱动型车速表试验台

汽车车速表的转速信号多数取自变速器或分动器的输出端,但对于后置发动机的汽车,如车速表软轴过长,会出现传动精度和寿命方面的问题,因此转速信号取自前轮。驱动型车速表试验台就是为适应后置发动机汽车的试验而研制的。

如图 5-35 所示,在试验台滚筒的一端装有电动机,由它来驱动滚筒旋转。此外,在滚筒与电动机之间装有离合器,若试验时将离合器分离,又可作为标准型试验台使用。

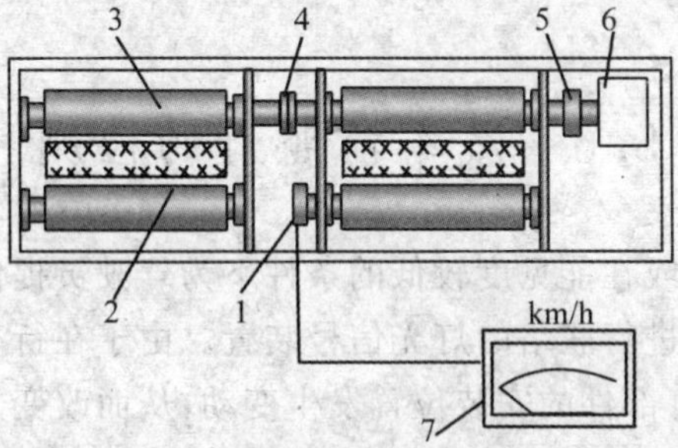

图 5-35　驱动型车速表试验台

1—测速发电机　2—举升器　3—滚筒　4—联轴器　5—离合器　6—电动机　7—速度指示仪表

5.5.3　车速表误差检测

车速表的检测方法因试验台的牌号、型式而异,应根据使用说明书进行操作。

(1)车速表试验台的准备

1)在滚筒处于静止状态时,检查指示仪表是否在零点位置上。

2)检查并清洁滚筒上的油、水、泥、砂等杂物。

3)举升器升降应自如。

(2)被测车辆的准备

按规定调整好轮胎气压,若轮胎上沾有油、水、泥或花纹内嵌有小石子时,应清除干净。

(3)检测方法

1)接通车速表试验台电源,升起举升器。

2)将汽车开上车速表试验台,使其与车速表有传动关系的车轮停于两滚筒之间。

3)降下举升器,至轮胎与举升器托板脱离为止。

4)当驾驶室内车速表指示值达到检测车速时，读取试验台指示值(实际车速)；或当试验台指示值达到检测车速时，读取驾驶室内车速表的指示值。

注：对于标准型车速表试验台，应挂入最高挡，踩下加速踏板使驱动轮带动滚筒平稳地加速运转。对于驱动型车速表试验台，应接合试验台离合器，使滚筒与电动机连在一起，并将变速器挂入空挡，起动电动机，通过滚筒带动车轮旋转。

5)读取数据后，轻轻踩下汽车制动踏板，使滚筒和车轮停止转动。对于驱动型车速表试验台，必须先关断电动机电源，再踩制动踏板。

5.5.4 车速表检测标准

国家标准 GB7258-2004《机动车运行安全技术条件》中规定：车速表指示车速 v_1(单位：km/h)与实际车速 v_2(单位：km/h)之间应符合下列关系式：

$$0 \leqslant v_1 - v_2 \leqslant (v_2/10) + 4$$

即当实际车速为 40km/h 时，汽车车速表指示值应为 40～48km/h，超出上述范围车速表的指示为不合格。

5.6 汽车前照灯的检测

前照灯是汽车在夜间或在能见度较低的条件下为驾驶员提供行车道路照明的重要设备，也是驾驶员发出警示、进行联络的灯光信号装置。由于在行车过程中汽车不可避免地受到振动，可能引起前照灯部件的安装位置发生变动，从而改变光束的正确照射方向。同时，灯泡在使用过程中会逐步老化，反射镜受到污染而使其聚光性能变差，导致前照灯亮度不足。前照灯故障会使驾驶员对前方道路情况辨认不清，或在与对面来车交会时造成对方驾驶员眩目，极易造成交通事故，所以应定期对前照灯进行检测和校正。

5.6.1 前照灯相关的光学知识

5.6.1.1 光的物理单位

在光的物理量中，与前照灯检测有密切关系的是发光强度和照度。

(1)发光强度

它是表示光源在一定方向范围内发出的可见光辐射强弱的物理量，单位是坎德拉，简称“坎”，用符号 cd 表示。

(2)照度

它是表示不发光物体被光源照明的程度，为受光面明亮度的物理量，单位为 lx(勒克斯)。

5.6.1.2 发光强度与照度的关系

在光源发光强度不变的情况下，物体离开光源越远，被照明的程度越差。在不计光源大小(把光源看作点光源)的情况下，照度与离开光源距离的平方成反比，即：照度＝发光强度/离开光源距离的平方。

5.6.1.3　前照灯的特性

前照灯的特性可分为配光特性、全光束和照射方向三部分，其特性参数的特征如图 5-36 的等照度曲线所示。

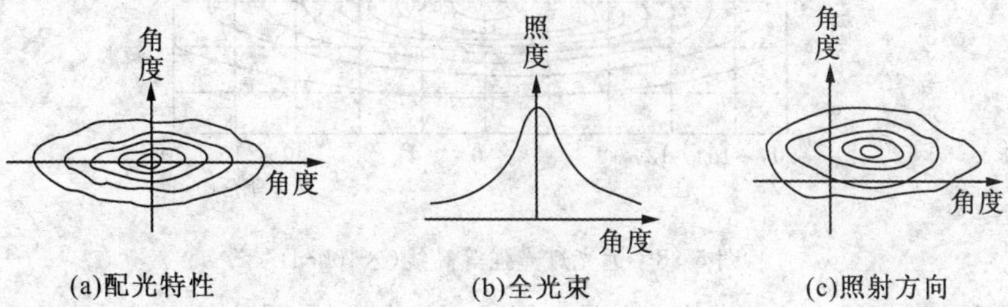

图 5-36　等照度曲线

(1)配光特性

把用等照度曲线表示的明亮度分布特征称为配光特性，亦称为光形分布特征。配光特性分为对称式配光特性和非对称式配光特性。

对称式配光特性的等照度曲线应左右对称，不偏向一边，上下的扩展也不太宽，如图 5-36(a)所示。非对称式配光特性光形分布是不对称的，如图 5-37 所示。一般有两种形式：一种是在配光屏幕上明暗截止线(眼睛感觉到的明暗陡变的分界线)水平部分在*V*—*V* 线的左半边，右半边为与水平线成 15°角的斜线，如图 5-37(a)所示；另一种是明暗截止线的左半边平行且低于 *h*—*h* 水平线 25cm，而右半边先为一与水平线成 45°角的斜线，到与 *h*—*h* 水平线相交时又转折为与 *h*—*h* 线重合的水平线，如图 5-37(b)所示。

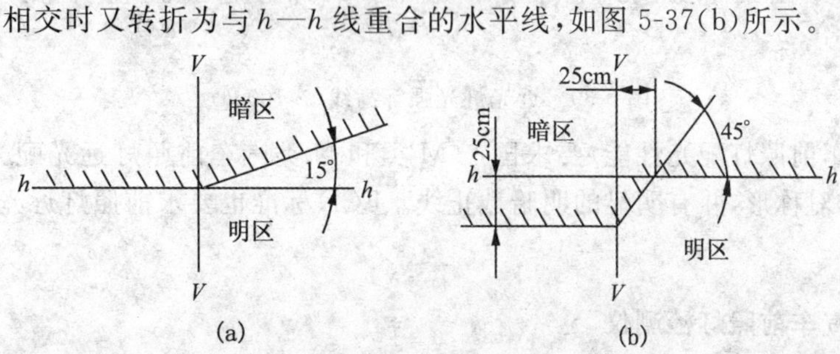

V—*V* 为汽车纵向中心垂直平面在屏幕上的投影线
h—*h*—汽车前照灯基准中心高度的水平线

图 5-37　非对称式配光示意图

(2)全光束

光束用明亮度分布纵断面的配光特性曲线来表示，该断面的积分值(该曲线的旋转体积)即为全光束。全光束是光源发出的光的总量，参见图 5-36(b)。

(3)照射方向

一般情况下，可把前照灯光束最亮之处看作光轴的中心，其对水平、垂直坐标轴交点的偏离表示光轴的照射方向，参看图 5-36(c)。

典型的前照灯远光配光特性如图 5-38 所示，图中曲线是等照度曲线，在上下方向和左右方向基本对称，越靠近中心点照度越大。

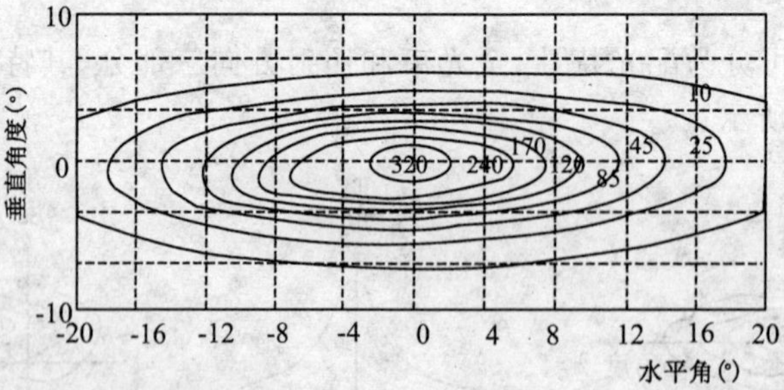

图 5-38　远光灯光强等高线(×100cd)

典型的前照灯近光灯配光特性有明显的明暗截止线，在明暗截止线的左上方有一个比较暗的暗区，在明暗截止线的右下方有一个比较亮的亮区，其光强最强的区域在明暗截止线的右下方。在光强最大的区域中心点的照度越大，以这个中心点为中心形成一定的等照度曲线，如图 5-39 所示。

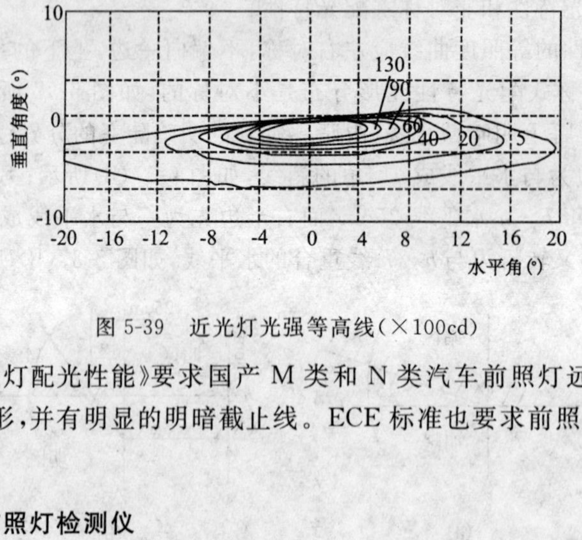

图 5-39　近光灯光强等高线(×100cd)

国标《汽车前照灯配光性能》要求国产 M 类和 N 类汽车前照灯远光配光呈对称形，近光配光呈非对称形，并有明显的明暗截止线。ECE 标准也要求前照灯近光配光是非对称形。

5.6.2　汽车前照灯检测仪

前照灯必须有足够的发光强度和正确的照射方向，其配光性能和照射方向由前照灯检测仪进行检测。前照灯检测仪就是按一定测量距离放在被检车辆的对面，用来检测前照灯发光强度和光轴偏斜量的专用设备。

5.6.2.1　前照灯检测仪的检测原理

前照灯检测仪的类型很多，但基本检测原理类似，一般均采用能把吸收的光能变成电流的光电池作为传感器，按照前照灯主光束照射光电池产生电流的大小和比例，来测量前照灯发光强度和光轴偏斜量。

(1)发光强度的检测原理

测量前照灯发光强度的电路由光度计、可变电阻和光电池等组成,如图 5-40 所示。按规定的距离使前照灯照射光电池,光电池便按受光强度的大小产生相应的光电流使光度计指针摆动,指示出前照灯的发光强度。

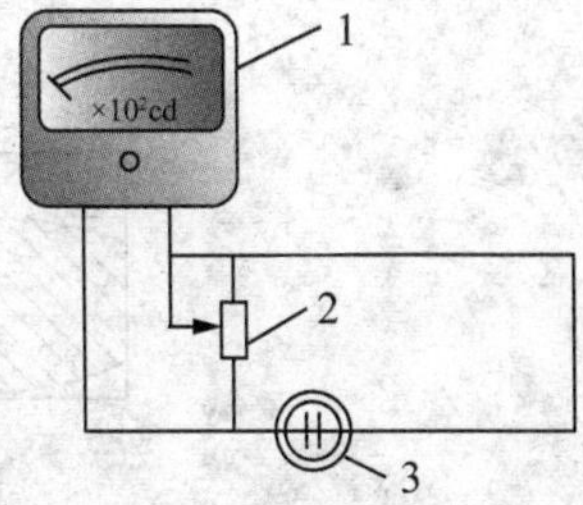

图 5-40　发光强度的检测原理图

1—光度计　2—可变电阻　3—光电池

(2)光轴偏斜量的检测原理

测量前照灯光轴偏斜量的电路如图 5-41 所示,由两对光电池组成,左右一对光电池 $S_{左}$、$S_{右}$ 之间接有左右偏斜指示计,用于检测光束中心的左右偏斜量。上下一对光电池 $S_{上}$、$S_{下}$ 之间接有上下偏斜指示计,用于检测光束中心的上下偏斜量。当光电池受到前照灯光束照射时,如果光束照射方向偏斜,将分别使光电池的受光面不一致,因而产生的电流大小也不一致。光电池产生的电流差值分别使上下偏斜指示计及左右偏斜指示计的指针摆动,从而检测出光轴的偏斜方向和偏斜量。

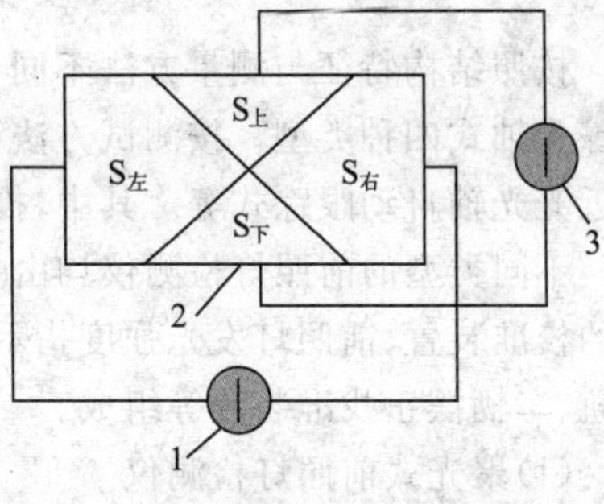

图 5-41　光轴偏斜量检测原理图

1—左右偏斜指示　2—光电池

3—上下偏斜指示

图 5-42 所示为光轴无偏斜时的情况,这时上下偏斜指示计的指针和左右偏斜指示计的指针均垂直向下,即处于零位。

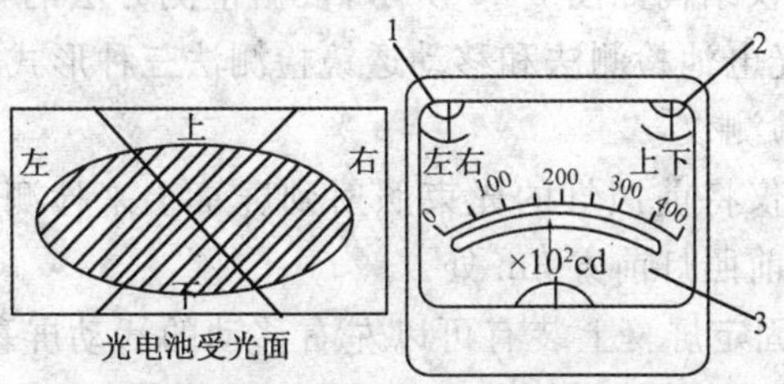

图 5-42　光轴无偏斜时的情况

1—左右偏斜指示　2—上下偏斜指示　3—光度计

图 5-43 所示为光轴有偏斜时的情况,这时上下偏斜指示计的指针向"下"方向偏斜,左右偏斜指示计的指针向"左"方向偏斜。

若通过适当的调节机构,调整光线照射光电池的位置,使 $S_{左}$、$S_{右}$ 和 $S_{上}$、$S_{下}$ 每对光电池受到的光照度相同,此时每对光电池输出的电流相等,两偏斜指示计的指针均指向零位,其调节量反映了光束中心的偏斜量。当偏斜指示计指针处于零位时,光电池受到的光照最强,四块光电池所输出电流之和表明了前照灯的发光强度。

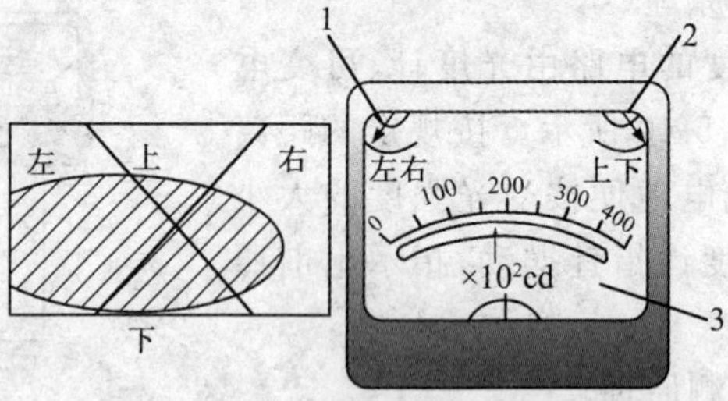

图 5-43　光轴有偏斜时的情况

1—左右偏斜指示　2—上下偏斜指示　3—光度计

5.6.2.2　前照灯检测仪的结构和工作原理

按照结构特征与测量方法不同，前照灯检测仪可分为聚光式、屏幕式、投影式和自动追踪光轴式四种类型。按测试方法和功能不同，又可分为手动、电动、远光光轴自动跟踪、远近光光轴自动跟踪式等。其中，投影式和自动追踪光轴式较为常用。

不同类型的前照灯检测仪均由接受前照灯光束的受光器、使受光器与汽车前照灯对正的校准装置、前照灯发光强度指示装置、光轴偏斜方向和偏斜量指示装置及支柱、底版、导轨、车辆摆正找准装置等组成。

(1)聚光式前照灯检测仪

聚光式前照灯检测仪是用受光器的聚光透镜把前照灯的散射光束聚合起来，根据其对光电池的照射强度来检测前照灯的发光强度和光轴偏斜量。检测时，检测仪放在前照灯前方 1m 处。

聚光式前照灯检测仪结构如图 5-44 所示，根据检测方法的不同，其使用可分为移动反射镜式检测法、移动光电池检测法和移动透镜检测法三种形式。

(2)屏幕式前照灯检测仪

屏幕式前照灯检测仪将前照灯的光束照射到屏幕上来检测其发光强度和光轴偏斜量，检测时，检测仪放在前照灯前方 3m 处。

如图 5-45 所示，在固定屏幕上装有可以左右移动的活动屏幕，在活动屏幕上装有能够上下移动的内部装有光电池的受光器。检测时，移动活动屏幕和受光器，根据光度计指示值为最大值时的位置找到主光轴的投射位置，然后由固定屏幕和活动屏幕上的光轴刻度尺读取光轴偏斜量，同时从光度计的指示中读取发光强度值。

(3)投影式前照灯检测仪

投影式前照灯检测仪将前照灯光束的影像映射到投影屏幕上，从而检测出发光强度和光轴偏斜量。检测时，检测仪放在前照灯前方 3m 处。

投影式前照灯检测仪的外形结构如图 5-46 所示，仪器主体由车架和受光器两部分构成。受光器安装在车架上，用以接受被检前照灯的光束并进行检测。受光器可在电动机驱动(或摇动手轮)下沿立柱上下移动，并可在地面上沿轨道左右移动。

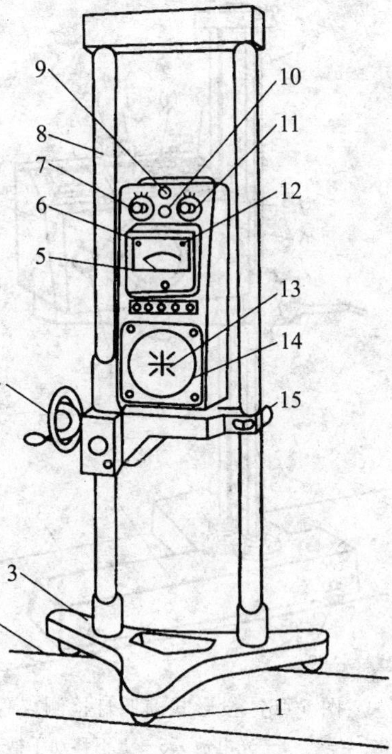

图 5-44　聚光式前照灯检测仪

1—车轮　2—导轨　3—底座　4—升降手轮　5—光度计　6—左右偏斜指示计　7—光轴刻度盘(左右)
8—支柱　9—汽车摆正找准器　10—光度、光轴变换客观　11—光轴刻度盘(上下)
12—上下偏斜指示计　13—前照灯照准器　14—聚光透镜　15—角度图中螺钉

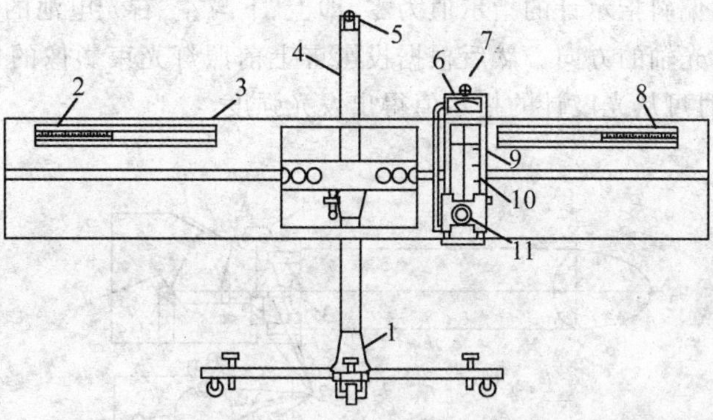

图 5-45　屏幕式前照灯检测仪

1—底座　2、8—光轴刻度尺　3—固定屏幕　4—支柱　5—车辆摆正找准器　6—光度计
7—对正前照灯照准器　9—活动屏幕　10—光轴刻度尺(上下)　11—受光器

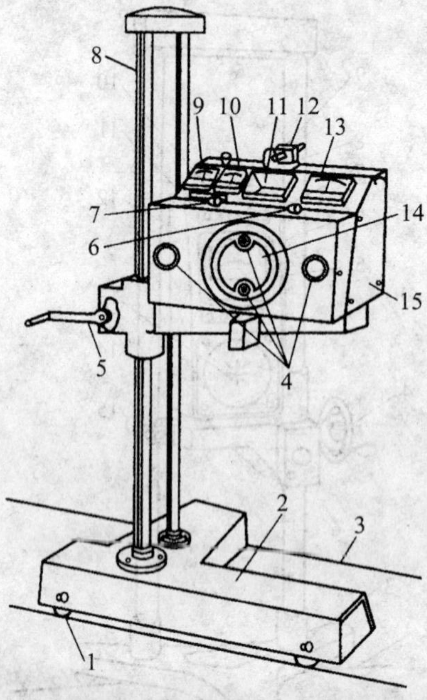

图 5-46 投影式前照灯检测仪

1—车轮 2—底座 3—导轨 4—光电池 5—上下移动手柄 6—光轴刻度盘(上下)
7—光轴刻度盘(左右) 8—支柱 9—左右偏斜指示计 10—上下偏斜指示计
11—投影屏 12—车辆摆正找准器 13—光度计 14—聚光透镜 15—受光器

在聚光透镜的上下和左右方向装有四个光电池，前照灯光束的影像通过聚光透镜、光度计的光电池和反射镜后，影射到投影屏上，如图 5-47 所示。在检测时，通过上下与左右移动受光器使光轴偏斜指示计的指示值为零，即上、下与左、右光电池的受光量相等，从而找到被测前照灯主光轴的方向。然后根据投影屏上前照灯光束影像的位置，即可得出主光轴的偏斜量，同时可从光度计的指示值得出发光强度。

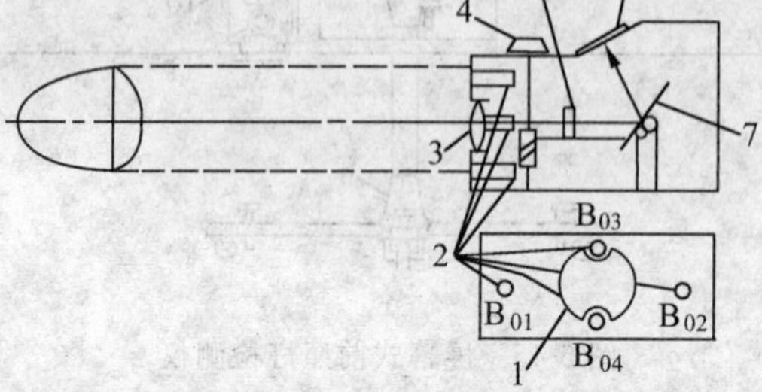

图 5-47 光束影像的映射原理

1、3—聚光透镜 2—光电池 4—光轴刻度盘
5—光度计光电池 6—投影屏 7—反射镜

根据仪器的结构不同，投影式前照灯检测仪光轴偏斜量的检测方法分为投影屏刻度检测法和光轴刻度盘检测法。

(4)自动追踪光轴式检测仪

自动追踪光轴式检测仪是采用使受光器自动追踪光轴的方法来检测发光强度和光轴偏斜量的。检测时,检测仪距前照灯有 3m 的检测距离。

仪器外形如图 5-48 所示,主要由驱动机构和受光器(光接收箱)构成。控制箱内装有由两组光电池电流差所控制的左右方向驱动系统及垂直方向牵引系统,以驱动仪器整机作左右方向运动及牵引光接收箱作垂直方向运动,并且可沿导轨左右移动整个设备。

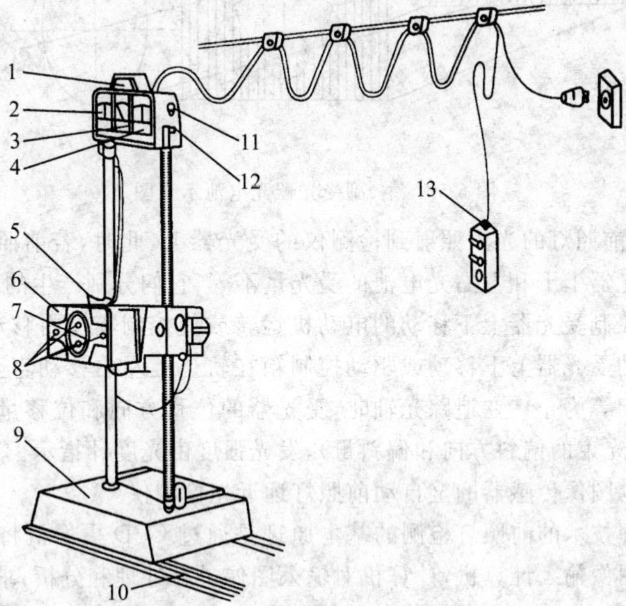

图 5-48　自动追踪光轴式检测仪

1—在用显示器　2—左右偏斜指示计　3—光度计　4—上下偏斜指示计　5—车辆摆正找准器　6—受光器　7—聚光透镜　8—光电池　9—控制箱　10—导轨　11—电源开关　12—熔丝　13—控制盒

在受光器的面板上装有聚光透镜,聚光透镜的上下和左右装有四个光电池,受光器的内部也装有四个光电池,形成主、副受光器,如图 5-49 和图 5-50 所示。

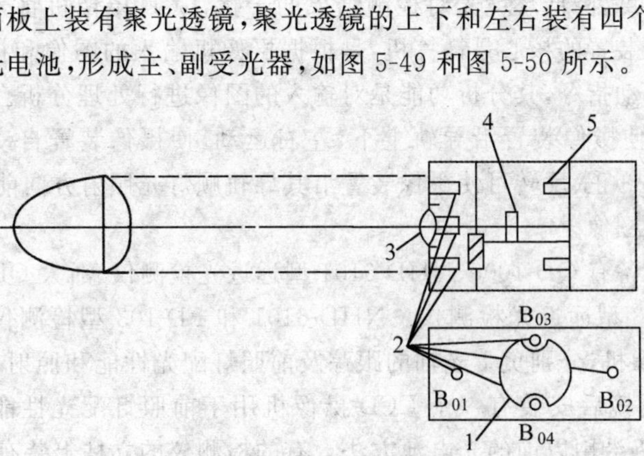

图 5-49　自动追踪光轴式前照灯检测仪受光器构造

1、3—聚光透镜　2—主受光器光电池　4—中央光电池　5—副受光器光电池

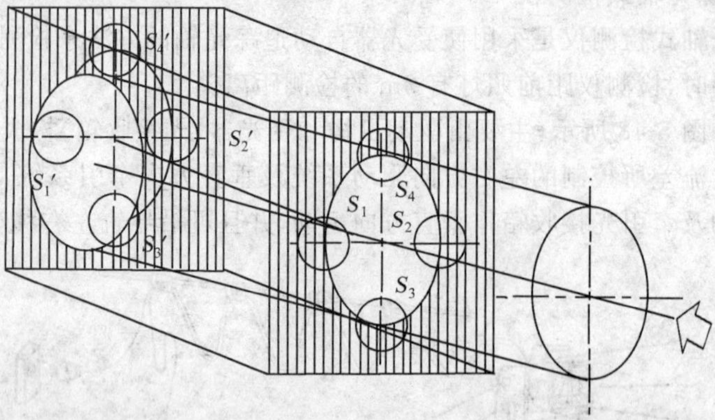

图 5-50 主、副受光器光电池示意图

检测时，要使前照灯的光束照射到检测仪的受光器上，此时，若前照灯光束照射方向偏斜，则主、副受光器上下和左右光电池的受光量不等，它们分别产生的电流便失去平衡。由其电流的差值控制受光器上下移动的电动机运转或使控制箱左右移动的电动机运转，并通过钢丝绳牵动受光器上下移动或驱动控制箱在轨道上左右移动直至受光器上下、左右光电池受光量相等为止。在追踪光轴时，受光器的位移方向和位移量由光轴偏斜指示计指示（即前照灯光束的偏斜方向和偏斜量），发光强度由光度计指示。

（5）采用 CCD 图像传感器的全自动前照灯远近光检测仪

基于图像处理技术的前照灯检测的基本原理是通过 CCD 摄像机将前照灯光束在测量屏幕上的投影图像输入计算机，计算机对输入图像进行处理和分析，求得前照灯的发光强度和远、近光光轴方向。

这种检测仪是在全自动远光检测仪基础上结合 CCD 图像传感器和先进的图像处理技术发展而来的，主要由摄像装置、控制分析装置和驱动步进电机三部分组成，如图 5-51 所示。摄像装置由 CCD 摄像头、投影屏幕和透镜组成。聚光透镜将前照灯的灯光集聚以提高光束投影的亮度，降低环境光对检测结果的干扰，CCD 摄像机将光束投影图像输入计算机。控制分析装置的核心是计算机，是根据摄像机输入的图像和检测程序给驱动步进电机 1、2、3 发转动指令，其分析功能是对输入的图像进行处理分析。驱动步进电机 1、2 在计算机控制下使摄像装置沿导轨上下、左右运动，使摄像装置自动导入前照灯光照区。驱动步进电机 3 正、反转可使摄像装置沿其导轨顺灯光照射方向前后移动，以获取两个位置的光束投影图像。

常见的检测设备有 QD-1003、NHD-6101 型远近光检测仪、浙大 QDC-1B 型远近光检测仪和佛分 FD-103 型远近光检测仪。NHD-6101 和 FD-103 型检测仪在透镜的前后安装有两个 CCD 摄像机，分别负责光轴的跟踪及前照灯配光性能和照射方向的分析。QD-1003 型检测仪在透镜后安装有一个 CCD 摄像机用于前照灯配光性能和照射方向的分析，而光轴的跟踪仍沿用以前的光电池方法。有的检测仪的立柱上装有扫描光电管阵列，其作用是扫描汽车前照灯的大概位置，以便光接收器快速定位。

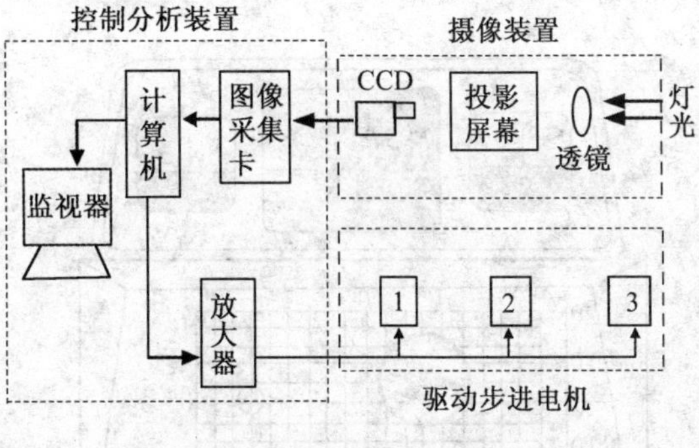

图5-51　基于图像处理技术的全自动检测仪组成框图

5.6.3　汽车前照灯的检测

《机动车运行安全技术条件》规定汽车前照灯技术状况的检测包括前照灯发光强度和光束照射位置两个参数，其附录“前照灯光束照射位置检验方法”和国标《机动车前照灯使用和光束调整技术规定》中规定可用屏幕或前照灯检验仪进行光束照射位置的检测。

5.6.3.1　检测前的准备

(1)检测仪的准备

1)在前照灯检验仪不受光状态下，检查并调整光度计和光轴偏斜指示计的指针零点。

2)检查并清洁聚光透镜和反射镜的镜面。

3)检查水准器的技术状况。

4)检查并清洁导轨上的杂物。

(2)车辆的准备

蓄电池电压充足，轮胎气压应符合汽车制造厂的规定，前照灯清洁干净。

5.6.3.2　前照灯检验仪的使用方法

由于前照灯检测仪的厂牌、形式不同，其检测发光强度和光轴偏斜量的具体方法也不尽相同。在此仅就介绍投影式和自动追踪光轴式前照灯检测仪的使用方法。

(1)投影式前照灯检测仪的使用方法

1)将被检汽车尽可能地与前照灯检测仪的轨道保持垂直方向驶近检测仪，使前照灯与检测仪受光器相距3m。

2)用汽车摆正找准器使检测仪与被检汽车对正。

3)开亮前照灯、移动检测仪，使光束照射到受光器上。

4)投影屏刻度检测法：要求先使光轴偏斜量指示计的指示为零，然后根据投影屏上前照灯影像中心所在的刻度值读取光轴偏斜量，再根据光度计的指示值读取发光强度值，如图5-52所示。

5)光轴刻度盘检测法：要求转动光轴刻度盘，使投影屏上的坐标原点与前照灯影像中心重合，读取此时光轴刻度盘上的指示值即为光轴偏斜量，再根据光度计上的指示值读取发光强度值，如图 5-53 所示。

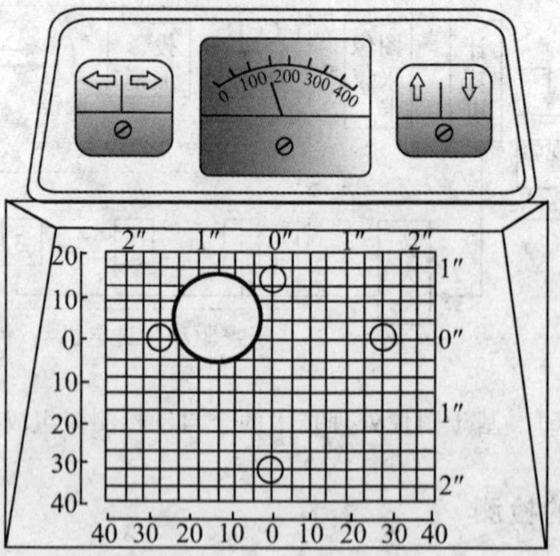

图 5-52　投影屏刻度检测法检测结果示意图

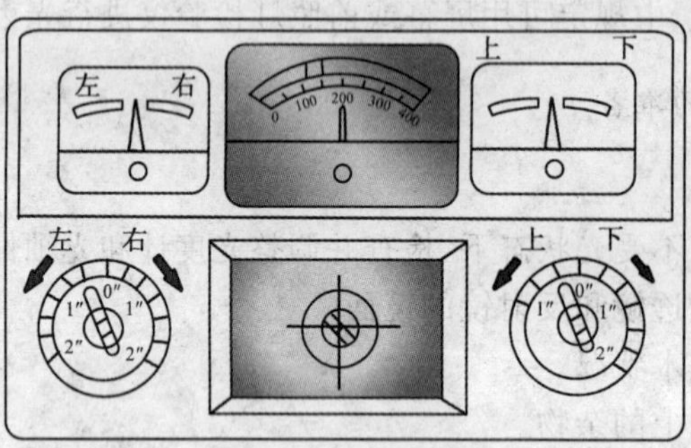

图 5-53　光轴刻度盘检测法检测结果示意图

(2)自动追踪光轴式前照灯检测仪的使用方法

1)将被检汽车尽可能地与前照灯检测仪的轨道保持垂直方向驶近检测仪，使前照灯与检测仪受光器相距 3m。

2)用汽车摆正找准器使检测仪与被检汽车对正。

3)开亮前照灯，接通检测仪电源，用控制器上的上下、左右控制开关移动检测仪的位置，使前照灯光束照射到受光器上。

4)按下控制器上的测量开关，受光器随即追踪前照灯光轴，根据光轴偏斜指示计和光度计的指示值，即可得出光轴偏斜量和发光强度值。

5)检测完一只前照灯后用同样的方法检测另一只前照灯。检测结束，前照灯检测仪沿轨道或沿地面退回护栏内，汽车驶出。

5.6.3.3　使用屏幕检测

用屏幕检测前照灯光束照射位置的方法如下：

1)车辆准备。汽车空载停放在水平坚硬的场地上，允许乘 1 名驾驶员，轮胎气压应符合汽车制造厂的规定。

2)在距前照灯 10m 处设一专用屏幕，专用屏幕应垂直地面，如图 5-54 所示。

3)专用屏幕上画有三条垂直线和三条水平线，中间垂直线 V—V 与被检测车辆的纵向中心面对正，两侧的垂直线 V_L—V_L 和 V_R—V_R 分别为被检车辆左右前照灯的中心垂线，三条水平线中的 h—h 线与被检车辆前照灯的基准线中心等高，距地面高度为 H (mm)；中间水平线与被检测车辆前照灯远光光束的中心等高，距地面高度 H_1(mm)为(0.85～0.90)H；下边水平线与被检车辆前照灯近光光束的中心等高，距地面高度 H_2 (mm)为(0.60～0.80)H。H 为被检车前照灯基准中心距地面的高度，其值视被检车车型而定。

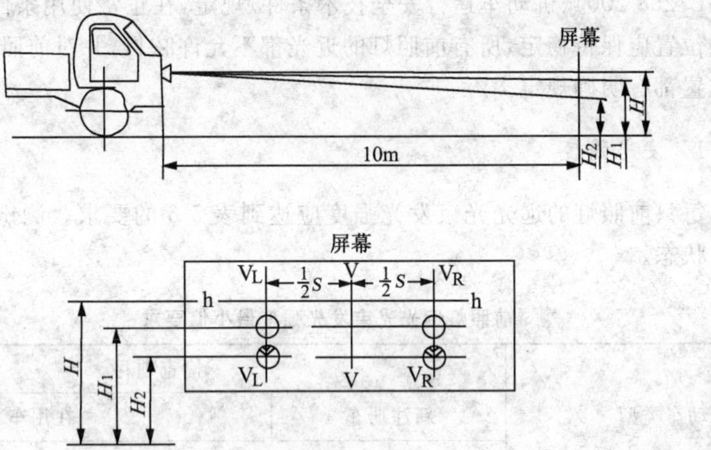

图 5-54　用屏幕检测前照灯光束照射位置

4)先遮盖住一边的前照灯，然后打开前照灯的近光开关。未遮盖的前照灯的近光明暗截止线转角或光束中心应落在图中下边水平线与 V_L—V_L 或 V_R—V_R 线的交点位置上，否则说明光束照射位置偏斜，其偏斜方向和偏斜量可在屏幕上直接测得。

5)用同样的方法，检测另一边前照灯近光光束照射位置。

交通法规规定“车辆夜间行驶交会时使用近光灯”，所以近光光束照射位置是否正确直接关系到车辆夜间的行车安全。因此，在检测双光束前照灯时应以检测近光光束为主。对于远光单光束前照灯，则要检测远光光束的照射位置，检测方法同前。其光束中心应落在中间水平线 V_L—V_L 或 V_R—V_R 线的交点位置上。

用屏幕法检测前照灯，操作简单，方便易行，有一定的实用价值。但这种方法只能检测出光束的偏斜方向和偏斜量，不能检测发光强度。而且，为适应不同车型的检测，需经常更换屏幕，检测效率低，且占用场地较大。

5.6.4　前照灯检测仪在自动检测线上的应用

下面以全自动前照灯检测仪为例，简介其在自动检测线上的应用。

为了避免外来光线的影响，前照灯检测仪应安排在自动检测线的中间工位上。为了保证前照灯光轴与仪器受光面的垂直度，在检测仪前应有恰当的引车线。为了保证 3m

的检测距离，在检测仪前应设置车位控制装置，例如光电检测装置。仪器的导轨和光接收箱必须按使用说明书的要求正确地安装。

检测仪的接口信号有模拟量信号和开关量信号2种类型。模拟量信号中有发光强度信号，光轴上下偏转角和左右偏转角信号。其中发光强度信号为0～5V，光轴角信号为－2.5～＋2.5V，均采自各自的指示计电路，其幅度可由相应的输出电压调节电位器进行调整。开关量信号用以控制仪器快速进入或退出测定位置，以及提供仪器处在光照区并进入光轴自动跟踪状态的检测跟踪信号和对准光轴时的自动采样信号。

5.6.5 前照灯检测标准

国标GB7258-2004《机动车运行安全技术条件》规定，在正常使用条件下，机动车前照灯光束照射位置应保持稳定，所有前照灯的近光都不允许眩目，并对前照灯的发光强度和光束照射位置都有明确规定。

5.6.5.1 发光强度

机动车每只前照灯的远光光束发光强度应达到表5-6的要求。测试时，其电源系统应处于充电状态。

表5-6　　前照灯远光光束发光强度最小值要求　　单位：坎德拉

机动车类型	检查项目					
	新注册车			在用车		
	一灯制	两灯制	四灯制*	一灯制	二灯制	四灯制*
最高设计车速小于70km/h的汽车	—	10000	8000	—	8000	6000
其他汽车	18000	15000	—	15000	12000	

* 四灯制是指前照灯具有四个远光光束，采用四灯制的机动车其中两只对称的灯达到两灯制的要求时视为合格。

5.6.5.2 光束照射位置要求

(1)在检验前照灯近光光束照射位置时，前照灯照射在距离10m的屏幕上时，乘用车前照灯近光光束明暗截止线转角或中点的高度应为(0.7～0.9)H，其他机动车(拖拉机运输机组除外)应为(0.6～0.8)H。机动车(装用一只前照灯的机动车除外)前照灯近光光束水平方向位置向左偏不允许超过170mm，向右偏不允许超过350mm。

(2)在检验前照灯远光光束及远光单光束灯照射位置时，前照灯照射在距离10m的屏幕上时，要求在屏幕光束中心离地高度，对乘用车为(0.9～1.0)H，对其他机动车为(0.8～0.95)H，机动车(装用一只前照灯的机动车除外)前照灯远光光束水平位置要求，左灯向左偏不允许超过170mm，向右偏不允许超过350mm，右灯向左或向右偏均不允许超过350mm。

5.6.6 检测结果分析

汽车灯光检测不合格的原因很多，主要有人为因素、汽车本身的因素及检测设备优劣等因素。

1)前照灯发光强度偏低。在前大灯照射位置正确的前提下，应检查反光镜的光泽是否明亮、灯泡是否老化、蓄电池到灯座的导线电压降是否过大、是否存在搭铁不良等原因。

2)前照灯光束照射位置偏斜，可在前大灯检测仪上通过大灯上的调整装置进行调整。

3)前照灯没有光形、近光亮区暗、近光暗区漏光或远光亮区暗等，其原因为前照灯质量太差。可能是配光镜和反光镜的角度、弧线以及它们之间的相互配合存在设计问题，配光镜材质有问题，对光的吸收率高，反光罩加工粗糙，材料低劣，造成反光率差。

5.7 汽车排放性能检测

汽车排放的废气污染了人类的生存环境，影响身体健康，已成为社会公害之一。汽车排气中的CO、HC化合物越多，说明燃料燃烧的越不完全，而燃料浪费越大，排放污染也越严重。所以，汽车的排放污染不仅仅是一个环境污染问题，而且也是能源浪费问题。故此，汽车的排放性能被列为安全环保检测的必检项目。

汽油车排气中的污染物主要是一氧化碳(CO)、碳氢化合物(HC)、氮氧化合物(NO_x)，柴油车排气中的污染物主要是NO_x和炭烟微粒。排气中还可能含有铅化合物、二氧化硫(SO_2)和其他一些有害物质。污染物主要来自车辆尾气的排放，少部分来自曲轴箱泄漏，其中HC还来自于油箱或其他部位的蒸发与滴漏。

柴油发动机与汽油发动机相比，其CO、HC排放量要小的多，但NO_x的排放量则和汽油机差不多，且会排出另人讨厌的黑烟。汽油机与柴油机排放污染物的比较见表5-7。

表 5-7　汽油机与柴油机排放污染物的比较

成分	汽油机	柴油机	成分	汽油机	柴油机
CO(%)	0.1～6	0.05～0.50	NO_x(10^{-6})	2000～4000	700～2000
HC($\times10^{-6}$)	2000	200～1000	微粒(g/m^3)	0.005	0.15～0.30

5.7.1 汽油车怠速污染物的检测

当混合气变浓时，汽油车排气中的CO和HC会逐渐增多。发动机在怠速运转时，由于节气门开度小、发动机转速低、残余排气量相对增大和燃烧温度低等原因，使得怠速工况下CO和HC明显增多，为此，国家标准对汽油车怠速排放污染物规定了限值，特别指出测量仪器应采用不分光红外线吸收型(NDIR)检测仪。

5.7.1.1 不分光红外线分析法的检测原理

车辆排气中的CO、HC、NO_x、CO_2等气体，都具有能吸收一定波长范围的红外线的性质，而且红外线被吸收的程度与排气浓度之间是成正比的关系。不分光红外线分析法就是利用这一原理，即根据排气吸收一定波长红外线能量的变化，来检测排气中各种污染物的含量。在各种气体混合在一起时，这种检测方法的测量值不受影响。

5.7.1.2　不分光红外线气体分析仪的结构组成和工作原理

不分光红外线气体分析仪按可检测的排气成分可分为单项分析仪和综合分析仪，通常由排气取样装置、排气分析装置、含量指示装置和校准装置等组成，如图 5-55 所示。排气在分析仪内的流动路线如图 5-56 所示。

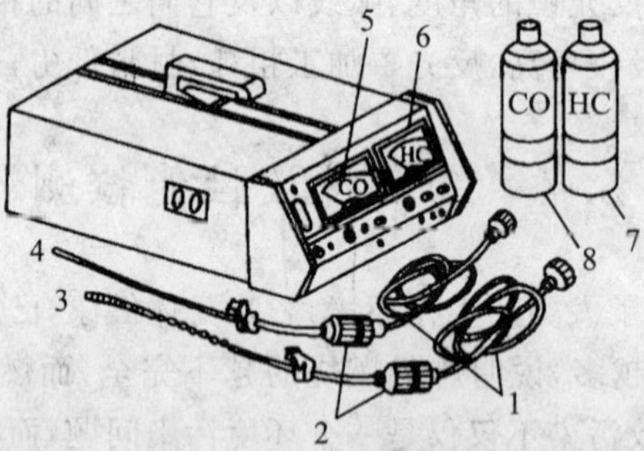

图 5-55　MEXA-324F 型红外线气体分析仪

1—导管　2—滤清器　3—低浓度取样探头　4—高浓度取样探头　5—CO 指示仪表　6—HC 指示仪表　7—标准 CO 气样瓶　8—标准 HC 气样瓶

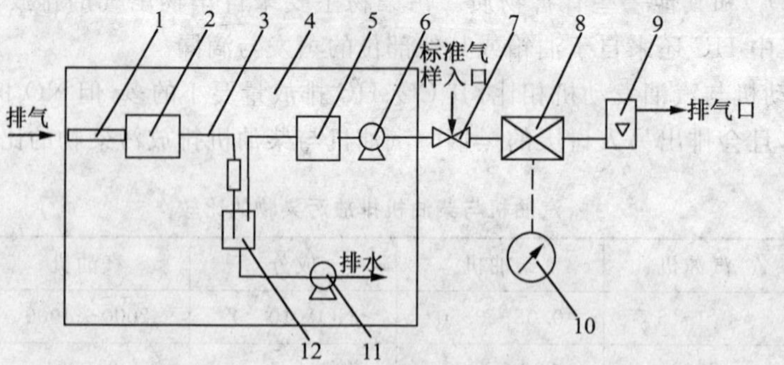

图 5-56　排气在分析仪内的流动路线

1—取样探头　2、5—滤清器　3—导管　4—排气取样装置　6、11—泵　7—换向阀　8—排气分析装置　9—流量计　10—浓度指示装置　12—水分离器

(1)排气取样装置

该装置由取样探头、滤清器、导管、水分离器和泵等组成。通过取样探头、导管和泵从排气管内采集排气，再用滤清器和水分离器除去排气中的炭渣、灰尘和水分，将排气送入排气分析装置。

(2)排气分析装置

排气分析装置由红外线光源、气样室、截光器和传感器等组成。该装置按照不分光红外线分析法，从来自取样装置的混有多种成分的排气中测量各污染物的含量，并转变成电信号输送给含量指示装置。

(3)含量指示装置

综合式气体分析仪的含量指示装置主要由 CO、CO_2、HC、NO_x 等指示装置组成，有指针仪表和数字显示器两种类型。

(4)校准装置

为了保持分析仪的指示精度，使之能准确指示测量值，在分析仪中设置了校准装置。在此装置中，往往既设有用加入标准气样进行校准的装置，也设有用机械方式简易校准的装置。标准气样校准装置是把标准气样从分析仪上单设的一个专用注入口直接送到排气分析装置，再通过比较标准气样浓度值和仪表指示值的方法来进行校准的装置简易校准装置通常是用遮光板把排气分析装置中通过测量气样室的红外线挡住一部分，用减少一定量红外线的方法进行简单校准的装置。

5.7.1.3　汽油车怠速污染物的检测方法

汽车排气污染物可用专用综合式气体分析仪检测，也可用发动机综合性能分析仪检测。专用综合式气体分析仪能够检测汽车排气中的 CO、CO_2、HC、O_2 和 NO_x 的含量及即时转速和温度，分析计算出空燃比，还可将结果打印出来，为分析发动机故障提供依据。下面以 Tecnotest 488 型排气分析仪的使用为例，说明汽油车怠速污染物的检测方法。

Tecnotest 488 型五气体综合分析仪主要由排气取样探头、泵、流量传感器、红外线发生器、滤光器、红外线接收仪、同步电机、NO_x 和 O_2 传感器、滤清器、信号放大器、数码显示屏、校正口电磁阀、自动清零电磁阀等组成，其控制面板见图 5-57。

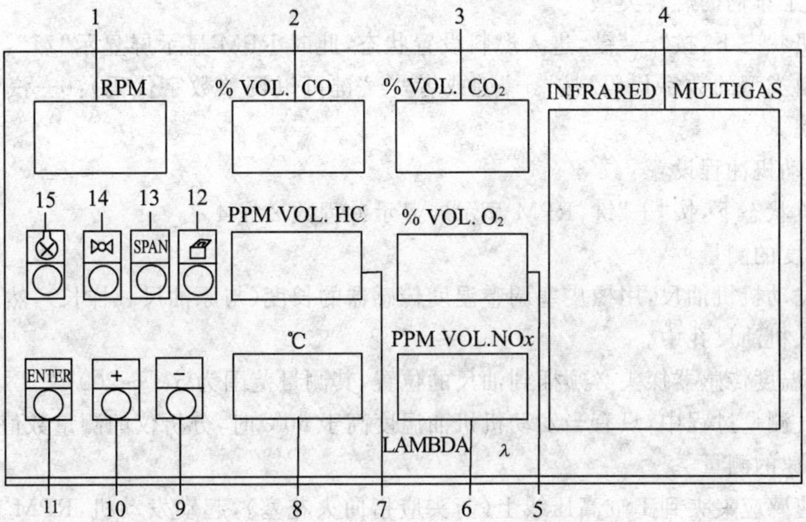

图 5-57　Tecnotest 488 型排气分析仪控制面板

1—转速显示屏　2—CO 含量显示屏　3—CO_2 含量显示屏　4—内置式打印机　5—O_2 含量显示屏　6—NO_x空燃比显示屏　7—HC 含量显示屏　8—温度显示屏　9—“－”键　10—“＋”键　11—确认键　12—打印键　13—校正键　14—清零键　15—启动键

(1)车辆准备

排气管密封良好,怠速转速、点火提前角、闭合角等符合要求,发动机机油温度正常,冷起动装置(自动或手动)处于断开状态,环境温度为5℃～40℃。

(2)仪器预热和清零

仪器状态在RPM转速显示屏以代码的形式显示,各代码意义见表5-8。当RPM显示屏显示“03”时,仪器进入待机状态。

表5-8　RPM(转速)显示屏显示代码表

代码	含　义	代码	含　义
00	连接错误	66	正在进行HC检测
01	预热启动	67	HC检测失败
03	待机状态	71	真空度低
06	操作失败	72	真空度高
08	正在进行数据传送	77	选择燃料类型
21	正在自动清零	81	电压低
41	正在自动校正	82	电压高
61	正在进行检漏测试	92、93、94	校正气体有问题
65	检测测试失败	96、97	氧传感器有问题

(3)确定车辆的燃料类型

在待机状态下,按“－”键,进入燃料设置状态,此时RPM显示屏显示“77”,NO_x显示屏显示燃料类型的数字代码(按“＋”键或者“－”键可以调整数字代码):0—汽油,1—丙烷,2—甲烷。

(4)发动机冲程设置

在待机状态下,按“＋”键,RPM显示屏显示冲程数2或4。

(5)温度的测量

拔出发动机机油尺,用橡皮塞调整温度传感器的长度(与原油尺一样长),然后将温度传感器插入机油尺孔中。

注意:温度传感器探头必须插到油尺的位置,其测量范围为5℃～200℃。

在排气测量过程中,只有当发动机机油温度高于60℃时,分析仪的测量数值才有效。

(6)转速的测量

将转速感应夹夹到1缸高压线上(箭头应指向火花塞),起动发动机,RPM显示屏上将显示转速的数值。检测时必须确保发动机处于怠速状态。

(7)检测操作

上述过程完成以后,即可进行检测操作。

1)按“起动”键,分析仪退出待机状态,开始进行排气检测。

2)让发动机进行两次快速空转加速,然后回到怠速运转状态。

3)把排气取样探头插入汽车排气管，插入的深度不得少于 300mm。

4)分析仪各显示屏显示单一气体的数值、空燃比、转速和发动机的温度值。

注意：λ 值和 NO_x 值共用一个显示窗口，按下"确定"(ENTER)键，此窗口会交替显示"λ"值和"NO_x"值，其中屏幕有小数点的时候是显示的 λ 值($\lambda<1$ 表示混合气过浓，$\lambda>1$ 表示混合气过稀)。

5.7.2　柴油车排气烟度的检测

柴油车排出的烟色主要有黑烟、蓝烟和白烟三种，其中，在全负荷和加速工况时以排出黑烟最为常见。黑烟的发暗程度用排气烟度表示，排气烟度是描述由汽车发动机燃烧产生并经其排气管气体和固体混合物黑暗程度的物理量，通常使用绝对光吸收系数 k 和不透光度的线性分度单位 N 来计量。

柴油车通过全负荷稳定转速试验和自由加速试验来测量排气烟度，国标 GB3847-2005 规定的烟度检测仪为不透光烟度计和滤纸式烟度计。不透光烟度计用于检测新生产车和在用车的全负荷稳定转速烟度、自由加速烟度计用于在用车的加载减速烟度等，滤纸式烟度计则用于检测在用车的自由加速烟度。

5.7.2.1　使用滤纸式烟度计测量自由加速烟度

滤纸式烟度计是用于测量柴油车和柴油发动机排烟烟度的仪器，主要由排气取样装置，染黑度检测与指示装置和控制装置等组成，如图 5-58 所示。检测时，用一个活塞式抽气泵从柴油机排气管抽取一定容积的排气，使它通过一张一定面积的白色滤纸，排气中的炭烟存留在滤纸上使其染黑，由检测装置测定滤纸的染黑度，即柴油车的排气烟度。

(1)滤纸式烟度计的结构与工作原理

1)取样装置

该装置由取样探头、活塞式抽气泵、取样软管和清洗机构等组成。取样探头在活塞式抽气泵的作用下抽取排气，排气经滤纸进入泵筒内，炭烟存留在滤纸上并将其染黑，染黑的滤纸位于光电检测装置下，应保证滤纸的有效工作面直径为 32mm。取样探头应符合 GB3847-2005 的要求，如图 5-59 所示。取样软管把取样探头和活塞式抽气泵连接在一起，国家标准规定，取样软管长度为 5.0m，内径为 50±0.2mm，取样系统局部内径不得小于 4mm。压缩空气清洗机构能在排气取样之前吹洗取样探头和取样软管内的残留排气炭粒，清洗用压缩空气的压力为 0.3～0.4MPa。

2)检测与指示装置

该装置由光电传感器、指示电表或数字显示器、滤纸和标准烟样等组成。光电传感器将滤纸的染黑度转变成电信号传给指示装置，由指示电表或数字显示器显示出排气烟度值。

3)控制装置

包括用脚操纵的抽气泵脚踏开关和滤纸进给机构。

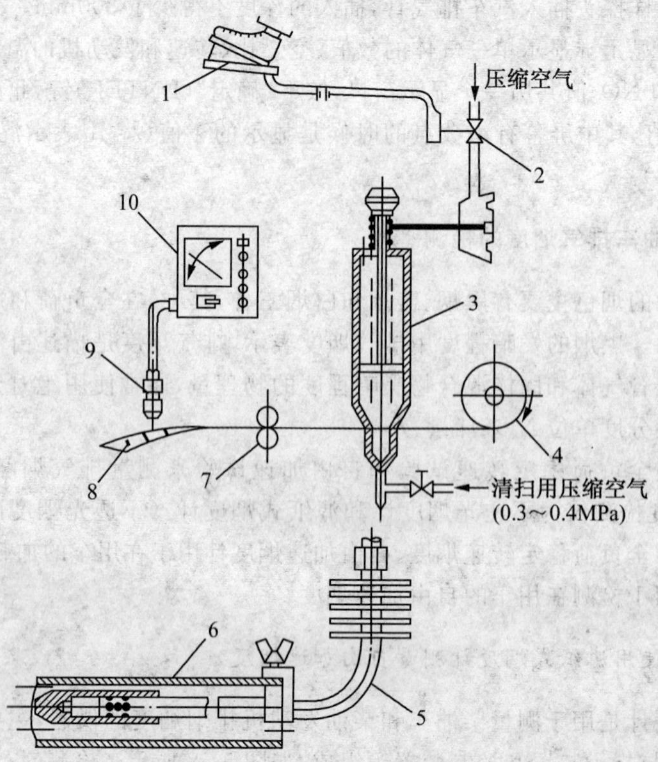

图 5-58　滤纸式烟度计示意图

1—脚踏开关　2—电磁阀　3—抽气泵　4—滤纸卷　5—取样探头　6—排气管
7—进给机构　8—染黑的滤纸　9—光点传感器　10—指示电

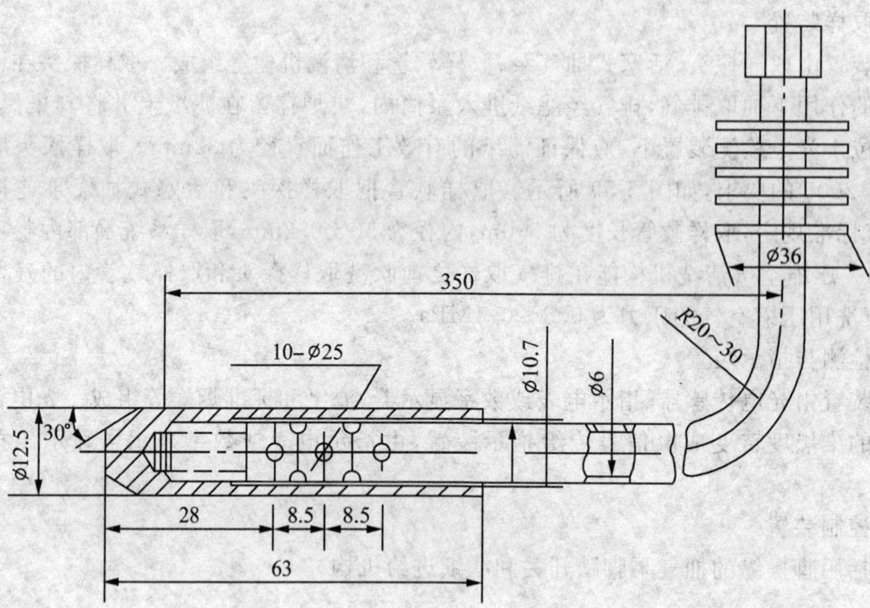

图 5-59　标准取样探头

(2)在用柴油车自由加速滤纸式烟度的检测方法

在自由加速工况下，从发动机排气管抽取规定长度的排气柱所含的炭烟，使规定面积的滤纸染黑的程度称为自由加速滤纸式烟度。自由加速工况指在发动机怠速转速下，迅速但不猛烈地踩下油门踏板，使发动机达到调速器允许的最大转速前，保持此位置。一旦到达最大转速，立即松开油门踏板，使发动机恢复至怠速工况。

自由加速滤纸式烟度检测方法如下：

1)将取样探头固定于排气管内，插入深度为 300mm，并使其中心线与排气管轴线平行。

2)将脚踏开关引入汽车驾驶室内，并将抽气泵活塞压到最下端锁止。

3)按图 5-60 所示测量规程进行自由加速烟度的检测。先由怠速工况将加速踏板踩到底，维持 4s 后即松开，如此重复三次，以熟悉加速方法并把排气管内的炭渣等积存物吹掉。每次加速后怠速运转 16s，在此时间内要用压缩空气清洗机构对取样软管和取样探头吹洗数秒钟，再把脚踏开关固定在加速踏板上，把滤纸与进给机构连接好，进行实测。实测时将加速踏板与脚踏开关一起迅速踩到底，至 4s 时立刻松开，维持怠速运转 16s。在 16s 时间内完成排气取样、滤纸染黑、抽气泵复位、进纸、检测并指示烟度、清洗等工作。从第 1 次开始加速至第 2 次开始加速为一个循环，每个循环共计 20s 时间。实测中需操作 4 个循环，取后 3 个循环烟度读数的算术平均值作为所测烟度值。当汽车发动机出现黑烟冒出排气管的时间与抽气泵开始抽气的时间不同步现象时，应取最大烟度值作为所测烟度值。

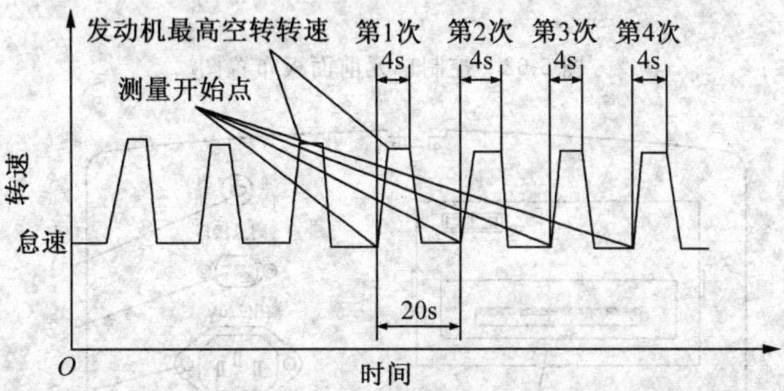

图 5-60　自由加速烟度测量规程

5.7.2.2　使用不透光烟度计测量排气烟度

不透光烟度计是用于连续测量压燃式发动机汽车排气的绝对光吸收系数的仪器，图 5-61 所示为 NHT-1 型不透光烟度计，由控制单元、测量单元、取样探头和连接电缆等组成，可以显示不透光度和光吸收系数两种示值。控制单元的前、后面板及测量单元的布置如图 5-62 至图 5-64 所示。

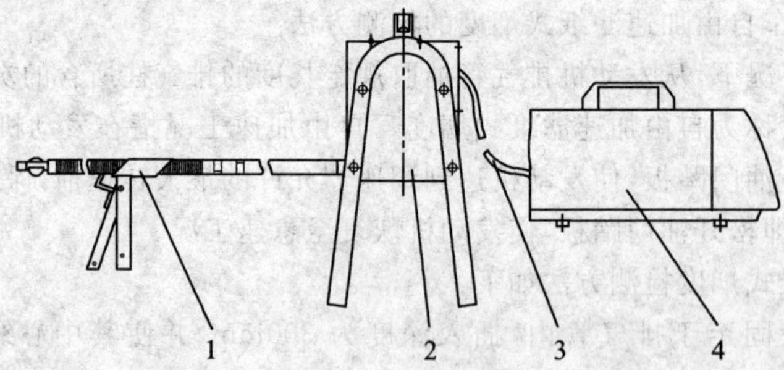

图 5-61　NHT-1 型不透光烟度计的组成

1—控制单元　2—测量单元　3—连接电缆　4—承样探头

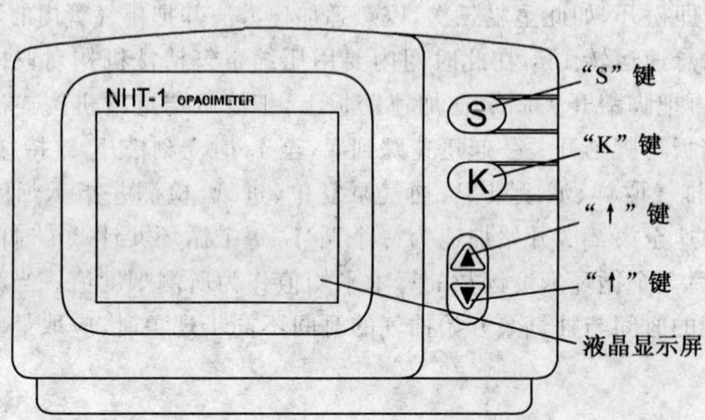

图 5-62　控制单元前面板布置图

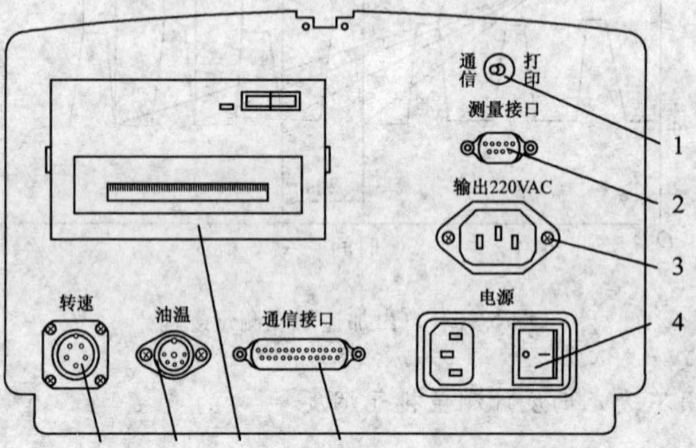

图 5-63　控制单元后面板布置图

1—开关　2—接口　3—插座　4—电源插座及开关　5—转速测量接口

6—油温测量接口　7—打印机　8—通信接口

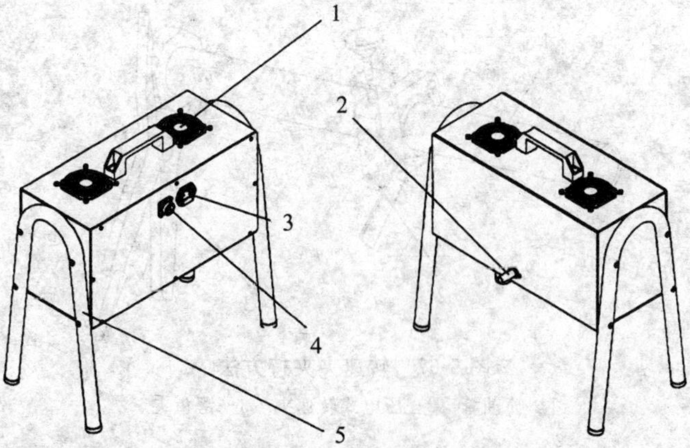

图 5-64　测量单元

1—风扇　2—排烟入口　3—交流电源输入插座　4—测量信号接口插座　5—支架

(1)仪器连接和起动

安装取样探头，并将信号电缆、电源电缆、油温传感器、转速传感器接入相应的接口，接通电源开关，仪器预热后进入“主菜单”界面，如图 5-65 所示。

(2)实时测试

在主菜单界面选择“实时测试”，仪器进入“实时测试”界面，如图 5-66 所示。实时界面可动态显示不透光度(N)、光吸收系数(K)、转速和油温的瞬时值和最大值，在该界面下可进行加载稳速试验和单次自由加速试验。

主菜单

→ 1. 实时测试
2. 在用车自由加速试验
3. 新生产车自由加速试验
4. 诊断
5. 参数设置
6. 报警信息
7. 版本信息

状态：
↑ ↓ 键选择，K键确认。

图 5-65　“主菜单”界面

	瞬时值	最大值
转速(rpm)	0	0
N(%)	0. 0	0. 0
K(m)	0. 00	0. 00
油温(℃)	28	

状态：
↑ 键清除，↓ 键校准，K键打印，S键退出。

图 5-66　“实时测试”界面

1)按图 5-67 所示方式安装转速夹。一旦转速夹与喷油管完全接触后，再将固紧螺母多拧 1/4 周即为拧紧状态，切勿用机械工具拧紧，以免损坏转速夹。

2)安装油温传感器探头。

3)按“↓”键进行仪器自动校准。校准时将仪器的测量单元及取样探头放于清洁空气的环境下，以便校准准确。

4)校准完毕后，将测量单元放于汽车排气管附近。测量单元在进行测量时需吸入干净空气作为保护气幕，吸入废气会影响测量结果，因此测量单元不应放置在废气扩散的方向，应与之保持直角。如图 5-68 所示。

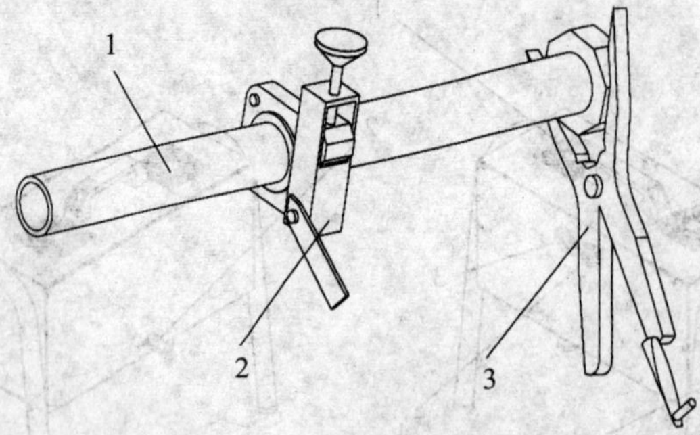

图 5-67　转速夹夹持方法

1—喷油管　2—压电式转速夹　3—鳄鱼夹

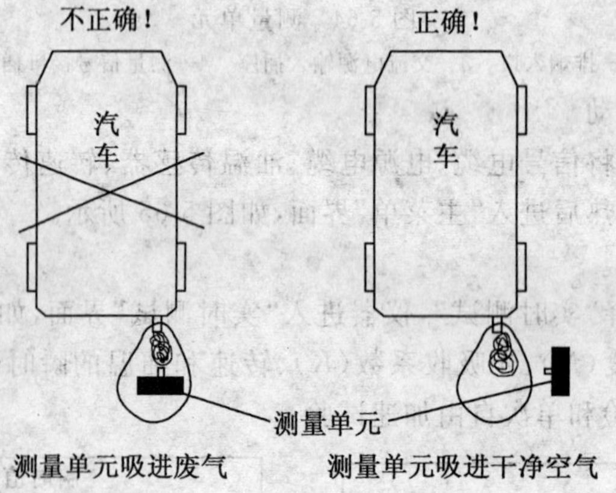

图 5-68　测量单元放置方法

5)在将取样管插入车辆排气管前，应先将车辆加速踏板连续踩下 2～3 次，使发动机内的烟尘全部排出，以便测量准确。

注意：取样探头必须插入排气管内约 30cm，应保证取样探头插入方向与排气方向相一致，不应使取样探头的管口被排气管内的弯曲处阻挡，以免影响测量结果，如图 5-69 所示。

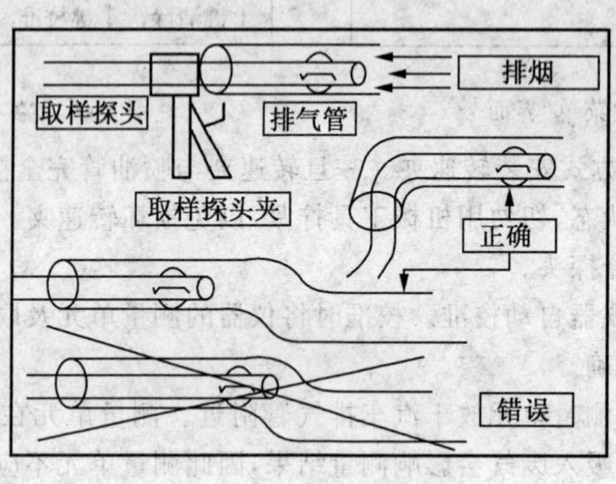

图 5-69　取样探头插入方法

6)测量排气烟度。以上操作完成后可对车辆进行加载稳速试验和单次自由加速试验。加载稳速试验可直接读取实时值作为测量采样数据。自由加速试验的方法为:迅速踩下车辆的加速踏板,使发动机急剧加速至最高额定转速,并保持最高转速约 3s,然后立即松开油门踏板,使发动机恢复至怠速状态。仪器不断采集此过程的数据,通过比较找出最大值,并显示在屏幕的左边区域。测量过程中可按“K”键打印实时数据和最大值,最大值可保持,直至按“↑”键清除为止。最大值清除后,可开始另一次自由加速试验。

(3)在用车自由加速试验

在主菜单界面选择“在用车自由加速试验”项,仪器将进入在用车自由加速试验界面。

1)按“↑”键开始测试,校准完成后,先将车辆加速踏板连续踩下至少 3 次,使排气系统和发动机内积累的烟尘全部排出。插入探头,将测量单元放于汽车排气管附近,并保持怠速,怠速转速显示在“怠速值”一栏中。

2)怠速检测完成后,开始进行自由加速试验:迅速踩下油门踏板,使发动机急剧加速至最高额定转速,并保持该转速约 3s,测量结果显示在屏幕的左边区域。

3)一次测试结束后会自动转入下一次测试,重新开始另一次自由加速试验。仪器只保存连续 3 次的测量数据,并在每次测试完成后立即显示本次的光吸收系数峰值。

4)连续 3 次试验完成后,屏幕中的“平均值”一栏就会显示出数据。

(4)新生产车自由加速试验

在主菜单界面选择“新生产车自由加速试验”项,按与“在用车自由加速试验”相同的操作方法即可得到新生产车自由加速烟度的测量结果。

5.7.3　汽车排放标准

目前,美国、日本和欧洲的汽车排放法规是三个主要国际法规标准体系,许多国家参考或采用其法规作为本国的汽车排放标准,其中美国是世界上汽车排放控制最早、也是最严格的国家。世界各国的汽车排放标准在不断发展,对各种污染物的排放限值越来越严格。

5.7.3.1　美国汽车排放标准

美国加州最早控制汽车排放,加州汽车排放标准是世界上最严格的汽车排放标准。乘用车和轻型汽车排放标准见表 5-9,中型汽车排放标准见表 5-10。

表 5-9　　美国加州乘用车和轻型汽车(低于 8500 磅)排放标准(Ⅱ)

单位:克/英里

类别	50000 英里/5 年					120000 英里/5 年				
	NMOG	CO	NO_x	PM	HCHO	NMOG	CO	NO_x	PM	HCHO
LEV	0.075	3.4	0.05	—	0.015	0.090	4.2	0.07	0.01	0.018
ULEV	0.040	1.7	0.05	—	0.008	0.055	2.1	0.07	0.01	0.011
SULEV	—	—	—	—	—	0.010	1.0	0.02	0.01	0.004

表 5-10　　美国加州中型汽车(使用期限 12 万英里)排放标准(Ⅱ)　　单位:克/英里

车辆额定总质量(磅)	类别	NMOG	CO	NO_x	PM	HCHO
8500～10000	LEV	0.195	6.4	0.2	0.12	0.032
	ULEV	0.143	6.4	0.2	0.06	0.016
	SULEV	0.100	3.2	0.1	0.06	0.008
10001～14000	LEV	0.230	7.3	0.4	0.12	0.040
	ULEV	0.167	7.3	0.4	0.06	0.021
	SULEV	0.117	3.7	0.2	0.06	0.010

5.7.3.2　欧洲汽车排放标准

1992 年起欧盟(EU)开始实施严格的 ECER83-01 法规,或称"欧Ⅰ"(欧盟排气污染指令 91/441/EEC)法规。2000 年实行欧洲Ⅲ法规。2005 年 1 月和 2008 年 10 月开始实施"欧Ⅳ"和"欧Ⅴ"汽车排放标准。"欧Ⅴ"标准中柴油轿车颗粒物排放量减少 80%,NO_x 减少 20%,汽油轿车 NO_x 和 HC 排放量各减少 25%,面包车的颗粒物减少 90%,NO_x 减少 20%。对汽油车,NO_x 的"欧Ⅴ"排放标准是 60mg/km。欧洲议会已通过"欧Ⅵ"汽车排放新标准,相关汽车排放的 NO_x 和粉尘颗粒将比"欧Ⅴ"标准分别降低 80%和 66%,这一标准预计从 2012 年年底开始执行。

(1)欧盟乘用车排放标准

欧盟乘用车排放标准见表 5-11。

表 5-11　　欧盟乘用车排放标准(M1 类*)　　单位:g/km

阶　段	日　期	CO	HC	HC+NO_x	NO_x	PM
柴油车						
Euro1**	1992.07	2.72(3.16)	—	0.97(1.13)	—	0.14(0.18)
Euro2, IDI	1996.01	1.0	—	0.7	—	0.08
Euro2, DI	1996.01***	1.0	—	0.9	—	0.10
Euro3	2000.01	0.64	—	0.56	0.50	0.05
Euro4	2005.01	0.50	—	0.30	0.25	0.025
汽油车						
Euro1**	1992.07	2.72(3.16)	—	0.97(1.13)	—	—
Euro2	1996.01	2.2	—	0.5	—	—
Euro3	2000.01	2.30	0.20	—	0.15	—
Euro4	2005.01	1.0	0.10	—	0.08	—

* 不包括超过 2500kg,满足 N1 类标准的乘用车。

** 括号内数值指生产一致性限值(conformity of production, COP)。

*** 在 1999 年 9 月 30 日之前(之后 DI 发动机必须达到 IDI 限值)。

(2)EOBD 排放标准

从 EU 3 阶段开始,机动车必须配置车载诊断系统用来控制排放。当排放控制系统不能正常工作或者老化严重以致排放不能达到标准要求时,OBD 将通知驾驶员。限值都基于 ECE+EUDC 冷启动测试,为了和美国 OBD 区分,欧盟的限值通常被称为 EOBD,排放限值见表 5-12。

表 5-12　欧盟 EOBD 标准限值　单位:g/km

类别	级别	阶段	日期	CO	HC	NO_x	PM
柴油车							
M1		EU 3	2003	3.20	0.40	1.20	0.18
		EU 4	2005	3.20	0.40	1.20	0.18
M1	Ⅰ	EU 3	2005	3.20	0.40	1.20	0.18
		EU 4	2005	3.20	0.40	1.20	0.18
	Ⅱ	EU 3	2006	4.00	0.50	1.60	0.23
		EU 4	2006	4.00	0.50	1.60	0.23
	Ⅲ	EU 3	2006	4.80	0.60	1.90	0.28
		EU 4	2006	4.80	0.60	1.90	0.28
汽油车							
M1		EU 3	2000	3.20	0.40	0.60	—
		EU 4	2005	1.90	0.30	0.53	—
N1	Ⅰ	EU 3	2000	3.20	0.40	0.60	—
		EU 4	2005	1.90	0.30	0.53	—
	Ⅱ	EU 3	2001	5.80	0.50	0.70	—
		EU 4	2005	3.44	0.38	0.62	—
	Ⅲ	EU 3	2001	7.30	0.60	0.80	—
		EU 4	2005	4.35	0.47	0.70	—

注:2500kg 以下的 M1 乘用车或有超过 6 个座位并且达到 OBD 要求的 N1 类机动车。

5.7.3.3　我国汽车排放标准

我国汽车排放控制起步较晚,于 20 世纪 80 年代初开始进行汽车排放控制。由于我国汽车技术水平、城市道路状况等与欧洲国家相近,因此我国的轻型汽车、重型柴油车、摩托车移植采用了欧洲排放标准体系。

自 1983 年首次颁布汽车排放标准以来,我国的汽车排放标准经历了几个阶段的发展。2005 年和 2008 年国家环保总局和质检总局颁布了一系列新的汽车排放标准,至此我国的汽车排放标准已达到欧Ⅲ、欧Ⅳ的水平(国Ⅲ、国Ⅳ分别对应欧Ⅲ、欧Ⅳ)。轻型车排放相关国家标准见表 5-13 至表 5-15，重型车排放相关国家标准见表 5-16。

表 5-13　Ⅰ型试验(常温下冷起动后排气污染物排放试验)排放限值

阶段	类别	级别	基准质量(RM)(kg)	一氧化碳(CO) L_1 汽油	一氧化碳(CO) L_1 柴油	碳氢化合物(HC) L_2 汽油	碳氢化合物(HC) L_2 柴油	氮氧化物(NO_x) L_3 汽油	氮氧化物(NO_x) L_3 柴油	碳氢化合物和氮氧化物($HC+NO_x$) L_2+L_3 汽油	碳氢化合物和氮氧化物($HC+NO_x$) L_2+L_3 柴油	颗粒物(PM) L_4 柴油
Ⅲ	第一类	—	全部	2.30	0.64	0.20	—	0.15	0.50	—	0.56	0.050
	第二类车	Ⅰ	RM≤1305	2.30	0.64	0.20	—	0.15	0.50	—	0.56	0.050
		Ⅱ	1305<RM≤1760	4.17	0.80	0.25	—	0.18	0.65	—	0.72	0.070
		Ⅲ	1760<RM	5.22	0.95	0.29	—	0.21	0.78	—	0.86	0.100
Ⅳ	第一类	—	全部	1.00	0.50	0.10	—	0.08	0.25	—	0.30	0.025
	第二类车	Ⅰ	RM≤1305	1.00	0.50	0.10	—	0.08	0.25	—	0.30	0.025
		Ⅱ	1305<RM≤1760	1.81	0.63	0.13	—	0.10	0.33	—	0.39	0.040
		Ⅲ	1760<RM	2.27	0.74	0.16	—	0.11	0.39	—	0.46	0.060

限值单位：g/km

表 5-14　Ⅵ型试验(低温下冷启动后排气中 CO 和 HC 排放试验)的排放限值

试验温度 266K(−7℃)

类别	级别	基准质量(RM)(kg)	CO,L_1(g/km)	HC,L_2(g/km)
第一类车	—	全部	15	1.8
第二类车	Ⅰ	RM≤1305	15	1.8
	Ⅱ	1305<RM≤1760	24	2.7
	Ⅲ	1760<RM	30	3.2

表 5-15　OBD 排放极限值

类别	级别	基准质量(RM)(kg)	一氧化碳(CO)·L_1(g/km) 汽油	一氧化碳(CO)·L_1(g/km) 柴油	总碳氢化合物(THC)·L_2(g/km) 汽油	总碳氢化合物(THC)·L_2(g/km) 柴油	氮氧化物(NO_x)·L_3(g/km) 汽油	氮氧化物(NO_x)·L_3(g/km) 柴油	颗粒物(PM)·L_4(g/km) 柴油
第一类车	—	全部	3.20	3.20	0.40	0.40	0.60	1.20	0.18

续表

第二类车	Ⅰ	RM≤1305	3.20	3.20	0.40	0.40	0.60	1.20	0.18
	Ⅱ	1305<RM≤1760	5.80	4.00	0.50	0.50	0.70	1.60	0.23
	Ⅲ	1760<RM	7.30	4.80	0.60	0.60	0.80	1.90	0.28

表 5-16　重型车排放限值

阶　段	一氧化碳质量(CO)[g/(kW·h)]	总碳氢质量(THC)[g/(kW·h)]	氮氧化物质量(NO_x)[g/(kW·h)]
Ⅲ	9.7	0.41	0.98
Ⅳ	9.7	0.29	0.70

5.8　汽车噪声检测

噪声就是人们不需要的、讨厌的、易使人烦躁的干扰声。噪声不仅会破坏环境的安静,而且对人类生理、心理和社会各方面都有影响。

噪声的种类很多,按照噪声源不同可分为交通噪声、工业噪声和生活噪声三种。其中交通噪声又可分为道路交通噪声、铁路交通噪声、内河航运交通噪声和航空交通噪声等;而道路交通噪声还可以进一步分为车辆噪声和道路噪声两种。

目前,道路交通噪声已成为一些大、中城市的主要噪声源,约占城市噪声的 70%。其中机动车辆的噪声占交通运输噪声的 80%左右,是道路交通噪声的主要组成部分。

汽车噪声分车外噪声和车内噪声两种,一般为中等强度的噪声(60～90dB)。噪声源主要包括发动机噪声、底盘噪声、车身噪声以及汽车附件和电气系统的噪声。车外噪声造成环境公害,车内噪声直接对驾驶员和乘客造成损害。汽车噪声已成为汽车公害之一,必须加以控制。

5.8.1　噪声的评价指标

5.8.1.1　声压级与响度级

(1)声压

声音在大气中传播时会引起大气压力的变化,其变化量称之为声压,单位为 Pa。声压表示声音强弱,声音强(响)则声压大,声音弱(低)则声压小。

(2)声强

声源单位时间内在与声波垂直方向单位面积上所辐射的声能(声压),单位为 W/m^2。

(3)声压级

声压级是指某点的声压与基准声压(听阈声压)的比值,单位为 dB。

(4)音频

人对声音的感觉不仅与声压有关,还与声音的频率有关。频率越高声音越尖锐,频率越低声音越低沉。由于声音的频率不同,即便是声压级相同的声音听起来响声并不相同;而相同频率的声音,虽然声压级不同,有时听起来却一样响。

(5)响度和响度级　用声压级评价声音的强弱与人们的生理感觉往往不一致,因而采用一种与人耳的听觉特性有关的表示法,这种表示法不仅与声音的声压有关,还与声音的频率有关。

响度和响度级能够表示人所感受到的声音的强弱程度。响度的单位为宋,1宋是声压级为40dB、频率为1000Hz纯音所产生的响度;响度级的单位为方,1方的数值等于根据听力正常的听者判断为等响的1000Hz纯音的声压级分贝值。

5.8.1.2　计权网络

为了模拟人耳在不同频率的不同灵敏性,在声级计内设有一种能够模拟人耳的听觉特性、把电信号修正为与听觉近似值的网络,这种网络叫做计权网络。

声级计中设置了A、B、C三种"频率计权网络"对所测量的噪声进行听感修正,其中A、B计权网络对中、低频声音有衰减,C计权网络基本无衰减。对于大多数噪声而言,用A计权比其他计权更能接近人耳的听觉响应特性,因此测量噪声声压级常用A计权。在测量汽车噪声时国家标准规定使用A计权。

5.8.1.3　噪声级(计权声级)

通过计权网络测得的声压级已不再是客观物理量的声压级,而是经过听觉修正的声压级,称为计权声级或噪声级。一般表示噪声大小时都应注明采用的哪种计权网络,如90dB(A),即代表用A计权网络测量出的声级为90dB。

5.8.2　汽车噪声检测标准

(1)汽车加速行驶车外噪声限值

汽车加速行驶时,车外最大允许噪声见表5-17。

表5-17　汽车加速行驶车外噪声限值

汽车分类	噪声限值dB(A)	
	第一阶段	第二阶段
	2002.10.1～2004.12.30期间生产的汽车	2005.1.1以后生产的汽车
M_1	77	74
M_2(GVM≤3.5t),或N_1(GVM≤3.5t):		
GVM≤2t	78	76
2t<GVM≤3.5t	79	77
M_2(3.5t<GVM≤5t),或M_2(GVM>5t):		
P<150kW	82	80
P≥150kW	85	83

续表

N_2(3.5t＜GVM≤12t)，或 N_3(GVM＞12t)：		
P＜75kW	83	81
75kW≤P＜150kW	86	83
P≥150kW	88	84

说明：

(a)M_1，M_2(GVM≤3.5)和 N_5 类汽车装用直喷式柴油机时，其限值增加 1dB(A)。

(b)对于越野汽车，其 GVM＞2t 时：

如果 P＜150kW，其限值增加 1dB(A)；

如果 P≥150kW，其限值增加 2dB(A)。

(c)M_1 类汽车，若其变速器前进挡多于四个，P＞140kW，P/GVM 之比大于 75kW/t，并且用第三挡测试时其尾端出线的速度大于 61km/h，则其限值增加 1dB(A)。

(2)车内噪声限值

客车以 50km/h 的速度匀速行驶时，客车车内噪声不应大于 79dB(A)。

(3)汽车驾驶员耳旁噪声限值

汽车驾驶员耳旁噪声级不大于 90dB。

(5)机动车喇叭噪声限值

机动车喇叭声级在距车前 2m，离地高 1.2m 处时，其值应为 90～115dB(A)。

5.8.3 汽车噪声检测仪

汽车噪声常用的测量仪器有声级计和频谱分析仪等。声级计是一种能把工业噪声、生活噪声和交通噪声等按人耳听觉特性近似地测定其噪声级的仪器。根据声级计在标准条件下测量 1000Hz 纯音所表现的精度，60 年代国际上把声级计分为两类：精密声级计和普通声级计，我国也采用这种分类方法。70 年代以后，有些国家推出四类分法，即 0 型、1 型、2 型和 3 型，其精度分别为±0.4dB、±0.7dB、±1.0dB 和±1.5dB。根据声级计所用电源不同，还可分为交流式和用干电池的直流式声级计两类，后者也称为便携式声级计。

便携式具有体积小、质量轻和现场使用方便等优点。图 5-70 所示为 HY103A 型直流式声级计外形图。

声级计一般由传声器、放大器、衰减器、计权网络、检波器、指示表头和电源等组成，各部分功用如下：

1)传声器：把声压信号转变为电压信号的装置，也称为话筒，是声级计的传感器。

2)放大器：包括输入放大器和输出放大器，其作用是将微弱的电信号放大。

3)衰减器：包括输入衰减器和输出衰减器，用来改变输入、输出信号的衰减量，以使表头指针指在适当的位置。

4)计权网络：一般有 A、B、C 三种，其中 A 计权声级由于其特性曲线接近于人耳的听感特性，是目前世界上噪声测量中应用最广泛的一种，B、C 已逐渐不用。

5)检波器：将迅速变化的电压信号转变成变化较慢的直流电压信号。

6)指示仪表:有数字式和指针式多种类型,用于显示噪声级的 dB 值。

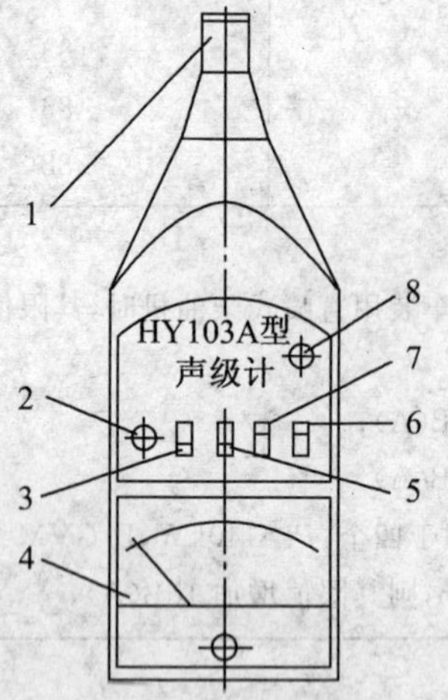

图 5-70　HY103A 型声级计外形

1—传声器　2—保持按钮　3—电源开关　4—指示仪表　5—快慢挡开关
6—量程开关　7—计权选择开关　8—校准电位器

5.8.4　汽车噪声的检测方法

汽车噪声检测有车外噪声检测、车内噪声检测、驾驶员耳旁噪声检测、汽车喇叭噪声检测和汽车排气噪声检测等,在检测线上经常进行的一般是汽车喇叭噪声检测。

5.8.4.1　仪表使用前的检查与校准

为了保证检测结果准确,声级计在使用前要进行检查与校准。

(1)指针归零检查。在接通电源之前,要检查并调整仪表指针,使其与零点重合。

(2)电池容量检查。将声级计上的功能开关与“电池”对准,这时仪表指针应该达到规定的红线位置,否则电池容量不足,读数会不准。

(3)仪器预热和校准。接通电源,仪器预热 10min,并对仪器进行校准。

(4)将声级计上的功能开关对准“线性”“快”挡。监测站(线)内都有一定的环境噪声,所以声级计上应该有一定的指示值变换衰减器刻度盘位置,指示值应该相应变化 10dB 左右。

(5)检查计权网络。将“线性”位置依次变为“C”、“B”、“A”,由于室内环境噪声基本上都为低频噪声,所以经计权后的噪声示值一般都低于线性值,而且依次递减。

(6)检查“快”、“慢”挡。将衰减器刻度盘位置调到高 dB 位置,检测人员发出声响,这时注意观察“快”、“慢”挡的动作,看“快”挡时的指针摆动是否能跟上声响速度,“慢”挡时的指针摆动是否明显迟缓。

5.8.4.2　车外噪声检测

车外噪声检测方法按我国规定有加速噪声测定法和匀速噪声试验法。

(1)测量条件要求

1)检测场地要平坦、空旷,在测试中心 25m 半径范围内,不应有大的反射物。

2)检测场地要有 20m 以上的平直、干燥的沥青或混凝土路面跑道。跑道路面坡度不应超过 0.5%。

3)本底噪声应比被检车辆的噪声至少低 10dB 以上,并保证测量时不被偶然的其他声源干扰。

4)要避免风噪声干扰。可采用防风罩,但要注意防风罩对声级计灵敏度的影响。

5)声级计附近不要有其他人员,如必须有时,则要在检测人员身后。

6)被检车辆不载重,发动机要达到正常工作温度。

7)场地及测量位置如图 5-71 所示。测试话筒位于 20m 跑道的中心点两侧,各距中心线 7.5m,距地面高 1.2m,话筒接受面应朝向车辆,并平行于车辆行驶方向。

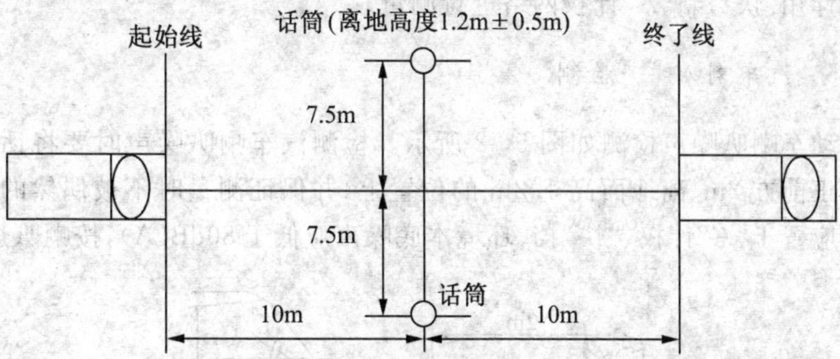

图 5-71　车外噪声测量场地示意图

(2)加速噪声测定法

在进行加速噪声测定时,车辆以 50km/h 的稳定车速到达起始线。此时,发动机转速应为额定转速的 3/4,变速器有 4 挡以上的挡位时使用 3 挡,4 挡及 4 挡以下者用 2 挡。车辆前端到达起始线立即全开节气门,直线加速行驶。当车辆后端到达终了线时,立即停止加速。声级计用“快”挡“A”计权网络进行测量,并读出车辆驶过时声级计所指示的最大读数。车辆应往返测量两次,且同一侧面两次测量结果之差不应大于 2dB。

(3)匀速噪声试验法

测定时车辆以 50km/h 的车速匀速通过测量区,变速器取常用行驶挡位。声级计的挡位和测量方法与测加速噪声时相同。

5.8.4.3　车内噪声检测

(1)测量条件要求

1)测量路面跑道有足够的长度。跑道应是平直、干燥的沥青或混凝土路面。

2)测量时风速应不大于 3m/s。车辆门窗应关闭。

3)车内本底噪声应比被检车辆的车内噪声至少低 10dB,并保证测量时不被偶然的其他声源干扰。

4)车内除驾驶员和检测人员外,不应有其他人员。

(2)测点位置

驾驶室内测点一般在人耳附近位置。载客车室内测点可选在车厢中部及最后排座的中间位置,测量高度为座位上方(750±10)mm。声级计话筒朝向车辆前进方向。

(3)测量方法

测定时车辆以50km/h以上的车速匀速通过测量区,变速器取常用行驶挡位。声级计用“慢”挡“A”、“C”计权网络进行测量,分别读取车辆驶过时声级计所指示的最大读数的平均值。

5.8.4.4 驾驶员耳旁噪声检测

1)测量时变速器空挡,发动机以额定转速运转,车辆处于静止状态,车辆门窗关紧。

2)测点位置一般选在驾驶员右耳附近,声级计话筒朝向驾驶员耳朵方向。

3)声级计用“快”挡、“A”计权网络进行测量。

5.8.4.5 汽车喇叭噪声检测

城市机动车喇叭噪声检测如图5-72所示。检测汽车喇叭噪声时要将话筒放置在距被检车辆的正前方2m、离地面高1.2m的位置上,并保证测量时不被偶然的其他声源干扰。声级计应置于“A”计权、“快”挡,环境本底噪声应低于80dB(A),按喇叭连续发声3s。

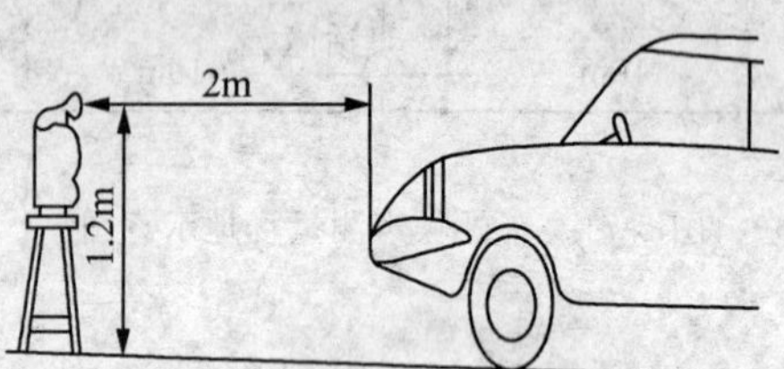

图5-72 汽车喇叭噪声的测点位置

复习思考题

1. 汽车整车性能检测包括哪些检测项目?常用仪器设备有哪些?
2. 底盘测功试验台是如何分类的?由几部分组成?
3. 滚筒式底盘测功试验台是如何工作的?
4. 汽车动力性道路试验的目的是什么?
5. 汽车动力性、燃油经济性的评价指标是什么?
6. 油耗计有哪几部分组成?如何操作?
7. 简述燃油经济性台架试验的操作过程。
8. 车轮侧滑是怎样形成的?
9. 简述滑板式侧滑试验台的组成和工作原理。
10. 简述汽车侧滑量的检测过程。
11. 《机动车运行安全技术条件》对汽车侧滑量有什么要求?

12. 如何分析汽车侧滑的检测结果？
13. 汽车制动性能的评价指标是什么？
14. 制动试验台是如何分类的？
15. 单轴反力式滚筒制动试验台由哪些装置组成？各部分有何功用？
16. 简述反力式滚筒制动试验台的操作方法。
17. 汽车制动性能有哪两种检测方式？
18. 简述五轮仪的组成和工作原理。
19. 说明汽车制动性能的检测标准。
20. 根据检测结果分析制动系统的故障原因。
21. 车速表试验台有几种类型？
22. 标准型车速表试验台由那几部分组成？
23. 简述车速表的检测方法，并说明其评价标准。
24. 为什么必须检测前照灯的发光强度和光束的照射方向？
25. 如何理解前照灯特性？
26. 简述前照灯检测仪的工作原理。
27. 前照灯检测仪有哪几种类型？主要由哪些装置组成？
28. 简述前照灯的检测方法。
29. 汽车的主要排放污染物是什么？
30. 说明世界各国目前正在执行的汽车排放污染物的限定标准。
31. 不分光红外线气体分析仪由哪些装置组成？
32. 简述不分光红外线气体分析仪的工作原理。
33. 简述汽油车怠速污染物的检测方法。
34. 常用的柴油机烟度计有几种类型？
35. 简述滤纸式烟度计和不透光烟度计的组成及使用方法。
36. 试分析汽车排放超标的故障原因。
37. 降低汽车排放应采取哪些措施？
38. 汽车噪声是如何产生的？如何降低汽车噪声？
39. 简述声级计的组成和工作原理。
40. 怎样检测汽车噪声？

第6章　汽车检测站

知识目标

1. 了解检测站的工作任务。
2. 了解检测站的布置方式。
3. 掌握检测设备的工作原理和使用方法。
4. 掌握汽车检测站的工作程序。

能力目标

1. 能制定检测站的工艺流程。
2. 能正确列出检测线的检测项目和检测设备。
3. 能够应用检测线检测汽车的工作性能。

6.1 概　述

汽车检测站是综合运用现代检测技术，对汽车实施不解体检测的机构。它具有现代的检测设备和检测方法，能在室内检测、诊断出车辆的各种性能参数、检测出可能出现故障的状况，为全面、准确评价汽车的使用性能和技术状况提供可靠依据。

汽车检测站不仅是车管机关或行业对汽车技术状况进行检测和监督的机构，而且已成为汽车制造企业、汽车运输企业及汽车维修企业不可缺少的重要组成部分。

6.1.1 汽车检测站的服务功能

按GB/T17993-2005《汽车综合性能检测站能力的通用要求》的规定，汽车检测站应具备如下功能：

1)依法对营运车辆的技术状况进行检测。

2)依法对车辆维修竣工质量进行检测。

3)接受委托，对车辆改装(造)、延长报废期、及其相关新技术、科研鉴定等项目进行检测。

4)接受交通、公安、环保、商检、计量、保险和司法机关等部门、机构的委托，为其进行规定项目的检测。

6.1.2　汽车检测站的类型

按不同的分类方法，汽车检测站可以分为不同的类型。

6.1.2.1　按服务功能分类

按服务功能不同，汽车检测站可分为安全检测站、维修检测站和综合检测站三种。

(1)安全检测站

它是国家的执法机构，不是营利型企业。按照国家规定的车检法规，定期检测车辆中与安全和环保有关的项目，以保证汽车安全行驶，并将污染降低到允许的限度。这种检测站对检测结果往往只显示“合格”、“不合格”两种，而不做数据显示和故障分析，因而检测速度快，生产效率高。安全检测站一般由车辆管理机关直接建立，或由车辆管理机关认可的汽车运输企业、汽车维修企业建立，也可多方联合建立。自动化程度较高的安全检测站的年度检车量可达数万台次。

(2)维修检测站

主要是从车辆使用和维修的角度，担负车辆维修前、后的技术状况检测。它能检测车辆的主要使用性能，并能进行故障分析与诊断。维修检测站一般由汽车运输企业或汽车维修企业建立。

(3)综合检测站

既能担负车辆管理方面的安全环保检测，又能担负车辆维修方面的技术状况检测，还能承接科研或教学方面的性能试验和参数测试。这种检测站设备多而且配套，自动化程度高，数据处理迅速准确，因而功能齐全，检测项目广且深度大，可为合理制定诊断标准、诊断周期以及为科研、教学、设计、制造和维修等部门提供可靠的依据，并能担负对检测设备的精度测试。

6.1.2.2　按自动化程度分类

按检测线的自动化程度不同，检测站可分成手动式、半自动式和全自动式三种类型。

(1)手动检测站

其各检测设备和检测过程由人工手动控制，从各单机配备的指示装置笔录检测结果或由单机配备的打印机打印检测结果，占用人员多、检测效率低、读数误差大，多适用于维修检测站。

(2)全自动检测站

利用微机将检测线上各检测设备连接起来，除车辆上部和下部的外观检查工位仍需人工检查外，能自动控制其他所有工位上的检测过程，使设备的起动与运转、数据采集、分析判断、存储、显示和集中打印报表等全过程实现自动化。当微机联网查得检测设备因故不能进行自动控制时，各检测设备仍可手动使用。

由于全自动检测站自动化程度高，检测效率高，能避免人为的判断错误，因而获得广泛应用，目前国内外的安全检测站多为全自动式。

(3)半自动检测站

其自动化程度或范围介于手动和全自动检测站之间，一般是在原手动检测站的基础上将部分检测设备(如侧滑试验台、制动试验台、车速表试验台等)与微机联网以实现自动控制，而另一部分检测设备(如烟度计、废气分析仪、声级计等)仍然手动操作。

6.1.2.3 按职能分类

按职能不同，检测站可分成A级站、B级站和C级站。

(1)A级站

能全面承担检测站的任务，即能检测车辆的制动、侧滑、灯光、转向、前轮定位、车速、车轮动平衡、底盘输出功率、燃油消耗、发动机功率和点火系状况以及异响、磨损、变形、裂纹、噪声、废气排放等状况。

(2)B级站

能承担在用车辆技术状况和车辆维修质量的检测，即能检测车辆的制动、侧滑、灯光、转向、车轮动平衡、燃油消耗、发动机功率和点火系状况以及异响、变形、噪声、废气排放等状况。

(3)C级站

能承担在用车辆技术状况的检测，即能检测车辆的制动、侧滑、灯光、转向、车轮动平衡、燃油消耗、发动机功率以及异响、噪声、废气排放等状况。

6.1.3 汽车检测站的组成和工位分布

6.1.3.1 各类汽车检测站的组成

汽车检测站主要由一条至数条检测线组成。对于独立而完整的检测站，除检测线外，还应包括停车场、清洗站、泵气站、维修车间、办公区和生活区等设施。

(1)安全检测站的组成

一般由一条至数条安全环保检测线组成。有两条以上安全环保检测线时，一般一条为大、小型汽车通用自动检测线，另一条为小型汽车的专用自动检测线。有的还配备一条新规检测线(对新车登录、检测之用)和一条柴油车排烟检测线。

(2)维修检测站

一般由一条至数条综合检测线组成。

(3)综合检测站

一般由安全环保检测线和综合检测线组成，可以各为一条，也可以各为数条。国内交通系统建成的检测站大多属于综合检测站，如图6-1所示。

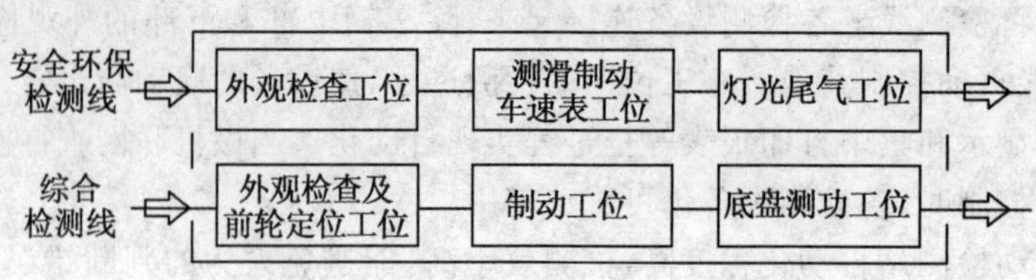

图6-1 双线综合检测站平面布置示意图

6.1.3.2 汽车检测线的工位布置

不管是安全环保检测线，还是综合检测线，都是由多个检测工位组成，布置形式多为直线通道式，即检测工位按一定顺序分布在直线通道上，有利于流水作业。

(1)安全环保检测线

手动和半自动的安全环保检测线一般由外观检查(人工检查)工位、侧滑制动车速表工位和灯光尾气工位三个工位组成。全自动安全环保检测线可以由三工位、四工位或五工位组成。五工位一般是汽车资料输入及安全装置检查工位、侧滑制动车速表工位、灯光尾气工位、车底检查工位、综合判定及主控制室工位。图6-2所示为国产五工位全自动安全环保检测线。

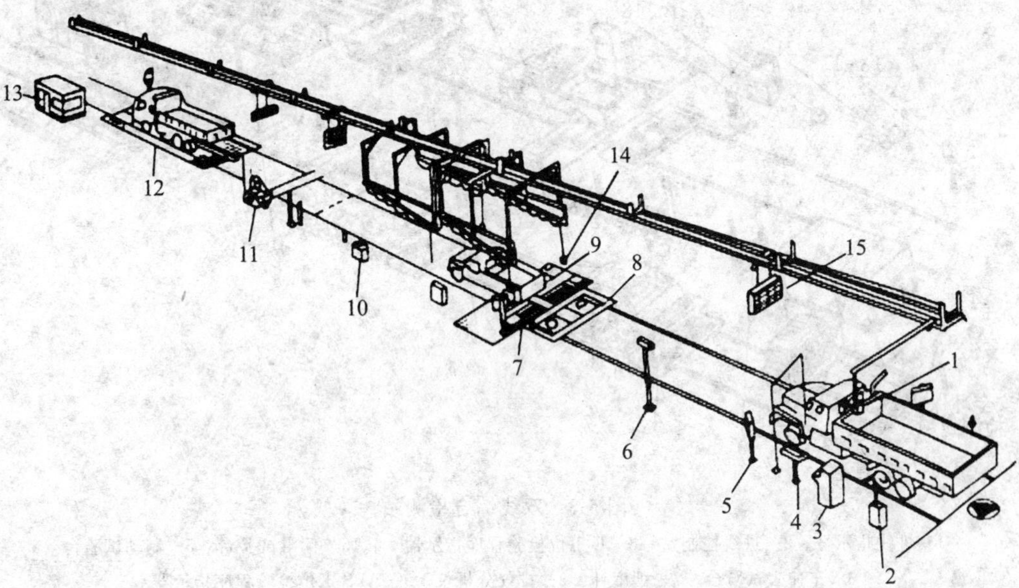

图6-2 国产五工位全自动安全环保检测线

1—进线指示灯 2—烟度计 3—汽车资料登录微机 4—安全装置检查不合格项目输入键盘 5—烟度计检验程序指示器 6—电视摄像机 7—制动试验台 8—侧滑试验台 9—车速表试验台 10—废气分析仪 11—前照灯检测仪 12—车底检查工位 13—主控制室 14—车速表检测申报开关 15—检验程序指示器

(2)综合检测线

综合检测站分为A、B、C三级，因各级站的职能不同，各站综合检测线的职能也不相同。

A级站国内一般设置两条检测线：一条为安全环保检测线，主要承担车管部门对车辆进行年审的任务；另一条为综合检测线，主要承担对车辆技术状况的检测诊断。

A级站的综合检测线一般有两种类型：一种是全能综合检测线，设有包括安全环保检测线主要检测设备在内的比较齐全的工位，这种检测线的检测设备多，检测项目齐全，与安全环保检测线互不干扰，因而检测效率相对较高，但建站费用也高；另一种是一般综合检测线，设置的工位不包括安全环保检测线的主要检测设备，主要由底盘测功工位组成，能承担除安全环保检测项目以外项目的检测诊断，必要时车辆须开到安全环保检测线上才能完成有关项目的检测。国内已建成的综合检测站多属于后一种类型。与全能综合检测线相比，一般综合检测线设备少，建站费用低，但检测效率也低。

图 6-3 所示为一种接近全能的综合检测线，由发动机测试及车轮平衡工位、底盘测功工位、车轮定位及车底检查工位组成，除制动性能不能检测外，安全环保检测线上的其他检测项目均能在该线上检测。

B 级站和 C 级站的综合检测线不包括底盘测功工位。

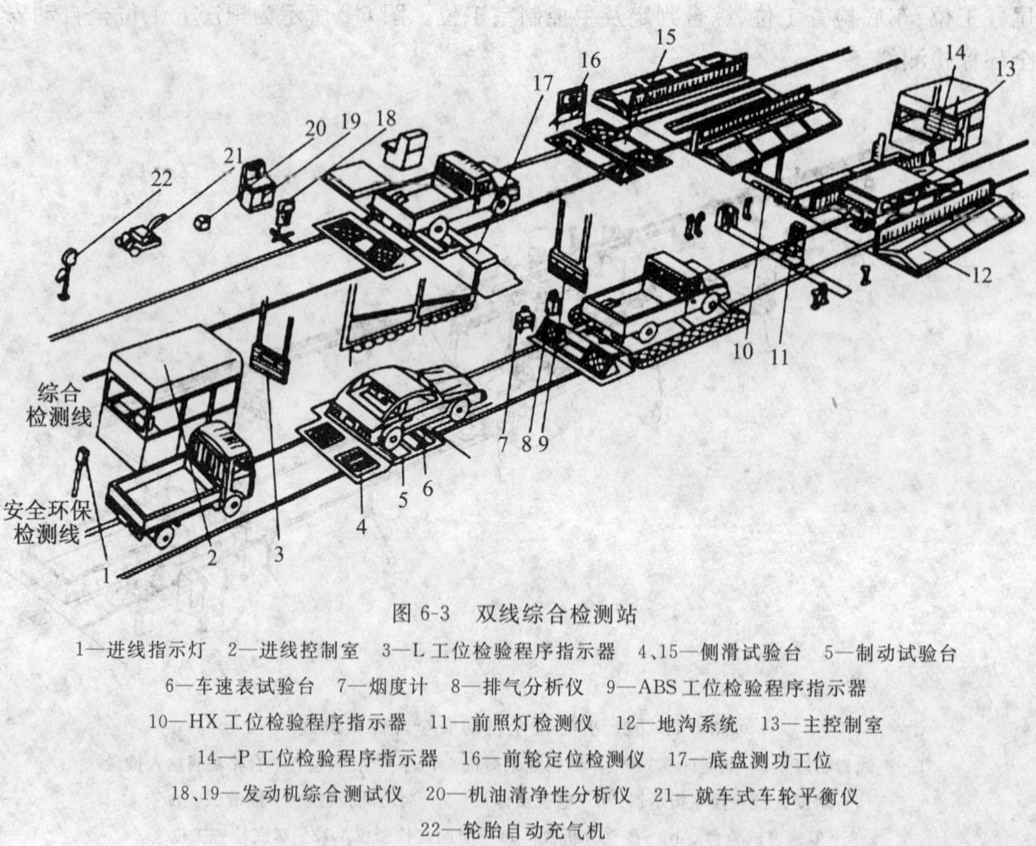

图 6-3　双线综合检测站

1—进线指示灯　2—进线控制室　3—L 工位检验程序指示器　4、15—侧滑试验台　5—制动试验台
6—车速表试验台　7—烟度计　8—排气分析仪　9—ABS 工位检验程序指示器
10—HX 工位检验程序指示器　11—前照灯检测仪　12—地沟系统　13—主控制室
14—P 工位检验程序指示器　16—前轮定位检测仪　17—底盘测功工位
18、19—发动机综合测试仪　20—机油清净性分析仪　21—就车式车轮平衡仪
22—轮胎自动充气机

6.1.4　各工位设备和检测项目

6.1.4.1　安全环保检测线

下面以五工位全自动检测线为例介绍其设备和检测项目（主要设备中不包括软件）。五工位指：汽车资料输入及安全装置检查工位（L 工位）→侧滑制动车速表工位（ABS 工位）→灯光尾气工位（HX 工位）→车底检查工位（P 工位）→综合判定及主控制室工位。

(1)汽车资料输入及安全装置检查工位［又称 L 工位（Lamps and Safety Device Inspection)］。

1)主要设备:包括汽车资料登录电脑、工位测控电脑、不合格项目输入键盘、电视摄像机、光电开关、进线指示灯、检验程序指示器及其控制器、轮胎自动充气、轮胎花纹测量器、检查手锤等。

2)检测项目:人工检查汽车上部的灯光、安全装置、防护装置、操纵装置、工作仪表和车身等是否装备齐全、工作正常、连接可靠和符合规定。检查的重点是灯光和安全装置。具体检测项目见表6-1。

表6-1　部分外观检查项目

序号	检查项目	序号	检查项目	序号	检查项目
1	远光灯	11	后视镜、下视镜、侧视镜	21	挡泥板
2	近光灯	12	挡风玻璃	22	防护网及连接装置
3	制动灯	13	刮雨器	23	电器导线
4	倒车灯	14	喇叭	24	起动机
5	牌照灯	15	轮胎、轮胎螺栓	25	发电机、蓄电池
6	示宽灯、辅助灯、标志灯	16	离合器/变速器	26	灭火器
7	室内灯	17	制动踏板自由行程	27	仪表、仪表灯
8	车厢、座位	18	驻车制动操纵杆	28	机油低压报警器
9	车门、车窗	19	转向器自由转动量	29	半轴螺栓
10	车身、漆面	20	油箱、油箱盖	30	座椅安全带

(2)侧滑制动车速表工位

包括侧滑检测(Alignment Inspection)、轴重检测(Weight Inspection)、制动检测(Brake Test)和车速表检测(Speedomter Test),简称ABS工位。

1)主要设备:包括工位测控电脑、检验程序指示器、电开关、光镜、侧滑试验台、制动试验台、车速表试验台及车速表申报开关、轴重计或轮重仪。

2)检测项目:检测前轮侧滑量、各轴轴重、驻车制动力、车速表指示误差和检测各轮制动拖滞力和制动力,计算轴制动力和、制动力差和轴制动力占轴荷的百分比。

(3)灯光尾气工位

包括前照灯检测(Head Light Test)、排气检测(Exhaust Gas Test)、烟度检测(Diesel Smoke Test)和喇叭声级检测(Noise Test),简称HX工位。

1)主要设备:包括工位测控电脑、检验程序指示器、停车位置指示器、光电开关、反光镜、前照灯检验仪、废气分析仪、烟度计、声级计。

2)检测项目:检测前照灯发光强度、光束照射方向和检测汽油车怠速排放污染物或柴油车自由加速烟度、喇叭噪声级。

(4)车底检查工位[又称P工位(Pit Inspection)]

1)主要设备:包括工位测控电脑、不合格项目输入键盘、光电开关、车辆到位报警灯或报警器、检验程序指示器及其控制器、对讲话筒及扬声器、地沟内电视摄像机、地沟内举升平台、检测手锤等。

2)检测项目:人工检查底盘各装置、发动机的连接是否牢固可靠,有无弯扭断裂及漏油、漏水、漏气、漏电等现象。具体检查项目见表 6-2。

表 6-2　　车底检查项目

序号	检查项目	序号	检查项目	序号	检查项目
1	发动机及其连接	11	前吊耳销子	21	变速器
2	车架	12	后悬挂连接	22	主传动机构
3	前梁	13	后吊耳销子	23	减速器
4	转向器的转向轴及其万向节	14	各部软管	24	钢板弹簧夹以及U形螺栓
5	转向器支架	15	各种杆系	25	排气管及消音器
6	转向垂臂	16	油路、气路、电路	26	制动系拉杆、驻车制动器
7	转向器	17	储气筒	27	后桥壳
8	转向主销及其轴承	18	传动轴、万向节、伸缩节	28	缓冲器、保险杠、牵引钩
9	纵横拉杆	19	中间支承	29	漏油、漏气、漏水、漏电
10	前悬挂连接	20	离合器及操纵机构	30	油箱、蓄电池等的固定

(5)综合判定及主控制室工位

1)主要设备:包括控制台主控制电脑、键盘及显示器、打印机、稳压不间断电源、监察电视(电视摄像机显示器)。

2)检测项目:汽车到达本工位时已全部检测完毕,主控制电脑将各工位检测结果综合判定后,由打印机集中打印检测结果报告单,并由检测长交给汽车驾驶员。

全自动安全环保检测线主要设备以及用途见表 6-3。

表 6-3　　全自动安全环保检测线主要设备及用途

序号	设备名称	用　途
1	进线指示灯	控制车辆安全进入指定地点
2	车辆资料录入微机	登录被检车辆资料
3	工位测控微机	进行检测过程数据控制及处理
4	检验程序指示器	指示工位检测程序,下达操作指令,显示检测结果

续表

5	轮胎自动充气机	按设定的轮胎气压自动充气
6	轮胎花纹测量器	测量轮胎花纹深度
7	检测手锤	检查各连接件、车架等是否松动或开裂
8	不合格项目输入键盘	将车上、车下外观检查中的不合格项目报告主控微机
9	摄像机及监察电视	供主控制室的检测长监察地沟及整个检测线的工作情况
10	侧滑试验台	检测转向轮侧滑量
11	轴重计或轮重仪	检测各轴轴重
12	制动试验台	检测各轮拖滞力、制动力和驻车制动力
13	车速表试验台	检测车速表指示误差
14	车速表检测申报开关或遥控器	当试验车速达 40km/h 时按下此开关或遥控器，微机采集此时的实际车速数据
15	光电开关	当车轮遮挡光电开关时，光电开关产生的信号输入微机，报告车辆到位，微机安排检测开始
16	反光镜	供驾驶员观察车轮到达试验台或停车线的位置
17	前照灯检测仪	检测前照灯发光强度和光轴偏斜量
18	排气分析仪	检测汽油车排气中的 CO 和 HC 浓度
19	烟度计	检测柴油车排气中的自由加速烟度
20	声级计	检测喇叭声级
21	停车位置指示器	指引汽车在灯光尾气工位停车线上准确停车
22	地沟内举升平台	使地沟内的检测人员在高度上处于最有利的工作位置
23	对讲话筒及扬声器	用于地沟上下的通话联系
24	地沟内报警灯或报警器	报告车辆到达车底检查工位
25	主控制微机	安排检测程序，对照检测标准，综合判定并存储、打印检测结果
26	打印机	打印检测结果报告单
27	控制台	主控制微机、键盘、显示器、打印机、监察电视等均安放在控制台上，是全线的控制中心
28	主控制键盘	当微机系统出现故障不能使用时，可通过主控制键盘对各工位实施控制，以不间断检测工作
29	稳压电源和不间断电源	稳定电压，不间断供电

6.1.4.2 综合检测线

以全能综合检测线为例介绍其主要设备和检测项目。图 6-1 中的综合检测线包括：外观检查及前轮定位工位→制动工位→底盘测功工位。

(1)外观检查及前轮定位工位

包括车上、车底外观检查和前轮定位检测。

1)主要设备：包括轮胎自动充气机、轮胎花纹测量器、地沟内举升平台、地沟上举升器、检测手锤、就车式车轮平衡机、声发射探伤仪、侧滑试验台、前轮定位试验台或检验仪、传动系游动角度检验仪、转向盘自由行程检测仪、底盘松旷量检测仪。

2)检测项目：

①车上、车底外观检查项目与全自动安全环保检测线相同。

②就车检测车轮不平衡量。

③检测前轮侧滑量。

④对转向节枢轴等安全机件进行探伤。

⑤检测转向盘自由行程。

⑥检测前轮最大转向角、主销后倾角、主销内倾角、前轮前束值和前轮外倾值。

⑦检测传动系游动角度、检测轮毂轴承、主销和纵横拉杆等处的底盘松旷量。

(2)制动工位

1)主要设备：包括轴重计或轮重仪、反力式制动试验台。

2)检测项目：检测各轴轴重、检测驻车制动器制动力、检测各轮制动拖滞力和制动力，计算轴制动力和、制动力差和轴制动力占轴荷的百分比，按制动曲线分析制动过程。

(3)底盘测功工位

1)主要设备：

①发动机综合参数测试仪、发动机无负荷测功仪、发动机异响分析仪。

②汽缸压力测试仪、汽缸漏气测试仪、真空表或真空测试仪、废气分析仪。

③油耗计、烟度计、声级计、机油清净性分析仪。

④电器综合测试仪、前照灯检验仪。

⑤底盘测功试验台、传动系异响分析仪、温度计或温度仪。

2)检测项目：

①检测驱动车轮输出功率或驱动力，模拟车辆各种行驶速度，进行加速性能、等速性能和滑行性能等性能试验，检测百公里耗油量和经济车速等。

②对发动机的点火系、供油系、电器设备、动力性、汽缸密封性、进气管真空度、机油清净性和各部异响等进行检测、分析和诊断。

③检测汽油车怠速或其他工况排放的 CO 和 HC 浓度。

④检测柴油车自由加速烟度或全负荷烟度。

⑤检测前照灯的发光强度和光束照射方向。

⑥检测喇叭噪声和汽车车内、外噪声。

⑦检测、分析并诊断传动系异响。

⑧检测各总成温度和发动机排气温度。

6.2 汽车检测站的检测工艺

汽车进入检测站后，只有按照规定的检测工艺路线和检测工艺程序流动，才能完成整个检测过程。

6.2.1 检测站工艺路线

对于一个独立而完整的检测站，汽车进站后的工艺路线流程如图6-4所示。

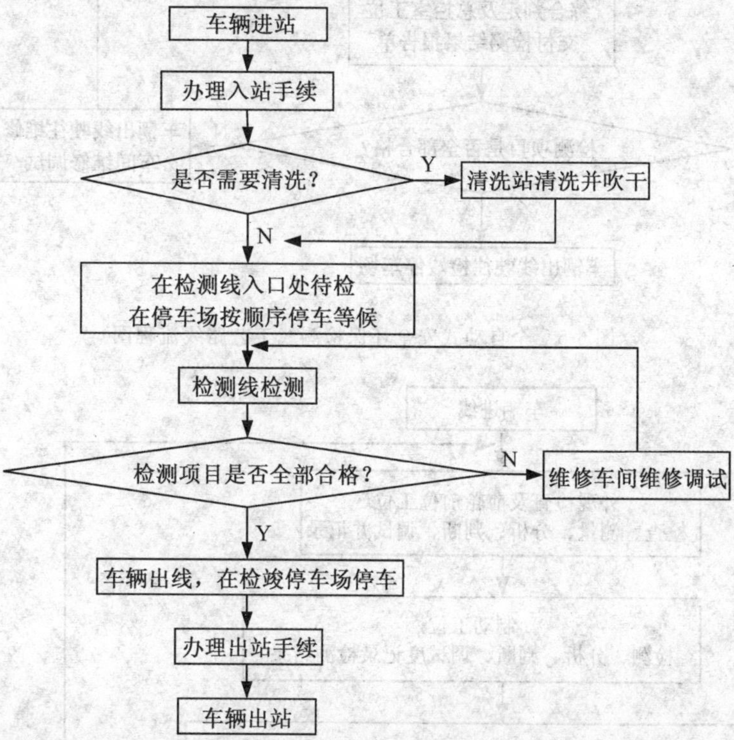

图6-4 检测站工艺路线流程图

6.2.2 检测线工艺路线

(1)安全环保检测线

全自动式安全环保检测线的工艺路线流程图如图6-5所示。

(2)综合检测线

全能综合检测线的工艺路线流程如图6-6所示。

上述安全环保检测线与全能综合检测线的工艺路线均为全工位检测工艺路线，在实际操作中要视实际情况确定，没有必要都作全工位的检测。

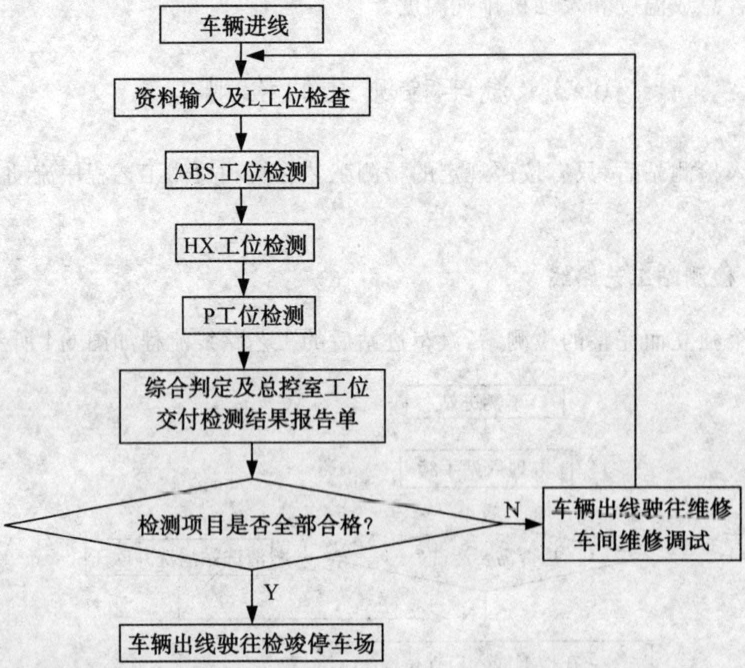

图 6-5　全自动式安全环保检测线工艺路线流程图

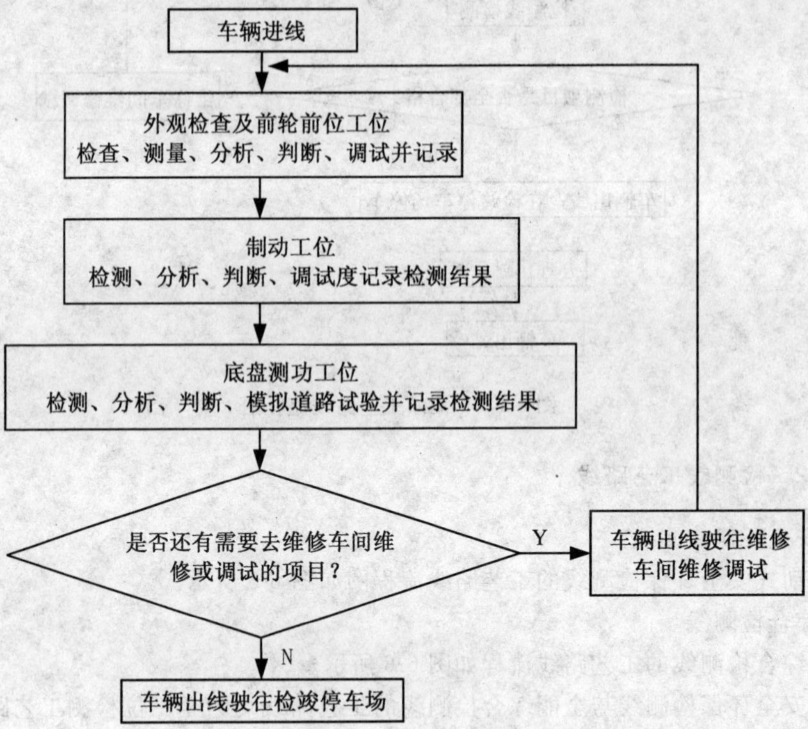

图 6-6　全能综合检测线工艺路线流程图

6.2.3　检测工艺流程

检测工艺流程即某一汽车接受检测的全过程。检测线建成后其工位布置是固定的，进线检测的汽车按工位顺序流水作业。五工位全自动安全环保检测线的全工位检测程序如下：

6.2.3.1　汽车资料输入及 L 工位检查

(1)汽车资料输入

汽车资料登录微机一般放置在进线控制室或检测线入口处的左侧，由登录员操作。经过清洗并已吹干的汽车，在检测线入口处等候进线。进线指示灯红色为等待，绿色(或蓝色)为开进。当绿色指示灯亮时，汽车进入检测线停在第一工位上，由登录员根据行车执照和报检单，向登录微机输入牌照号码、厂牌车型、车主单位或车主姓名、发动机号码、底盘号码、灯制、驱动形式、车辆状况(新车、在用车)、检验类型(初检、复检)、燃油种类(汽油、柴油)和检测项目(全部检测、某项检测)等资料，并发往主控制微机，由主控制微机安排检测程序。此时，进线指示灯由绿色转为红色。当汽车在本工位检查完毕驶往下一工位并遮挡下一工位光电开关时，进线指示灯又由红色转为绿色。

(2)L 工位检查

汽车在本工位停稳后，由检查人员按规定项目进行车上部外观检查。工位检验程序指示器有灯箱式、彩色显示器式和电子灯阵式三种形式，图 6-7 为灯箱式 L 工位检验程序指示器面板图。

<table>
<tr><td>前照灯</td><td>变光灯</td><td colspan="2">前副灯</td></tr>
<tr><td>车宽标志灯</td><td>制动灯</td><td colspan="2">倒车灯</td></tr>
<tr><td>转向灯</td><td>停车灯</td><td colspan="2">报警灯</td></tr>
<tr><td>刮雨器</td><td>喇叭</td><td colspan="2">非常信号装置</td></tr>
<tr><td colspan="2">安全装置</td><td>○</td><td>×</td></tr>
<tr><td colspan="4">前进</td></tr>
</table>

图 6-7　L 工位检验程序指示器面板图

在本工位检查中，若有不合格项目，可通过不合格项目输入键盘报告主控制微机，并在检查完毕后及时按下该键盘上的“检查结束”键。主控制微机判定检查结果时，只要有一项不合格，即判定安全装置检查不合格，并将检查结果分别在主控制室的主控制微机显示器上和本工位检验程序指示器上同时显示。显示“○”时为合格，显示“×”时为不合格。

6.2.3.2　ABS 工位

(1)侧滑量检测

汽车沿地面标线以 3～5km/h 的车速匀速通过侧滑试验台。通过时汽车应垂直于侧滑板，不可转动转向盘。当汽车前轮切断侧滑试验台入口光电开关时，光电开关输出的电信号通知微机，微机开始采集车轮侧滑量数据。当汽车前轮切断侧滑试验台出口光电开关时，数据采集结束，并以此期间侧滑板的最大位移量作为侧滑数据，并经主控制微机判断是否合格，然后将检测结果在主控制微机显示器和本工位检验程序指示器上同时显示。图 6-8 为 ABS 工位检验程序指示器面板图，当“侧滑试验台”栏内显示“○”时为合格，显示“×”时为不合格。

<table>
<tr><td colspan="3">侧滑试验台</td><td>○</td><td>×</td></tr>
<tr><td>前制动</td><td rowspan="3">放开</td><td rowspan="3">踏下</td><td>○</td><td>×</td></tr>
<tr><td>中间制动</td><td>○</td><td>×</td></tr>
<tr><td>后制动</td><td>○</td><td>×</td></tr>
<tr><td>驻车制动</td><td>拉紧</td><td>松开</td><td>○</td><td>×</td></tr>
<tr><td rowspan="2">车速表试验台</td><td colspan="4">40km / h按下中报开关</td></tr>
<tr><td colspan="2">踩制动踏板</td><td>○</td><td>×</td></tr>
<tr><td colspan="3">前进</td><td colspan="2">再检一次</td></tr>
</table>

图 6-8　ABS 工位检验程序指示器面板图

(2)制动力检测

以反力滚筒式制动试验台为例，当制动试验台前设有轴重计或轮重仪时，汽车被检车轴应先称重然后再驶上制动试验台测制动力。若制动试验台本身带有轴重测量装置，汽车检测前轮侧滑量后，其前轴直接开到制动试验台上，先称重后测制动力。

检测制动力时，汽车左右车轮驶入制动试验台两滚筒之间并遮挡光电开关，微机确认车辆到位，安排称重和制动检测。步骤如下：

1)降下制动试验台举升器。

2)测量轴重。

3)起动制动试验台电动机。

4)在制动踏板放松的情况下，采集左、右车轮的制动拖滞力。

5)用力踩下制动踏板，采集左、右车轮的最大制动力，滚筒停转时采集结束。

6)拉紧驻车制动器，采集左、右车轮最大制动力(只有与驻车制动器相连的车轴才进行此项检测)。

7)主控制微机判定检测结果，并分别在主控制微机显示器和工位检验程序指示器有关栏目内同时显示。同样，显示“○”为合格，显示“×”为不合格。

8)检测结果不合格时，微机安排“再检一次”。

9)升起制动试验台举升器，该轴驶出，另一轴驶入，按同样程序检测。

主控制微机将采集到的数据按下列公式计算，然后与国家标准对照，判定制动是否合格。

轮拖滞力与轴荷的百分比＝制动拖滞力/轴荷×100％

轴制动力与轴荷的百分比＝(左轮制动力＋右轮制动力)/轴荷×100％

全车制动力总和与整车重量的百分比＝全车制动力总和/整车重量×100％

检测多轴汽车并装轴(如三轴汽车的中轴和后轴)的制动力,而其中任一轴的传动关系又不能单独脱开时,可采用使制动试验台左右两组滚筒旋转方向不同的方法进行,并且只采集车轮正转时的制动数据。即制动试验台带动右轮正转左轮反转时,只采集右轮制动时的数据;带动右轮反转左轮正转时,只采集左轮制动时的数据。可以看出,两次测试中左、右车轮旋转方向不同,由于驱动桥差速器行星齿轮的自转作用,另一在制动试验台之外的驱动桥并不驱动,无须在制动试验台前后设置自由滚筒。因此,用该法检测多轴汽车并装轴的制动力时,可免去制动试验台前后两组共计 8 个自由滚筒,不仅节省了设备购置费,而且减少了设备占地面积,使检测线成本大大降低。

(3)车速表指示误差检测

把与车速表传感器相连的车轴开上车速表试验台,车轮遮挡光电开关,微机确认车辆到位,落下举升器。驾驶员把垂吊在汽车左侧的车速检测申报开关或遥控器持于手中,变速杆置于最高挡位,按照检验程序指示器的指令,匀顺地将汽车加速至 40km/h(驾驶室内车速表指示值),待指针稳定后按下车速检测申报开关或遥控器。微机采集此时的实际车速数据(车速表试验台测量值),并传输给主控制微机判定检测结果,如不合格,则安排“再检一次”。检测结果在主控制微机显示器和工位检验程序指示器有关栏目内同时显示。同样,显示“○”为合格,显示“×”为不合格。

按下车速检测申报开关后,即可踩下汽车制动踏板使车轮与滚筒迅速减速。

(4)工位检测程序说明

汽车的驱动形式、驻车制动器安装位置及车轴数量不同,在本工位检测时,各项目检测时的前后顺序也略有差异。常见车型相应的检测程序如下:

1)四轮汽车(后驱动、后驻车):侧滑→前制动→后制动→驻车制动→车速表。

2)四轮汽车(前驱动、前驻车):侧滑→前制动→驻车制动→车速表→后制动。

3)四轮汽车(前驱动、后驻车):侧滑→前制动→车速表→后制动→驻车制动。

4)六轮汽车(前双轴、后单轴、后驱动、后驻车):侧滑→前制动→中间制动→后制动→驻车制动→车速表。

5)六轮汽车(前单轴、中单轴、后单轴、中驱动、中驻车):侧滑→前制动→中间制动→驻车制动→车速表→后制动。

6)六轮汽车(前单轴、中后并装双轴、中后驱动、中后驻车):侧滑→前制动→中间制动→驻车制动→后制动→车速表。

最后一种汽车的车速表检测,必须在制动试验台与车速表试验台之间装备一组自由滚筒,否则该项不能检测。

上述常见类型的汽车与对应程序非常重要,如果进线时汽车资料输入错误,则会导致检测程序混乱。

6.2.3.3 HX 工位

(1)前照灯检测

汽车沿地面标线缓慢驶入本工位。注意汽车应与前照灯检测仪的导轨保持垂直,并按引导指示器的指令在停车线上停车。引导指示器与两组光电开关(入口光电开关和出口光电开关)相互配合,引导汽车“前进”、“停车”和“后退”。

汽车停在停车线上,微机确认车辆到位,安排检测程序。本工位检验程序指示器指令驾驶员打开远光灯(电源系统应处于充电状态),前照灯检测仪从护栏内自动驶出,分别对前右灯和前左灯进行发光强度和光轴照射方向的检测。当前照灯发光强度不够或无明显光轴时,前照灯检测仪无法自动跟踪光轴,此时需要主控制室人工操作主控制键盘上的辅助控制键,辅助前照灯检测仪的受光器进入光轴投射区,以便实施跟踪。HX 工位检验程序指示器的面板图如图 6-9 所示。

<table>
<tr><td rowspan="2"></td><td rowspan="2">上</td><td rowspan="2"></td><td rowspan="2">开远
光灯</td><td rowspan="2"></td><td rowspan="2">上</td><td rowspan="2"></td><td colspan="3">插入探头</td></tr>
<tr><td colspan="3">检查中</td></tr>
<tr><td rowspan="2">左</td><td rowspan="2">光</td><td rowspan="2">右</td><td rowspan="2">检查</td><td rowspan="2">左</td><td rowspan="2">光</td><td rowspan="2">右</td><td colspan="3">取出探头</td></tr>
<tr><td>C</td><td>○</td><td>×</td></tr>
<tr><td rowspan="2">○</td><td rowspan="2">下</td><td rowspan="2">×</td><td rowspan="2">前进</td><td rowspan="2">○</td><td rowspan="2">下</td><td rowspan="2">×</td><td>HC</td><td>○</td><td>×</td></tr>
<tr><td>按喇叭</td><td>○</td><td>×</td></tr>
</table>

图 6-9 HX 工位检验程序指示器面板图

前照灯检测仪跟踪到前照灯光轴后,进行数据采集,并传输给主控制微机分析判断,检测结果显示在主控制微机显示器和工位检验程序指示器上。发光强度以“○”(合格)或“×”(不合格)的方式同时显示,光轴照射方向以上、下、左、右光的方式显示。

前右灯的检测结果一经显示,前照灯检测仪便自动移至前左灯,以同样的方法检测发光强度和光轴照射方向,显示检测结果后自动驶回护栏内。左、右前照灯中有一项不合格,前照灯的综合判定即为不合格。

(2)排气或烟度检测

汽车在前照灯检测停车线上停车后,微机确认车辆到位,安排尾气检测程序。

汽油车:由本工位检验程序指示器指令检测员或汽车驾驶员(须下车)将排气分析仪探头插入怠速运转的汽车排气管中,抽取气样。排气分析仪将分析出的 CO 和 HC 浓度转变成电信号供微机采集。主控制微机判定后分别在主控制微机显示器和工位检验程序指示器上同时显示检测结果。未采集到数据时,检测结果不显示。因此,车辆到位后根据指令应及时将排气分析仪探头插入排气管规定深度,以免错过采集时机。

柴油车:根据图 6-10 所示的检验程序指示器指令,检测员或汽车驾驶员将烟度计探头插入怠速运转的柴油车排气管规定深度,先做三次自由加速的预动作,以熟悉加速方法并把排气管内的炭渣等积存物吹掉,然后在加速踏板上安置踏板开关,再按指令和操作规程进行四次自由加速。烟度计自动完成抽气取样、烟度检测和清洗等动作,并将烟度转变成电信号供微机采集。微机以后三次采集的数据的平均值作为自由加速烟度检测值,判定后分别在主控制微机显示器上和烟度检验程序指示器上同时显示检测结果。同样,以“○”(合格)或“×”(不合格)的方式显示。在烟度检测操作过程中,加速运转和怠速运转的时间由微机通过烟度检验程序指示器上指令显示的时间间隔进行控制。

<table>
<tr><td colspan="3">插入探头　安置踏板开关</td></tr>
<tr><td>第一次自由加速</td><td rowspan="4">踏
加
速
踏
板</td><td rowspan="4">踏
加
速
踏
板</td></tr>
<tr><td>第二次自由加速</td></tr>
<tr><td>第三次自由加速</td></tr>
<tr><td>第四次自由加速</td></tr>
<tr><td colspan="3">取出探头 拆下踏板开关</td></tr>
<tr><td>烟度检测</td><td>○</td><td>×</td></tr>
</table>

图 6-10　烟度检验程序指示器

(3)喇叭声级检测

汽车在前照灯检测停车线上停车后，微机确认车辆到位，安排喇叭声级检测程序。将声级计连同其支架移至汽车正前方并对正汽车，且声级计应平行于地面，其传声器距汽车 2m，距地面 1.2m。驾驶员按工位检验程序指示器的指令按下喇叭 3～5s，声级计测量此时的声级并将其电信号输入微机供采集数据。微机判定后在主控制微机显示器和工位检验程序指示器上同时显示检测结果。同样，显示“○”为合格，显示“×”为不合格。

本工位的前照灯检测、排气或烟度检测和喇叭声级检测，既可安排同步进行，也可安排按一定顺序进行。一般情况下，前照灯检测与尾气检测可同步进行，喇叭检测则安排在这之前或之后进行。

6.2.3.4　P 工位

汽车沿地面标线驶入本工位。当汽车遮挡本工位入口光电开关时，通知微机车辆到位，同时地沟内报警灯闪烁或报警器响，通知地沟内检查人员车辆到达本工位。汽车停在地沟上，由检查人员按规定项目进行车辆底部人工检查。

图 6-11 为 P 工位检验程序指示器面板图，其上指令由检查人员手持有线按钮盒或红外遥控器控制。除此之外，检查人员还可通过地沟内的话筒和地沟上的扬声器通知驾驶员与其配合，以完成检验程序指示器指令之外的检查项目。检查中，若有不合格项目，可通过不合格项目输入键盘报告主控制微机，并在检测完毕后及时按下该键盘上的“检查结束”键，通知微机车底检查结束。主控制微机判定检查结果时，只要有一项不合格，即判定车底检查不合格。同样，检查结果在主控制室微机显示器和工位检验程序指示器上同时显示。显示“○”为合格，显示“×”为不合格。

6.2.3.5　综合判定及主控制室工位

汽车进入本工位，主控制微机根据该车在前四个工位的检查结果进行综合判定。主控制微机将汽车资料、检测项目、检测结果及整车检测总评价等进行存储并发往打印机，由打印机在先期印刷成一定格式的打印纸上自动打印出检测结果报告单，见表 6-4。驾驶员拿到检测结果报告单后，立即将汽车驶出检测线，全线检测结束。

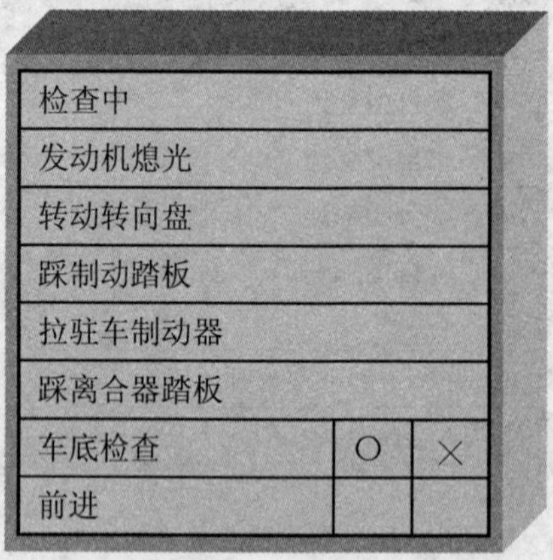

图 6-11　P 工位检验程序指示器面板图

表 6-4　　**安全环保检测站检测结果报告单**

<table>
<tr><td>车牌号码</td><td>粤 B-×××××</td><td>总质量/座位</td><td></td></tr>
<tr><td>车　　主</td><td>×××</td><td>燃料类别</td><td>汽油</td></tr>
<tr><td>号牌种类</td><td></td><td>驱动型式</td><td>后驱动</td></tr>
<tr><td>厂牌型号</td><td>丰田</td><td>前照灯制</td><td>二灯</td></tr>
<tr><td>发动机号码</td><td>×××××××</td><td>前照灯制</td><td>mm</td></tr>
<tr><td>车架号码</td><td>×××××××</td><td>检测次数</td><td>1</td></tr>
<tr><td>登记日期</td><td>2001.11.1</td><td>检测类型</td><td>年审</td></tr>
</table>

<table>
<tr><td>序号</td><td colspan="7">检测项目及结果</td><td>评价</td></tr>
<tr><td rowspan="2">1</td><td rowspan="2">排放</td><td colspan="2">一氧化碳</td><td>3.7</td><td colspan="2">碳氢化合物($\times10^{-6}$)</td><td>563</td><td rowspan="2">合格</td></tr>
<tr><td>烟度(Rb)</td><td>一次</td><td>二次</td><td>三次</td><td>平均</td><td></td></tr>
<tr><td>2</td><td>车速</td><td colspan="4">车速表为 40km/h 时的实测车速(km/h)</td><td colspan="2">39.1</td><td>合格</td></tr>
<tr><td rowspan="6">3</td><td rowspan="6">前照灯</td><td rowspan="2">子项</td><td rowspan="2">光强度(×100d)</td><td colspan="2">远光偏移</td><td colspan="2">近光偏移</td><td rowspan="6">合格</td></tr>
<tr><td>垂直偏差</td><td>水平偏移(mm/10m)</td><td>垂直偏差</td><td>水平偏移(mm/10m)</td></tr>
<tr><td>左内灯</td><td>239</td><td>下 135</td><td>左 60</td><td></td><td></td></tr>
<tr><td>右内灯</td><td>221</td><td>下 136</td><td>右 43</td><td></td><td></td></tr>
<tr><td>左外灯</td><td></td><td></td><td></td><td></td><td></td></tr>
<tr><td>右外灯</td><td></td><td></td><td></td><td></td><td></td></tr>
<tr><td>4</td><td>侧滑</td><td colspan="2">侧滑量(m/km)</td><td colspan="4">偏外 2.1</td><td>合格</td></tr>
<tr><td>5</td><td>喇叭</td><td colspan="2">声级[dB(A)]</td><td colspan="4">109.2</td><td>合格</td></tr>
</table>

续表

<table>
<tr><td rowspan="6">6</td><td rowspan="6">制动</td><td rowspan="5">行车制动</td><td colspan="2">子项</td><td>辆荷(kg)</td><td>制动力(×10N)</td><td>轮阻滞(%)</td><td>协调时间(s)</td><td>制动力平衡(%)</td><td>轴制动(%)</td><td>整车制动(%)</td><td rowspan="5">合格</td></tr>
<tr><td rowspan="2">前轴</td><td>左</td><td rowspan="2">826</td><td>258</td><td>3.3</td><td rowspan="2">0.32</td><td rowspan="2">9.7</td><td rowspan="2">62.3</td><td rowspan="4">63.6</td></tr>
<tr><td>右</td><td>257</td><td>0.0</td></tr>
<tr><td rowspan="2">后轴</td><td>左</td><td rowspan="2">637</td><td>222</td><td>2.2</td><td rowspan="2">0.20</td><td rowspan="2">18.8</td><td rowspan="2">65.1</td></tr>
<tr><td>右</td><td>193</td><td>0.1</td></tr>
<tr><td colspan="3">驻车制动</td><td>左轮(×10N)</td><td>173</td><td>右轮(×10N)</td><td>174</td><td colspan="2">总力/总重量(%)</td><td>28.4</td><td>合格</td></tr>
<tr><td>7</td><td>外检</td><td colspan="10">不合格项目：
无</td><td>合格</td></tr>
</table>

<table>
<tr><td>总评结果：
合格
检测日期：2001 年 11 月 1 日</td><td>引车员签章：
年　月　日</td><td>主任检测员签章：
年　月　日</td><td rowspan="2">考验员签章：
年　月　日</td></tr>
<tr><td colspan="3">本检测站对上述检测结果负责</td></tr>
</table>

对检测结果的评价方法是：在 L 工位、ABS 工位、HX 工位和 P 工位各检测项目中，若某个检测项目有任意一个子项不合格，则该检测项目就不合格。只有该项全部子项目都合格时，该项检测才算合格。同样，全部检测项目合格后，总结果才算合格。只要有一项检测不合格，总结果就不合格。

6.3　汽车检测线控制系统

全自动检测线均采用微机进行控制，其与手动检测线的区别就在于它增加了一套微机控制系统。

6.3.1　检测线控制系统的组成

微机控制系统由硬件部分和软件部分组成。硬件部分由微机设备和辅助设备组成，其中，微机设备由主控制微机、工位测控微机、汽车资料登录微机和打印机等组成，主控制微机、工位测控微机和汽车资料登录微机一般以 PC 机为主。辅助设备由控制台及主控制键盘、稳压电源、不间断电源、监察摄像机及其显示器、工位检验程序指示器、光电开关、停车位置指示器、报警灯或报警器、不合格项目输入键盘、车速申报开关或遥控器、进线指示灯、工作台与座椅等组成。

软件部分除检测程序外，一般还包括数据库管理、设备标定程序、检测诊断标准修正程序和系统自检、自诊断与维护程序等。其中，数据库管理能将已经检测过的全部车辆的数据存档，并能按照检测序号、牌照号码或检测日期等进行查询、检索、统计和打印。

6.3.2 检测线控制系统的控制方式

微机控制系统的控制方式有集中式、分级分布式、接力式和网络式。

6.3.2.1 集中式

集中式控制方式由主控制微机单独完成测控工作。除汽车资料输入由登录微机完成并发往主控制微机外，各工位的检测信号经放大后也都直接送往主控制微机，因而全线的数据采集、处理、判定、显示、打印、存储、统计和检测过程控制等全部工作均由主控制微机完成，如图 6-12 所示。这种方式的优点是结构简单，价格低廉；缺点是主控制微机负担重，可靠性差，发生故障后易造成全线停止工作。

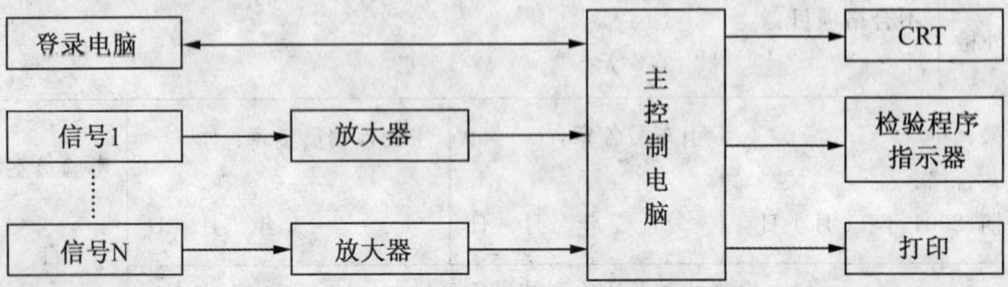

图 6-12 集中式控制系统框图

6.3.2.2 分级分布式

分级分布式控制方式是应用较为广泛的一种控制方式。图 6-13 为三级分布式控制方式，其第一级为测控现场控制级，由分布在各工位上的测控微机完成测控工作，主要承担检测设备运行控制、数据采集和通信等任务。第二级为监督级，主要用于对各工位的测控微机进行监督控制和管理通讯任务，即承担接口箱的工作与第一级之间采用速度较低的低速通讯联络。第三级为管理级，由主控微机完成测控工作，具有安排检测程序，承担全线调度，综合判定检测结果，存储并集中打印检测结果报告单和管理数据库等功能。这种控制方式采用了分布控制、单机显示、多级管理、数据通信等措施，可有效防止由于主控机故障引起的检测系统停止运转的事故。在主控机发生故障时可由单机显示打印，每台单机仪表尽可能靠近检测设备，以避免信号干扰。单机到监督级之间的信号传输采用数据通信，避免了单机显示和主控机打印数据不一致的问题。由于各控制机任务单一，设备的校正和维护较为方便，且较易建立备用机来提高系统的有效度。

6.3.2.3 接力式

接力式控制方式由各工位测控微机完成测控工作。工位测控微机分布在各工位上，因而也可以称为分布式控制方式，实际上它是分级分布式控制系统的一个特例，如图 6-14 所示。各工位检测信号经放大后送入工位测控微机进行处理、判定，然后在检验程序指示器显示，并按顺序传送至末级工位测控微机。全线检测数据和检测结果由末级工位测控微机显示并打印出检测结果报告单。这种方式的优点是结构简单，价格低廉，可靠性也较好；缺点是功能稍差，难以实现较高程度的自动控制，对复杂的检测对象适应性较差。

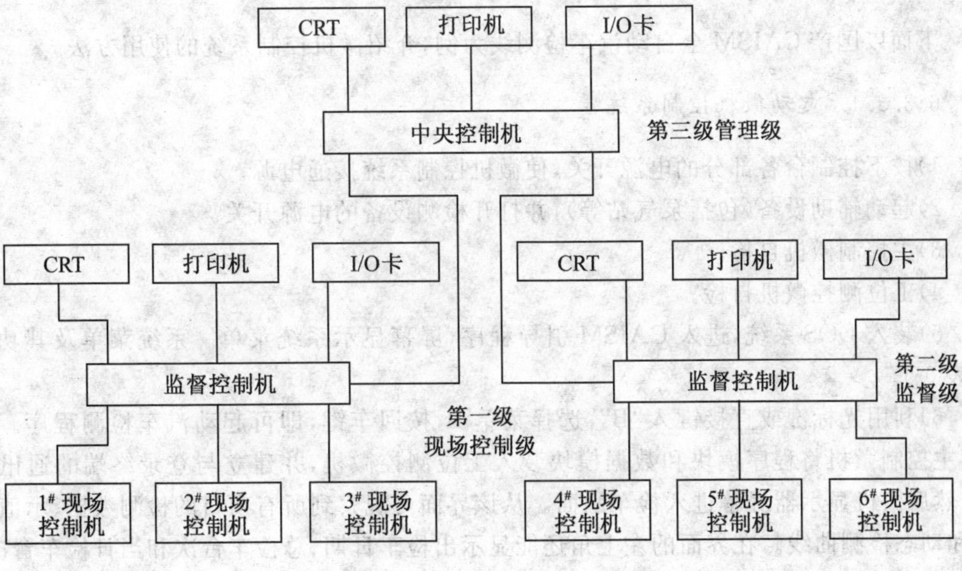

图 6-13　分级分布式控制系统框图

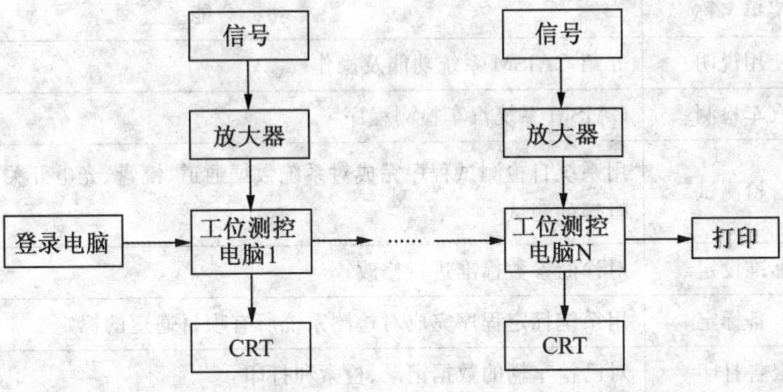

图 6-14　接力式控制系统框图

6.3.2.4　网络式

网络式控制系统采用了基于服务器—客户机模型的局域网，用一个集线器将所有的工作站与服务器连接起来，并通过调制解调器与广域网相连，实现与上级交通管理部门的信息中心网的连接。

检测站计算机网络系统通常包括车辆登录系统、测控系统、监控系统、检测业务管理系统、财务系统及维护系统。根据实际情况，各系统可单独用一个工作站完成，也可以用几个工作站共同完成，还可以将几个系统合并用一个工作站来实现，如将监控系统、检测业务管理系统和维护系统合并，可大大降低网络建设的成本。

6.3.3 微机控制系统的使用方法

下面以国产 CAISM 全自动汽车检测线为例，介绍微机控制系统的使用方法。

6.3.3.1 起动微机控制系统

1)按下控制台各部分的电源开关，使微机控制系统接通电源。

2)起动辅助设备(包括泵气站等)，并打开检测设备的电源开关。

3)主控制微机自检。

4)工位测控微机自检。

5)装入 DOS 系统，进入 CAISM 引导程序，屏幕显示系统菜单。系统菜单及其功能见表 6-5。

6)利用光标键或直接键入"B"，选择菜单 B，按回车键，即可起动汽车检测程序。此时，主控制微机将程序模块和数据模块装入工位测控微机，并建立与登录终端的通讯链路，然后微机显示器屏幕进入检车画面。从该界面可观察到所有项目的检测数据、示值范围和动态检测曲线。在界面的左上角还能显示出检车日期、总检车台次和当日检车台次。

表 6-5　　CAISM 系统菜单及其功能

符号	菜单名称	功　能
A	使用说明	介绍 CAISM 系统功能及操作
B	汽车检测	CAISM 系统汽车检测程序
C	自检测试	用系统自检测试程序完成对系统数据通道、键盘、光电开关及部分控制逻辑等的测试
D	标准设定	对诊断参数标准进行修改
E	设备标定	用系统标定程序完成对检测系统所有项目通道的标定
F	报告打印	对已检车辆的数据记录、检索和打印
G	报表统计	对所有已检车辆的合格率、不合格率、复检率等进行统计和打印
H	数据备份	对标定车辆、车辆数据等进行备份
I	操作系统	退到 DOS 系统

检测系统起动后，检测线上的自由滚筒(如有的话)抱死，制动试验台和车速表试验台的举升器升起，主控制室控制台的状态面板上的"电源"灯亮，第一工位、第二工位和第三工位上的"空位"灯均亮，"检车"灯闪烁，等待汽车进线。

6.3.2.2 起动登录微机

1)将登录起动盘(CAISM 系统专用)插入登录微机软盘驱动器中，按下登录微机电源开关，电源指示灯亮。

2)登录微机自检。

3)自检后屏幕等待输入显示方式选择，键入任意字符后，登录微机开始引导，并完成与主控制微机的通讯握手，进入登录工作状态。

4)将即将进线待检的汽车资料按规定的登录项目输入登录微机。

5)当第一工位空闲时，键入“Alt＋F1”即可将登录的资料发往主控制微机。主控制微机安排检测程序，并使进线指示灯的绿灯亮，待检汽车驶入检测线，停在第一工位上检测。

6.3.3.3　检测工艺程序

CAISM 检测系统设计为三个工位，即 LP 工位、ABS 工位和 HX 工位，其检测工艺程序与前述检测工艺流程相同。

复习思考题

1. 汽车检测站有几种类型？各有何功用？
2. 安全环保检测站可检测哪些项目？
3. 全自动安全环保检测线的“五工位”指的是什么？各工位有何作用？
4. 安全环保检测线需要配备哪些检测设备？
5. 汽车在安全环保检测线上是如何进行检测的？
6. 汽车综合检测站是如何分类的？各级检测站能承担哪些检测任务？
7. 汽车综合检测站能检测哪些项目？需要配备哪些检测设备？
8. 简述全能综合检测线的检测流程。
9. 全能综合检测线的工位是如何布置的？
10. 检测线控制系统的功能是什么？
11. 检测线控制系统由哪几部分组成？
12. 检测线微机控制系统有几种控制方式？各有何特点？

主要参考文献

[1]王秀贞:《汽车故障诊断技术》,西安:西安电子科技大学出版社 2007 年版。

[2]王大伟:《捷达电喷系列维修手册》,北京:机械工业出版社 2005 年版。

[3]闵永军:《汽车故障诊断与维修技术》,北京:高等教育出版社 2004 年版。

[4]仇雅莉:《汽车检测诊断技术与设备》,北京:电子工业出版社 2005 年版。

[5]林平:《汽车电喷发动机故障速查快修》,北京:电子工业出版社 2005 年版。

[6]肖东:《捷达轿车电气与电控系统维修实例》,北京:电子工业出版社 2002 年版。

[7]孙越:《一汽宝来轿车维修手册》,北京:人民交通出版社 2002 年版。

[8]李世雄:《捷达/捷达王轿车使用与维修》,北京:国防工业出版社 2002 年版。

[9]李玉茂:《宝来捷达轿车故障实例与分析》,北京:机械工业出版社 2005 年版。

[10]王秀贞:《轿车自动变速器构造与修理》,北京:人民交通出版社 2008 年版。

[11]张建俊:《汽车检测与故障诊断技术》,北京:机械工业出版社 2001 年版。

[12]汪文亮:《现代汽车中央门锁及防盗系统原理与检修》,北京:电子工业出版社 2000 年版。

[13]郑霞君:《凌志 LS400 轿车电子控制系统原理与检修》,沈阳:辽宁科学技术出版社 1998 年版。

[14]田国华等:《汽车动力性检测》,北京:人民交通出版社 2002 年版。

[15]杨江河:《汽车养护与检测技术》,北京:机械工业出版社 2006 年版。

[16]赵英勋:《汽车检测与诊断技术》,北京:机械工业出版社 2003 年版。

[17]马勇智等:《汽车检测技师培训教材》,北京:人民交通出版社 2003 年版。

[18]安相璧:《汽车检测诊断技术》,北京:北京理工大学出版社 2005 年版。

[19]董继明、罗灯明:《汽车检测与诊断技术》,北京:机械工业出版社 2006 年版。

[20]韩顺武:《汽车检测与诊断》,大连:大连理工大学出版社 2007 年版。

[21]邹小明:《汽车检测与诊断技术》,北京:机械工业出版社 2006 年版。